삶이 축제가 된다면

삶이 축제가 된다면

여행자를 위한 인문학

글·김상근 ｜ 사진·김도근

시공사

일러두기

-본문에 삽입된 사진이나 그림의 저작권은 489쪽 '그림 출처'에 따로 명기하였습니다.

정상적인 삶이란 베네치아에 존재하지 않습니다.
여기서는 모든 것들이, 그리고 모든 사람들이 물 위에 떠다닙니다.
이렇게 물 위에서 떠다니며 사는 것이 베네치아에서는 멋진 일상입니다.
물결에 비친 도시는 그림처럼 보이는데,
최고의 거장이 그린 어떤 작품보다 더 아름답습니다.

_페기 구겐하임

차례

나의 베네치아
탈출기

중국 우한에서 코로나 바이러스가 창궐하기 시작했던 2020년 1월 31일, 나는 베네치아의 명소 리알토 다리 아래에서 마르코 폴로 공항으로 직행하는 수상택시를 초조한 마음으로 기다리고 있었다. 제법 몸집이 큰 수상버스가 작은 파도를 일으키며 리알토 다리 밑을 정기적으로 오갔지만, 공항으로 가는 수상버스는 30분을 기다려도 오지 않았다. 그때까지만 해도 이탈리아에서는 코로나 사태가 중국 우한에만 국한된 사건으로 보도되고 있었다. 그날 아침 뉴스에서 로마에 거주하는 중국인 2명이 코로나 바이러스 확진 판정을 받았다는 소식을 전했지만, 이탈리아 사람들은 여전히 강 건너 불구경하듯 했다. 그 좁은 베네치아 골목길에서도 이탈리아 여행의 끝물을 즐기던 중국 관광객들이 여유롭게 돌아다닐 수 있을 정도였다.

나는 두려웠다. 한국에서 이미 1월 20일 첫 번째 감염자가 확인되었고, 내가 베네치아 탈출을 결행했던 1월 31일에는 6명이라는 확진자 수가 발표되었기 때문이다. 직감적으로 베네치아 거리를 돌아다니고 있는 중국 관광객들 중의 상당수가 이미 감염되어 있을지도 모른다는 생각이 들었다. 나는 그들과 보폭을 맞추어 걷다가, 좁은 골목길에서 꼼짝없이 전염될지도 모른다는 두려움 때문에 재빨리 카페 안으로 몸을 숨기곤 했다. 내 다급한 사정을 모르는 카페 주인은 가게 안으로 황급히 걸어 들어오는 날 향해 "본 조르노!"라고 외치며 맞아주었다. 나는 카페 주인이 내미는 에스프레소 잔을 손에 들고 평소와는 달리 시간을 끌었다. 중국 관광객들이 골목길에서 모두 사라지기를 기다리면서.

베네치아는 전염병에 치명적인 도시다. 미로처럼 연결되어 있는 베네치아의 좁은 골목길에서는 앞사람이 호흡하면서 뱉어내는 공기 중의 비말飛沫을 뒷사람이 피할 수 없다. 구조적으로 개선될 여지가 전혀 없는 열악한 상하수도 시설 때문인지, 베네치아의 굴곡진 역사에는 여러 세균성 전염병이 늘 함께 해왔다. 습기를 잔뜩 머금고 있는 베네치아의 눅눅한 공기가 세균 배양을 위한 거대한 인큐베이터처럼 느껴지기도 한다. 특히 이른 새벽, 정강이까지 차오르는 짙은 안개를 발로 차며 골목길을 걷다 보면 흑사병 같은 돌림병이 베네치아에서 최적의 환경을 발견했을 것이라는 생각을 하게 된다. 베네치아는 단 한 번도 세계적인 역병의 유행을 비껴가지 못했다.

나는 하루빨리 베네치아에서 벗어나고 싶었다. 새벽안개처럼 스멀스멀 다가오던 코로나 바이러스의 조짐이 확연해지기 전에, 이 전염병에 취약한 도시를 속히 탈출해야만 했다. 베네치아에서 이 책의 마지막 원고를 다듬고 있던 내게, 지금 당장 귀국하지 않으면 한국과 이탈리아 간의 항공 연결이 끊길지 모른다는 생각이 들었다. 그래서 나는 서두르며 짐을 쌌고 마르코 폴로 공항으로 가는 수상버스를 기다리고 있었던 것이다.

드디어 30명 정도 탈 수 있는 공항 직행 수상버스가 도착했다. 여행용 트렁크는 좁은 갑판 위에 그대로 올려두고 실내로 들어가라는 수상버스

삶이 축제가 된다면

직원의 안내가 기계음처럼 들렸다. 얼른 트렁크를 올려두고 수상버스 실내로 들어갔는데, 갑자기 숨이 멎는 것 같았다. 아니, 숨을 멈추어야만 했다. 범세계적인 코로나 바이러스의 창궐을 예감한 슬기로운 중국 관광객들이 그 작은 수상버스에 가득 실려 있었기 때문이다. 기묘한 적막이 흘렀다. 중국 관광객 중 몇 명은 마스크를 쓴 채 침묵을 지키고 있었다. 즐거운 수다와 중국인 특유의 소음으로 가득해야 할 수상버스 안에 어색한 침묵만이 가득했다.

공항으로 달려가던 수상버스는 거친 엔진 소리를 뱉어내며 아드리아해를 두 쪽으로 갈랐다. 나는 서둘러 다시 갑판 위로 올라갔다. 바람과 추위를 견디는 것이 실내에 있다가 전염되는 것보다 낫겠다는 생각을 하면서. 나는 처음으로 〈워킹 데드〉나 〈컨테이젼〉과 같은 바이러스 좀비 영화가 실제로 일어날 수 있음을 깨달았다. 그렇게 전속력으로 달리는 수상버스 갑판 위에 서 있는 동안 머리카락은 바람에 날리고, 몸은 차가워지고, 마음은 착잡해졌다. 문득 뒤를 돌아보니, 수평선 위에 가느다랗게 떠 있던 베네치아가 점점 더 멀어지고 있었다. 어쩌면 이것이 마지막 베네치아 여행이 될지도 모른다는 생각을 하니 쓸쓸함이 몰려왔다. 마스크를 쓴 채 침묵을 지키고 있는 중국 관광객들과 함께 마르코 폴로 공항으로 달려가면서 본 베네치아가 지금도 내 기억 속에 생생하다. 베네치아여, 안녕.

《삶이 축제가 된다면》은 로마에 대한 책 《나의 로망, 로마》에서 이어지는 '여행자를 위한 인문학' 시리즈의 두 번째 책이다. 짝사랑일지 모르지만 나는 내 책을 읽어주는 사람들을 '사랑하는 독자들'이라고 부르면 마음이 따뜻해진다. 그 '사랑하는 독자들'과 함께 이번에는 베네치아로 떠나려고 한다. 아니, 정확하게 말하자면 베네치아로 돌아가는 길을 내 사랑하는 독자들과 함께하고 싶다. 코로나 바이러스 때문에 서둘러 떠나왔던 베네치아를 비대면으로 천천히 둘러보는 것이 이 책의 목적이다. 베네치아로 가는 길이 막힌 지금, 나는 이렇게라도 그 아름다운 도시로 돌아가고 싶다.

나는 훌륭한 선생님들의 가르침을 받는 큰 행운을 누렸다. 지금의 내가 된 것은 모두 그 선생님들의 크신 가르침 덕분이다. 아둔하고 고집스러웠던 내게 생각을 하라고, 그것도 다르게 생각하라고 다그치셨던 그분들이 없었다면 내 삶은 참 불행했을 것이다. 그 가르침 덕분에 최소한 세상은 보이는 것이 전부가 아니고, 반짝인다고 해서 그것이 다 금은 아니라는 사실을 알게 되었다. 아직도 철이 완전히 들지 못했기에 내게 가르침을 주셨던 선생님들을 모두 평가하기에는 이르지만, 그래도 연세대학교에서 학부생이었을 때 가르침을 주셨던 한태동 선생님의 영향력은 거의 절대적이다. 1988년 서울에서 하계 올림픽이 열리던 그해, 나는 대학 졸업반이었고 한태동 선생님은 연세대학교 교수직에서 은퇴하셨다. 아직도 그분께서 마지막 은퇴 강연에서 해주신 말씀이 생각난다. 그분은 마지막 강연에서 탁자 위에 놓여 있는 물 잔을 들고 잠시 목을 축이셨다. 그리고 우리를 바라보며 이렇게 말씀하셨다.

여기, 물 잔이 있습니다. 물 잔에 물이 반쯤 채워져 있습니다. 그런데 여러분, 자세히 보세요. 물의 형태를 잘 보세요. 물 잔의 형태대로 물이 담겨 있지 않습니까? 여러분의 생각도, 여러분의 신앙도 마찬가지입니다. 물 잔의 틀에 따라, 그 생긴 모양에 따라, 물의 모양이 결정됩니다. 물 잔의 모양에 따라 물이 담겨 있듯이, 여러분의 생각과 신앙도 모두 물 잔의 모양에서 벗어날 수 없습니다. 꼭 기억하세요. 물보다 중요한 것은 물 잔의 틀입니다. 틀의 모양입니다. 물은 물 잔의 틀에서 절대로 벗어날 수 없습니다. 여러분의 생각도 마찬가지입니다. 여러분의 생각 자체보다, 여러분의 생각의 틀이 무엇인지 항상 살펴보기 바랍니다.

내게 큰 가르침을 주셨던 한태동 선생님의 방식대로 베네치아를 설명하자면, 베네치아가 중요한 것이 아니라 '내가 생각하고 있는' 베네치아가 중요한 것이다. 베네치아는 자기 자신을 설명하지 않는다. 간혹 파도 소리가 들리고 관광객의 웃음소리나 갈매기 우짖는 소리가 들릴 뿐이다. 베네치아의 돌들은 소리치지 않는다. 그 도시를 방문한 사람들이 각자의 입장에서 베네치아에 대해서 말하고, 영국 사상가 존 러스킨John Ruskin (1819~1900년)처럼 《베네치아의 돌The Stones of Venice》에 대해서 자신이 가진 생각의 틀에 근거해서 말할 뿐이다.

그렇다면 나는 지금 이 책을 통해 베네치아에 대해서 말하려고 하는가, 아니면 베네치아에 대한 내 생각을 말하려고 하는가? 굳이 베네치아를 여행지로 선택하지 않더라도 모든 여행은 원래 그렇다. 내가 어떤 특정한 여행지에 도착해서 먹고, 보고, 경험하고, 잠으로써 여행하는 것이 아니라, '나의 생각'이 그 도시를 여행하는 것이다. 피렌체에 도착하든, 로마로 가든, 아니면 베네치아를 여행하든, 그것은 중요하지 않다. 내 생각이 베네치아를 이해하고, 경험하고, 또 그 도시에 대해서 말하게 되는 것이다.

베네치아에서 내 생각은 인생을 살아가는 다른 방법의 가능성에 집중되었다. 나는 베네치아를 여행한 것이 아니라, 이 생각을 여행했다. 수십 번 방문했던 베네치아의 미로 같은 골목길에서 나는 아직도 길을 잃는다. 분명히 리알토 다리를 향해 출발했는데, 도착하니 산 마르코 광장에 우두커니 서 있는 나를 발견한다. 구글 지도의 길 찾기 기능이 많이 개선되어 그나마 다행이다. 그러나 베네치아에서 길의 방향을 잃으면 또 어떻고, 구글 지도가 우리를 목적지에 인도하지 않는다 해도 또 어떤가? 베네치아에서 생각의 여행자였던 나는 물리적 길의 방향을 잃긴 했어도 생각의 방향은 잃어버리지 않았다. 왜냐하면 나는 베네치아라는 도시를 여행한 것이 아니라, 이 낯선 도시에서 인생을 살아가는 다른 방법에 대해 질문을 던지고 해답을 찾았던 선배 여행자들의 여정을 따라갔기 때문이다.

우리는 나름의 방식에 따라 하루하루를 살아간다. 각자에게는 나름대로 살아가는 방식이 있고 그 방식은 동일하지 않다. 그런데 우리 한국인의 삶은 총체적으로 그리고 일괄적으로 '피로 사회'의 삶이라고 말한다. 재독 철학자 한병철이 예리하게 파헤친 것처럼, 현대 한국 사회에서 우리의 경쟁자는 억압하는 타자가 아니라 성공을 향해 질주하는 자기 자신이다.[1] 우리를 괴롭히고 억압하는 사람은 남이 아니라 나 자신이다. 남들보다 더 일찍 일어나고, 남들보다 더 열심히 일하고, 남들보다 더 늦게 자는 삶을 선택하면서 우리는 성공을 향해 질주한다. 누구도 그렇게 하라고, 그렇게 살아야 한다고 강요하지 않았다. 스스로에게 자발적인 고문을 가하고 쉬면 안 된다, 게으르면 낙오한다고 다짐하며 채찍으로 자기 몸에 상처를 낸 것이다. 스스로에게 노동의 강도를 더 높이라고, 남들보다 앞서가려면 절대로 쉬지 말라고 다그치는 사람은 남이 아니라, '피로 사회'를 살아가는 우리 자신이다.

이렇게 '피로 사회'에 지친 우리가 가야 할 곳이 바로 '세상의 다른 곳

Alter Mundi' 베네치아다. 자발적인 혹사를 스스로 감내하던 우리에게 베네치아는 삶의 다른 방식을 제안한다. 물 위에서 가볍게 흔들거리는 베네치아의 곤돌라에 몸을 실어보라. 엔진이 없어도 곤돌라는 앞으로 미끄러지듯 나갈 수 있고, 복잡한 조향장치 하나 없어도 어김없이 우리를 낭만적인 목적지에 데려다 준다. 손님이 슬쩍 찔러주는(가끔씩 강압적으로 요구되기도 하지만) 자비로운 팁에 기분이 좋아진 곤돌리에(뱃사공)가 "오 솔레미오"라도 불러 젖히면, 좁은 운하 골목은 정겨운 서정으로 가득해지고 앞만 보고 달려가던 우리들에게 세상을 살아가는 다른 방식이 있다는 것을 알려준다.

베네치아에서는 차를 탈 수 없다. 원래 차가 없기도 하고, 차가 다닐 수 있는 길도 없기 때문이다. 베네치아에서는 배를 타지 않으면 그냥 걸어야 한다. 베네치아의 좁은 골목길에는 여행객을 위한 이정표도 충분하지 않다. 그래도 미아가 될 위험이 없는 곳이다. 그저 지나가는 군중의 흐름에 자신의 몸을 맡기고, 무리와 함께 계속 걸어가다 보면 리알토 다리가 나오고, 산 마르코 광장이 우리를 맞이한다. 매일 차로 이동하는 현대인들의 다리는 거미처럼 가늘어져 가지만 베네치아 사람들은 허벅지가 탄탄한 보행자들이다. 사우디아라비아 사막에 묻혀 있는 석유가 모두 고갈되고, 화석연료로 움직이는 모든 차량이 멈추어 서는 날을 미리 보고 싶다면 베네치아로 가면 된다. 걸어야만 하는 도시 베네치아에서 우리는 심신의 건강을 회복한다.

베네치아는 반듯하게 살아온 사람에게 반성을 촉구하는 도시이기도 하다. 원칙을 지키며 정도를 걸어온 사람, 자신에게 주어진 하늘의 준칙을 지키면서 살아온 사람에게 새로운 삶의 방식을 제안한다. 꼭 그렇게 살아야 하는가? 그것이 인생을 살아가는 유일한 길인가? 그렇게 살아보니, 당신은 지금 행복해졌는가? 스스로 절제된 삶을 살아가는 데서 그치지 않고 다른 사람까지 그런 방식으로 살 것을 강요하던 사람들, 다른 사람의 일탈이나 방종에 눈살을 찌푸렸던 '꼰대'들을 향해, 베네치아는 삶의 방식을 재고하라고 촉구한다.

오, 그렇다. 베네치아는 향락의 도시다. 광란의 카니발이 도시 정책으로 장려되는 곳이고, 베네치아 비엔날레Biennale di Venezia 출품작들은 시대의 광기와 극단을 축복한다. 전위적이지 않은 것은 반동으로 간주되는 곳이다. 발칙한 도발과 해체적인 일탈은 베네치아인들에게 일상이다. 베네치아는 카사노바의 고향이다. 이곳에서 연인들은 헤어지면서 뜨거운 인사말을 건넨다. "차오Ciao!"라고. 이 열정적인 인사는 중세 베네치아인들이 일찍부터 사용하다가 이제 이탈리아의 보통 인사법이 되었지만, "차오"는 원래 "Sono il suo schiavo!"를 줄인 말이다. 그 뜻은 "난 당신의 노예예요!"이다. 생각해보라. 애인에게 자발적으로 노예가 되겠다고 고백하는 사람을!

베네치아는 18세기부터 북부 유럽인들에게 각광받던 '그랜드 투어Grand Tour'의 목적지였다. 영국과 독일의 게르만인들(영국의 앵글로-색슨족도 원래 게르만 지역 출신이다)에게 베네치아는 너무 달라서 이해할 수 없는, 그러나 다르기 때문에 무한한 동경을 불러일으키는 대상이 되었다. 겨울이 되면 꽁꽁 얼어붙는 북유럽의 기후 때문에 그곳에 사는 게르만민족의 피는 차가워졌고, 겨울이 닥치기 전에 모든 월동 준비를 철저히 해야 했으므로 그들에게 규칙과 원칙은 반드시 지켜져야 하는 지고의 가치였다. 북부 유럽의 게르만인들에게 규칙과 원칙은 명징한 철학적 사유의 결과가 아니라 생존을 위한 기본 가치였던 것이다. 하지만 그들은 얼

삶이 축제가 된다면

지 않는 바다를 가진 베네치아에서 세상의 다른 곳Alter Mundi을 발견했다. 알프스 산맥 이북에 닥친 혹한기에도 지중해의 따뜻한 온기를 머금고 있는 일탈과 희열의 도시 베네치아에서, 그들은 게르만적 가치의 효용성에 대해 의문을 제기했던 것이다.

베네치아는 4분의 2박자에 맞춘 일사불란한 행진곡을 멈추고 갈지자로 비틀거리며 걸어가야 하는 곳이다. 4분의 3박자의 왈츠도 오스트리아 빈에 살던 게르만인들이 만들어낸 일사불란한 규칙과 원칙의 반복일 뿐이다. 베네치아에서 아폴론 음악의 정형성은 부정되어야 한다. 디오니소스적 발놀림을 즐기고, 리듬과 박자를 무시한 막춤을 추는 곳이 베네치아다. 그렇다. 베네치아에서는 지도를 찢어버리고, 구글 지도의 길 찾기 기능도 끄고, 그저 오가는 사람들을 처음 보면 "본 조르노!"를 외치고, 그 사람과 헤어질 때 "차오!"를 외치면 된다. 난 당신의 노예예요!

베네치아는 이질적인 것들이 서로 겉돌지 않고, 더불어 조화를 이루는 곳이다. 바다와 육지가 만나는 곳, 물과 뭍이 친구가 되는 곳, 바다와 하늘이 도화지 한 장 같은 수평선으로 중첩되는 곳, 동양과 서양의 문명이 조우하는 곳, 세상에서 가장 저속한 파티인 카니발을 즐기고 다음 날 예수의 무덤이 있는 예루살렘으로 성지 순례를 떠나는 곳이 바로 베네치아다. 이런 상이함의 자연스러운 만남 때문에 베네치아는 오래전부터 많은 사람들의 관심을 끌었고, 세계 최초로 출간된 여행 가이드북에서 첫 번째 '여행 추천 도시'로 선택되었다.

세계 최초의 여행 가이드북은 독일의 정치가였지만 보기 드물게 여행가(이것도 직업일까? 그렇다면 나도?)란 이름도 함께 얻었던 베른하르트 폰 브레이덴바흐Bernhard von Breidenbach(1440~1497년 추정)가 1486년에 출간한

《성지를 향한 순례Peregrinatio in Terram Sanctam》라고 여겨진다. 이 책에서 첫 번째로 소개되는 도시가 베네치아다. 15세기 말부터 시작된 베네치아 여행의 관심과 열기는 지금까지 그대로 이어지고 있다.

전체 크기가 414.57제곱킬로미터에 불과해 로마 크기의 3분의 1 정도밖에 되지 않는 이 작은 도시에, 무려 2,500만 명에서 많게는 3,000만 명의 관광객이 매년 몰려든다. 베네치아 관광청의 추정에 의하면 2025년부터는 매년 3,800만 명 이상이 찾아올 것이라고 한다. 이 상태로 가다가는 지구 온난화로 해수면이 상승해서 베네치아가 물에 잠기는 것이 아니라, 관광객의 몸무게 때문에 베네치아 섬 전체가 물 밑으로 가라앉을 것이라고 하는 사람들도 있다. 유네스코가 1987년에 베네치아 전역을 '세계문화유산World Heritage'으로 선포했지만, 최근에는 지나친 관광객들 때문에 초래되고 있는 '오버투어리즘Overtourism'의 대표적인 도시로 베네치아를 지목하고 있으며, 아예 항목을 바꾸어 '위험에 처한 세계문화유산World Heritage in Danger'에 베네치아를 포함시키려는 노력을 하고 있는 실정이다. 물론 갑자기 몰아닥친 코로나 바이러스의 충격이 앞으로 베네치아 관광에 어떤 영향을 미칠지는 좀 더 관심을 가지고 지켜보아야 할 것이다.

최초이자 최고의 여행 목적지이다 보니 '세상의 다른 곳' 베네치아를 방문했던 유명 인사들의 목록은 끝없이 이어진다. 1220년, 성지 순례를 마치고 제일 먼저 베네치아를 찾았던 성 프란체스코St. Francesco를 시작으로, 1321년 유배 중에 베네치아를 국빈 방문했던 단테Dante Alighieri(1265~1321년 추정), 희귀본 도서를 기증하는 조건으로 1362~1367년 베네치아에 체류했던 페트라르카Francesco Petrarca(1304~1374년), 1363년 존경하는 선배 페트라르카를 방문하기 위해 베네치아를 찾아

세계 최초의 여행 가이드북《성지를 향한 순례》에서 그림으로 소개된 베네치아.

왔던 보카치오Giovanni Boccaccio, 1508년 자신의 책을 알두스 마누티우스 Aldus Manutius의 출판사에서 출간하기 위해 8개월간 머물렀던 에라스무스 Erasmus, 1523년 프랑스 파리를 떠나 예루살렘 성지 순례를 위해 초창기 예수회 신부들과 함께 방문했던 이그나티우스 로욜라Ignatius of Loyola, 크레 타섬에서 태어났지만 1567년 미술 공부를 위해 베네치아의 거장 티치아 노Tiziano Vecellio를 찾아왔던 엘 그레코El Greco, 1494~1495년과 1505~1507 년 이탈리아 르네상스 예술을 배우기 위해 2번이나 체류했던 남부 독일 의 화가 알브레히트 뒤러Albrecht Dürer(1471~1528년), 1580년 프랑스 보르 도 출신의 사상가 몽테뉴Michel Eyquem de Montaigne, 1639년 영국의 작가 존 밀턴John Milton, 1629년 스페인의 화가 디에고 벨라스케스Diego Velázquez, 1771년 아버지와 함께 이탈리아 음악을 배우기 위해 방문했던 볼프

강 아마데우스 모차르트Wolfgang Amadeus Mozart, 1786년 이탈리아에 그랜드 투어를 왔다가 베네치아에서 생애 처음으로 바다를 보았다는 괴테Johann Wolfgang von Goethe, 1816~1824년 두칼레 궁 옆에 있는 다리에 '탄식의 다리Bridge of Sigh'란 이름을 붙여주었던 영국의 시인 바이런 경George Byron, 1818년 도착 첫날부터 곤돌라의 아름다움을 칭송했던 영국의 시인 셸리Percy Shelley, 1844년 베네치아를 '이탈리아의 꿈'이라고 표현했던 소설가 찰스 디킨스Charles Dickens, 1849년 방문해 건축 이론의 거장이자 《베네치아의 돌》이라는 명저를 남긴 존 러스킨, 1883년 2월 13일 카날 그란데Canal Grande의 카 벤드라민 칼레르지Ca Vendramin Calergi에서 임종한 독일의 음악가 리하르트 바그너Richard Wagner, 1897년부터 1920년까지 10번이나 베네치아를 방문해서 좁은 골목의 지리까지 통달했다는 오스트리아의 작가 라이너 마리아 릴케Rainer Maria Rilke, 1900년 러스킨의 《베네치아의 돌》에서 설명된 건물을 두 눈으로 확인하기 위해 찾아왔던 마르셀 프루스트Marcel Proust, 1920년 영국에서 '자발적 추방'을 당하고 영혼의 자유를 찾아 베네치아로 왔던 로런스David Herbert Lawrence, 1924년 옥스퍼드 출신의 잘생긴 첫 남편과 신혼여행을 왔던 페기 구겐하임Peggy Guggenheim(1898~1979), 1948년 산 마르코 광장 근처 해리스 바Harry's Bar의 단골 고객이었던 어니스트 헤밍웨이Ernest Hemingway까지, 목록은 끊임없이 이어진다. 유럽인들에게 그랜드 투어는 호사가들이 누리는 신분의 특권이 아니라 지성인들의 성찰과 성숙을 향한 필수 과제였다. 이 책은 그들이 생각했던 베네치아를 복원하려는 목적을 가지고 있다.

1220년, 성 프란체스코가 베네치아에 첫 번째 족적을 남긴 이래 베네치아의 풍광은 크게 달라진 것이 없다. 아드리아해는 여전히 검은색 곤돌라를 띄우며 넘실거리고, 산 마르코 광장의 하늘을 가르던 비둘기는 비슷한 포물선을 그리며 날아다니니, 변한 것은 오직 이 도시를 찾아오는 사람들의 생각뿐이다. 나는 베네치아에 대한 생각을 인문 여행의 형식으로 답사할 것이다. 거듭 밝히거니와, 이 책은 베네치아에 대한 책이 아니라 베네치아에 대한 생각을 생각하는 책이다.

베네치아가 배출했던 유명 인사를 떠올릴 때 제일 먼저 카사노바가 생각났다면, 이 위대한 바다의 도시를 폄하하는 것이다. "세상의 다른 곳"으로 불리던 베네치아에서 다른 세상을 향한 위대한 탐험가를 배출한 사실을 간과했기 때문이다. 베네치아의 아들 마르코 폴로Marco Polo(1254~1324년)는 유럽 대륙이 아직 중세 암흑의 시대 말기를 보내고 있던 14세기 초반에 중국과 인도를 탐험하고 돌아왔다. 그래서 베네치아 국제공항의 이름이 '마르코 폴로 공항'으로 불리게 되었다(카사노바 공항이 아니다). 베네치아 출신의 이 위대한 탐험가가 남긴 《동방견문록》에 이런 구절이 있다.

> 자기가 보거나 진실 되게 들은 갖가지 놀라운 것들을 글로 쓰게 하지 않음으로써, 그러한 것을 보지도 알지도 못하는 사람들이 그것을 모르게 내버려 둔다는 것은 너무나 큰 죄악이 될 것이다.[2]

이 책은 마르코 폴로의 《동방견문록》을 뒤집는 책이다. '사랑하는 독자들'과 함께 마르코 폴로가 다녀갔던 아시아 대륙의 동쪽 끝에서 '베네치아 견문록'을 시작한다. 내가 베네치아에서 한 생각들, 수많은 베네치아의 여행객들이 남겨놓은 생각의 고고학적 자료를 쓰지 않음으로써 세상 사람들이 그것을 모르게 내버려 둔다는 것은 큰 죄악이라고 믿기 때문이다. 이 책은 베네치아 여행기가 아니라, 아드리아해의 빛나는 보석 같은 그 도시에서 지금 살아가고 있는 삶의 방식에 의문을 제기했던 사람들의 이야기다. 베네치아에 대한 이야기가 아니라, 베네치아에 대한 생각의 생각을 묶은 책이다. 마르코 폴로 공항으로 달리는 수상버스에 몸과 짐짝을 싣고 탈출하다시피 빠져나왔던 그 황홀한 감각의 도시로 다시 돌아간다. 팬데믹의 영향으로 몸의 물리적인 이동은 불가능해졌으나, 생각의 여행은 언제 어디서나 계속되어야 하기 때문이다.

삶이 축제가 된다면

게토 지역

산타 루치아 역

프라리 대성당

리알토 다리

스쿠올라 그란데
디 산 로코

라 페니체 극장

산 마르코 대

산 마르코 광장

카페

아카데미아
미술관

페기 구겐하임
미술관

살루테 성당

관세청

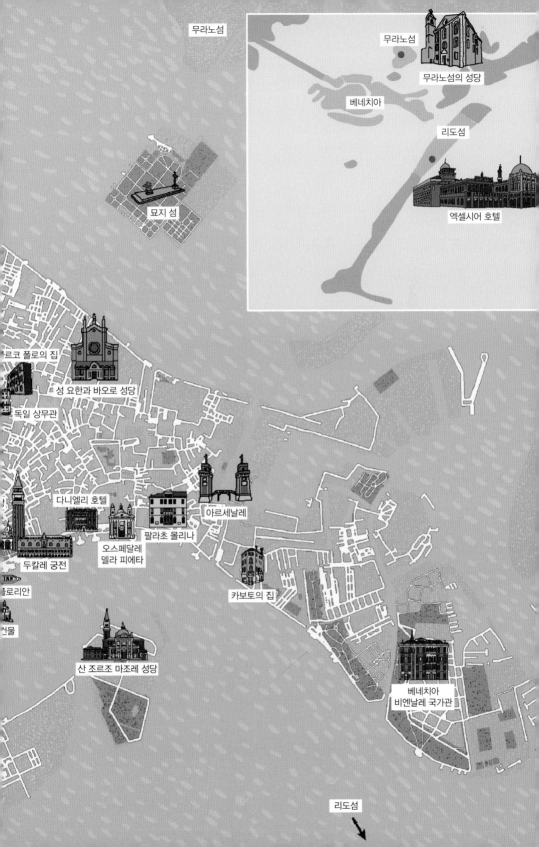

무라노섬

무라노섬
무라노섬의 성당

베네치아

리도섬

엑셀시어 호텔

묘지 섬

르코 폴로의 집

성 요한과 바오로 성당

독일 상무관

다니엘리 호텔

아르세날레

팔라초 몰리나

오스페달레
델라 피에타

두칼레 궁전

로리안

물

카보토의 집

산 조르조 마조레 성당

베네치아
비엔날레 국가관

리도섬

1부

리도와 무라노에서 본
베네치아,
세상의 다른 곳

1장

리도섬

토마스 만의
《베네치아에서의 죽음》

이탈리아 사람들이 '라구나Lagoona'라 부르는 석호瀉湖 안에서 삶의 터전을 이루고 있는 작은 도시가 베네치아다. 베네치아는 이탈리아 내륙의 포Po강과 피아베Piave강을 타고 흘러 들어온 담수와 아드리아해의 짠 바닷물이 만나는 타원형의 거대한 호수 안에 자리 잡고 있다. 118개의 작은 섬들로 구성되어 있으며, 이 섬들은 약 400여 개의 크고 작은 다리로 서로 연결되어 있고 그 작은 섬들의 연결망 안에 약 5만 5,000명의 원주민이 옹기종기 모여 살고 있다. 베네치아Venetia란 도시의 이름은, 기원전 10세기부터 그 지역에 거주하기 시작했던 베네티Veneti족의 이름에서 따온 것이다.

지금은 이탈리아에 포함되어 있지만, 기원후 697년에서 나폴레옹 Napoleon Bonaparte(1769~1821년)에게 나라를 빼앗긴 1797년까지 정확하게 1,100년간 베네치아 공화국은 독립된 도시국가의 형태를 유지했었다(베네치아의 건국년도에 대해서는 697년설과 함께 726년설도 있다). 독립된 행정 수반에 의해 자치적으로 통치되었으며 베네치아의 공식 명칭은 'Serenissima Repubblica di Venezia'였다. 이 거창한 이름을 굳이 번역하자면 '가장 평온한 공화국 베네치아'다. 16세기에 이르자 이탈리아 북부 대부분의 도시국가들은 통치 가문의 지배를 받는 군주제나 참주제를 시행하게 되었다. 밀라노는 비스콘티Visconti 가문이, 베로나는 스칼라Scala 가문이, 만토바는 곤자가Gonzaga 가문이, 우르비노는 몬테펠트로Montefeltro 가문이, 피렌체는 메디치Medici 가문이 통치했다. 이 도시국가들은 모두 세습 군주제를 받아들인 것이다. 그러나 베네치아는 선거에 의해 선출되는 도제Doge가 통치했으니, 베네치아인들은 자신들만이 유일하게 로마 공화정의 전통을 따르는, '제2의 로마'라는 자부심을 가지게 되었다.

사실 베네치아는 천연 요새다. 조수 간만이 매일 조금씩 반복되면서 특이한 형태의 개펄 구조가 형성되었고, 그 사이사이에 미로처럼 복잡한 해로가 만들어졌다. 그래서 섣불리 배를 운항하다가는 개펄에 좌초하기 일쑤다. 베네치아가 1,100년간 독립된 공화정을 유지할 수 있었던 것도 바로 이런 개펄의 천연 요새로 둘러싸여 있었던 덕분이다. 게르만족이나 훈Hun족이 배를 타고 베네치아를 침공하는 일은 거의 불가능했다. 모든 유럽 국가들이 적과 동지로 뒤엉켜 싸웠던 2번의 세계대전에서도 베네치아는 어떤 피해도 입지 않았으니, 개펄과 해로가 적의 침공을 허락하

베네치아의 중심, 두칼레 궁전Palazzo Ducale과 산 마르코 광장이 멀리 보인다.

지 않은 덕분이다. 이처럼 외부의 군사 공격이 자연과 바다의 조화로 방어되고 있으니 평화로운 공화국을 1,000년 넘게 이어갈 수 있었던 것이다. 로마인들에게 베네치아는 물고기나 잡고 염전을 일구는 작은 어촌으로 보였지만, 베네치아인들은 자신들만이 유일한 로마 공화정 전통의 수호자라고 자부하게 되었다.

세상에서 가장 짧은 베네치아의 역사

베네치아는 서로마제국 역사의 끄트머리에서 본격적으로 모습을 드러낸다. 게르만족과 훈족의 이탈리아 침공이 가속화되던 기원후 5세기 초반에, 이탈리아 반도의 북동쪽에 살고 있던 거주민들은 지금의 리알토Rialto 부근에 임시 정착촌을 만들었다. 지금도 베네치아의 중심 상업 지역인 리알토는 원래 리보 알토Rivo Alto, 즉 '높은 해안'이었다. 개펄이 굳어지면서 만들어진 단단한 택지 위에 사람들이 모여들면서 도시의 초기 거주지가 확보된 것이다. 리알토가 라틴어인 리부스 알투스Rivus Altus를 줄인 말이라고 주장하는 사람도 있는데, '깊은 강'이란 뜻이다. 산이 높으면 골이 깊은 것처럼 리알토 주변 개펄의 높이가 제일 높았으니, 이를 관통하는 바닷물의 수심이 깊을 수밖에 없었을 것이다. 어쨌든 베네치아의 역사는 기원후 421년 3월 25일, 지금도 리알토 시장과 리알토 다리에 자리 잡고 있는 산 자코모San Giacomo 성당에서 미사를 드림으로써 시작되었다고 한다.

그러나 베네치아의 공식 출발점에 대한 역사적 사료는 2가지가 충돌한다. 로마의 건국 신화가 '로물루스와 레무스 형제 기원설'과 '아이네아스 이주 기원설'로 나누어지는 것과 같은 이치다. 하나는 동로마제국의

삶이 축제가 된다면

산 자코모 디 리알토 성당. 베네치아인들은 기원후 421년 이 성당에서 위대한 공화정의 도시국가가 탄생했다고 믿는다. 원래 건물은 화재로 소실되었고 현재 건물은 17세기 초반에 재건축된 것이다.

보호 아래에서 자연스럽게 베네치아가 탄생했다는 설이고, 또 다른 하나는 동로마제국의 통치에 반기를 든 자주 독립 국가로 출발했다는 설이다. 전자는 697년, 후자는 726년을 그 시작 시점으로 잡는다.

먼저 697년설은 베네치아 주민들이 자치적으로 지도자를 선출했고 이를 동로마제국(비잔티움)의 황제가 인정했다는 1008년경의 오래된 역사 기록에 따른 것이다. 이때 선출된 지도자의 직책이 도제Doge다. 도제는 라틴어 '둑스Dux'를 베네치아 방언으로 읽는 방식으로, '왕' 또는 '통치자'란 뜻이다. 전하는 바에 따르면 697년에 최초의 도제 파올로 루치오 아나페스토Paolo Lucio Anafesto가 선출되었다고 한다. 그러나 726년설은 베네치아인들의 무장 봉기에서 출발한다. 서로마제국이 함락된 후, 베네치아는 라벤나와 함께 동로마제국의 총독Exarch으로부터 느슨한 형태의 지배를 받고 있었다. 베네치아 시민들은 종교적 이유 때문에 동로마제국의 지배에 반기를 들었다. '성상 논쟁Iconoclastic Controversy'으로 알려진 신학적 문제로 인해 로마 교황청과 동로마제국의 비잔티움이 극심한 갈등을 겪게 되는데, 베네치아인들이 교황 편에 선 것이다. 결국 726년 베네치아에서 무장 봉기가 일어났고, 동로마제국의 총독이 암살당한 후 우르수스 히파투스Ursus Hypatus(726~737년 재위)가 베네치아의 초대 도제Doge로 옹립되었다고 한다. 도제 우르수스부터 시작된 베네치아 공화정은 약 1,100년의 역사를 이어가면서 총 117명의 도제를 배출했다.

이후에도 외국의 침공이 계속 이어졌지만 개펄과 복잡한 해로海路로 둘러싸인 천연 요새 덕분에 위기를 모면할 수 있었다. 810년, 신성로마제국의 초대 황제 샤를마뉴의 아들이자 롬바르디아의 왕이었던 피핀Pepin(777~810년)의 공격을 막아낼 수 있었던 것도 조수 간만의 차이 때문에 수시로 바뀌는 해로 덕분이었다. 828년은 베네치아 역사의 분기점이 된 해였다. 베네치아 상인 2명이 이집트의 교역 도시 알렉산드리아에서 산 마르코의 유해를 몰래 훔쳐 와서 도제의 성당(현재의 산 마르코 대성당Basilica di San Marco)에 안치한 해이기 때문이다. 베네치아의 상인들이 지중해를 가로질러 이집트를 오갔다는 사실은 베네치아가 강력한 해상 상업 국가로 부상하고 있었음을 상징한다. 베네치아는 해군의 도움으로 아드리아의 해적들을 소탕한 후 지중해의 소금 무역 거래를 독점하게 된다. 그리고 1205년 크레타를 점령하면서 베네치아 공화국은 이탈리아에서 가장 강력한 정치·경제 세력으로 성장하게 되었다. 베네치아는 콘스탄티노플을 수도로 둔 동로마제국과 정치적, 경제적 이해를 서로 주고받으며 지중해 동쪽의 무역을 완전히 장악했다.

도제 엔리코 단돌로의 초상화.

베네치아 역사의 두 번째 분기점은 1204년, 제4차 십자군 원정이었다. 앞으로 자세히 설명하겠지만, 당시 도제였던 엔리코 단돌로Enrico Dandolo(1192~1205년 재위)의 결단과 리더십은 베네치아 역사의 방향을 완전히 바꾸어놓았다. 1204년 베네치아가 주도했던 콘스탄티노플의 함락은 비잔틴 동로마제국의 급격한 국력 쇠퇴를 촉진했고, 결국 1453년 술탄 메흐메트 2세Sultan Mehmed II(1432~1481년 재위)가 일으킨 전쟁으로 동로마제국과 콘스탄티노플의 역사는 끝이 난다. 1453년, 이슬람의 콘스탄티노플 정복은 동지중해 무역 독점을 통해 승승장구하던 베네치아 경제에 철퇴를 가한 사건이었으니, 이것이 오히려 부메랑이 되어 베네치아의 경제를 급속도로 쇠퇴하게 만드는 결과를 초래했다.

베네치아가 콘스탄티노플을 함락시킨 제4차 십자군 전쟁은 엄청난 패착이었다. 지중해의 동쪽 끝에서 세력을 키워가던 이슬람 세력의 최후 방어막이었던 비잔틴제국이 쇠락해지자 그 정치적 부담을 베네치아가 고스란히 안게 되었기 때문이다. 셰익스피어William Shakespeare(1564~1616년)의 비극 〈오셀로〉의 배경이 된 베네치아-오스만 전쟁이 수백 년간(1396~1718년) 이어지면서 베네치아는 국력을 쇠진하고 결국 동지중해의 패권을 상실하게 된다. 엎친 데 덮친 격으로 바스쿠 다 가마Vasco da

Gama(1524년 사망)가 인도양 항해에 성공(1497~1499년)하면서, 베네치아가 장악하고 있던 인도 향신료 무역의 주도권도 포르투갈에 내어주게 되었다.

포르투갈, 스페인, 영국, 네덜란드, 프랑스는 대양 종주를 할 수 있는 함선을 개발해내면서 세계 무역 시장을 개척해나갔지만, 아드리아해와 지중해의 잔잔한 파도를 헤쳐 나가도록 설계된 베네치아 갤리선들은 속도와 항해 거리의 경쟁에서 뒤처지게 된다. 3번이나 연달아 닥쳤던 흑사병의 검은 그림자도 좁은 베네치아 골목길을 휩쓸고 지나가면서(1348년, 1575~1577년, 1629~1631년), 한때 지중해를 호령하던 해상강국 베네치아가 역사의 뒷무대로 조용히 물러날 때가 도래했음을 알렸다. 1797년 5월 12일, 프랑스의 작은 거인 나폴레옹은 바로크 시대의 추억을 되씹으며 살고 있던 베네치아 공화국에 마지막 철퇴를 가했고, 5달 후 오스트리아에 강제 할양해버렸다. 오랜 정치적 혼란을 거듭한 끝에 베네치아는 1866년 이탈리아에 편입되었고, 이로써 베네치아의 독립 국가 시대는 끝이 나고 말았다.

베네치아를 찾아온 독일인 아셴바흐, 리도에 머물다

앞에서 짧게 정리된 베네치아 역사만으로 우리가 베네치아의 모든 것을 알게 되었다고 볼 수는 없다. 유엔 산하 세계관광기구UN World Tourism Organization의 공식 발표에 의하면, 2018년에만 총 6,200만 명의 관광객이 이탈리아를 방문했고, 그중에서 2,700만 명이 베네치아를 찾았다. 같은 해 로마를 방문했던 관광객의 숫자는 약 700만 명이었다. 1,000년 제국의 수도 로마보다 약 4배 많은 숫자가 베네치아를 방문했다는 것은 무엇을 뜻할까?

베네치아에는 로마제국의 영광이 깃발처럼 나부꼈던 콜로세움도 없고
미켈란젤로의 예술혼이 살아 숨 쉬는 시스티나 성당도 없다. 그곳에는
여유 있게 산책할 만한 녹음이 우거진 보르게세Borghese 공원도 없고, 심
지어 변변한 쇼핑센터도 하나 없는데, 왜 그렇게 많은 사람들이 베네치
아로 몰려드는 것일까? 이탈리아란 나라의 수도도 아니고, 가톨릭교회
의 변변한 성자도 한 명 배출하지 못한 바닷가의 도시, 탈것이라고는 흔
들리는 곤돌라와 수상버스뿐, 지극히 이동이 불편한 곳, 겨울철이면 바
닷물이 넘쳐나서 이동조차 불가능한 그곳으로 왜 매년 2,000만 명이 넘
는 사람들이 찾아오는 것일까? 왜 사람들은 베네치아란 도시에 열광하
는 것일까?

베네치아에서 무엇인가에 열광하기 위해 찾아온 사람이 있었으니, 독
일의 문학가 토마스 만Thomas Mann(1875~1955년)이다. 1929년 노벨문학
상을 수상한 독일 최고의 소설가로, 우리에게는 장편소설 《마의 산》으로
알려져 있는 작가다. 1933년, 히틀러의
나치당이 집권하면서 일당 독재가 시작되
자 이에 대한 통렬한 비판을 거듭하다가
독일의 시민권을 박탈당한 토마스 만은
스위스로 잠시 도피하다가 임종할 때까지
미국과 스위스를 오가며 활동했다. 그러
나 독일 시민권을 빼앗기기 전까지 토마
스 만은 독일 남부의 경제도시인 뮌헨에
거주했다. 40년이 족히 넘는 뮌헨 거주
기간에 예외가 있었으니, 그는 1911년 베

《베네치아에서의 죽음》을 쓴 토마스 만.

네치아에 체류하면서 단편 소설을 썼고, 이 책이 바로 1912년에 발표된 《베네치아에서의 죽음Der Tod in Venedig》이다.

무엇인가에 열광하기 위해 베네치아로 찾아왔던, 그래서 불후의 명작을 남긴 토마스 만은 베네치아에 체류하는 동안 리도Lido섬의 바인스 호텔Grand Hotel des Bains에 짐을 풀었다. 드론을 띄워 베네치아를 하늘에서 관찰한다면, 베네치아를 에워싸고 있는 방파제 같은 섬이 눈에 들어올 것이다. 리도라는 섬이다. 이 섬에 대규모 숙박 시설과 스파 리조트가 19세기 중엽부터 우후죽순처럼 세워진 이유는 베네치아의 저명한 의사였던 톰마소 리마Tommaso Rima(1775~1843년)가 리도의 바닷물이 각종 질병 치료에 효과가 있다고 발표했기 때문이다. 프랑스와 오스트리아, 폴란드 출신의 유럽 귀족들을 위한 고급 휴양 시설이 속속 들어섰다. 토마소 리마는 1857년에 발표한 연구 논문에서 특히 겨울철 리도에서의 해수욕이 치료에 효과가 있다고 주장했다. 이 발표 때문에 리도에서는 겨울철에도 바닷물에 수영을 할 수 있는 특수 기구가 제작되어 사용될 정도였다.

리도섬은 마치 긴 성벽처럼 베네치아를 품고 있다. 총 길이 11킬로미터에 달하는 이 길쭉하게 생긴 섬은 매년 개최되는 베네치아 국제 영화제로도 유명하다. 1932년에 시작되어 세계에서 가장 오래된 역사를 가진 이 영화제는 1987년 임권택 감독의 〈씨받이〉에서 열연했던 배우 강수연이 여우주연상을, 2012년 〈피에타〉의 김기덕 감독이 황금사자상을 수상한 바 있어 우리 한국 영화의 역사와도 밀접한 연관이 있다. 베네치아 본섬과는 달리 정규 버스가 노선 운행을 하는 곳으로, 이탈리아 아르누보 양식으로 지어진 오래된 호텔이 많기로 유명하다.

토마스 만이 체류했던 바인스 호텔은 당시 유럽 최고의 시설과 규모를 자랑했다. 전형적인 독일 남부의 부유층에 속했던 토마스 만은 유대

삶이 축제가 된다면

인 사업가 집안에서 시집 온 아내와 함께 이 최고급 호텔에 묵었다. 한때 베네치아 국제 영화제 때 유명 영화배우들이나 감독들이 묵는 호텔로 유명하기도 했다. 토마스 만의 《베네치아에서의 죽음》은 이탈리아 영화감독 루키노 비스콘티Luchino Visconti(1906~1976년)에 의해 같은 제목의 영화로 만들어졌는데(1971년), 바인스 호텔이 실제 영화 촬영 세트로 사용되었다. 이 유서 깊은 호텔은 럭셔리 콘도미니엄으로 전환하기 위해 2010년부터 폐쇄된 상태로 남아 있다.

그러나 토마스 만의 《베네치아에서의 죽음》에서 작품 속 주인공 구스타프 아셴바흐가 머물렀던 곳은 바인스 호텔이 아니라 엑셀시어 호텔Hotel Excelsior이었다. 실제로 리도에 있는 또 다른 최고급 호텔이다. 1908년 3,000명의 귀빈을 동시에 수용할 수 있는 세계 최고의 시설로 출발한 이 호텔은 지금도 성업 중인데, 1932년부터 베네치아 국제 영화제와 베네

아셴바흐와 타치오의 운명적인 만남이 있었던 리도의 엑셀시어 호텔.

치아 비엔날레의 주 행사장으로 사용된다. 영화제와 전시회를 빛내는 각종 환영 리셉션이 열리는 곳으로 유명하기도 하다. 영화 〈원스 어폰 어 타임 인 아메리카Once Upon A Time In America〉에서 주인공 로버트 드 니로Robert De Niro가 여주인공 엘리자베스 맥거번Elizabeth McGovern과 함께 호텔 앞 모래사장에서 와인을 마시는 장면이 유명한데, 바로 그 호텔에서 우리도 주인공 아셴바흐를 만나게 된다.

독일 뮌헨에서 베네치아를 찾아온 아셴바흐처럼 알프스 이북의 유럽인들이 따뜻한 남쪽 나라인 이탈리아에서 인생의 의미를 찾는 문화적 행위를 '그랜드 투어'라 한다. 1660년대부터 시작되었던 영국과 프랑스, 독일 귀족들의 이탈리아 여행 열풍은 1840년대 기차와 증기선 등의 대중 교통 수단을 통한 대규모 이동이 유행하기 전까지 약 200년간 이어졌다. 그랜드 투어는 부잣집 도련님들이 누리는 여행의 호사가 아니라 인격의 도야와 네트워크의 확산, 그리고 인문 고전의 세계를 직접 체험하기 위한 일종의 교육 프로그램이었다. 북유럽인들은 자신들이 속한 서구 문명의 근원을 직접 확인하기 위해 이탈리아를 최종 목적지로 삼았다. 이 그랜드 투어리스트들은 고대 로마의 유적에서 역사의 순리를 찾고 르네상스 시대의 예술품을 감상했으며, 무엇보다 이탈리아 사람들이 살아가는 삶의 방식을 통해 자신을 돌아보기를 원했다.

뮌헨에 거주하던 토마스 만도 이런 경험을 위해 이탈리아에서 가장 인기 있는 그랜드 투어의 행선지인 베네치아로 왔고, 자기 작품의 주인공인 아셴바흐로 하여금 리도의 엑셀시어 호텔에 묵게 한 것이다. 작가인 토마스 만도, 작품의 주인공인 아셴바흐도 베네치아에서 무엇인가를 발견하고, 무엇인가에 열광하기를 원했다. 애당초 이들이 베네치아에 온 이유가 바로 이것이기 때문이다. 그랜드 투어 소설이기도 한《베네치아에서의 죽음》에서 토마스 만은 아셴바흐라는 대리인을 통해 '무엇인가에 열광하기 위해' 베네치아로 온 사람들의 내면을 들여다본다. 도대체 주인공 아셴바흐는 베네치아에서 무엇에 열광하기를 원했을까? 그는 왜 하필이면 베네치아의 외곽 섬인 리도에 머물렀을까?

리도에서 펼쳐진 베네치아, 그곳은 '세상의 다른 곳'

리도섬과 관련된 베네치아의 오래된 축제가 있다. 정확하게 기원후 1000년이 되던 해에 베네치아 공화국은 아드리아해의 해적들을 완전 소탕한 기념으로 '바다의 축복Benedictio del Mare'이라는 축제를 열었다. 이 바다의 축제는 약 200년간 계속되다가 1177년부터는 '바다와의 결혼식Sposalizio del Mare'으로 이름을 바꾸었고 행사 규모도 확대되었다. 베네치아의 행정 수반인 도제는 베네치아 주교단과 함께 특별하게 장식된 관용 선박Bucintoro을 타고 산 마르코 광장 앞 바다에서 출발하여 리도섬까지 항해를 한 다음 아드리아해를 맞이하게 된다. 도제는 바다와 결혼하기 위해 교황이 직접 하사한 기념 반지를 바다에 던지면서, "이제 베네치아는 바다인 그대와 결혼하니, 오 대양이여! 참되고 영원한 지배의 상징으로(이 반지를 그대에게 주노라)!"라고 외친다. 물론 던져진 반지는 다시 건져낼 수 있도록 가느다란 실에 묶여 있다.

리도 앞바다에서 거행되는 이 축제는 지중해 해상 무역을 통해 나라의 근간을 유지해오던 베네치아인들의 염원을 담고 있고, 리도는 베네치아의 무역선들이 대양으로 나가는 출발점을 상징한다. 이 상징적인 축제는 1797년 나폴레옹의 침략 때까지 계속되다가 도제의 공식 폐위와 더불어 폐지된 적이 있다.

이탈리아 화가 카날레토가 1738년경에 그린 〈바다와의 결혼식 축제가 끝난 베네치아〉.
영국의 홀컴 홀 소장 작품.

《베네치아에서의 죽음》의 주인공 아셴바흐가 산타 루치아 역에서 베네치아 여행을 시작하지 않고 리도섬에 바로 도착한 이유가 있다. 이 작품이 발표되었던 1912년까지만 해도 대부분의 부유층 인사들은 이탈리아 본토와 베네치아 본섬을 연결하는 철도가 아닌 증기선(스팀 보트)을

삶이 축제가 된다면

타고 바로 리도섬에 도착했다. 그러니까 작가 토마스 만이 그랬던 것처럼 작품의 주인공인 아셴바흐도 스팀 보트를 타고 베네치아에 도착한 것이다.

작품 속에서 독일의 유명 작가 구스타프 아셴바흐는 절망에 빠진 상태였다. 단순히 작가가 겪는 슬럼프나 중년의 위기라 부르기에는 삶에 대한 그의 회한이 너무 깊었다. 겉으로 보기에는 말짱했다. 존경과 찬사를 한 몸에 받던 위대한 작가, 타의 모범이 되는 당대의 지식인으로 손색이 없었다. 그의 작품은 알프스 산맥 이북에 사는 귀족들의 가치를 대변하고 있었다. 이른바 게르만족의 모범이었던 것이다.

이탈리아인들은 그들을 야만족이라 불렀지만, 망각의 세월이 극복의 노력과 함께하면서 게르만족조차 뛰어난 지성의 민족으로 거듭났다. 고상한 게르만 귀족! 뮌헨의 아셴바흐는 고상한 척하면서 살아가는 모든 귀족적 방식을 대변하는 사람이었다. 걸음걸이 하나에서도 품위를 유지했고, 그가 만찬장에서 보여주는 귀족적인 우아함은 독일의 지성인이 갖추어야 할 문명인의 정수를 보여주었다. 그는 성공한 독일인들이 보여주는 평균적인 부지런함에 있어서는 타의 추종을 불허했다. 공개적인 장소에서 그가 하품을 하는 것을 본 사람은 아무도 없었다. 그는 정말 시계추와 같은 인물이었다. 정해진 시간에 기상하고, 하인이 가져다주는 조간신문을 읽는 장소와 시간이 같았으며, 심지어 아침에 마시는 차의 종류와 맛의 농도가 균일했다. 성공을 거둔 다른 사람들처럼 그도 일 중독자였으니, 토마스 만의 소설은 그를 이렇게 묘사한다.

그는 자기 자신과 유럽 정신이 부과한 작업으로 인해 너무 바쁜 나머지 다채로운 외부 세계를 애호하는 사람에게 필요한 잠깐의 휴식마저 다 내

팽개쳐버리고 창작의 의무에만 매달렸다.3

   그는 뮌헨에서, 독일에서, 유럽 정신의 수호자임을 자처하며 죽도록 글을 썼다. '여가'는 그에게 사치와 게으름의 동의어였다. 노동이 그대를 자유케 하리라Arbeit macht frei! 아셴바흐는 스스로 아우슈비츠 형무소의 강제 노역장으로 달려가던 노동자였던 것이다. 그러나 어느 순간, 문학의 창작이라는 노동을 통해 인류를 무지와 타락의 늪에서 구하려는 중세의 기사처럼 펜을 들고 돌진하던 그에게 회의가 몰려왔다. '나의 문학은 정녕 인류를 구할 수 있단 말인가? 나의 논리, 나의 당위성이 길을 잃은 나그네에게 분명한 삶의 이정표를 보여줄 수 있단 말인가?' 뮌헨의 지식인 아셴바흐는 갑자기 "도피하고자 하는 충동"에 휩싸인다. 작은 어항에 갇혀 있는 금붕어처럼, 그대로 있다가는 숨 막혀 죽을 것 같다는 갑갑함을 느끼게 되었다. 그렇다면 그가 가야 할 곳은 어디일까?

   그래서 어떤 활력소가 필요했다. 순간순간의 즐거움과 느긋한 여유, 이국의 바람과 새로운 피를 솟구치게 할 무엇인가가 필요했다.4

   그래서 아셴바흐는 그랜드 투어를 결심하고 실행에 옮긴다. 베네치아로 가자! 새로운 그 무엇을 찾아서! 그곳에서 이국의 바람을 맞자! 마침 심혈을 기울여 쓴 산문 형태의 서사시도 무사히 출간을 마쳤고, 여느 때처럼 그의 책은 문단과 독자의 호평을 받았다. 이제 조금 휴식을 취할 때도 되었다. 비록 그의 가문은 휴식이나 여행 따위를 게으른 자들의 한심한 작태로 보긴 했지만.

   독일 남부 슐레지엔 지방에서 일하던 고위 법관의 아들인 아셴바흐는 대대로 독일의 고위직 공무원을 배출한 가문 출신답게 단정하고 검약한 생활방식을 고수하고 있었다. 조상들 중에서 루터파 목사가 배출되면서 그의 가문은 더욱더 스토아 철학(금욕주의)의 요람으로 변모해갔다. 그는 단 한 번도 스스로에게 젊은 시절의 빈둥거림을 허용하지 않았고, 그에게 방종이나 일탈은 의미를 지니지 않은 생소한 단어일 뿐이었다. 아셴바흐 가문의 아버지들은 아들들에게 "끝까지 견뎌라!"라는 간단하지만 가혹한 문장을 삶의 좌표로 제시했고, 자랑스러운 가문의 아들이었던 작가 아셴바흐는 이 단순무식한 문장을 제일 좋아했다. 끝까지 견뎌라!

아셴바흐는 스스로에게 이런 가혹한 삶의 자세를 요구하면서 앞으로 나아가야만 했기에 극도로 엄격한 규율이 필요했다. 그의 신체는 그렇게 건강한 편이 아니었다. 그럼에도 불구하고 그는 "끝까지 견디기" 위해 몸을 혹사할 수밖에 없었고, 정신력으로 육체의 한계를 극복해나가야만 했다. 물론 이런 희생정신은 그의 문학에서 자연스럽게 흘러나왔으니, 그가 작품 속에서 제시한 주인공들은 대부분 "몸에 칼과 창이 꽂혀 들어오는 치욕적 순간에도 이를 악물고 의연히, 그리고 조용히 서 있는 젊은이다운 지성적 청년"의 모습이었다.[5] 이쯤하면 토마스 만이 왜 아셴바흐를 주인공으로 선택했는지 짐작할 수 있을 것이다. 토마스 만이 아셴바흐고, 그의 책을 읽고 있는 독자들이 아셴바흐고, 이 글을 쓰고 있는 나 역시 아셴바흐이기 때문이다. 나는 베네치아에서 토마스 만이 소개하는 아셴바흐를 처음 만나면서, 이건 남의 얘기가 아니라는 생각이 들었다. 아래 문장을 보라.

> 구스타프 아셴바흐는 거의 탈진 상태에서 일하는 모든 사람들, 과중한 부담에 허덕이는 사람들, 이미 녹초가 되어버린 사람들, 그래도 아직은 꼿

꼿이 자신을 지탱해가고 있는 사람들, 신체도 허약하고 경제적으로도 넉넉하지 못한 중에도 초인적인 의지와 현명한 자기관리로, 적어도 얼마 동안이나마 위대한 영향력을 발휘한 그 모든 업적주의 도덕가들의 시인이었다.[6]

아셴바흐의 상태는 우리들의 상태다. 탈진 상태에 이르기까지 무엇인가를 하고 있지만 이미 녹초가 되어버린 우리. 그래도 아무 탈 없는 척, 내일에 희망이 있는 척 하루하루를 살아가고 있는 우리. 우리와 다른 점이 있다면, 그가 절대성을 추구하던 예술가였다는 것이다. 그는 정신적인 것에 높은 가치를 두었기에 육체적인 것 혹은 감각적인 것을 부차적인 것이나 열등한 것으로 간주했다. 특히 그가 젊었을 때 쓴 글은 불굴의 정신력이 돋보였기에 모든 사람에게 감동을 주었다. 그러나 점점 나이가 들어가면서 그의 글에는 예전에 발견할 수 없었던 방어적이고 남을 가르치려 드는 훈계조의 문장이 나타나기 시작했다. 요즘 젊은이들 사이에서 회자된다는 '꼰대질'이 나타난 것이다. 독자들을 사유의 충격으로 몰아넣던 그의 힘찬 옛 문장들은 뚜렷할 정도로 혁신성이 떨어졌고, 그의 글은 "모범이 될 만한 확고한 문체, 갈고 닦은 전통적 문체, 보존적 문체, 형식을 갖춘 문체, 심지어는 상투적인 문체로까지 변하게 되었다."[7]

아셴바흐는 잔주름이 늘어나는 자신의 외모만큼이나 자신의 문장이 노쇠해지고 있음을 깨달았다. 그가 알프스 산맥을 넘어 남쪽 나라 이탈리아 베네치아로 갑작스러운 여행을 떠난 것도 바로 그 때문이었다. 몸과 마음이 함께 늙어가고 있고, 생각과 글이 덩달아 힘을 잃어가고 있을 때 시인이 선택할 수 있는 곳이 베네치아 외에 어디가 있을까? 작품 속에 등장하는 아셴바흐의 독백처럼, "하룻밤 사이에 비할 바 없는 것, 동

화처럼 환상적인 일탈을 이룩하기 원한다면, 어디로 가야 하는가?" 이렇게 스스로에게 질문을 던진 아셴바흐는 마치 정답을 미리 알고 질문을 던진 사람처럼 베네치아행 기선에 몸을 싣는다. 그에게 배표를 팔던 남자는 베네치아행 1등석 표를 건네주면서 이렇게 말한다.

아, 베네치아라! 정말 멋진 도시죠! 지금 현재의 매력으로 보나 과거 역사로 보나, 교양인에게는 물리칠 수 없는 매력을 발산하는 도시죠.8

매력의 도시 베네치아로 가는 배 안에서 아셴바흐는 생각에 잠긴다. "지루한 식사 동안 그는 추상적인 것, 아니 정말이지 선험적인 것에 대해 관심을 가지고서 법칙적인 것과 개성적인 것이 맺고 있을 듯한 비밀스러운 연관 관계에 대하여 곰곰이 생각해보았다."9 아, 아셴바흐에게는 정말 베네치아라는 치명적인 약이 필요하구나! 그의 몸은 베네치아로 향하고 있지만, 그의 생각은 여전히 독일 뮌헨에 머물러 있다는 뜻이다. 베네치아로 가면서 "법칙적인 것"을 생각하고 있다니! 사하라 사막으로 가면서 우산을 챙기는 꼴이었다.

그는 전형적인 독일인이었다. 근면성실을 지존의 가치로 알고, 인간 이성의 위대한 가능성을 철학으로(칸트), 음악으로(베토벤), 과학(아인슈타인)으로 증명했던 게르만족의 일원답게 추상적인 것의 절대성을 확신하던 사람이었다. 같은 독일인의 피를 타고난 칸트가 설파했던 정언 명령에 충실했던 아셴바흐에게 주관적 사유는 배제되어야만 하는 것이었고, 오직 보편타당한 객관적 원칙만이 지존의 가치를 지니고 있었다. 그런데 베네치아 리도섬에 도착한 그의 앞에 비합리적인, 비추상적인, 아니 관능적인 인물이 눈앞에 등장했으니, 가족과 함께 베네치아로 휴가

온 폴란드 귀족 집안의 아들 타치오였다.

아셴바흐는 타치오를 처음 본 순간 그 잘난 합리성이, 추상성이 무너지는 것을 느꼈다. 두 사람의 만남은 숨 막히는 문장으로 묘사된다. 아마 토마스 만의 《베네치아에서의 죽음》보다 더 동성에 대한 관능적인 묘사를 발견하기 어려울 것이다. 토마스 만이 아셴바흐의 시선으로 표현한 타치오에 대한 묘사는 다름 아닌 "고귀한 인간 형상"에 대한 찬미였다. 타치오에 대한 감각적이며 몽환적인 묘사는 성적 대상화가 아니라 절대미에 대한 묘사로 읽혀야 한다. 아셴바흐가 거울 앞에 섰을 때 자기 자신을 바라보며 느낀 감정의 정반대였다. 그는 타치오를 처음 본 순간, 붉게 달아오른 자신의 얼굴을 감추기 위해 서둘러 호텔 방으로 돌아갔다. 그리고 자괴의 심정으로 거울 앞에 서서 초라한 자신의 얼굴을 본다.

그는 방 안으로 들어가 한참 동안 거울 앞에 서서, 자신의 세어버린 머리와 지쳐 보이는 날카로운 얼굴을 들여다보았다. 바로 그 순간 그는 자신의 명성에 관해 생각하게 되었다. 그리고 많은 사람들이 그를 어디에서나 알아보고, 적확하고 품위 있게 꾸며놓은 말들 때문에 존경하는 눈빛으로 쳐다보는 점에 대해서 생각했다.[10]

도대체 그게 다 무슨 소용이란 말인가? 사람들의 존경하는 눈빛? 작가로서 누리는 명성? 베스트셀러 작가의 유명세? 사인을 해달라고 내미는 수첩? 그게 다 무슨 소용이란 말인가? 나는 늙었고, 그는 젊은데! 그의 뺨은 리도섬에서 바라보는 석양처럼 선홍색으로 빛나는데, 주름 가득한 내 얼굴은 생기 잃은 늘그막 초상화에 불과한데…. 나는 그를 사랑할 자격이 있을까? 나 같은 늙은이가 그 아름다운 어린 소년을?

삶이 축제가 된다면

거울 앞에 선 아셴바흐는 내면에서 소용돌이치는 이 낯선 감정에 큰 충격을 받는다. 생애 처음으로 감각적인 욕망에게 지배당하는 자신을 발견했기 때문이었다. 이런 감정의 소용돌이는 게르만족에게서 좀처럼 일어날 수 없는 낯선 것이었다. 냉철한 판단으로 미성숙한 감정을 통제하라! 생각의 주인이 되어 느낌의 시녀를 통제하라! 그것이 위대한 작가 아셴바흐가 추구하던 독일 문학의 정수였다. 그런데 한 소년의 아름다움에 내 판단력이 흐려지다니! 내 가슴이 이렇게 뛸 줄이야! 이건 정말 있을 수 없는 일이다!

아셴바흐는 그 낯선 감정과 마주 대하는 자신이 부끄러웠고, 감각과 일탈의 불길을 좀처럼 끌 수 없을 것이라는 판단이 서자 황급히 리도섬을 떠나 베네치아 본섬으로 향한다. 독일 뮌헨으로 돌아가기 위해서였다. 곤돌라에서 노를 젓는 베네치아 뱃사공들의 무뚝뚝한 언행과 틈만 나면 바가지를 씌우려는 베네치아 상인들의 농간에 때로는 침묵으로, 때로는 고성으로 대응하던 아셴바흐는 복잡한 감정에 사로잡힌다. 베네치아를 떠나는 것은 타치오와의 이별을 뜻한다. 타치오와 이별한다는 것은 감각적인 것들로부터 작별하겠다는 뜻이다. 이건 바른 판단일까? 나중에 후회하지 않을까? 이런저런 생각들이 곤돌라 위에서 흔들리고 있을 때, 카날 그란데를 지나가던 아셴바흐는 머리 위에서 긴 포물선을 그리며 두 해안을 연결하는 리알토 다리를 본다.

수로의 방향이 바뀌자 리알토의 화려한 대리석 아치가 나타났다. 여행객 아셴바흐는 그것을 바라보았다. 그런데 그는 가슴이 찢어지는 듯 슬펐다. 그 도시의 분위기를, 그리고 도망가라고 그토록 그를 몰아붙였던 바다와 습지의 좀 썩은 냄새를, 그는 이제 깊고 애정 어린 고통스러운 호흡으 타치오를 피해, 감각의 우월을 인정하기 싫어서 독일로 돌아가려고 하던 아셴바흐에게 리알토 다리는 '탄식의 다리'였다. 다시는 보지 못할 타치오를 생각하며, 그는 리알토 다리 아래에서 눈물을 흘렸다. 리알토 다리 아래 바닷물이 흐르고, 아셴바흐의 이룰 수 없는 사랑도 흘러내렸다. 그는 다시는 보지 못할 베네치아를 뒤돌아보며 굳게 입술을 깨물었다. 그것은 이성으로서의 회귀이며, 감각에 대한 추상성의 승리를 인정하는 의연한 태도였다.

그런데 막상 산타 루치아 역에 도착하자 예기치 못했던 상황이 벌어졌다. 리도의 엑셀시어 호텔에서 미리 배편으로 보냈던 그의 가방 하나가 수신지를 잘못 기록하는 바람에 코모Como로 가버렸다는 뱃사공의 전갈 때문이었다. 아셴바흐는 리도의 호텔로 돌아갈 수 있는, 아니 타치오에게 돌아갈 수 있는, 아니 베네치아에서 더 오래 머물 수 있는 명분을 찾았다. 그는 뱃사공에게 다시 그 가방을 찾아서 호텔로 보내주지 않으면 가만있지 않겠다는 전형적인 독일 관광객의 깐깐함을 보이면서, 서둘러 리도의 엑셀시어 호텔로 돌아간다. 그의 얼굴에는 옅은 미소까지 스쳐갔다. 타치오가 머물고 있는 엑셀시어 호텔로 돌아가는 아셴바흐는 이성의 땅으로 회귀하던 행진을 멈추고 감각의 섬 리도로 돌아가는 것이다.

이성의 땅 독일로 돌아가야만 한다는 당위성 때문에 호텔 문을 나섰지만 다시 타치오를 보고 싶은 열망 때문에 리알토 다리 아래에서 눈물까지 흘렸던 아셴바흐는 이제 마치 개선장군처럼 리도의 엑셀시어 호텔로 귀환했다. 그러나 그 회귀는 치명적인 파국을 향해 가는 길이었다. 베네치아가 공화국의 자랑스러운 깃발을 휘날린 이래 수십 번이나 도시를 초토화하며 지나갔던 전염병이 익숙한 손님처럼 다시 찾아왔기 때문이다. 콜레라의 급속한 확산으로 의심되는 전염병이 부두 노동자들과 리알토 시장의 채소 장사꾼들을 먼저 쓰러트렸고 이후 베네치아에는 짙은 죽음의 그림자가 드리워지기 시작했다. 사람들은 바깥출입을 삼갔고, 이웃과의 대면을 꺼렸다. 무엇보다 숨 막히는 것은 도시의 적막이었다.

그러나 베네치아는 예나 지금이나 관광으로 먹고 사는 도시이다. 20세기 초반의 콜레라나 21세기 초반의 코로나가 베네치아에 치명적인 이유는 사람의 통행을 중단시켰기 때문이다. 사람의 왕래가 끊기면 베네치아는 망한다. 그래서 베네치아 경찰과 상인 들은 전염병의 창궐이 경찰서와 가게의 문턱까지 도달했음에도 불구하고 짐짓 아무 일이 없는 것처럼 행동했다. 정보에 빠른 사람들이 슬금슬금 도시를 떠나는 와중에도 베네치아 호텔의 지배인들은 연신 어색한 웃음으로 "본 조르노!"를 외쳐대며 사태를 무마하려고 했다. 내게도 전혀 낯설지 않은 풍경이다.

아셴바흐는 베네치아에 전염병이 돌고 있다는 것을 알지 못한 채 여전히 가족과 함께 관광을 즐기는 타치오를 발견한다. 그 아름다운 소년을 멀리서나마 지켜보기 위해서 그는 가족을 몰래 미행한다. 독일 귀족의 품위는 이미 잊어버린 지 오래다. 아름다운 타치오를 찬탄의 눈으로 바라보는 것만으로도 아셴바흐는 지금까지 한 번도 경험해보지 못했던 희열을 맛본다. 그것은 새로운 삶의 환희였고, 숨 가쁘도록 몰아치는 행복의 파도였다. 그러나 아셴바흐는 이미 베네치아의 전염병에 감염되어 있었다. 콜레라나 코로나나 노인의 쇠약한 몸에서 최적의 숙주를 발견하기 마련이다. 타치오를 몰래 따라다니며 골목 어귀에 숨어 그 젊고 아름다운 소년을 멀리서 훔쳐보던 아셴바흐는 베네치아의 이름 모를 거리에서 주저앉고 만다. 숨을 헐떡거리며 식은땀을 흘렸다. 그리고 그가 발견한 것은 베네치아의 골목길에 주저앉아 있는 자신의 실체였다. 진정한 아셴 바흐, 자기 자신의 초라한 모습을 발견한 것이다.

그가 거기 앉아 있었다. 대가이자 품위를 인정받은 예술가, 《가련한 사람》의 저자, 너무나 모범적이고 순수한 형식으로 보헤미안 기질과 우울한 깊이를 거부했으며, 타락한 자에게는 감정 이입을 배제했고, 사악한 것을 떨쳐버린 작가, 신분 상승을 한 사나이, 자신의 지식과 온갖 아이러니를 정복하고 성장하여 대중의 신뢰에 걸맞은 책임을 지는 데 익숙해 있었던 사람. **12**

베네치아의 골목길에서 쓰러진 아셴바흐는 멀리 사라져 가는 타치오를 보면서 자신의 초라한 모습을 돌아본다. 그의 진짜 모습을 본 것이다. 예술가로서 살아왔지만 삶에는 아름다움이 없었고, 사람들은 그에게 존경을 표했지만 정작 자신에게는 지나치게 가혹했던 지난 삶이 후회로 다가왔다. 바로 그 순간 아셴바흐는 그리스의 한 문학 작품을 떠올리며, 진정으로 행복한 삶, 아름다움으로 가는 길에 대한 깨달음을 얻는다. 단연코 《베네치아에서의 죽음》이 우리에게 선물하는 백미의 문장이다.

귀여운 애야, 이제 너는, 정신적인 것으로 가기 위해 감각적인 것을 통과하는 길을 걸어온 사람이 언젠가는 지혜와 진정한 품위를 얻을 수 있을 거라고 생각하느냐? 아니면, 너는 이것이 오히려 위험스럽고도 쾌적한 길, 즉 필연적으로 잘못에 이르게 하고 마는 정말 잘못된 길, 죄악의 길이라고 생각하느냐? 이렇게 묻는 이유는 네가 꼭 알아둬야 할 게 있어서인데, 그것은 우리 시인들은 에로스가 옆에 와서 안내자로 나서주지 않고서

는 아름다움의 길로 갈 수 없다는 사실이야. ¹³

바로 이 구절이 우리가 베네치아에서 토마스 만의 소설 《베네치아에
서의 죽음》을 읽어야 하는 이유다. 작품 속의 주인공 아셴바흐는 이것을
깨닫고 책 제목처럼 베네치아에서의 죽음을 맞이했다. 에로스가 우리 곁
에 와주지 않는 이상, 합리적인 삶이나 고귀한 명성 따위는 우리를 아름
다움의 길로 인도하지 않는다. 그렇다. 베네치아는 에로스가 강림한 도
시다. 우리는 베네치아에서 에로스를 만나야 한다. 그곳에서 에로스를
만나고 사랑을 하지 못한다면, 베네치아는 그저 죽음의 도시일 뿐이다.

독일의 작가 토마스 만은 《베네치아에서의 죽음》에서 주인공 아셴바
흐를 등장시켜 우리에게 삶의 자세를 캐묻고 있다. 과연 그렇게 사는 것
이 바른가? 그것이 유일한 삶의 방식인가? 자신에게 주어진 사회적 의
무를 감당하느라 앞만 보고 달려가는 피로 사회의 일원이었던 우리들에
게 새로운 삶의 자세를 촉구하고 있다.

작품 속에 등장하는 타치오는 게르만족이 염원은 하되 실행에 옮기지
못하는 감각적 인간의 모델로 등장했다. 타인의 시선과 사회적 규칙을
준수하기 위해 살아가고, 또 타인에게 규칙의 준수를 강제하며 살아왔던
아셴바흐는 타치오 앞에서 완벽하게 무너졌다. 감각의 추구가 선물하는
삶의 기쁨을 있는 그대로 받아들이고, 내면에서 솟아나는 감정을 자신과
타인에게 숨기지 않고 드러내는 베네치아적인 삶은 아셴바흐에게 충격
을 주었다. 그 존재론적인 충격을 이기지 못한 이 가련한 북유럽인은 베
네치아의 이름 모를 골목길에서 죽음을 맞이한다. 에로스가 우리 곁으로
다가와서 인생의 안내자로 나서주지 않고서는 아름다움의 길로 갈 수 없

다는 사실을 깨달았지만, 이미 때는 늦었다. 아셴바흐는 베네치아에서 결국 죽음을 맞이했다.

"인생은 다르게 살 수 없는 것일까?" 이것이 마지막 순간에 후회로 가득한 임종의 순간을 맞이했던 아셴바흐가 베네치아에서 스스로에게 물었던 질문이다. 우리가 전염병이 물러간 베네치아로 다시 돌아갈 수 있다면, 그곳에서 아셴바흐를 추억하며 우리 자신에게도 조용히 물어야 할 질문일 것이다.

삶이 축제가 된다면

2장

무라노섬

카사노바의 《나의 편력》

베네치아는 그곳을 찾아오는 방문객을 눈멀게 한다. 질서정연한 것, 법칙적인 것이 우월하다고 확신하는 사람들조차 베네치아에서는 그야말로 '관광객'이 된다. 관광觀光! 그 말은 '빛光'을 '보는觀' 것이다. 눈부시게 빛나는 것을 보는 행위가 관광이라면, 베네치아는 진짜 관광의 도시다. 베네치아는 빛나는 도시니까. 눈부신 도시니까. 장님 호메로스도 베네치아에서는 빛을 보았을 것이고, 사도 바오로는 말에서 떨어지지 않았어도 베네치아에서 눈이 멀게 되었을 것이다. 그 찬란한 빛 때문에. 아드리아해의 빛나는 신부인 베네치아를 방문할 때 관광객들이 잊지 말아야 할 것이 있으니, 바로 짙은 색으로 시력을 보호해주는 선글라스다!

　베네치아의 좁은 골목길에서 술래잡기와 같은 길 찾기에 지친 관광객들에게는 수상버스를 타고 무라노Murano섬으로 가볼 것을 권한다. 무라노는 베네치아 본섬의 중심으로부터 약 1.5킬로미터 정도 떨어져 있는 작은 섬이다. 원래 베네치아로부터 독립된 행정 구역이었지만 13세기부터 베네치아 공화국의 통치권에 포함되었다. 1291년, 베네치아 정부는 모든 유리 공예 제작업자들에게 공방을 무라노섬으로 이전하라고 명령했다. 유리를 제작하기 위해 고열을 만드는 화로가 베네치아에서 자주

삶이 축제가 된다면

대형 화재를 일으켰기 때문에 이에 대한 예방조치였다. 베네치아가 자랑하는 유리 공예 산업을 한곳에서 집중적으로 보존·육성하면서 동시에 특수한 유리 제작 기술이 외부로 유출되는 것을 막을 수 있으니 일석이조의 정책결정이었다.

그러나 베네치아 본섬에서 추방되다시피 한 유리 공예 장인들은 갑작스러운 공방 이전 명령에 반발했다. 베네치아 정부는 이들의 불만을 무마하기 위해 무라노로 이전하게 된 모든 유리 공예 장인들에게 일괄적으로 기사계급을 부여했다. 또 무라노의 유리 공예 장인들에게 세금을 감면해주는 혜택을 주었을 뿐 아니라 특별법으로 그들의 신분을 보호하며 외부로 유리 공예 기술을 이전시키지 않는다는 조건을 준수하면 후손 대대로 기사계급을 인정해준다는 조치를 발표했다. 이런 조치들 덕분에 무

무라노의 유리로 장식된 작은 운하.

라노의 유리 공예 산업은 지금도 세계적인 수준을 자랑하고 있다. 무라노가 자랑하는 유리 공예 산업의 역사를 좀 더 자세히 알아보려면 무라노섬의 팔라초 주스티니안Palazzo Giustinian 안에 있는 유리 박물관을 방문해볼 것을 추천한다.

　베네치아 본섬으로부터 지척의 거리에 위치하고 있지만 무라노는 눈부신 햇빛과 형형색색의 유리 공예품들이 선사하는 화려한 색깔로 이 섬을 찾아오는 관광객들의 마음을 들뜨게 하는 곳이다. 베네치아 본섬이 있는 석호에서는 찾아보기 어렵지만 무라노에서는 살아 있는 물고기가 떼를 지어 헤엄치는 모습을 쉽게 발견할 수 있다. 무라노에는 예술과 자연이 더불어 공존하고 있다. 우리가 베네치아 본섬으로 바로 향하지 않고 리도섬을 거쳐 무라노섬으로 가는 까닭은 그곳에서 자연과 생명을 발견하기 위함이다. 생명의 기쁨을 보여주는 자연, 살아 숨 쉬는 생명, 침묵하는 이성이 아니라 날것처럼 꿈틀거리는 감각, 합리성이 아닌 감각을 찾아 떠나는 곳이 바로 무라노섬이다. 빛의 섬 무라노에서 우리는 카사노바를 만날 예정이다.

베네치아의 자유로운 영혼, 카사노바

　1797년, 프랑스에서 일어난 혁명(1789년) 이후로 유럽의 왕족들과 귀족들이 민중 봉기가 자신에게 미칠 손해를 계산하느라 분주할 때, 오스트리아(신성로마제국)의 통치를 받던 보헤미아(지금의 체코 공화국) 둑스Dux성의 어두컴컴한 도서관 한구석에서 72세의 노인이 자서전을 집필하고 있었다. 보헤미아 둑스 도서관의 고독한 사서였던 그는 혼잣말로 주위 사람들에 대한 불평을 주절주절 내뱉으며, 자신의 젊은 시절에 대한 기

　　　　　　　　　　　　　　　　　　삶이 축제가 된다면

록을 천천히 써내려갔다.

그의 이름은 자코모 카사노바Giacomo Casanova(1725~1798년). 세상은 그를 엽색가, 희대의 바람둥이, 천하의 사기꾼으로 기억하고 있다. 카사노바는 화려한 여성편력 하나만으로 베네치아를 대표하는 인물이 되었다. 베네치아가 배출한 위대한 건축가 산소비노Jacopo Sansovino(1486~1570년)와 위대한 화가 티치아노는 모르더라도, 사람들은 카사노바란 이름을 기억한다. 베네치아의 바로크 시대를 열었던 건축가 롱게나Baldassare Longhena(1598~1682년)는 이름도 모르는데, 어떤 사람들은 카사노바를 삶의 본보기로 동경하고 심지어 카사노바와 같은 사람이 되려고 한다. 도대체 그 난봉꾼이 누구이기에 베네치아를 대표하는 인물이 되었을까? 왜 베네치아는 카사노바와 같은 인물을 배출한 것일까? 그런데 지금 그 잘나가던 카사노바가 왜 둑스 성의 도서관에 홀로 앉아 먼지를 뒤집어쓴 채 글을 끄적이고 있는 것일까?

나는 보헤미아에서 나를 서서히 죽이고 있는 끔찍한 권태를 조금이나마 달래기 위해 이 회고록을 쓰고 있다.[14]

이것이 늙은 난봉꾼, 털 뽑힌 사자, 자랑할 것이라고는 과거의 기억밖에 없는 카사노바가 자신의 회고록 《나의 편력》을 쓴 이유다. 고향 베네치아를 떠나 동유럽의 후미진 보헤미아 작은 성에서 서고를 정리하던 카사노바는 자신이 "서서히 죽어가고" 있음을 절감한다. 그것은 베네치아를 멀리 떠나 온 영혼이 직면하게 되는 운명의 진단서였다. 베네치아에서 멀어지면 멀수록 모든 인간은 서서히 죽어가게 된다. 카사노바는 자신의 회고록을 아래와 같은 도발적인 글로 시작한다.

이 책을 읽는 독자들은 내가 뚜렷한 인생의 목표를 가진 적이 한 번도 없었고, 내 인생관은 무사태평하게 바람 부는 대로 인생의 물결에 내맡기는 식이었다는 것을 알게 될 것이다.[15]

보통 자서전은 무엇인가 후손들에게 남겨줄 교훈이 있는 사람들이 쓰는 것이다. 이른바 위인들이 자서전을 남긴다. 무언가 그럴듯해 보이는 업적을 남긴 사람들이 노년에 자신의 주장을 문서로 남겨놓기 위해 자서전을 집필한다. 그런데 지금 카사노바의 이 뻔뻔스러운 태도를 보라! 끔찍한 권태를 조금이나마 달래기 위해 자서전을 쓰고 있고, 즉 시간을 죽이기 위해 글을 쓰고 있지만, 자신의 삶에는 본받을 것이 전혀 없다고 처음부터 명명백백하게 밝히고 있다. 이런 뻔뻔스러운 작자가 있나? 자기 스스로 쓰레기 같다고 평가한 책을 우리들에게 읽어보란 말인가? 아니면 읽지 말란 뜻인가?

베네치아 카사노바 박물관에 전시되어 있는 그의 유품과 비밀 연애편지.

잘 모르는 사람들이 카사노바를 카멜레온 같은 엽색가, 천하의 바람둥이로 간주하지만 사실 그는 심오한 행동철학자였다. 그것도 자신의 철학은 말로만 떠들고 삶은 전혀 다른 방식으로 살아가는 일반적인 철학자들과는 완전히 달랐다. 그는 자신의 에피쿠로스 철학을 삶으로, 몸으로, 그것도 혼신을 다해 실천한 사람이었다. 카사노바는 긴 자서전의 첫 부분에서 에피쿠로스 철학자인 루크레티우스Lucretius의 문장을 인용하며, "만질 수도 만져질 수도 없는 무형의 실체가 어떻게 느낌을 받을 수 있을지를 설명할 수 있는 사람은 없다"고 단언한다. 카사노바에게 무형의 이론따위는 의미가 없다는 말이다. 사실 이것이 우리에게는 '쾌락주의'로 잘못 번역된 에피쿠로스 철학의 핵심이기도 하다. 삶이 중요하며, 이론이나 지성과 같은 무형의 것이 아니라 직접 만져지는 것, 실체적인 것, 감각이 모든 것에 우선한다는 말이다. 이성적인 기준, 합리성, 논리, 이따위는 모두 개뼈다귀에 불과하다! 카사노바는 8살 때부터 이런 "무엇인가를 만졌노라고" 자랑스럽게 회상하면서, 자서전 집필을 시작한다. 감각의 도시 베네치아를 고향으로 둔 사람답게, 그는 감각을 추구하는 삶을 멋지게 살았노라고 자랑하고 있다.

내 인생의 가장 중요한 관심사는 내 감각을 만족시키는 일이었다. 그보다 더 중요한 일은 결코 없었다. 나는 여성을 위해 태어난 사람이라고 느꼈고, 항상 여성을 사랑했으며, 여성의 사랑을 받기 위해 최선을 다했다. 나는 또한 맛있는 음식을 좋아했고, 호기심을 자극하는 것에는 억누를 수 없는 매력을 느꼈다.16

베네치아 사람다운 말이다. 감각의 도시 베네치아 사람들이 인생을 살아가는 방식을 이것보다 더 적절하게 요약한 말은 없다. 독일 뮌헨에서 베네치아를 찾아왔던 아셴바흐와는 정반대의 인물이다. 리도섬에서 아셴바흐를 만났다면, 무라노섬에서 우리는 카사노바를 만나게 될 것이다. 이 감각의 사람 카사노바는 자신이 추구한 관능의 삶을 더 적절히 표현하기 위해 모국어인 이탈리아어가 아닌 프랑스어로 자서전을 썼다. 격한 발음이 거의 없는 프랑스어는 달콤한 사랑의 언어로 유명하다. 지금도 구글의 통계에 의하면 유럽의 여러 가지 언어 중 프랑스어에서 유독 'Je t'aime^{I love you}', 'Mon amour^{my love}', 'Tu me manques^{I miss you}' 등 사랑에 관련된 표현이 가장 빈번하게 사용된다고 한다. 카사노바는 자신이 온몸을 바쳐 추구했던 사랑과 관능의 개인사를 보다 적절하게 표현하기 위해 '사랑의 언어'인 프랑스어를 선택했다. 모국어 이탈리아어를 죽도록 사랑했고, 그래서 《신곡》을 통해 죽음 이후의 세계를 장엄한 이탈리아어로 표현했던 단테가 알았으면 천국에서 통곡을 했을 것이다. 그리고 이렇게 한탄했으리라. "이것이 피렌체와 베네치아의 차이였구나!"

카사노바는 주체적인 인간이었고 주체적인 삶을 살려고 발버둥 쳤다. 다른 사람이 자신을 어떻게 평가하는지에 대해서는 상관하지 않았다. 오직 자신이 느끼는 감각만 소중했기에 자신의 좌우명을 "자기 자신에게 이득이 되는지를 모르는 사람은, 아무것도 모르는 것이다^{Nequicquam sapit qui sibi non sapit}"로 삼았다. 모든 가치의 기준은 자기 자신이지, 남의 평판이나 판단이 아니라는 것이다. 카사노바는 그런 자신이 모든 것의 기준이 되었고, 그 기준에 따라 모든 것을 판단하는 삶을 살았다고 자랑스럽게 떠벌린다.

나로 말하자면, 나에게 닥친 행·불행의 주요 원인이 나 자신이라는 것을 인정하는 데 주저하지 않았다. 따라서 나는 언제나 나 자신에게 배울 수 있었으며, 나 자신을 스승으로 여겨 사랑해 왔다.[17]

모험가 카사노바의 생애, 무라노 이전

카사노바는 1725년, 베네치아에서 태어났다. 카사노바의 아버지는 베네치아 산사무엘레 극장Teatro San Samuele의 전속 연극배우 겸 무용수였다. 이 잘생긴 연극배우는 극장 부근에 있던 제화점에서 주인의 딸 자네타 파루시Zanetta Farussi와 눈이 맞았고, 몰래 결혼식을 올린 지 9달 만에 아들을 낳았다. 속도위반으로 낳은 그 아들이 바로 카사노바였으니, 산모의 나이는 17살에 불과했다. 연극배우와 눈이 맞아 몰래 결혼식을 올리고, 때 이른 아들까지 낳자 어린 신부의 아버지는 울화병에 걸려 죽고 말았다. 제화공의 딸이었던 카사노바의 어머니 자네타 파루시는 이후 베네치아에서 명성을 떨치는 유명 여배우가 되었고, 동시에 카사노바의 동생들을 줄줄이 낳았다. 태어난 자녀들의 외모와 재능이 각각 달랐기 때문에 자네타 파루시의 품행에 대한 말들이 많았고, 카사노바의 아버지조차 장남 카사노바가 자신의 친아들이 아니라 극장 주인이었던 귀족 미켈레 그리마니Michele Grimani의 아들일 것이라 의심할 정도였다고 한다.

출생에 대한 소문이야 어떻게 되었건, 카사노바는 잘생긴 베네치아의 연극배우 아버지와 절세미인이었던 어머니 사이에 태어났으니 어릴 때부터 출중한 외모를 자랑했다. 190센티미터에 달하는(자신의 키가 2미터라고 소개한 적도 있다) 큰 키 덕분에 군중 속에 섞여 있을 때도 군계일학群鷄一鶴이었다. 카사노바는 지적 능력도 탁월했다. 아버지를 일찍 여의었던 그는 유럽 각국으로 연극 공연을 떠나야 했던 어머니 대신 할머니 손에 자랐다. 9살 때 그는 베네치아 인근의 대학도시 파도바에 보내졌고, 17살의 어린 나이에 법학사 학위를 따내는 기염을 토했다.

파도바 대학은 지동설을 주장해 그야말로 '코페르니쿠스적 전환'을 초래했던 니콜라우스 코페르니쿠스Nicolaus Copernicus(1473~1543년)를 배출한 대학이며, 갈릴레오 갈릴레이가 1592년부터 1610년까지 천문학 교수로 재직했던 북이탈리아의 명문 대학이었다. 1222년에 설립된 이 대학은 유럽에서 최초로 세워진 볼로냐 대학(1088년 개교)의 일부 재학생들이, 보다 자유로운 교육 환경에서 공부하기 위해 파도바에서 새로 문을 연 대학이었다. 그런 역사적 전통을 가지고 설립된 파도바 대학은 지금도 자유로운 학풍을 이어가고 있다. 자랑스러운 동문으로 카사노바를 배출한 대학이니, 성性적인 부분에 있어서도 지극히 개방적이다. 이 대학의 졸업생들은 졸업식을 마치고 재학생 때 있었던 성적인 경험들을 공개적인 자리에서 발표하는 것으로 유명하다. 노골적인 성애의 표현은 기본이고, 성적 모험을 함께 나누었던 상대방의 신체적 특징까지 자세히 (문학적으로) 묘사해서 카사노바의 후배다운 면모를 지금도 과시하고 있다.

명문 파도바 대학 출신답게 뛰어난 말재주와 다방면의 해박한 지식을 겸비했던 카사노바는 여성을 유혹하는 데 최적화된 인물이었다. 그는 그리스의 시인 호메로스가 쓴 〈일리아스〉를 현란한 베네치아 방언으로 번역할 정도의 실력을 갖춘 지식인이었으니, 대학 시절부터 그의 탁월한 언변에 넘어가지 않는 여성이 없었다고 한다. 파도바 대학에서 학부 과정을 마치고 고향 베네치아로 잠시 돌아온 10대 후반의 카사노바는 낮에는 하위 직급의 성직자로 활동하고, 밤에는 귀족 가문의 청년들과 어울려 다니면서 베네치아 여성들과의 야간 유흥을 즐기는 이중적인 삶을 살았다. 그는 10대 후반에 처음으로 당시 15살과 17살이던 그리마니Grimani

가문의 두 딸과 성적인 접촉을 했다고 고백하고 있다. 나중에 자세히 소개되겠지만 그리마니 가문은 베네치아의 도제를 연거푸 배출한 명문 귀족이었다.

성직의 길을 걷고 있던 카사노바는 1740년 크리스마스 저녁 미사 때 처음으로 신도들 앞에서 강론(설교)을 하게 된다. 그의 파도바 대학 전공이 '교회법'이었고, 장차 고위 성직자가 되려는 꿈을 가지고 있었기에 그는 첫 회중 강론에 최선을 다했다. 베네치아의 많은 신도들은 젊고 잘생긴 청년 성직자의 첫 설교에 큰 감동을 받았다. 그날 성당에 있던 헌금함에는 보통 때보다 훨씬 많은 헌금이 담겨 있었고, 수많은 베네치아 귀족 여성들의 편지도 함께 담겨 있었다고 한다. 첫 강론으로 우쭐해진 카사노바는 자신의 재능을 과신하게 되었고, 지나친 자신감으로 아무런 준비 없이 설교단에 섰던 두 번째 설교에서 말문이 막혀 중간에 단상에서 내려와야 하는 대참사를 겪는다.

2년 후, 파도바 대학에서 교회법 박사 학위를 거의 마쳐가던 카사노바는 잠시 귀가한 베네치아 당국에 체포되어 산탄드레아 요새 감옥에 투옥되었다. 베네치아의 미풍양속을 해치고 사회 질서를 어지럽히는 요주의 인물이라는 익명의 제보 때문이었다. 그러나 그는 밤에 산탄드레아 감옥을 탈출해 자신을 투옥시켰던 교활한 악당을 공격하면서, 단숨에 베네치아에서 시대의 풍운아로 알려지게 되었다.

1743년 7월, 카사노바는 어머니의 간청으로 로마에서 성직자의 길을 걷기 위해 강력한 정치 세력을 등에 업고 있던 한 추기경의 수하로 들어간다. 그러나 로마에서도 정체불명의 추문에 휩싸여 실직당하고, 이번에는 군대에서 꿈을 펼쳐보겠다는 다짐을 안고 고향 베네치아로 돌아온다. 멋진 군복으로 차려입고 콘스탄티노플에 출장을 다녀오는 등의 군사 업무가 부여되었지만, 카사노바는 이내 싫증을 느끼고 군복을 벗기로 한다. 1744년의 기록에 따르면 베네치아에는 무려 120개의 카지노(베네치아에서는 리도토Ridotto로 불렸다)가 운영되고 있었다. 따분함을 참지 못했던 카사노바는 결국 도박에 빠져들었고, 모든 재산을 잃게 된다.

빈털터리가 된 그의 다음 직업은 산사무엘레 극장Teatro San Samuele의 바이올린 연주자였다. 파도바 대학 시절 어깨너머로 배웠던 바이올린 실력이 그렇게 뛰어날 리 없었으니, 21살의 젊은 카사노바는 음악가로서 명성을 쌓지 못했다. 법학 박사에서 로마의 성직자로, 군인에서 바이올린 연주자로 계속 직업을 바꾸었지만 어느 것에서도 만족을 얻을 수 없었다. 그에게 최고의 직업은 밤마다 베네치아 여성들의 뒤꽁무니를 쫓아다니는 건달 생활이었다.

베네치아 카니발에서 카사노바로 분장한 카사노비스트.

삶이 축제가 된다면

그러나 쥐구멍에도 볕들 날이 있다는 속담은 카사노바에게 그대로 적용되어도 무방하다. 하루는 귀족 브라가딘Bragadin 가문의 일원이자 유력 정치가였던 어떤 사람이 동료 2명과 함께 곤돌라를 타고 가다가 발작을 일으켰다. 급히 현장으로 달려온 의사는 당시 유행하던 치료법이었던 객혈과 수은 마시기로 환자를 돌봤지만 차도를 보이지 않았다. 환자가 거의 임종하기 직전, 현장에서 이 광경을 지켜보고 있던 카사노바는 파도바 대학에서 배웠던 의학 지식을 총동원해 그 귀족을 기적적으로 살려낸다. 하필 그 브라가딘 가문의 귀족과 동행하던 친구들이 모두 유대 신비주의인 카발라Kabbalah 신앙의 신봉자들이었는데, 죽어가던 사람을 구해내는 카사노바의 능력을 보면서 그에게 어떤 치료의 힘이 있다고 믿게되었다. 그 기적적인 사건 이후부터 브라가딘 가문은 카사노바의 후원자가 되었고, 일개 배우의 아들이자 삼류 바이올린 연주자였던 카사노바는 이때부터 베네치아 귀족들의 상류사회에 진입할 수 있는 열쇠를 손에 쥐게 된다.

카사노바는 브라가딘 가문의 강력한 정치적·경제적 후원을 배경으로점점 더 깊은 도박과 화류계 생활로 빠져들었다. 그러나 이내 그 생활을청산하고 파르마Parma라는 도시로 급히 도주해야 했으니, 어떤 사람들은카사노바가 특정 시신을 훼손하는 불경죄를 저질렀다고 고소했고, 어떤귀족 여성은 카사노바에게 겁탈 당했다고 고소했기 때문이다. 눈치가 빨랐던 카사노바는 경찰 조사가 시작되기도 전에 파르마로 도피했고, 그곳에서 앙리에트Henriette라는 프랑스 여성과 깊은 사랑을 나누게 된다. 베네치아의 아들 카사노바는 어딜 가든 에로스와 동행했고, 발길 닿는 곳이모두 베네치아였다. 카사노바가 파르마에 도착했을 때, 그 도시는 이미에로스가 강림한 베네치아가 되어 있었다.

브라가딘 가문의 법적 조치로 모든 고발 사건들이 무혐의로 종결되자 카사노바는 조용히 베네치아로 돌아왔다. 이미 로마와 파르마에서 더 넓은 세상과 아름다운 여성의 존재를 알게 된 카사노바는 유럽으로 역逆 '그랜드 투어'를 떠나기 위해 1750년 6월 1일, 파리로의 여정을 시작한다. 세계는 넓고 여자는 많다! 그는 명랑한 발걸음으로 콧노래를 흥얼거리며 파리에 도착했다.

카사노바가 파리에 당도하자 에로스는 그 도시에 함께 강림했다. 카사노바가 파리를 베네치아로 만들 참이었다. 귀족 상류사회를 동경했던 카사노바는 프랑스의 귀족들과 어울리기 위해서는 비밀결사 단체인 프리메이슨Freemason에 가입해야 한다는 조언을 듣고, 결국 1750년 프리메이슨의 가장 높은 지위인 '마스터Master'의 자리에까지 오르게 된다. 진리에 대한 탐구 정신이나 세상을 보다 좋은 곳으로 바꾸겠다는 결의도 없이, 그저 귀족 여성들에게 접근하기 위해 프리메이슨에 가입했지만 최고의 지위에까지 올랐던 것이다. 카사노바는 프리메이슨의 지위를 이용해서 파리 사교계의 거물들과 밤낮으로 어울렸다. 낮에는 그들과 함께 문화생활을 즐기고, 저녁에는 그들의 저택에 초대받아 만찬을 즐기며 주로 이탈리아와 프랑스의 차이에 대해서 담소를 나누는 한량의 세월이었다.

그는 단숨에 프랑스 귀족들의 상류사회와 파리 사교계의 주목을 받았다. 그가 구사하는 프랑스어가 워낙 재미있었기 때문이었다. 한번은 연극을 보게 되었는데, 카사노바는 주인공 여성이 뛰어난 미인이라고 칭찬했다. 그러자 옆에 있던 프랑스 귀족이 "하지만 그녀의 다리가 못생겼잖아요"라고 말하자, 카사노바는 "저는 여성을 볼 때, 다리는 제쳐두고 봅니다"라고 서툰 프랑스어로 응답했다. 그러자 함께 있던 프랑스 귀족들이 갑자기 폭소를 터트렸다. '제쳐두고'란 프랑스어에 '벌리고'란 뜻도 있기 때문에, 주위 사람들에게 카사노바의 답변은 "저는 여성을 볼 때, 다리는 '벌리고' 봅니다"로 들렸기 때문이다. 또 한번은 어떤 귀부인에게 이탈리아어를 개인 교습하기 위해 아침에 찾아갔다가 그 여성이 몸이 불편하여 침대에 누워 있는 것을 보고, 카사노바가 "간밤에 몸조리는 잘 하셨습니까?"라고 서툰 프랑스어로 물었다. 아뿔싸, 그런데 그 표현이 프랑스어로는 "간밤에 사정射精은 잘 하셨습니까?"로 들렸던 것이다. 프랑스어를 유창하게 구사했고 자서전을 프랑스어로 쓴 사람이 정말 몰라서 이렇게 말한 것인지, 아니면 어떤 의도를 가지고 이렇게 말한 것인지는 아직 확인되지 않았다.

2년간 파리에 머물던 카사노바는 급히 드레스덴으로 거주지를 옮겼다. 그곳에서 배우로 활동하고 있던 어머니를 만나 함께 거주하면서 어머니가 주인공으로 등장하는 연극 대본을 썼다. 아쉽게도 그 연극의 대본은 유실되고 말았지만 그의 재능을 엿볼 수 있는 증거이기도 하다. 이어서 프라하와 빈을 연달아 방문했지만 신성로마제국 황실의 절제와 근엄함을 강조하는 사회적 분위기에 질색을 한 카사노바는 결국 1753년에 베네치아로 돌아왔다. 그는 이때의 귀향을 스스로 '탕자의 귀환'이라 불렀다. 자, 이제 마

베네치아의 카사노바 박물관에 전시되어 있는 카사노바의 초상화.

침내 우리는 카사노바와 무라노섬이 연결되는 출발점에 서게 되었다. 카사노바와 무라노섬은 어떤 비밀스러운 관계가 있는 것일까?

CC와 MM과의 운명적인 만남

베네치아로 돌아가던 길에 카사노바는 우연히 앞서가던 마차가 전복되는 사고를 목격하게 된다. 급히 도움을 주기 위해 사고 현장으로 달려갔는데, 경황이 없던 그 현장에서 아름다운 여성을 목격하게 된다. 사고로 마차가 뒤집어졌을 때 젊은 여성의 속옷이 드러났고 카사노바의 예리한 시선은 그 장면을 놓치지 않았다. 카사노바는 그의 자서전에서 그 여성의 이름을 밝히지 않고 CC라고만 적고 있다.

CC는 마차가 전복되는 사고 중에 도움의 손길을 내밀었던 카사노바에게 매혹적인 미소를 지으며 감사를 표시했다. CC 옆에는 오빠처럼 보이는, 독일인 장교의 복장을 멋지게 갖춘 남자가 서 있었고, 카사노바는 그 사람과도 인사를 나눈다. 장교 복장을 한 남자는 15살의 여동생 CC와 당시 나이 28살이었던 카사노바를 베네치아 본섬으로 가는 곤돌라에 남겨놓고 급한 용무가 있다면서 잠시 자리를 비운다. 자연스럽게 흔들리는 곤돌라에서 카사노바와 CC는 애욕의 눈길을 서로 주고받았고, 카사노바는 바짝 몸을 당겨 흔들리는 CC의 마음을 유혹한다. 배도 흔들리고 CC의 마음도 흔들렸다. 다시 두 사람이 타고 있던 곤돌라로 돌아온 CC의 오빠는 카사노바에게 엄청난 사업의 기회가 있다면서 보증을 설 것을 제안하고, 카사노바는 단지 CC를 놓치지 않기 위해 오빠가 요구했던 재정 보증서에 사인을 해준다.

그러나 모든 것이 사기였다. 카사노바의 눈앞에서 마차가 전복된 사고

　　　　　　　　　　　　　　　　　　　　　　삶이 축제가 된다면

도, 그녀의 속옷이 노출되어 카사노바의 시선을 끈 것도, 카사노바와 CC 둘만 곤돌라에 남겨진 것도, CC의 오빠가 한다던 '엄청난' 사업도 모두 사기였다. 카사노바는 사기꾼 커플에게 완전히 걸려들어 가진 것을 모두 털렸지만, CC의 미모에 반해 그녀와의 사랑은 끝까지 지키겠다고 맹세한다. 에로스는 장님이다. 장님 에로스가 쏜 화살에 가슴이 피격된 사람은 절대로 앞뒤 분간을 못한다.

사랑에 빠진 눈먼 에로스 카사노바는 CC와 결혼하기로 결심하고 그녀의 부모를 찾아간다. 그러나 CC의 부친은 이미 카사노바의 여성 편력을 익히 알고 있었기에 결혼을 허락하지 않았을 뿐 아니라 CC를 아예 무라노섬의 산 치프리아노San Cipriano 수도원의 수녀로 입소시켜 버린다. 졸지에 CC는 검은 수녀복을 입고 무라노의 수도원에 갇히고 말았다. 그러나 사춘기를 맞이한 이탈리아 소녀의 아름다움은 무라노 수도원의 검은 수녀복으로 갈아입힌다고 감추어지는 것이 아니었다. 그 매혹적인 CC의 모습을 직접 보기 위해 수녀 서원식에 참석한 카사노바는 그날부터 무라노 수도원 성당에서 매 일요일마다 열리는 미사에 참석할 것이라고 다짐한다. 그리고 그 결심을 실제로 실행에 옮겼다.

천하의 바람둥이 카사노바를 보고 싶다면 이제 일요일 아침마다 베네치아 본섬에서 무라노로 가는 정기선에 오르기만 하면 된다. 카사노바는 이미 이때부터 관광 상품이 되었다. 무라노에는 유리 가게만 있는 것이 아니라 카사노바도 있었다. 잘생긴 카사노바가 수녀 CC와 곁눈질을 주고받았던 산 치프리아노 수도원 성당은 일요일마다 관광객들로 인산인해를 이루었다. 남자 관광객들은 카사노바를 보며 질투를, CC를 보며 감탄을 했고 여자 관광객들은 CC를 보며 질투를, 카사노바를 보며 감탄을 했다.

이 모든 광경을 제단 옆에서 지켜보던 수도원의 수녀들은 카사노바만 바라보고 있었다. 그들은 일요일마다 미사를 드리며 숨 막히는 경험을 했으니, 가브리엘 천사의 강림 때문이 아니라 에로스의 화신 카사노바가 함께 미사를 드리고 있었기 때문이었다. CC는 카사노바에게 비밀편지를

산 치프리아노 수도원 성당은 오스트리아 침공 이후 파괴되었고, 내부 모자이크는 독일 포츠담으로 옮겨졌다.

통해 '수녀원의 모든 수녀들이 일요일마다 당신이 미사에 참여하는 것에 대해 서로 대화를 주고받고 있으며, 모든 수녀들이 당신의 멋진 모습을 두근거리는 마음으로 훔쳐보고 있다'고 알려준다. '당신이 몸이 아파 일요 미사에 불참하면 수녀들은 함께 모여서 눈물을 흘린다'는 사실도 알려주었다.

이렇게 무라노 성당에서 진행되던 카사노바와 CC의 애절한 사랑 이야기는 MM이라는 여성의 갑작스러운 등장으로 반전된다. 카사노바는 이 여성의 이름도 밝히지 않고 이니셜 MM으로만 소개한다. MM은 CC와 같은 수도원에 소속되어 있는 20대 초반의 선배 수녀로, CC에게 프랑스어를 가르쳐주고 있었다. MM은 너무나 뛰어난 미모를 가지고 있었다. CC를 훔쳐보기 위해 무라노 산 치프리아노 수도원 성당을 찾아갔던 카사노바는 MM을 보고 완전히 넋을 잃는다. 그러고는 CC에 대한 사랑

의 시선을 갑자기 거두어버린다.

사춘기 소녀였던 CC와는 달리 MM은 20대 초반의 귀족 출신으로, 빼어난 외모에 고귀한 품격을 갖춘 차원이 다른 수녀였다. 무엇보다 그녀는 적극적인 감정의 표현을 주저하지 않는 개방적인 여성이었다. 대담하게 카사노바에게 비밀편지를 보내 자신의 은밀한 관심을 드러냈을 뿐 아니라, 비밀리에 소유하고 있는 무라노 별장에서의 일대일 야간 밀회를 제안할 정도였다. 카사노바는 무라노에 별장을 소유할 만큼의 부와 지위를 가진 수녀가 자신을 유혹하는 것에 적잖이 놀랐다. 결국 그는 가면을 쓰고 신분을 가린 채 곤돌라에 몸을 싣고 무라노의 은밀한 별장으로 갔다. 그곳에는 이미 수도원을 몰래 빠져 나온 MM이 카사노바를 기다리고 있었다. 그러나 MM은 카사노바와의 첫 번째 밀회에서 아름다운 가슴만 살짝 보여준 다음, 카사노바에게 진정으로 자신을 사랑한다면 먼저 절제하는 법을 배우라며 윗옷 단추를 채워버린다. 진정한 감각의 환희는 절제와 아쉬움에 있음을 누구보다 잘 알고 있던 카사노바는 MM의 요구에 순응하는 사랑의 노예가 된다. 무라노 별장에서 이어진 두 번째 비밀 만남에서 MM과 카사노바는 7시간 동안 서로의 육체를 탐하는 뜨거운 밤을 보낸다. 카사노바는 자서전에서 에로스가 강림했던 무라노의 밤을 추억하며, "우리는 단지 15분만 쉬었을 뿐"이라는 놀라운 고백을 한다.

무라노에서 일어난 또 다른 반전

두 사람 사이가 점점 육체적으로 가까워지면서 MM은 카사노바에게 자신의 비밀을 털어놓는다. 진심으로 당신을 사랑하기 때문에 그동안 숨겨온 비밀을 말해줄 수밖에 없다면서. 사실 MM에게는 관계를 숨겨야

하는 부자 애인이 따로 있고, 그 애인은 카사노바와 자신이 무라노 별장에서 밤마다 정념의 불꽃을 태우고 있다는 사실도 알고 있다는 것이었다. 두 사람 사이의 은밀한 관계를 이미 알고 있고, 둘 사이의 육체적인 관계도 허락했으니 아무 걱정할 필요가 없지만, MM은 카사노바에게 자기 애인의 정체에 대해서 궁금해하지 말라고 부탁한다. MM에 대한 카사노바의 호기심은 계속된다. 평소에는 경건한 수녀로 종교적인 의무를 조용히 수행하면서, 어떻게 밤이면 그렇게 뜨겁게 자신과 육체의 향연을 만끽할 수 있단 말인가? 영혼의 순결과 종교적 의무 수행을 중시하는 가톨릭교회의 수녀가 어떻게 이런 정신과 육체의 자유를 누릴 수 있단 말인가? 이것은 일탈인가, 아니면 그녀의 본성인가? 의문을 품고 있던 카사노바에게 MM은 이성과 욕망의 상관관계에 대해 이런 놀라운 고백을 한다.

　저는 이성을 두려워하고 욕망을 물리쳐야 한다고 배워왔어요. 이성의 빛나는 불꽃이 저를 깨우치기보다는 그 욕망의 불길 속에 휩쓸려 들게 될까 봐 두려웠지요. 이성을 가진 존재는 자신의 의지에 의해서만 좌우되어야 한다는 게 분명해졌을 때, 저는 이성의 지배를 받아들였답니다. 그러자 저에게 진리를 가리고 있던 안개가 사라졌어요. 진리의 증거만이 제 눈앞에서 빛나고, 무의미한 것들은 사라져버렸어요. 그런 하찮은 일들이 제 마음에 대한 영향력을 되찾는다 해도 전 전혀 두렵지 않아요. 제 마음은 나날이 점점 더 강해지고 있으니까요. 제 마음이 하느님에 대한 미신에서 깨어났을 때, 저는 비로소 하느님을 사랑하기 시작했다고도 말할 수 있어요.[18]

　　　　　　　　　　　　　　　　　　　　　삶이 축제가 된다면

카사노바가 무라노에서 밀회를 즐겼던 수녀 MM은 시대를 앞서갔던 이른바 '자유사상가'였다. 서구 역사상 최초로 등장한 새로운 인류로, 엄존했던 여성에 대한 차별을 하찮은 것으로 여기고, 성적인 것을 포함한 개인의 행복 추구를 주체적으로 결정함에 있어 종교나 사회 규범에 영향을 받지 않는 신인류였던 것이다. MM은 카사노바가 추구하던 이상적인 인간형이었고, 카사노바는 남자의 신체를 가진 MM이 되고 싶었다. MM이라는 신인류에게 카사노바는 진지한 질문을 던진다. "당신은 가톨릭교회의 수녀이기 때문에 자신의 죄를 동료 신부에게 고해해야 하는 의무가 있지 않나요? 그것이 당신의 종교적 의무가 아닌가요?" 그러자 신인류 MM은 카사노바에게 이렇게 태연하게 대답한다.

저는 고백하고 싶은 죄만 고해합니다. 그러면 죄를 사해주시지요. 그럼 나머지 죄는 어떻게 하냐고요? 저는 하느님께 직접 고해해요. 하느님만이 저의 생각을 아시고, 저의 행동이 옳은지 그른지, 판단할 수 있으니까요.19

카사노바에게 MM은 단순히 육체의 욕망을 만족시키기 위해 살아가는 자유사상가가 아니라, 영혼의 자유와 안식을 누리고 있는 완벽한 인간이었으며, 자신이 본받고 싶은 이상적인 인간형이었던 것이다. 만약 카사노바와 MM의 이야기가 여기서 끝났다면, 두 사람의 비밀연애는 방종에 가까운 자유정신을 가진 한 여성과 욕망 추구를 일생의 과업으로 삼았던 한 베네치아 청년의 일탈로 끝났을 것이다. 그러나 그들의 사랑은 한 번 더 복잡하게 꼬여들면서 카사노바의 자서전을 읽는 독자들에게 놀라움을 선사한다.

MM은 진정으로 카사노바를 사랑했다. 그래서 그에게 모든 것을 다 주었다. 숨겨진 애인과의 관계도, 수녀의 신분도 마다하지 않았다. 그렇다고 해서 MM이 원래 사랑하던 애인과의 관계를 청산한 것도 아니었다. 그와의 관계를 변함없이 유지했을 뿐만 아니라, 오히려 진정으로 그를 사랑했기에 카사노바와의 은밀한 관계도 숨김없이 고백했던 것이다. 물론 이 사실을 카사노바에게도 솔직하게 털어놓았다. 그 비밀의 남자는 MM에게, 새로 사귀게 된 카사노바가 베네치아의 건달만 아니었으면 좋겠다고 말했다는 것이다. MM은 새로 사귀게 된 애인 카사노바가 그런 하찮은 인간이 아님을 증명하기 위해, 둘 사이에 오갔던 비밀스러운 사랑의 편지를 모두 그 비밀의 남자에게 보여주었다. 물론 이 사실도 카사노바에게 솔직하게 털어놓았다.

카사노바는 그 비밀의 인물이 베네치아에 부임한 프랑스 대사일 것이라고 어렴풋이 짐작하고 있었다. 그리고 대단히 아량이 넓은 노인일 것이라고 추측했다. 한편 MM은 카사노바와의 관계가 더욱 깊어지고 그들이 나누는 사랑의 기교가 더 자극적으로 변해가면서, 진심으로 카사노바를 사랑하고 있는 자신을 발견하게 되었다. 사랑은 모든 것을 나누는 것이다. MM은 카사노바와의 사랑이 깊어지자, 결국 모든 비밀을 나누게 된다. 이때 털어놓은 MM의 비밀은 천하의 바람둥이 카사노바까지도 충격에 빠트릴 정도였다.

MM는 장문의 편지를 카사노바에게 보내 그동안 숨겨왔던 비밀을 고백했다. 카사노바와 처음 사랑을 나누었던 격정의 7시간 동안, 무라노 별장의 그 뜨거웠던 밤에 사실은 또 한 명의 참여자가 있었다는 것이었다. 단 15분만 휴식을 취하면서 밤을 새워가며 서로의 육체를 탐닉하던 바로 그때, 별장의 옷장 안에 MM의 애인이 숨어서 방 안에서 벌어지는 모든 장면을 훔쳐보고 있었던 것이다. MM은 여기서 멈추지 않고 카사노바에게 또 다른 제안을 한다. 무라노 별장에서 다시 한 번 관능의 축제를 벌이면서 비밀의 애인을 정식으로 초청해 함께 즐기자는 것이었다. 물론 카사노바가 동의하지 않는다면 그런 비밀스러운 만남을 시도하지 않을 것이며 만약 그 초청 때문에 불쾌했다면 카사노바와의 관계도 청산할 용의가 있다는 편지를 보냈다.

카사노바는 MM의 편지를 읽으며 호탕한 웃음을 터트린다. 과연 카사노바다운 반응이었다. 카사노바는 MM의 제안에 따라 옷장에 숨어서 모든 광경을 지켜보고 있을, 관음증에 도취된 그 남자를 즐겁게 해주는 데 동의한다. 그래서 MM과 카사노바는 옷장에 숨어 있는 그 남자가 잘 지켜볼 수 있도록 정면에서 외설적인 자세를 취해주는 대범함까지 보인다. 그들은 옷장 앞에서 베네치아가 자랑하는 해산물 중 생굴 요리를 식전 음식으로 함께 먹는 장면을 보여주었다. 이때부터 생굴이 카사노바가 사랑의 침대로 오르기 전에 먹는 정력제로 유명해졌다.

한편 MM과 깊은 관계에 빠져 있던 카사노바는 어린 소녀 CC에게 약간의 죄책감을 가지게 되었다. 카사노바는 한때 결혼을 결심할 만큼 사랑했던 CC를 애칭삼아 '아내'로 불렀고, CC도 비밀편지에서 카사노바를 '남편'으로 호칭했다. 그런데 그 '아내'의 프랑스어 교사이자 수도원 선배인 MM과 이틀에 한 번꼴로 만나 육체적 사랑을 나누고 있으니, 죄책감이 드는 것도 당연했다. 그러던 어느 날 카사노바는 MM의 제안을 받고 무라노의 별장으로 갔다. 사랑의 여신을 숭배하기 위해 들뜬 마음으로 별장의 문을 열었을 때, 그곳에 CC가 서 있었다. MM이 CC를 무라노에 있는 사랑의 별장으로 보낸 것이다. 순간 당황했지만 사랑의 의무감에 사로잡힌 카사노바는 CC와 또 다른 뜨거운 밤을 지새웠다. 이튿

날 카사노바는 MM이 자신을 놀리고 있다고 생각하며 왜 CC를 별장으로 보냈는지 따져 물었다. 그러자 MM은 그날 밤 무라노 별장의 옷장에 MM과 그의 애인이 숨어서 방안에서 벌어지는 모든 광경을 지켜보고 있었다고 고백한다. 카사노바는 다시 한 번 MM의 대담한 일탈에 충격을 받게 된다.

이제 무라노 별장에서 밤마다 벌어지는 에로스의 축제에 정기적으로 참여하는 사람이 4명으로 늘었다. 카사노바와 CC는 MM과 비밀의 남자의 초청을 받고 만찬을 즐기며, 심지어 카사노바와 MM이 다른 방에서 사랑을 나누는 동안, 그 비밀의 남자가 CC와 다른 방에서 사랑을 나누는 광란의 밤이 이어지기도 했다. 그러나 이들의 문란한 관계에 파국이 찾아왔으니, 그 비밀스러운 남자의 정체가 드러났기 때문이다. 그는 1752년부터 1755년까지 베네치아에서 프랑스 대사를 역임했던 프랑수아-조아킴 드 베르니François-Joachim de Bernis (1715~1794년)였다.

1752년, 주 베네치아 프랑스 대사로 임명된 베르니는 교황청과 베네치아 간의 외교 문제를 능숙하게 처리해 1755년 임기를 마치고 프랑스로 귀환할 때 성직을 받았고 후에 추기경의 자리에까지 오르게 된다. 1755년, 베네치아에서 대사 임기를 마친 베르니는 오스트리아 합스부르크 왕가와 프로이센이 맞붙은 '7년 전쟁(1756~1763년)'을 마무리하는 국제 협약 업무에서 프랑스를 대표했던 유능한 외교관이기도 했다. 베르니의 노력으로 프랑스의 부르봉 왕가와 오스트리아의 합스부르크 왕가가 그동안의 정치적 불화를 끝내고 동맹을 맺었으며 프로이센에 맞서 함께 싸우는 우호적인 관계를 지속하게 된다.

베르니 추기경은 오스트리아 합스부르크 왕가의 수도 빈으로 발령을 받았다. 그는 자신이 소유하고 있던 무라노의 별장을 MM에게 양도했

삶이 축제가 된다면

고, MM은 다시 카사노바에게 그 비밀스러운 건물의 관리책임을 맡겼다. 그러나 급변하는 유럽의 정세 때문에 정부情夫와 갑작스러운 작별을 하게 된 MM은 망연자실한다. 사실 MM이 카사노바와 그런 대담한 애정행각을 벌일 수 있었던 것도 베르니 대사의 후광 덕분이었다. 그러나 베르니 추기경이 베네치아를 떠나게 되자 천하의 MM도 카사노바와의 관계를 더 이상 지속할 수 없었다. 특히 카사노바를 무라노 별장까지 정기적으로 데려다 주던 곤돌라 뱃사공을 믿을 수 없었던 것이다. 베네치아의 모든 비밀은 곤돌라 뱃사공들에 의해 은폐되기도 하고 발각되기도 했다. 아무리 야심한 밤이라도, 또 아무리 얼굴 전체를 가리는 가면을 뒤집어썼다 해도, 베네치아에서는 곤돌라 없이 이동이 불가능했기 때문에 베네치아의 뱃사공들은 도시의 모든 비밀을 속속들이 알고 있었다. 베르니 추기경이 베네치아를 떠난 다음, 카사노바는 뱃사공의 밀고가 두려워 직접 곤돌라를 저어 무라노로 가야만 했다. 그러다가 큰 폭풍을 만나 죽다가 살아난 적도 있었다. 카사노바가 이렇게 목숨을 걸고 무라노 별장에 겨우 도착했을 때, 또 한 번 놀라운 광경을 목격하게 된다. 이번에는 CC와 MM이 서로 동성 간의 사랑을 나누면서 카사노바를 애욕의 침대로 초청한 것이다.

카사노바의 자서전에 자세히 기록되어 있는 무라노의 밤 풍경은 그야말로 파격과 충격의 연속이다. 카사노바가 무라노 별장에서 나눈 MM과의 시간을 과연 사랑이라고 부를 수 있을까? 변태적인 관음증과 집단 섹스의 부도덕한 광란을 사랑이라고 부를 수 있단 말인가? 이런 비정상적인 사랑을 자랑스럽게 떠벌리고 있는 카사노바를 우리는 어떻게 평가할 것인가?

놀라움에 가득 찬 채 머릿속에서 이런 이성적 잣대를 펼치며, 무라노에서 벌어진 카사노바의 행각을 읽어가던 독자들은 이제 혼돈에 빠지게 된다. 모든 남녀의 연애와 사랑 이야기는 대개 혼자서 그렇게 생각한 것이거나, 과장되고 꾸며낸 경우가 많다고 슬쩍 알린 카사노바는, "수녀와의 관능적인 사랑이라든가, 유명한 정치인과 함께 남녀 2쌍이 파티를 벌인다든가 하는 이야기는 처음부터 끝까지 꾸며낸 것"이라고 밝혔기 때문이다.[20] 뭐라고? 지금까지의 이야기가 모두 만들어낸 것일 뿐이라고?

독자들은 이 허무맹랑한 부분에서 한바탕 폭소를 터트리게 된다. CC의 빼어난 외모와 MM의 대담한 성적 일탈, 베르니 대사의 엽기적인 관음증, 무라노 별장의 뜨거웠던 밤 이야기가 모두 소설에 불과하다는 카사노바의 선언 때문이다. 지금까지 들려주었던 젊은 시절의 무라노 이야기가 모두 카사노바가 심심해서 꾸며낸 이야기라니! 카사노바는 "끔찍한 권태를 조금이나마 달래기 위해" 자서전을 쓴다고 서두에서 분명히 밝힌 바 있다. 이런 장난과 시간 죽이기의 의도를 알아차리지 못하고 놀란 토끼 눈을 뜨고 무라노의 은밀한 사랑 이야기를 읽어왔던 독자들은 카사노바에게 크게 한 방 당한 것이다. 카사노바는 자서전을 문학으로 썼다. 사실을 기록한 것이 아니다. 그저 재미삼아 소설을 쓴 것이다. 그렇게 해서라도 행복하고 즐거웠던 젊은 시절을 떠올릴 수만 있다면, 그것이 사실인지 아닌지는 중요하지 않았다. 그저 크게 한 번 웃을 수 있다면 그것으로 그만인 것이다.

베네치아의 아들 카사노바가 바라던 삶

카사노바는 1755년 7월 26일, 베네치아 사법재판소에 의해 체포당해 악명 높은 피옴비Piombi 감옥에 또 다시 갇히게 되었다. 베네치아는 외국인의 출입과 자유사상가들의 활동이 보장되어 있긴 했지만 곳곳에서 암약하고 있던 밀정들이 감시의 눈초리를 멈추지 않던 곳이었다. 누구나 언제든지 신분을 밝히지 않고 비밀리에 투서할 수 있는 '사자의 입Bocca di Leoni'이라는 제도를 운영하던 곳이다. 카사노바가 이 투서 제도에 걸려들었다. 마누치란 이름을 가진 밀정이 카사노바를 "사회 불안을 조성하는 위험한 자로, 친구들을 속여 그들의 재산을 갈취할 뿐 아니라 젊은이들을 타락시키고 당국에 반항했으며, 브라가딘Bragadin 씨와 그의 친구들 같은 훌륭한 귀족들을 파멸시킨 데 만족하지 않고, 친구의 아들까지 불행에 빠뜨린 인물"이라고 고발한 것이다.

카사노바가 투옥된 피옴비 감옥은 두칼레 궁전 내부에 있는 구舊감옥으로 천장기와를 납(피옴비)으로 만들었기 때문에 그렇게 이름이 붙여졌다. 납으로 만든 천장기와는 여름철의 뜨거운 열기를 그대로 머금었고, 겨울철에는 실제 온도보다 더 차가운 성질을 가지고 있는 납의 특징 때문에 그곳에 갇혀 있는 수형자들에게 말할 수 없는 추위와 고통을 안겨주었다. 그러나 카사노바는 투옥된 지 1년 만에 옆방에 갇혀 있던 발비Balbi라는 수도사와 함께 극적인 탈출에 성공한다. 납으로 된 천장 지붕을 뚫고 다락방에 숨었던 2명의 탈주자들은 바로 바닷물로 뛰어들지 않았다. 옥상에서 '탄식의 다리'가 가로지르고 있는 수로로 뛰어내리면 죽음을 면치 못할 것이라고 미리 계산하고 있었기 때문이다. 수심이 약 1미터에 불과하기 때문에 8미터 이상의 옥상에서 뛰어내리면 바닥에 부딪혀 목숨을 잃었을 것이다. 그들은 오히려 사다리를 이용해 지붕을 타고 넘었고, 과감하게 '거인의 계단'이 있는 두칼레 궁전의 중정을 통해 탈출했다. 훗날 카사노바는 극적인 피옴비 감옥 탈출기를 1788년 프랑스에서 출간해서 큰 명성을 얻기도 했다.

어쨌든 카사노바는 피옴비 감옥으로부터의 탈출에 성공한 이후로 유럽을 떠도는 유랑객이 되었다. 피렌체로부터 추방당했던 단테가 이탈리아 반도를 떠돌았다면, 베네치아에서 탈출한 카사노바는 유럽 전체를 떠도는 신세가 되었다. 그는 고향으로 돌아가지 못하고 기약 없이 유럽 각국을 편력해야 했던 자신의 기구한 삶을 운명으로 받아들였다. 그는 이런 자신의 운명을 "길이 부르는 소리"에 이끌린 삶이었다고 회고한다.

카사노바는 그의 자서전을 1772년의 시점에서 갑자기 멈추어버린다. 1798년에 임종했으니 74세까지 살았는데, 47살 때의 기록에서 자서전 집필을 중단해버린 것이다. 그는 자기 인생의 앞부분만 기록으로 남겼다. 성직자가 되기 위해 교황까지 직접 알현했고, 한때는 군인이 되려고도 했다가 베네치아 극단의 바이올린

카사노바가 프랑스어로 출간했던 《나의 피옴비 감옥 탈출기Storia della mia fuga dai Piombi》 삽화.

연주자로 활동했던 격동의 젊은 시절, 특별히 수많은 국적 불문의 여성들과 뜨거운 밤을 보냈던 젊은 시절의 화려했던 기록만을 우리에게 남긴

삶이 축제가 된다면

장소다. 이 유서 깊은 도
모리 식당은 1462년부터
영업을 시작했다고 하
니, 식당의 역사도 꽤 오
래된 편이다.

어떤 카사노비스트
들은 카사노바가 CC와
MM을 훔쳐보던 산 치
프리아노 수도원 성당을
찾아 무라노섬으로 간다.
그러나 안타깝게도 그곳

카사노바의 작업장이었던 도 모리 식당. 앞뒤로 출입구가 있어
카사노바는 언제나 도망갈 수 있었다.

은 지금 흔적도 없이 사라졌는데, 오스트리아가 베네치아를 점령한 후
파괴해버렸기 때문이다. 이 사실을 안 카사노비스트들은 무라노섬이 가
라앉을 만큼 깊은 한숨을 내쉰다. 하지만 정말 상태가 심각한 이들은 끝
까지 그 성당의 흔적을 찾아 독일 포츠담에 있는 평화의 교회Friedenskirche
에까지 순례를 이어간다. 산 치프리아노 수도원 성당의 모자이크화가 그
곳에 오롯이 보존되어 있기 때문이다. 비잔틴 모자이크를 종교적으로 경
외했던 프로이센제국 황제 프리드리히 빌헬름 4세가 그 성당의 벽화를
모두 사들여 독일 포츠담에 재현해놓았다(74쪽 사진 참고). 카사노비스트
들은 이곳에서 카사노바와 아름다운 두 수녀를 추억하게 된다.

유서 깊은 도 모리 식당에서 카사노바의 옛 시대를 추억하며 와인 잔
을 비우고, 무라노의 지도를 들고 지금은 독일로 옮겨가 버린 산 치프리
아노 수도원 성당의 흔적을 쫓아 다녀봐도 우리 곁을 떠나지 않는 한 가
지 의문이 있다. 카사노바라는 이 수수께끼와 같은 인물의 정체다. 도대

체 실제 카사노바란 인물은 어떤 삶을 살았을까? 왜 이런 난봉꾼이 그렇게 유명한 것일까? 왜 수많은 사람들이 카사노바와 같은 삶을 살아보겠다고 지금까지도 그 난리를 치는 것일까?

카사노바는 베네치아의 상류층 출신이 아니었다. 부모들은 극장 배우들이었고, 자신은 전문 도박사, 바람둥이, 사기꾼으로 살았다. 한마디로 하류층이었던 것이다. 그래서 감각에 전적으로 매달렸던 그의 삶은 신분 상승의 욕망이 행동으로 표현된 것이라고 볼 수 있다. 그는 상류층 여성들의 주목과 갈채를 받기 위해서라면 어떤 수단과 방법도 가리지 않았다. 그들의 인정을 받기 위해 카사노바는 은밀하고 위대하게 밤의 기술을 선보였던 것이다. 그는 그렇게 "감각의 노예"로 살았던 자신의 삶이 실수였다고 담담하게 인정하고 있다.

나는 건전한 윤리관을 가지고 있었고, 내 가슴 속에는 일찍부터 신의 원리가 뿌리를 내리고 있었지만, 그럼에도 불구하고 나는 평생 동안 감각의 노예였다. 나는 옳은 길을 엇나가는 데에서 기쁨을 느꼈고, 내 잘못을 자각하는 것 말고는 아무런 위안도 없이 계속 실수를 저질렀다."22

카사노바는 호메로스의 〈일리아스〉를 빼어난 베네치아 방언으로 번역했고, 소설 5편과 희곡 20편을 남겼으며, 손에 땀을 쥐게 하는 《나의 피옴비 감옥 탈출기》(1787년)로 독자들의 혼을 빼놓은 무용담을 늘어놓았지만 "감각의 노예"로 살았노라고 자백하고 있다. 카사노바의 자서전이 온갖 재미있는 에피소드와 지어낸 이야기들 때문에 독자들의 감동과 폭소를 자아내지만, 아무도 그를 진정한 문학가로 인정하지 않는다. 그는 고뇌의 밤을 지새우며 한 문장 한 문장을 써내려갔던 단테나 페트라르카

삶이 축제가 된다면

같은 위대한 문학가가 아니었다. 사실 그가 남긴 자서전은 정확한 기록을 남긴 글도, 자기 생애를 후손들이 알아달라고 쓴 글도 아니었으며, 그저 심심풀이로, 권태를 이기기 위해 쓴 글일 뿐이다.

불멸의 문학가들이 남긴 작품이라는 것은 대개 상상력의 산물일 때가 많다. 셰익스피어가 〈햄릿〉을 썼다고 해서 덴마크의 왕자로 살아본 것은 아니다. 세르반테스Miguel de Cervantes Saavedra가 《돈키호테Don Quixote》를 썼지만 그것은 라만차 마을에 살고 있던 한 미치광이 기사에 대한 문학적 상상력을 펼친 글일 뿐이다. 세르반테스는 감옥에 갇혀 있을 때 《돈키호테》를 썼다. 이처럼 문학가들은 문학적 상상력을 동원하여 격정적인 인생에 대해 글을 쓴다.

그러나 카사노바는 그런 격정적인 삶을 실제로 살아왔던 사람이기에, 문학의 상상력이 필요하지 않았다. 카사노바는 유럽의 전역을 휘젓고 다니면서 온갖 사기 행각을 벌였다. 프리메이슨의 일원임을 과시하며 비밀 결사의 조직원처럼 행동했고, 세상물정을 모르는 왕족들을 찾아가 납으로 금을 만들 수 있다고 사기를 쳤으며, 사기 도박판을 벌여 판돈을 수시로 긁어모았다. 그는 유럽 전체를 기망했다.

1763년 많은 유럽 국가들이 벌떼처럼 달려들었던 '7년 전쟁'이 끝나자, 갑자기 세상에 평화가 찾아왔다. 전쟁이 끝난 평화로운 유럽 대륙에 무료함이 찾아왔다. 평화로운 세상이 고맙기는 하지만 재미가 없는 시대가 도래한 것이다. 싸우고, 정복하고, 승리하는 기쁨에 도취되었던 유럽의 군주들은 세상살이에 싫증을 느꼈고, 무엇인가 재미있는 이야깃거리가 필요했다. 그런데 그들 앞에 카사노바가 나타났다. 190센티미터가 넘는 큰 키에, 프랑스어와 이탈리아어를 동시에 유창하게 구사하며 라틴어, 스페인어, 히브리어, 그리스어에도 능통했던 달변가가 유럽의 사교계에 등장한 것이다. 명문 파도바 대학의 법학 박사 학위를 받았다고 주장했으며, 호메로스의 〈일리아스〉를 관능적인 베네치아 방언으로 번역했다고 주장하는 카사노바에게 그들은 쉽게 속아 넘어갔다. 그는 비록 니콜로 파가니니Niccolò Paganini와 같은 명연주자는 아니었지만, 한때 베네치아 극단에서 바이올린 연주자로도 활동했고 펜싱과 승마, 화술에 능했으며, 연금술과 복권 발급으로 국가 재정을 개선할 수 있다는 해박한 경제 지식을 자랑했다. 유럽의 왕족들은 카사노바에게 매료되었다. 1764년 프로이센의 계몽군주 프리드리히 대왕Friedrich II(1712~1786년)은 이 뛰어난 책사를 포츠담에 있는 자신의 상수시Sanssouci 궁전에 초청해서 철학자 볼테르Voltaire(1694~1778년)와 함께 국가 경영의 지혜를 모아달라고 간청할 정도였다. 그러나 카사노바는 자기 궁정에 정착해 함께 살자는 유럽 왕족들의 요청을 정중히 거절했고, 끊임없는 방랑을 이어갔다.

그의 편력은 독일, 피렌체, 사부아(프랑스 동남부와 이탈리아 서북부 지역), 러시아와 스페인으로 이어졌다. 수많은 유럽 국가를 떠돌며 그곳의 왕상제후를 만났던 카사노바에게 이번에는 베네치아 정부가 은밀히 접근했다. 조국을 위한 스파이 활동을 부탁하기 위해서였다. 결국 카사노바는 1774년부터 1782년까지 8년간 베네치아의 비밀공작원이 되어 활동하다가, 결국 보헤미아의 둑스 성에 정착하게 되었다.

그는 유럽을 떠도는 베네치아의 곤돌라였다. 당시 유럽의 각 군주·제후국들은 고립되어 있었고 왕족들은 대부분 편협한 세계관을 가지고 있었다. 괴테와 실러Friedrich Schiller를 재상으로 모셨던 바이마르 공국을 제외하면 대부분의 왕족들이 지루한 궁정의 일상에 질려 따분한 시간을 보내고 있었다. 전쟁도 없고 기근도 없으니, 걱정도 없고 재미도 없는 생활이 이어졌다. 유럽의 시민 계급도 아직 자유로운 개인적 주체로 성장하지 못했고, 자본주의는 태동하기 전이었으며, 유럽에서 마지막 맹위를 떨치던 고전주의적 엄숙함이 모든 사회 구성원들을 답답하게 만들던 시대였다. 바로 그때 카사노바가 나타난 것이다. 감각의 곤돌라를 타고 이 성 저 성으로 옮겨 다니면서 자신의 삶을 충만하게 즐기는 사람이 등장했다. 그는 한곳에 정착하는 것을 거부했다. 그에게는 온 유럽이 곤돌라가 넘실대는 베네치아였다. 매일의 일상이 가면을 쓰고 노는 베네치아의 카니발이었던 것이다. 유럽 지성사에서 역설적으로 등장했던 카사노바의 의미를 평론가 슈테판 츠바이크Stefan Zweig는 아래와 같이 날카롭게 지적하고 있다.

그는 무엇이든 다 될 수 있었지만 그 어떤 것도 되기를 원하지 않았다. 그가 선택한 것은 아무것도 되지 않는 것, 즉 자유였다. 그에게는 하나의 직업에 안주하고 보금자리를 꾸미는 것보다는 얽매이지 않는 분방함, 편안하게 떠돌아다닐 자유가 곧 행복이었다. […] 그는 자랑스럽게 말했다. "나의 가장 큰 보물은 내가 나 자신의 주인이며, 불행을 두려워하지 않는다는 사실이다." 카사노바는 다른 사람들이 자신을 어떻게 생각할지는 전혀 염두에 두지 않았다. 매혹적인 무사태평으로 세상의 도덕적 틀을 훌쩍 뛰어넘었다. 그는 평온하거나 안락한 휴식을 취할 때가 아니라, 도약하고 무언가를 추진할 때만 존재의 즐거움을 느꼈고, 허랑방탕한 태도 때문에 모든 장애물을 극복할 수 있었다. 이렇게 날아오르는 새의 시각에서 세상을 바라보는 그의 눈에는 언제나 똑같은 일에 안온하게 얽매여 살아가는 평범한 사람들이 정말로 우습게 보였다.23

베네치아 사람들은 아드리아해에서 잡은 새우를 까먹으면서 '매일 벗겨도 아름다운 여자 같다'는 표현을 쓴다. 새벽마다 일어나 산 마르코 광장을 청소하는 자원봉사자는 아침에 청소하는 것이 늘 가슴이 설렌다는 말을 '늘 새로운 여자를 만나는 것 같다'고 표현한다. 이것이 베네치아 사람들의 특징이다. 감각적인 삶을 살아가는 것이 일상의 행복이라고 굳게 믿는 사람들이다.

카사노바는 이런 베네치아의 상투적인 표현을 실천에 옮긴 사람이었다. 그를 여성 편력가, 엽색가 혹은 바람둥이로 표현한다면 잘못된 것이다. 그는 모든 타입의 여성을 사랑했다. 아름답고 우아한 귀족 여성들뿐만 아니라 장애를 가진 여성과도, 늙은 노파와도 기꺼이 열정적인 밤을 보냈다. 어느 누구도 외모와 나이 때문에 차별하지 않았다. 그는 야비하게 여성을 속이거나, 욕망 때문에 여성을 유혹한 것이 아니라 진정으로 사랑했기 때문에 유혹하고 뜨거운 밤을 보냈다. 츠바이크는 이런 카사노바야말로 삶이 철학이었고 철학을 감각으로 표현하며 살았던 인물이고, 우리가 동경해 마지않는 인물이라고 평가한다.

초조하고 불만스러운 수많은 순간 속에 덧없이 방황하는 우리의 삶보다는 이 미친 듯한 모험의 삶이, 그가 두 손 가득히 거머쥔 향락이, 거칠게 흡입하는 쾌락주의적인 그의 삶이 더 현명하고 더 현실적이라고 느껴지기 때문이다. 그의 철학이 투덜거리는 쇼펜하우어의 철학보다, 거장 칸트의 냉엄한 원칙보다 더 생명의 활기가 넘쳐 보이기 때문이다. 단단한 틀에 갇힌, 오직 체념을 통해서만 확고해진 우리의 삶은 그의 삶에 비해 얼마나 가련해 보이는가?[24]

삶이 축제가 된다면

그렇다! 카사노바가 추구했던 것은 여자나 섹스가 아니라 자유였다. 베네치아의 아들 카사노바는 자신의 생애를 요약하며 이렇게 말한다. "나는 미친 듯이 여자를 사랑했다. 하지만 여자보다 자유가 언제나 더 좋았다." 이 고백의 의미를 정확하게 포착한 츠바이크는 카사노바의 생애가 우리에게 제기하고 있는 의미를 이렇게 확장시킨다.

영원성을 이루는 데 중요한 것은 영혼의 형식이 아니라, 한 인간의 충만함이다. 오직 강력한 밀도만이 영원해질 수 있다. 한 인간이 강력하고, 활력 있고, 일관되고 그리고 순간적으로 살아가는 강도가 높을수록 그는 더욱 완전한 모습이 된다. 불멸성은 도덕과 비도덕, 선과 악을 구분하지 않는다. 불멸성은 오직 작품의 내용과 강도만을 측정한다. 불멸성은 인간의 순수함이 아닌 일관성을 요구한다. 불멸성은 도덕이 아니라, 오직 밀도에 의해서만 좌우된다.**25**

카사노바의 자서전은 불멸의 문학이 되었다. 영원성을 획득했다. 완전성을 얻었다. 그의 자서전은 일관성을 유지하고 있고, 도덕적 관점이 아니라 그가 살아갔던 삶의 밀도를 보여주었기 때문이다. 이탈리아 문학의 금자탑이라고 할 수 있는 단테가 아무리 유명하다 하더라도, 단테처럼 살겠다는 '단테노비스트'는 없다. '페트라르코비스트'도 없다. 그런데 정작 카사노바 본인은 불멸의 문학가가 되고 싶은 생각이 추호도 없었음에도 불구하고, 세상에는 그와 같은 인생을 살겠다는 사람이 떼를 지어 매년 베네치아를 찾아온다. 그의 생애는 베네치아를 찾는 우리들에게도 모범이 되었다. 사랑만이 불멸하는 것이기에, 그 추억만이 영원한 것이기에, 도덕적으로 살아서 훌륭한 것이 아니라 사랑의 일관성을 유지한 밀도 있는 삶이 위대했기에.

베네치아 본섬의 혼잡을 떠나 무라노섬에서 한적한 여유를 즐기고 있는 우리에게, 카사노바가 초청의 손짓을 하고 있다. 무라노의 골목길에 서서 우리에게 손짓하며 CC와 MM이 미사를 드리고 있는 그 성당으로 함께 가자고 제안한다. 나도 '길이 부르는 소리'에 이끌려 다시 무라노로 돌아갈 수 있다면 이번에는 그 초청에 흔쾌히 응하리리. 충만한 인생, 밀도 있는 삶을 살아가는 진정한 카사노비스트가 될 것을 함께 다짐하며.

삶이 축제가 된다면

2부

베네치아의 중심,
산 마르코 광장과 그 주변

3장

두칼레 궁전

존 러스킨의 《베네치아의 돌》

리도섬과 무라노섬을 돌아 이제 베네치아 본섬으로 향한다. 아센바흐는 죽었고, 카사노바는 좁은 골목길로 사라졌다. 이제 진짜 베네치아를 만날 차례다. 세상의 다른 곳, 베네치아! 그 도시의 중심부로 바로 진입한다. 이탈리아 내륙과 베네치아를 연결하는 산타 루치아 역도 아니고, 경제의 중심부였던 리알토 다리도 아니다. 우리가 첫 번째로 선택한 베네치아의 행선지는 두칼레 궁전이다. 도시의 중심으로 진격하라! 우리는 그곳에서 베네치아의 속살을 목격하게 될 것이다. 그 도시의 숨결을 느끼게 될 것이다.

　베네치아는 다혈질의 이탈리아인들이 만든 작은 도시국가로 출발했다. 좁디좁은 공간에 밀집되어 살다 보니 자연스레 감정 충돌이 잦았다. 동네 건달들끼리 주먹다짐은 예사였고, 같은 직종에 종사하는 사람들끼리 똘똘 뭉쳐 다른 직종의 종사자들과 싸움박질하는 일이 다반사였다. 베네치아 본섬은 약 400여 개의 다리로 서로 거미줄처럼 연결되어 있다. 베네치아에서 다리를 건너간다는 것은 단순히 이동한다는 의미가 아니라, 적대적인 이웃 마을로 들어가는 일이었다. 섣불리 다리를 건넜다가는 이웃 동네 깡패들에게 잡혀 곤죽이 되도록 얻어터질 수도 있었다.

베네치아에는 악명 높은 두 직업군이 있었으니, '배를 만드는 사람들'과 '배를 타고 고기 잡는 사람들'이었다. 조선공과 어부다. 이들을 각각 '카스텔라니Castellani (조선공)'와 '니콜로티Nicolotti (어부)'로 불렸다. 베네치아 본섬의 동쪽에 주로 거주하는 카스텔라니들은 카스텔로Castello 행정구역에 거주했기 때문에 그런 이름으로 불렸다. 이들은 모두 아르세날레Arsenale (조선소)에서 일했기 때문에 '아르세날로티Aresenalotti'로 부르는 사람도 있었다. 반면 니콜로티(어부)들은 베네치아의 서쪽 지역에 주로 거주하는 사람들로, 배를 타고 바다로 나가는 어부들이었다. 이들은 대부분 동네에 있는 산 니콜로 데이 멘디콜리San Nicolo dei Mendicoli 성당을 다녔기 때문에 '니콜로티'로 불렸다. 바다에서 물고기를 잡았던 니콜로티는 검은색 모자와 스카프를, 육지에서 배를 만들었던 카스텔라니는 붉은색 모자와 스카프를 착용했다.

니콜로티와 카스텔라니는 만나면 패싸움을 벌이며 서로에게 주먹을 날렸다. 이들은 아예 이 끊임없는 패싸움을 연례 축제로 발전시켰다. 두 세력의 중립 지역이라고 할 수 있는 캄포 산 바르나바Campo San Barnaba 부근에 있는 일명 '주먹의 다리Ponte dei Pugni'에서 1년에 한 번씩 만나 공개적으로 싸움을 벌이는 것이다. 1574년, 프랑스의 왕 앙리 3세가 베네치아를 공식 방문했을 때 600여 명의 니콜로티와 카스텔라니가 서로 주먹질을 하며 싸우는 것을 보고 "이건 전쟁이라고 하기에는 규모가 작지만, 축제라고 하기에는 너무 잔인하다"라고 말했다고 한다. 주먹질로 시작된 이 축제는 단검이 사용되는 살인극으로 치닫게 되었고, 결국 베네치아 정부가 1705년 축제 이후로는 법으로 이것을 금지해버렸다. 지금도 남아 있는 '주먹의 다리' 상판에는 최근에 복원된 발자국 4개가 표시되어 있다. 니콜로티와 카스텔라니 간의 주먹다짐 축제가 시작되는 장소를 표

캄포 산 바르나바의 '주먹의 다리'에서 연례행사로 개최되는 주먹질 축제의 전경.

시한 것이다.

화재의 잿더미 위에 쌓아올린 두칼레 궁전

이제는 이탈리아 국민 전체의 성격으로 굳어지기는 했지만, 특히 베네치아인들은 경쟁적이고 다혈질이며 감정적이다. 바닷가에 사는 사람들이 대부분 그러하듯이(나도 부산에서 자랐다), 베네치아 사람들은 직선적이면서 동시에 즉흥적인 성격을 가지고 있었다. 자기 고집이 강하고, 자신의 의견을 표출하는 것에 거침이 없던 사람들이었다. 이런 사람들이 옹기종기 모여 살고 있으니 베네치아에서 갈등과 폭력 사태는 일상처럼 반복될 수밖에 없었다. 주먹질을 연례 축제로 발전시켜본들, 그 폭력성

　　　　　　　　　　　　　　　　　　　삶이 축제가 된다면

자체가 사라질 리 만무했다. 결국 베네치아인들은 준엄한 법률과 이를 엄격히 수호할 법 집행자가 필요하다는 것을 깨닫게 되었다. 그래서 등장한 것이 베네치아의 '도제'다.

앞에서 잠시 소개했듯이, 기원후 726년 베네치아인들은 동로마제국의 지배에서 벗어나기 위해 우르수스를 초대 도제로 옹립하면서 독립 도시국가로서의 역사적인 첫걸음을 내디뎠다. 베네치아 역사는 총 117명의 도제를 배출했고, 나폴레옹에 의해 도제의 통치가 폐지된 것은 1797년의 일이다. 약 1,100년 동안 베네치아를 이끌었던 도제들은 두칼레 궁전에 머물렀다. 원래 리알토 다리 부근에 있던 도제의 관저는 화재로 유실되었고, 도제 세바스티아노 지아니^{Sebastiano Ziani}(1172~1178년 재위)가 현재의 위치에 두칼레 궁전을 건축하기 시작했다. 지상 층의 파사드에서 최초 건물에 적용되었던 베네치아 비잔틴 양식의 흔적을 찾아볼 수 있다.

그러다가 지금의 고딕 양식으로 두칼레 궁전 건물이 신축된 것은 1340년의 일로, 확대되어 가는 도시국가의 규모와 이와 비례하게 필요해진 행정 관료의 숫자 때문이었다. 각각 독립된 도제의 궁전과 집무실, 대회의장, 의회 건물, 사법부, 재판소, 감옥 등이 필요했다. 바다를 바라보는 두칼레 궁전의 파사드가 그때 건축된 것이다. 1424년, 제65대 도제를 역임했던 프란체스코 포스카리^{Francesco Foscari}(1423~1457년 재위)는 산 마르코 도서관을 마주보고 있는 쪽의 공사를 진행시켰다. 지상 층 파사드 아래에 한쪽 벽 없이 트인 홀인 로지아를 만들어 사람들이 자유롭게 통행할 수 있게 했고, 1442년 두칼레 궁전과 산 마르코 대성당 사이에 포르타 델라 카르타^{Porta della Carta}를 완성함으로써 현재의 모습을 갖추게 되었다.

도제가 국가 행사 때 사용하던 두칼레 궁전의 공식 입구인 포르타 델라 카르타는 조반니 본^{Giovanni Bon}과 그의 아들 바르톨로메오 본^{Bartolomeo}

Bon이 건축했다. 베네치아를 상징하는 날개 달린 사자, 성 마가 앞에 도제 프란체스코 포스카리가 무릎을 꿇고 있는 조각 작품이 전시되어 있는데 현재 우리가 볼 수 있는 조각상은 19세기에 다시 제작된 것이다. 원래 조각상은 1797년 프랑스 침공 때 파괴되었고 현재는 두칼레 궁전의 박물관 안에 훼손된 모습대로 보존되어 있다.

두칼레 궁전은 여러 번 화재가 발생해 보수와 증축을 거듭했는데, 그때마다 당대 최고의 건축가들이 그 시대의 예술 사조를 반영하면서 독특한 건물 형태를 이루게 되었다. 보는 각도에 따라 두칼레 궁전의 양식이 조금씩 달라 보이는 것도 그 때문이다. 예를 들어, 1483년에 두칼레 궁전의 동쪽 면(탄식의 다리가 있는 곳) 파사드 쪽에 화재가 발생해 대대적인 보수공사가 펼쳐졌는데, 그 시대의 유행이 반영되어 규칙적인 르네상스 장식의 파사드가 들어서게 되었다. 바다를 마주 바라보는 파사드는 원래 사용되었던 고딕 양식을 보존하고 있기 때문에 두 면을 따로 보면 전혀

비잔틴 양식과 고딕 양식, 르네상스 양식이 공존하는 두칼레 궁전.

다른 건물처럼 느껴진다.

1547년에도 화재가 발생해 2층 일부가 큰 피해를 입었지만, 1577년에 발생한 대화재로 인해 건물의 상당 부분과 전시되어 있던 베네치아 거장들의 회화 작품들이 훼손되는 막대한 피해를 입었다. 이 화재로 인해 젠틸레 다 파브리아노^{Gentile da Fabriano}, 피사넬로^{Il Pisanello}, 벨리니 Giovanni Bellini(1430~1516년경), 티치아노 등의 명작들이 한 줌의 재로 사라졌다. 1577년 화재로 입은 피해를 복원하기 위해 건축가 팔라디오^{Andrea Palladio}(1508~1580년)가 동원되었는데, 그는 신고전주의 양식을 도입하여 건물을 재건축하기로 결정했다(추후 설명). 이로써 두칼레 궁전은 고딕, 르네상스, 신고전주의 양식이 모두 반영된 독특한 건물 형태를 이루게 되었다. 이른바 '탄식의 다리'가 건축되어 신新감옥과 두칼레 궁전이 연결된 것도 이즈음의 일이다. 두칼레 궁전은 1797년 프랑스 나폴레옹의 침공으로 행정부로서의 기능을 상실하게 되었고, 오스트리아의 통치를 거쳐 1866년에는 통일 이탈리아로 편입되기에 이르렀으며, 1923년부터 현재의 박물관으로 개조되어 사용되고 있다.

두칼레 궁전 입장권을 제시하면 곧바로 중정中庭으로 인도된다. 일단 붉은 벽돌은 고딕 양식, 흰색 대리석은 르네상스 양식이라고 보면 크게 틀리지 않는다. 한 건물 안에 여러 가지 건축 양식이 뒤섞여 있는 셈이다. 중정 한가운데 2개의 청동 장식으로 된 우물이 보인다. 식수가 귀했던 베네치아 사람들은 빗물을 모아서 요긴하게 사용했다. 두칼레 궁전의 우물은 식수를 퍼내는 곳이 아니라 빗물을 모아두는 곳이었다.

두칼레 궁전을 효과적으로 돌아보는 대략적인 동선은 도제의 관저에서 시작해 행정 관료들의 집무실, 대회의장과 투표실, 탄식의 다리와 감옥, 거인의 계단과 포르타 델라 카르타(정식 출입구) 순이다. 도제의 관저와 행정 관료들의 집무실은 천장과 벽에 유명한 예술가들의 작품들이 다수 전시되어 있기 때문에 베네치아의 역사와 예술사의 흐름을 한꺼번에 둘러볼 수 있다.

두칼레 궁전의 핵심 포인트 둘러보기

계단을 통해 2층으로 올라가면 복도 오른쪽 벽면에 시선을 사로잡는 조각이 붙어 있다. 그 유명한 '사자의 입'이다. 조선시대에 억울한 일을 당해 특별한 청원을 올리는 백성들이나 왕에게 상소하기를 원하는 선비들을 위하여 문루門樓에 달았다는 신문고申聞鼓처럼, '사자의 입'은 베네치아에서 비밀 고발문서를 익명으로 제출할 수 있는 투서 장치였다. 두칼레 궁전에 보존되어 있는 것처럼 사자가 입을 벌린 모양의 문서 투입구가 베네치아 시내 곳곳에 설치되어 있었다. 하단에는 라틴어로 "정부의 공금을 횡령하여 이득을 취한 자나, 직위를 이용해 이익을 챙긴 자들에 대한 비밀이 보장되는 고발 장소"라고 적혀 있다. 베네치아는 겉으로는 시민의 자유가 보장되는 공화정의 국가 형태를 유지했지만 내부적으로 '10인회Consiglio dei Dieci'나 '종교재판소'라는 엄격한 법 집행기관이 운영되고 있었다. 베네치아 정부는 공금 횡령, 풍기문란이나 허락받지 않은 도박장 운영, 유리산업의 특허 유출, 곤돌리에들의 전횡, 신성모독 등에 대해서는 엄격하게 다스렸고, '사자의 입'은 이런 위법 행위들에 대한 첩보 수집 장치였던 것

사자의 입.

삶이 축제가 된다면

이다.

　그로테스크한 모양의 '사자의 입' 조각을 지나면, 위풍당당한 황금의 계단Scala d'Oro이 도제의 관저와 행정 관료들의 집무실이 있는 3층으로 연결되어 있다. 1554년부터 1559년까지 야코포 산소비노가 설계 및 공사를 맡았던 황금의 계단 자체보다 알레산드로 비토리아Alessandro Vittoria에 의해 제작된 실내 스투코Stucco 장식이 더 유명하다. 계단 입구의 좌우 상단에는 〈히드라를 죽이는 헤라클레스〉와 〈지구를 들고 있는 아틀라스〉가 조각 작품으로 전시되어 있고 3층으로 올라가는 계단 복도에는 화려한 24K 금박 스투코가 장식되어 있다. 벽면이나 천장에 그림을 그리지 않고 대신 진흙, 석회 등의 재료를 이용한 소조 장식을 붙이는 것을 스투코라고 한다. 주로 반복적인 패턴을 사용하여 장식적인 면이 중요하지만 불이 붙지 않는 방화재로서의 장점도 스투코의 빼놓을 수 없는 기능이기도 하다. 두칼레 궁전에서 반복적으로 발생했던 화재 때문에 이런 양식이 채택된 것이다.

　'황금의 계단' 벽면과 천장을 화려하게 장식하고 있는 주제는 사랑의 신 베누스Venus다. 그리스 신화의 주인공 베누스는 지중해의 아름다운 섬 키프로스Cyprus에서 탄생했다. 베네치아는 이 섬을 1489년부터 1571년까지 식민지로 삼았다. 그러니까 '황금의 계단' 장식은 위대했던 해상 왕국 베네치아의 위용을 드러내는 전시 공간인 셈이다. 윌리엄 셰익스피어의 4대 비극에 포함되어 있는 〈오셀로〉는 베네치아와 키프로스 간의 전쟁 (1570~1573년)의 역사를 배경으로 펼쳐지는 이야기다. 유색인종이었던 오셀로 장군은 베네치아 함선을 이끄는 전쟁 사령관으로, 키프로스에 파견되었지만 질투심 때문에 사랑하는 아내 데스데모나를 죽이면서 비극이 펼쳐진다.

황금의 계단과 화려한 스투코 장식.

삶이 축제가 된다면

황금의 계단을 걸어올라 첫 번째로 도착하는 곳은 일명 스쿠도Scudo(방패)의 방이다. 도제가 외부 손님을 공식 알현하는 곳이었다. 프랑스로부터 침공을 당해 권좌에서 물러나야 했던 마지막 도제인 루도비코 마닌Ludovico Manin(1789~1797년 재위)의 문장이 전시되어 있어, 베네치아 공화국 최후의 모습을 보여주는 쓸쓸한 장소이기도 하다. 베네치아가 통치했던 광활한 지역의 지도로 벽면이 가득 채워져 있어 영광스러웠던 베네치아 역사의 옛 모습을 보여주고 있다.

스쿠도의 방 중앙에는 거대한 천구도와 지구의가 전시되어 있다. 유럽의 박물관에서 오래된 지구의를 보면 항상 제일 먼저 하는 일은 한반도의 위치를 찾아보는 것이다. 대략 17세기에 제작된 지구의에서부터 한반도가 길쭉한 오이 모양으로 모습을 드러낸다. 간혹 오래된 지구의나 세계 지도 중 한반도가 섬처럼 그려진 것도 있는데, 그것은 마르코 폴로가 유럽에 전해준 잘못된 정보 때문이다. 중국에서 우연히 고려에서 파견된 사신을 만났던 마르코 폴로는 압록강을 건너왔다는 말을 잘못 알아듣고 고려라는 나라가 섬이라고 판단한 것이다. 어쨌든 마르코 폴로에 의해 고려라는 나라가 유럽에 알려졌으니, 그 이름이 지금의 '코리아'가 되었다. 마르코 폴로는 베네치아 사람이었으니, 한반도와 코리아는 베네치아와 이렇게 연결된다.

이어지는 '4개의 문을 가진 방Salla delle Quattro Porte'은 일종의 대기실로, 공직자들이 회의장에 들어가기 전에 잠시 머물면서 사안을 협의하던 방이었다. 1574년 대화재에 가장 큰 피해를 본 공간이었는데, 16세기 후반 베네치아를 대표하던 건축가였던 안드레아 팔라디오가 설계를, 안토니오 다 폰테Antonio da Ponte가 복원 공사를 맡았다. 앞으로 자세히 소개되겠지만 16세기 베네치아 화단의 주도권을 놓고 경쟁을 펼쳤던 티치아노와 틴토레토Jacopo Tintoretto(1518~1594년)의 작품이 서로 마주보고 있는 특별한 곳이기도 하다. 베네치아 설립의 역사적 장면을 그린 틴토레토의 벽화 앞에, 경쟁자 티치아노가 그린 도제 안토니오 그리마니Antonio Grimani(1521~1523년 재위)가 십자가 앞에서 등장하는 대형 벽화가 전시되어 있다. 그는 도제로 옹립되기 전 오스만제국과의 전쟁에서 2번이나 패배를 당했고, 결국 베네치아로부터 추방령을 당했으나 와신상담으로 시련의 세월을 극복하고 고향으로 돌아와 격동의 16세기 초반을 이끌었던 위대한 인물이다.

티치아노의 〈십자가 앞에 무릎을 꿇은 도제 안토니오 그리마니〉 1576년 작품.

삶이 축제가 된다면

외교 업무를 주로 관장하던 전체 회의장Pien Collegio으로 들어가기 직전의 방은 대기실Antechamber이다. 1574년의 화재 이후 팔라디오가 재건축했던 공간으로, 베로네세Paolo Veronese(1528~1588년)의 명작들이 천장과 벽면을 화려하게 장식하고 있다. 천장 중앙의 작품은 〈베네치아 국력의 근원은 믿음〉이다. 베로네세 특유의 따뜻한 인물 묘사가 베네치아를 상징하는 여성의 품위를 더해주고 있다.

앞으로 자세히 소개되겠지만 베로네세는 티치아노의 후계자였고, 이 두 사람은 틴토레토라는 파격적인 화가의 등장을 지켜봐야 했던 예술가들이었다. 두 화가들은 한 팀을 이루어 새로운 화풍을 구사하는 틴토레토 화실과 치열한 경쟁을 벌이게 된다. 두칼레 궁전의 각 방에 전시되어 있는 작품들에서 이 두 화가 집단 사이의 치열했던 경쟁을 목격하게 되는데, 전체 회의장의 대기실에서도 이런 긴장감을 확인할 수 있다. 베로네세가 천장 장식의 대부분을 맡았다면 좌우 벽면의 모퉁이는 모두 틴토레토가 그렸다. 대기실의 벽면에는 베네치아를 통치했던 여러 도제들의 모습이 그려져 있다. 〈구세주에게 감사를 드리는 도제 알비세 모체니고Alvise Mocenigo〉, 〈성모의 도움을 간구하는 도제 니콜로 다 폰테Nicolo da Ponte〉, 〈성 카타리나와 신비의 결혼식을 올리는 도제 프란체스코 도나토Francesco Donato〉 등의 작품은 모두 틴토레토가 그린 것이다.

대기실을 지나면 두칼레의 행정공관 중에서 가장 큰 회의실인 의회의방Sala del Senato으로 들어서게 된다. 베네치아에서 가장 오래된 행정 기관의 모임 장소이고, 정치와 경제의 현안을 모두 다룰 뿐 아니라 각종 국가 행사와 외교 절차가 함께 진행되는 곳이다. 의회의 의원으로 선출되기 위해서는 베네치아의 귀족 가문에 소속되어야만 한다. 1574년 화재 이후 안드레아 팔라디오가 실내 장식을 설계했고 대부분의 천장화는 1575년부터 1578년까지 틴토레토가 그렸다. 의회의 방에서 제일 유명한 천장화는 정중앙에 있는 사각형 대형화인 〈베네치아의 승리〉다. 틴토레토는 단상 뒤 벽면도 장식했다. 〈도제 피에트로 란도Pietro Lando와 도제 마르칸토니오 트레비산Marcantonio Trevisan이 그리스도의 죽음을 애도함〉이라는 긴 제목의 작품을 남겼다.

의회의 방은 '베네치아의 콘클라베Conclave'란 별명도 가지고 있다. 로마 바티칸의 시스티나 성당에서 개최되는 콘클라베에서 교황이 선출되듯이, 이 의회의 방에서 베네치아의 도제가 선출되기 때문이다. 로

의회의 방 천장을 장식하고 있는 틴토레토의 〈베네치아의 승리〉.

마의 콘클라베에서 종교 지도자가 선출된다면, 베네치아의 콘클라베에서는 정치 지도자가 선출되는 셈이다. 종교 지도자나 정치 지도자는 투표라는 절차를 거치게 되는데, 그것만으로는 선출되는 지도자들의 위엄을 보증할 수 없는 모양이다. 그래서 로마나 베네치아의 콘클라베가 열리는 공간은 성경에 나오는 종교적 이미지로 가득 채워져 있다. 투표로 선출된 지도자들은 모두 하늘의 도움을 받았다는 것을 간접적으로 강조

삶이 축제가 된다면

하기 위해서다. 베네치아 콘클라베의 네 벽면에서 예수 그리스도의 생애와 관련된 종교화를 발견할 수 있는 것도 바로 그런 이유 때문이다.

의회의 방에 이어지는 10인회의 방은, 1310년 일부 귀족들이 쿠데타를 시도하자 비밀정보의 필요성 때문에 급히 만들어진 10인회가 사용했던 회의장이다. 당연히 10인회 위원을 임명하는 것은 도제의 권한이었고, 10인회 회의에는 반드시 도제가 참석해야 했다. 그런데 10인회의 방에 배치되어 있는 의자는 17개다. 도제와 그의 핵심 참모 6명이 10명의 위원들과 함께 회의를 개최해야 하기 때문이다.

베네치아의 비밀정보국에 해당하는 10인회는 1797년 베네치아가 프랑스에 함락될 때까지 막강한 권력을 행사했다. 모든 국가 기밀과 외국의 첩보 보고서, 모든 베네치아 주민들의 동향이 조사되던 곳이었다. 10인회 위원은 의회처럼 귀족 가문에서만 선출되었고, 한 가문에서 1명만 선출될 수 있다는 까다로운 조건이 적용되었다. 그리고 한 가문의 일원이 10인회 임기 1년을 마치면, 그 가문은 다음 임기에 10인회 위원을 배출할 수 없었다. 또 독직을 막기 위해 1년의 임기 동안에는 두칼레 궁전에서만 거주해야 했다. 귀족들의 전횡을 막기 위해 익명으로 투서할 수 있는 '사자의 입'을 시내 곳곳에 배치해서 비밀정보를 취합하는 것도 10인회의 소관이었고, 이들은 베네치아에서 귀족을 추방하거나 처형할 수 있는 유일한 법적 구속력을 가졌다. 그러나 견제되지 않는 권력은 부패할 수밖에 없다는 역사의 교훈에 따라, 10인회의 막강한 권력도 3명의 재판관으로 구성된 감찰관에 의해 통제되도록 했다. 이들 감찰관들은 유럽 각국에 스파이를 보내 각국의 정보를 취득했고, 그 비밀 기록은 지금도 역사가들이 유럽 각국에서 일어난 사건의 배후를 이해하는 데 결정적인 단서를 제공해주고 있다.

10인회의 방 천장에는 베로네세가 젊은 견습생일 때 그린 〈베네치아에 꽃을 뿌리는 유노〉란 천장화가 전시되어 있다. 천장 제일 중앙에 전시되어 있는 〈주피터가 번개를 치며 악을 물리침〉은 베로네세 작품을 모사한 것이다. 나폴레옹이 베네치아를 점령했을 때 이 원작을 압수해 갔고, 아직까지 파리 루브르 박물관이 진품을 소장하고 있다. 나폴레옹이라는 날강도에게 명작을 강탈당하고, 원래 그 작품이 전시되어 있던 곳에 가짜 그림을 붙여놓아야 하는 베네치아 사람들의 울분이 느껴진다. 10인회의 방에 찾아온 프랑스 관광객들이 슬그머니 그곳을 빠져나가는 것도 바로 그 때문이다.

두칼레 궁전의 하이라이트, 대회의장과 투표실

시간에 쫓겨 두칼레 궁전에서 단 한 곳밖에 방문할 수 없는 딱한 사정에 놓여 있다면, 나는 만사 제쳐놓고 바로 대회의장Sala del Maggior Consiglio으로 직행하라고 조언하겠다. 그곳이 두칼레 궁전의 하이라이트이기 때문이다. 약 1,100년간 이어졌던 위대한 공화국의 숨결이 대회의장의 넓은 공간에 고스란히 보존되어 있다. 우선 거대한 크기가 놀랍다. 그리고 천장의 무게를 지탱할 수 있는 기둥이 하나도 보이지 않는다는 사실이 경이롭기까지 하다.

대회의장은 베네치아 권력의 중추를 형성하는 공간으로, 25세 이상의 모든 베네치아 귀족 남성들이 함께 모여서 국가 정책을 최종적으로 결정하던 거대한 정치 무대였다. 이곳은 베네치아가 위대하고 '가장 평온한 공화국의 전통'을 이어가는 데 결정적인 역할을 해왔다. 대회의장에 모인 1,200명에서 2,000명 정도의 베네치아 귀족들은 의회와 10인회를 포

대회의장의 전경. 중앙 연단 뒤에 틴토레토의 명작 〈천국〉이 위용을 드러내고 있다.

함한 모든 공공 기관을 소환할 수 있는 권리가 있었고, 전횡을 휘두르는 인물을 투표로 탄핵할 수 있었다.

베네치아에서 귀족이 되려면 두칼레 궁전에서 보관하고 있는《황금의 책Libro d'Oro》에 가문의 이름이 기록되어 있어야 한다. 그 책에는 귀족 집안의 출생 신고와 결혼 관계에 대한 상세한 정보가 담겨 있고, 베네치아 정부가 이를 직접 관리했다. 어느 집안이 귀족으로 분류되는가는 1297년 대의회Great Council에 의해 결정되었는데, 그 이후부터는 까다로운 심사를 거쳐야만 《황금의 책》에 이름을 올릴 수 있었다. 16세기에 접어들면서 귀족 가문의 배타적 권리를 더욱 확고하게 하기 위해 귀족과 평민 간의 결혼이 전격적으로 금지되었다.

　귀족의 명단이 기록되어 있는 《황금의 책》에 이어 《은의 책》도 만들어졌다. 외부 사람이 아닌 순수한 베네치아 출신 가문을 확정하기 위해 만들어진 기록이다. 대회의장의 대의회에 참석할 수 있는 사람은 《황금의 책》과 《은의 책》에 기록되어 있는 가문의 성인 남자로 엄격히 제한되었다. 납부하는 세금의 규모나 가문이 가지고 있는 부의 정도와는 상관이 없었다. 베네치아의 귀족 남성들이 권력을 행사하는 곳! 그래서 이 대회의장에 출입하는 것 자체가 베네치아에서는 사회적 신분의 상징이었다.

　대회의장 건물 자체는 14세기에 완공되었는데, 이곳의 천장과 벽면 장식은 베네치아 최고 예술가들이 자존심과 명예를 걸고 참여했다. 정치적으로 가장 중요한 곳에 자신의 작품을 걸지 못하면 인정을 받지 못한다

대회의장의 출입은 베네치아의 귀족들에게만 허락되었다.

는 뜻이기 때문이다. 실내 공간의 길이는 53미터, 폭은 25미터인데 기둥이 없는 단일 공간으로는 유럽에서 가장 큰 규모를 자랑한다.

대회의장 벽에 그려진 벽화들은 레판토 해전을 포함한 베네치아 역사를 보여주고 있고, 천장의 프리즈 바로 밑에는 도제 76명의 초상화가 일렬로 전시되어 있다. 베네치아 정부는 틴토레토에게 모든 도제의 초상화를 주문했지만, 실제로 초상화를 그린 사람은 틴토레토의 아들이었다. 중앙 강단을 마주보고 있는 반대쪽 프리즈 밑으로 가면 얼굴이 완전히 지워져 있는 도제의 초상화가 보인다. 베네치아 제55대 도제였던 마리노 팔리에로Marino Faliero(1354~1355년 재위)의 초상화다. 그의 얼굴이 검은 휘장으로 가려진 이유는 왕이 되려는 야심으로 친위 쿠데타를 일으켰기 때문이다.

안드레아 단돌로Andrea Dandolo(1343~1354년 재위)에 이어 도제에 오른 팔리에로는 원래 해군 사령관과 다양한 외교관 경험을 가진 국가 원로였다. 당시 베네치아는 경쟁 국가였던 제노바에 밀려서 정치적, 경제적으로 어려움을 겪고 있었는데, 팔리에로는 그 근본적인 이유가 베네치아 귀족들의 무분별한 기득권 추구 때문이라고 보았다. 여기에는 사실 개인적인 원한도 있었다. 자신의 아내가 한 귀족에게 모욕을 당했던 불쾌한 경험이 있었기 때문이다. 팔리에로는 베네치아에서 귀족 세력을 타도하고 본인이 직접 왕이 되겠다는 야심으로 쿠데타를 시도했지만 미숙한 준비로 사전에 발각되고 만다. 그는 1355년 10명의 음모자들과 함께 산 마르코 광장에서 참수당했다. 그래서 그의 초상화가 걸려 있어야 할 자리에 검은색 휘장이 드리워져 있고, 라틴어로 "범죄로 인해 참수당한 마리노 팔리에로의 초상화가 걸려야 할 장소이다"라고만 작게 쓰여 있다. 국가의 권력을 찬탈하려고 했던 도제에게는 사형을 넘어, 아예 모든 기억에서 지워버리는 형벌Damnatio memoriae이 내려진 것이다.

대회의장 안쪽에 문으로 연결되어 있는 방은 투표실Sala dello Scrutinio이다. 1577년, 이곳에서 큰 화재가 발생해 대회의장으로 불길이 번졌다. 다행히 화재로 인한 건물 구조 자체의 피해는 그리 크지 않았으나 벽에 전시되어 있던 많은 작품들이 피해를 입었다. 신속한 보수를 위해 당대 최고의 화가들이 작품 수주 경쟁에 뛰어들었고, 도제의 권좌가 놓여 있는 정면 연단의 뒤쪽 벽면에 전시될 〈천국〉이 최고 관심사로 떠올랐다. 우여곡절 끝에 〈천국〉의 제작자는 틴토레토로 결정되었고, 1588년부터 1592년까지의 작업을 통해 베네치아의 또 다른 명작이 탄생하게 된다. 워낙 중요한 작품이고, 보다 상세한 설명이 필요하기 때문에, 이후 '틴토레토' 부분에서 다시 자세히 소개하기로 한다.

대회의장의 넓은 벽면에도 많은 명작들이 많이 전시되어 있지만 대회의장의 천장은 그야말로 명작들의 거대한 전시장이다. 우선 베로네세가 긴 타원형 캔버스에 그린 〈베네치아의 신격화〉가 눈에 들어온다. 틴토레토와 경쟁했던 베로네세의 작품이 특유의 부드럽고 우아한 자태를 드러내고 있다. 천장 제일 중앙에 전시되어 있는 직사각형 작품은 틴토레토의 〈도제 니콜로 다 폰테가 베네치아로부터 승리의 월계수를 받음〉이다. 그다음으로 역시 긴 타원형 캔버스에 그린 그림은 팔마 일 조바네Palma il Giovane가 그린 〈승리의 베네치아가 점령한 지역〉이다.

팔마 일 조바네는 티치아노의 제자였다. 티치아노가 미완성으로 남긴 〈피에타〉를 최종 완성한 사람이 바로 그였다. 그러니까 대회의장의 중앙 벽면과 천장은 소리 없는 예술의 전쟁터였다고 보면 된다. 중앙 벽면 전체를 압도하고 있는 〈천국〉과 천장 가운데 직사각형 그림이 틴토레토의 작품이다. 그 사이에 베로네세와 팔마 일 조바네의 작품이 함께 치열한

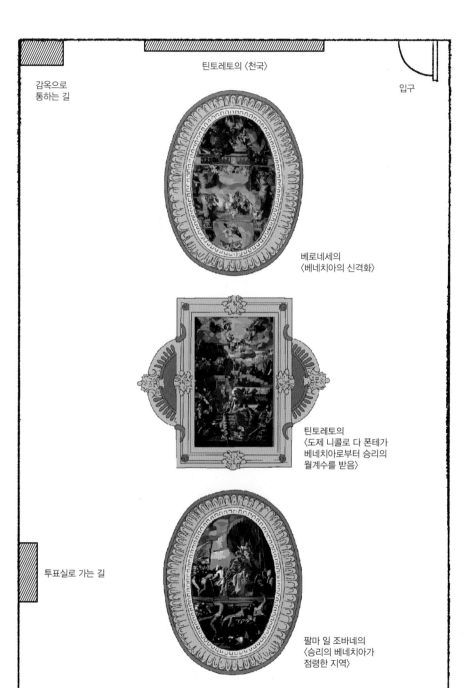

틴토레토의 〈천국〉

감옥으로
통하는 길

입구

베로네세의
〈베네치아의 신격화〉

틴토레토의
〈도제 니콜로 다 폰테가
베네치아로부터 승리의
월계수를 받음〉

투표실로 가는 길

팔마 일 조바네의
〈승리의 베네치아가
점령한 지역〉

두칼레 궁전의 대회의장 중앙 부분의 천장화

경합을 벌이고 있다.

창문 너머로 산 마르코 도서관을 마주보고 있는 투표실Sala dello Scrutinio
은 원래 도제 프란체스코 포스카리가 인문학자 페트라르카와 그리스 출
신의 철학자이자 추기경 바실리오스 베사리온Basilios Bessarion(1403~1472
년)이 소장하고 있던 희귀 고전 도서를 기부 받아 소장하기 위한 도서
관 용도로 건축되었다. 1588년 건축가 야코포 산소비노에 의해 산 마르
코 도서관Biblioteca Marciana이 건축된 이후부터 대회의장에서 진행된 투표
를 개봉하는 공간으로 활용되었다. 좌우 벽면에 전시된 그림은 베네치
아의 역사, 특히 전투에서 승리를 거둔 장면을 그린 승전화가 대부분이
다. 베네치아가 해상국가다 보니 해전을 묘사한 그림이 많은데, 그중에
서 가장 중요한 작품은 단연코 틴토레토의 제자 안드레아 빈첸티노Andrea
Vicentino(1542~1617년 추정)가 그린 〈레판토 해전의 승리〉다.

베네치아의 자부심, 레판토 해전

투표실의 대형화 〈레판토 해전의 승리〉는 대회의장 벽면의 대형화 〈천
국〉과 연결된다. 베네치아가 지상의 〈천국〉이 될 수 있었던 것은 〈레판토
해전의 승리〉가 있었기 때문이다. 만약 그들이 레판토 해전에서 승리를
거두지 못했다면, 베네치아나 이탈리아 정도가 아니라 아예 유럽 전체가
지옥처럼 불탔을지도 모른다는 것이 베네치아인들의 생각이었다.

1571년, 베네치아 해군은 레판토 해전에서 오스만제국이 서쪽으로 진
출하는 것을 막아냈다. 레판토 해전은 《돈키호테》의 저자 세르반테스가
참전했던 전투로 유명하지만, 베네치아인들에게는 그야말로 국가의 명
운을 건 해전이었다. 만약 이 전투에서 패한다면 베네치아는 지중해에

서 더 이상 설 자리가 없었을 것이다. 1453년, 오스만제국이 동로마제국의 수도 콘스탄티노플을 함락시켰을 때 베네치아가 가장 큰 경제적인 타격을 입었다. 콘스탄티노플이 이스탄불로 이름을 바꾸는 순간, 베네치아 상인들은 지중해 해상 무역의 주도권을 고스란히 오스만제국에게 넘겨주어야 했다.

만약 1571년의 레판토 해전에서 패배하게 된다면 베네치아는 아예 지중해의 지도에서 사라져야 하는 운명이었다. 지중해 동쪽을 오스만에게 빼앗긴다는 것은 인도의 향신료 무역과 중국의 비단 무역이라는 기회를 완전히 상실한다는 의미였기 때문이다. 오스만제국이 지중해 동쪽을 장악하고 동방 무역을 완전히 독점한다면, 베네치아는 결국 스페인과 포르투갈처럼 대서양과 인도양을 가로지를 수 있는 큰 해양 선박을 건조해야만 했다. 베네치아의 갤리선은 지중해 항해를 위한 배였다. 거대한 대양의 거친 파도를 헤치고 항해하기에는 역부족이었던 것이다. 그러니 어떻게든 지중해에서 오스만 세력을 굴복시켜야만 했다. 다급하기는 로마 교황청도 마찬가지였다. 이미 마르틴 루터Martin Luther의 독일 종교개혁으로 유럽 영토의 3분의 1 정도를 잃은 입장에서, 무슬림의 공격까지 당한다면 교황청으로서는 그 피해를 상상할 수도 없었을 것이다. 교황 피우스 5세Pius V는 가톨릭교회의 수호자로 자처하던 스페인 국왕 펠리페 2세Felipe II를 설득해, 최후의 십자군 원정을 기획하게 된다.

레판토 해전은 오스만의 도발로 시작되었다. 1571년 초, 오스만 해군이 키프로스섬을 식민통치하고 있던 베네치아의 주둔 부대를 기습 공격했다. 또 오스만의 군대는 키프로스섬에 거주하던 베네치아인들을 모두 억류하고 지휘관의 피부를 벗겨 죽이는 잔혹한 도발을 했다. 이에 교황 피우스 5세의 주도로 신성동맹Holy League이 결성되었고, 유럽의 3대 세력이 연합군을 형성해 출정에 나선다. 피해 당사국이었던 베네치아, 가톨릭교회의 수호자인 스페인, 로마 교황청이 각각 지휘관과 군대를 파견한 것이다. 원정대의 총사령관은 오스트리아의 돈 후안Don Juan de Austria이 맡았고 부사령관은 교황청을 대표하던 로마의 귀족 마르칸토니노 콜론나Marcantonio Colonna가 맡았다. 베네치아의 함대는 세바스티아노 베니에로Sebastiano Veniero가 이끌었는데, 그는 레판토 해전의 승리 이후 도제로 등극하게 된다(1577년).

신성동맹의 연합 함대는 206척의 갤리선으로 꾸려졌는데, 베네치아는 그중 109척의 갤리선을 제공했고 기존의 갤리선보다 더 큰 규모의 함포 탑재용 갤리선 6척을 추가로 파견했다. 연합 함대의 전력은 약 4만 명의 해군과 2만 명의 육군으로 구성되었다. 스페인은 7,000명의 막강한 육군을 승선시켰는데, 그중의 1명이 장차 《돈키호테》를 집필하게 될 세르반테스였다. 한편 오스만 함대는 총 222척의 전함 갤리선에 약 3만 7,000명의 노 젓는 노예들을 태웠는데, 그들 중 상당수는 이전에 노예로 잡혀 있던 유럽인들이었다. 오스만 함대의 실제 전투를 담당하던 육군은 3만 4,000명 정도였다. 해군과 육군의 인원수만 비교하면 양측의 전력은 엇비슷했지만, 대포와 개인용 소총 등의 우수한 화력을 가진 신성동맹 연합 함대가 유리한 입장에 서 있었다. 비록 해전이었지만 승선하고 있던 육군들이 적의 배로 돌격하여 육탄전을 치러야 했기 때문에 강력한 보병을 보유하고 있던 스페인이 전세를 주도하게 된다. 오스만의 함대는 강력한 궁수부대의 화살 공격으로 대응했다.

1571년 9월 16일, 시칠리아의 메시나 항구를 출발한 신성동맹의 연합 함대는 적과 조우하기도 전에 내부 분열이 발생했다. 베네치아 군인들과 스페인 군인들 사이에 사소한 시비가 붙었고, 베네치아의 베니에로 장군이 문제를 일으킨 스페인 군사를 교수형에 처해버렸기 때문이다. 그러나 신성동맹의 연합 함대는 갑자기 나타난 적 앞에서 단결하게 된다. 연합 함대가 그리스 펠로폰네소스반도 북단 해안에 도착했을 때 오스만의 함선이 홀연히 모습을 드러냈기 때문이다. 총사령관 돈 후안이 "비겁한 자들에게 천국은 없다!"라고 함성을 지르자, 역사적인 레판토 전투가 시작되었다.

초반의 전세는 새벽에 선제공격을 감행했던 오스만제국에게 유리하게 전개되었다. 신성동맹군들은 바람을 맞으며 싸워야 하는 지리적 열세에 놓여 있었다. 그러나 정오쯤부터 바람의 방향이 역전되었고 이번에는 불어오는 바람 때문에 오스만 함선들의 속도가 느려졌다. 이 틈을 노린 신성동맹군은 과감한 근접 전투를 벌였다. 강력한 스페인 육군의 공이 컸다. 전세가 조금씩 기울자 오스만 함대에서 노를 젓던 유럽인 노예들이 선상 반란을 일으키기 시작했다. 강력한 대포 공격과 스페인 육군의 맹활약, 유럽인 노예들의 반란으로 오스만의 군대는 괴멸되어 갔다. 화살이 떨어지자 오스만 군사들은 궁여지책으로 식당에 있던 오렌지와 레몬을 던지기도 했다. 결국 전투는 신성동맹 연합 함대의 일방적인 승리로 끝났다. 신성동맹 연합군은 총 117척의 적 갤리선을 노획했고, 약 50여 척을 침몰시키는 전과를 올렸다. 약 3만 명의 오스만 군사들이 전사했으며 약 1만 명이 노예로 잡힌 반면, 신성동맹군은 약 7,500명만이 전사했다고 한다. 교황 피우스 5세는 레판토 해전의 승리를 기념하기 위해, 승전의 날인 10월 6일을 '묵주 기도의 성모 축일Feast of Our Lady of the Rosary'로 선포했다.

투표실 벽면 중앙에 자리 잡고 있는 〈레판토 해전의 승리〉는 틴토레토의 제자였던 안드레아 빈첸티노Andrea Vicentino(1542~1617년 추정)가 그린 것이다. 틴토레토가 그렸던 원작은 1577년 대화재 때 유실되고 말았다. 틴토레토의 경쟁자였던 베로네세도 같은 주제의 그림을 그렸는데, 현재 베네치아의 아카데미아 미술관이 소장하고 있다. 베로네세는 전쟁의 장면을 그릴 때조차 우아함을 잃지 않는다는 느낌을 주는 명작이다.

1571년에 그린 파올로 베로네세의 〈레판토 해전의 우의화〉.
베네치아 아카데미아 미술관 소장.

삶이 축제가 된다면

탄식의 다리 그리고 거인의 계단

대회의장의 중앙 대형화인 〈천국〉을 한 번 더 감상하고 왼쪽에 있는 작은 출구를 통해 베네치아의 명물 '탄식의 다리'로 간다. 두칼레 궁전에는 2개의 감옥이 있었다. '옛 감옥'으로도 불리는 피옴비 감옥은 1591년에 완공되었는데, 카사노바가 탈옥한 곳으로 유명하다. 늘어나는 죄수를 수감하기 위해 '새 감옥'이 증축되었고 1614년 이 두 시설을 연결하기 위한 다리가 만들어졌는데, 이 다리를 '탄식의 다리'라 부르게 되었다. 새 감옥으로 투옥되는 죄수들이 다리 중앙에 설치된 작은 창문을 통해 넘실대는 아드리아해를 바라보며 탄식하곤 해서 그런 이름이 붙었다고 한다. 로마 시대의 글에서 차용되었다는 설도 있고, 영국의 시인 바이런 경이 이름을 붙였다는 설도 있다.

이어지는 감방 순례를 마치고 '탄식의 다리'를 건너 두칼레 궁전으로 돌아오면 박물관 기념품 판매소로 연결된다. 마지막 전시관인 '금고의 방Sala dello Scrigno'에는 매우 중요한 물건이 보존되어 있다. 베네치아 귀족 가문의 이름이 기록된 《황금의 책》이 들어 있고 삼면이 나무로 된 금고다. 앞에서 잠시 설명한 대로 1297년 대의회의 결정에 따라 베네치아 귀족 가문의 명단이 발표되었고, 그 기록이 담긴 《황금의 책》이 바로 이 금고의 방에 보존되었다. 순수한 베네치아 혈통을 증명하는 《은의 책》도 이 금고의 방에 보존되었는데, 공직자를 선출할 때 이 《은의 책》에 기록되어 있는 귀족이 우선적으로 후보에 이름을 올릴 수 있었다.

박물관 기념품 판매소를 지나면 두칼레 궁전 중정의 출구 쪽으로 안내된다. 지금은 박물관의 출구로 사용되고 있지만 원래 이곳이 공식 의전 행사를 위한 입구였다. 베네치아 도제의 권위를 더하기 위한 르네상스

스타일의 '거인의 계단'이 있는 곳이다. 베네치아가 육지에서 번성하리라는 염원을 담고 있는 전쟁의 신 마르스 석상과 해양 왕국의 위용을 드러내기 위한 넵튠(포세이돈) 석상이 계단 상단의 좌우를 지키고 있다. 거인의 계단과 두 조각상은 1567년 야코포 산소비노가 제작했다. 두칼레 궁전의 출구는 '포르타 델라 카르타'로 불린다. 두칼레 궁전과 산 마르코 대성당을 연결하는 곳으로, 의전 행사용 출입구다. 바르톨로메오 본과 조반니 본 형제가 1442년에 완공한 장식물로, 도제 프란체스코 포스카리가 날개가 달린 사자 조각상(성 마르코) 앞에 무릎을 꿇고 있는 모습으로 조각되어 있다. 현재 전시되어 있는 것은 복제품으로, 원작은 나폴레옹 시절에 철거되었다.

두칼레 궁전과 벽을 맞대고 있는 산 마르코 대성당의 모서리에 4명의 로마 황제 조각상Tetrarchs이 있다. 기원후 4세기경에 제작된 것으로, 원래 콘스탄티노플의 필라델피온Philadelphion의 장식물이었는데 제4차 십자군 전쟁 때 전리품으로 베네치아에 옮겨졌다. 4명의 황제가 서로 어깨를 의지하고 있는 모습으로 조각된 이유는 '로마제국의 역사에 나타난 3세기의 위기The Crisis of the Third Century'와 관련이 있다. 게르만족의 남하와 국가 재정의 악화로 인해, 로마제국은 '3세기의 위기'에 직면하게 된다. 디오클레티

포프리(붉은색 대리석)로 조각된 로마 황제 조각상.

삶이 축제가 된다면

아누스 황제는 위기에 빠진 로마제국을 4개의 지역으로 분할해 통치했다. 먼저 로마제국을 동서로 분리한 다음, 2개의 제국을 다시 정제正帝와 부제副帝의 영역으로 나누어 통치했기 때문에 4명의 정제와 부제가 등장하게 된 것이다. 자세히 보면 제일 구석에 서 있는 황제의 다리가 보이지 않는데, 이 조각이 원래 전시되어 있었던 콘스탄티노플(지금의 이스탄불)에 보존되어 있다.

두칼레 궁전에 바쳐진 최고의 찬사

두칼레 궁전에 대한 최고의 찬사는 영국의 예술평론가이며 옥스퍼드대학의 예술사 교수였던 존 러스킨에 의해 바쳐졌다. 그는 1853년에 출간된 《베네치아의 돌》이라는 기념비적인 책을 통해 베네치아 건축의 아름다움과 인간 정신의 궁극적인 방향성을 동시에 제시하면서 건축과 인문학의 연결을 시도했다. 1849년, 아내와 함께 베네치아를 방문한 러스킨은 그 유명한 다니엘리 호텔Hotel Danieli에 여장을 풀고, 유서 깊은 베네치아 건물들의 스케치와 조사 기록을 남겼다. 그는 베네치아 건축의 아름다움을 강조하면서 동방 비잔틴제국과 서방 로마제국의 미학을 통합시킨 두칼레 궁전이야말로 "세계의 중심이 되는 건축"이라고 높이 평가했다.

러스킨은 베네치아의 지리적 특징 덕분에 이러한 융합적인 건축물이 탄생했다고 보았다. 해상 무역을 통해 문물의 교류를 받아들일 수밖에 없는 베네치아인들의 개방성 덕분에 로마, 롬바르디아, 동방 문화의 아라비아적인 문양이 자연스럽게 융합될 수 있었고, 두칼레 궁전이야말로 이러한 융합의 창조성을 보여주는 걸작 건축물이라는 것이다.

로마의 건축가들은 '아치Arch'라는 독특한 건물 형태를 고안해냄으로써 세계 건축사에 크게 기여했다. 보기에 아름답고, 쉽게 무너지지 않아 견고하고, 또 편리하기까지 한 아치 형태의 구조물은 반복적으로 표현될 때 경쾌한 리듬감을 건물에 부여한다. 러스킨에 의하면 이러한 로마의 아치 구조물은 롬바르디아에서 고딕적인 요소와 결합했고, 두칼레 궁전의 외벽에 반복적으로 표현되어 있는 아치와 고딕의 결합은 이런 이상적인 융합의 과정을 보여준다. 여기에 아라비아적인 문양, 즉 아라베스크 양식이 더해졌다. 아랍인들은 동물이나 식물의 모습을 실제로 묘사하는 것보다 추상적인 문양으로 표현하는 것을 더 선호했다. 두칼레 궁전의 기둥 상단을 장식하고 있는 각종 문양은 이런 아라베스크적인 영향을 반영하고 있다. 그러니까 두칼레 궁전은 로마의 아치, 롬바르디아의 고딕, 아라베스크의 문양이 모두 결합된 "세계의 중심이 되는 건축"이 된 것이다.

러스킨의 《베네치아의 돌》은 단순히 건축 기법이나 건축의 역사를 보여주기 위한 책이 아니다. 건축물과 그 안에 거주하는 인간의 상호작용은 물론, 건축물(예술)이 제시하는 문명과 정신의 궁극적인 방향성까지 제시한 책이다. 물론 이런 인문학적 건축서는 러스킨에 의해 처음 발표된 것이 아니다. 로마제국이 막 창건될 때 출간된 비트루비우스Marcus Vitruvius Pollio(기원전 80~10년 추정)의 《건축에 관한 10권의 책De Architectura》, 르네상스 시대의 예술 이론가였던 레온 바티스타 알베르티Leon Battista Alberti의 《건축에 관한 10권의 책De re aedificatoria》, 베네치아의 건축가 팔라디오의 《건축에 관한 4권의 책Quattro Libri》 등이 그런 책이다. 러스킨은 이런 위대했던 건축가 겸 인문학자들의 전통 위에 서 있는 것이다.

1849년, 베네치아를 방문했던 러스킨은 쇠락해가는 문명의 쓸쓸한 뒷모습을 목격했다. 위대했던 베네치아 공화국은 나폴레옹에게 함락당해

삶이 축제가 된다면

문을 닫았고, 오스트리아 합스부르크 왕가의 거만한 통치가 이어지고 있었다. 매년 카니발 시즌이면 베네치아의 밤거리에 술에 취한 귀족들의 고성방가가 그치지 않았고, 밤마다 산 마르코 광장에서는 가면을 쓴 파티가 이어졌지만 '가장 평온한 공화국 베네치아'는 이미 시대의 소명을 다한 쇠락의 도시로 보일 뿐이었다.

사라지지 않는 문명은 존재하지 않는 것일까? 왜 인간은 타락하는 것일까? 왜 역사는 후퇴하는 것일까? 베네치아의 쓸쓸한 골목을 돌아다니던 러스킨은 자기 조국인 영국을 떠올렸다. 전성기를 구가하던 영국제국, 해가 지지 않는다는 영국제국의 지식인 러스킨은 조국이 베네치아와 같은 운명에 처하게 될지도 모른다는 생각을 문득 하게 되었다. 18세기의 영국 역사가 에드워드 기번Edward Gibbon이 이런 걱정과 함께 《로마제국 쇠망사》를 썼다면, 19세기의 영국 미술사학자인 러스킨은 《베네치아의 돌》을 썼다. 따라서 러스킨이 소개하고 있는 베네치아의 위대한 건축물은 역사가 흘러도 고상함을 잃지 않는 건물을 말한다.

위대한 건축물이란 시대의 변천 앞에서도 고상함을 잃지 않는다. 그렇다. 고상함을 잃지 않는 개인과 문명도 영원할 수 있다. 러스킨은 두칼레 궁전을 소개하면서 역사가 흘러도 고상함을 잃지 않는 건축의 힘의 원천을 보여준다.

두칼레 궁전은 '힘'과 '아름다움'을 겸비한 건물이다. 건축이 요구하는 덕목으로서의 '힘'이란, 그 자리에 버티고 서 있는 건물 자체의 위용을 말한다. 1,000년의 역사가 흘러도 아드리아해의 거친 비바람에 맞서며 어두운 밤바다를 향해 빛을 발산했던 등대와 같은 건물, 거친 파도가 몰아치던 개펄의 두 해안을 연결해 만든 만남의 교각, 정의로운 통치자들이 자신의 정치철학을 당당하게 펼쳤던 곳, 억울함을 당한 자들이 자신의 처지를 주저함 없이 탄원할 수 있었던 두칼레 궁전이 바로 그런 '힘'을 가진 건축물이었다.

또한 러스킨에게 '아름다운' 건축물이란 솔직한 건물을 말한다. 건축가의 창의적인 정신이 솔직하게 표현되어 있어야만 아름다운 건물이 된다. 또 아름다운 건축물이란 기쁨을 주는 건물이다. 건물에 들어선 사람들이 이전에 느끼지 못했던 기쁨을 그 안에서 발견할 수 있다면, 그 건축물은 걸작이다. 그 건물을 찾아온 사람들에게 생각지도 못했던 새로운 기쁨을 선물하는 건축물! 그런 건물이 바로 두칼레 궁전이란 것이다.

두칼레 궁전에 최고의 찬사를 헌정했던 러스킨은 두칼레 궁전에 적용되었던 건축 양식의 역사를 파고들었다. 베네치아의 역사와 더불어 시작된 두칼레 궁전의 건축 역사는 시대의 흐름에 따라 비잔틴 양식, 고딕 양식, 르네상스 양식을 순차적으로 반영했다. 초기에 건축된 베네치아 비잔틴 양식의 건축물은 1106년의 화재로 소실되었고, 12세기 후반부터 고딕 양식으로 재건축되었다. 고딕 양식을 적용한 재건축은 1423년까지 이어졌다. 기존의 베네치아 비잔틴 양식은 지상 층의 기초 석재에만 남게 되었고, 그 위에 세워진 고딕 양식의 건물은 팔라초 누오보(새 궁전)라 불리게 된다. 그러나 고딕 양식을 차용했던 팔라초 누오보 역시 1479년의 대화재로 인해 다시 파괴되고 말았다. 이제 르네상스 건축 양식이 적용될 차례였다. 러스킨은 고딕 양식에서 르네상스 양식으로 전이되어 갔던 두칼레 궁전의 건축 양식에 주목했고, 두 건축 양식이 내포하고 있는 미적 가치를 집중적으로 분석했다.

러스킨에게 고딕 양식과 르네상스 양식은 완전히 다른 세계관을 반영

　　　　　　　　　　　　　　　　　　삶이 축제가 된다면

하고 있다. 프랑스 파리 인근에서 시작된 고딕 양식은 한마디로 '자신의 약점에 대한 솔직한 고백'이라고 한다면, 피렌체에서 시작된 르네상스 양식은 '자신의 지혜에 대한 확고한 믿음'을 반영한 건축양식이라는 것이다.[26]

러스킨은 두칼레 궁전의 지상 층 모서리에 있는 3개의 조각 작품을 주목했다. 먼저 바다를 바라보고 있는 양쪽 면의 모서리에 〈아담과 이브의 타락〉과 〈술에 취한 노아〉가 조각되어 있다. 이것은 아담과 이브처럼 죄를 짓고 살아가는 인간, 또 술에 취해 인사불성이 된 노아처럼 어리석은 삶을 살아가는 우리의 솔직한 모습을 담고 있다. 이것은 고딕적인 표현이다. 타락과 만취의 상태로 살아가고 있는 '자신의 약점에 대한 솔직한 고백'인 셈이다. 반대로 르네상스 양식은 〈솔로몬의 재판〉이란 작품으로 형상화되어 있다. 두칼레 궁전의 산 마르코 대성당 쪽 모서리에 전시되어 있는 작품으로 조각가 바르톨로메오 본이 1430년대에 만들었다. 두 여인이 솔로몬 왕의 법정에서 한 아기의 주인이라고 각각 주장하자, 지혜의 왕 솔로몬이 그 아기를 반으로 잘라서 각각 나누어 주라고 판결했다는 구약 성경의 유명한 이야기(왕상 3:16~28)를 재현한 것이다. 솔로몬의 지혜가 돋보인다. 두칼레 궁전은 베네치아의 도제가 권력을 행사하는 곳이다. 그 의전 행사용 입구에 르네상스의 정신을 반영하고 있는 〈솔로몬의 재판〉이 조각으로 서 있다. 그것은 인간 지성의 힘, 즉 자신의 지혜에 대한 확고한 믿음을 가졌던 르네상스 정신을 보여준다. 솔로몬처럼 지혜를 발휘해서 성군聖君이 되라는 일차적인 의도 외에, 인간의 지혜가 보여주는 무한한 가능성을 긍정하고 있는 것이다.

그렇다면 러스킨은 '자신의 약점에 대한 솔직한 고백'이었던 고딕 양식을 부정하고, '자신의 지혜에 대한 확고한 믿음'을 가졌던 르네상스 양

두칼레 궁전과 탄식의 다리가 만나는 벽면 모서리에 〈술에 취한 노아〉의 조각상이 붙어
있다. '카 도로'를 건축했던 마테오 라베르티Matteo Raverti의 작품으로 추정되고 있다.

삶이 축제가 된다면

식을 높이 평가하고 있는 것일까? 신 앞에서 자신의 본성을 솔직하게 고백했던 고딕의 시대를 극복하고, 인간의 가능성에 대한 확고한 믿음을 가졌던 르네상스 시대로 돌아가라는 뜻일까? 그것이 역사가 흘러도 고상함을 잃지 않고, 문명과 인간이 삶의 기쁨을 잃지 않는 방법이라는 뜻일까?

사실은 정반대다. 러스킨은 르네상스적인 자기확신의 예술에 대해 경계심을 풀지 않고 있다. 그에 의하면 고딕 시대의 장인들은 '생각하는 사람들'이었다. 그들은 스스로 생각하면서 동시에 일하는 사람들이었다. 우리는 그들의 이름을 알지 못한다. 왜냐하면 그들은 우리에게 자신의 이름을 알릴 필요가 없었기 때문이다. 고딕 건축의 장인들은 일과 생각을 분리하지 않았기 때문에, 굳이 이름을 알리지 않고 작품만 남겼다. 그러나 자신의 능력과 지혜에 대한 확고한 믿음을 가졌던 르네상스 시대의 장인들은 '생각하지 않고 일하는 사람들'이었다. 후원자들이나 신학자들의 요구에 따라 작품의 주제를 선정하고, 그들이 원하는 대로 작품을 만들어주는 기능인이었던 것이다. 이른바 노동의 분화 Division of Labor가 일어났다. 생각하는 사람과 일하는 사람은 따로 분리되어 직업을 형성했다. 그러나 노동의 분화는 결국 노동의 소외를 불러일으킬 것이다. 르네상스 시대의 예술가들은 자신의 능력을 믿으며 빼어난 작품을 제작했다. 〈솔로몬의 재판〉이 그런 르네상스 시대를 웅변하는 작품이다. 하지만 여전히 인간은 죄를 짓고, 술이나 약물, 돈이나 물질이 주는 풍요에 취한 상태에서 벗어나지 못한다. 노아가 술에 취한 것처럼. 그것이 바로 인간이고, 그것이 바로 우리들의 한계인 것이다.

러스킨은 두칼레 궁전 앞에서 '자신의 약점에 대한 솔직한 고백'이었던 고딕 양식을 주목하라고 우리에게 요구하고 있다. 나의 능력과 지혜를 과신한 나머지, 그저 주어진 일을 영혼 없이 처리하는 기능적인 인간으로 살고 있는 것은 아닌지 돌아보란 것이다. 두칼레 궁전 앞에서 우리를 오래된 고딕의 세계로 초대하는 러스킨이 그저 옛 도시의 옛이야기를 들려주는 사람으로 느껴진다면, 그가 쓴 또 다른 책《나중에 온 이 사람에게도Unto This Last》를 권한다. 1862년에 출간된 이 책은 인도의 성자 마하트마 간디Mahatma Gandhi의 인생을 바꾼 책이다. 남아프리카 공화국에서 변호사 생활을 했던 마하트마 간디는 요하네스버그에서 더반까지 가는 24시간의 기차 여행 내내 러스킨의《나중에 온 이 사람에게도》를 쉬지 않고 읽었고, 후에 "내 생애에 즉각적이고도 실천전인 변화를 가져다 준 책"이라고 술회했다.27

러스킨은 공동체 생활을 하면서 영국으로부터의 독립 운동을 펼쳤던 마하트마 간디에게 영감을 주었고, 그의 삶 자체를 변화시켰던 사상가였다. 바로 그 사람이 지금 우리 앞에서 두칼레 궁전의 고딕 건축물을 보여주며 문명과 개인의 영속성에 대해서 설명해주고 있는 것이다. 생각하지 않고 일만 하는 삶은 결국 우리를 불행하게 만들 것이라고. 생각하는 것과 일하는 것의 조화를 이루지 못하면, 점점 우리는 삶의 기쁨에서 멀어지게 될 것이라고. 자기 자신에 대한 지나친 자신감은 결국 우리 영혼을 병들게 만들 것이라고. 오히려 자신의 약점을 솔직히 인정했던 고딕의 정신으로 돌아가라고.

삶이 축제가 된다면

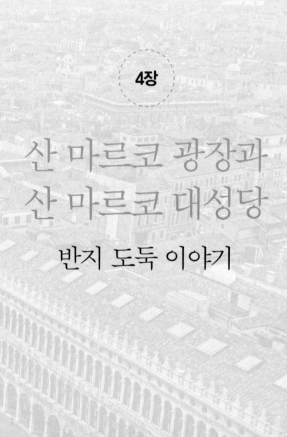

4장

산 마르코 광장과
산 마르코 대성당

반지 도둑 이야기

그리스의 '아고라Agora'는 사람들이 모이는 공공장소다. 그리스에서 문명의 원천을 발견했던 로마인들은 시민들의 자유로운 왕래가 보장되던 이 아고라가 마음에 들었던 모양이다. 로마인들은 이를 '포럼Forum'이란 이름으로 수입했다. 로마 시민들은 이 공공장소에 모여 보통 때는 물건을 사고팔고, 축일에는 축제를 즐겼으며, 국가의 대사를 앞에 놓고 함께 토론할 수 있는 정치적 공간을 확보하게 되었다. 로마를 포함한 중남부 이탈리아에서는 포럼을 이탈리아어로 '피아차Piazza'라고 불렀는데, 중북부 지역에서는 이런 시민의 광장을 '캄포Campo'라 불렀다. 이탈리아 반도의 북쪽에 위치하고 있는 베네치아도 '캄포'라는 단어를 사용하는데, 유일하게 '피아차'로 불리는 곳이 있다. 바로 여기서 소개하게 될 산 마르코 광장Piazza San Marco이다.

산 마르코 광장은 베네치아를 대표하는 익숙한 풍경을 연출한다. 나폴레옹이 "세상에서 가장 아름다운 응접실"이라고 탄성을 질렀다는 산 마르코 광장은 긴 사각형 형태를 이루고 있다. 광장의 한쪽 면은 산 마르코 대성당이 위풍당당한 모습으로 차지하고 있고, 유명한 산 마르코 종탑 Campanile di San Marco, 시계탑Torre dell Orologia, 구 관공서Procuratie Vecchie, 신 관

직각으로 뻗은 산 마르코 광장의 풍경.

공서Procuratie Nuove, 코레르 박물관Museo Correr, 카페 플로리안Caffè Florian 등
이 서로 마주보며 오가는 관광객들을 맞이하고 있다. 최근 오버투어리즘
으로 몸살을 앓고 있는 베네치아 당국이 봄철 카니발 시즌에 산 마르코
광장 안으로 들어갈 수 있는 인원을 최대 2만 명으로 제한한다고 발표한
것으로 보아, 최대 수용인원이 그 정도쯤 될 것이다.

산 마르코 광장, 비둘기와 갈매기가 공존하는 곳

산 마르코 광장에서 관광객만큼이나 많은 것이, 바로 비둘기와 갈매기
의 시도 때도 없는 저공비행이다. 새벽이면 뭍에서 날아온 회색 비둘기
들과 물에서 날아온 흰색 갈매기들이 적막을 깨고 제일 먼저 산 마르코
광장을 점거한다. 비둘기들과 갈매기들은 산 마르코 광장의 사각형 하늘

을 공유하면서, 그 사이를 오가는 관광객들과 함께 멋진 기념사진 장면을 연출한다. 갈매기와 비둘기는 바다와 육지의 경계가 모호한 베네치아 창공을 서로 경쟁하지 않고 날아다닌다. 베네치아에서는 바다 위를 날아다니는 비둘기와 육지 위를 날아다니는 갈매기가 전혀 생소하지 않다. 산 마르코 광장에서는 비둘기들과 갈매기들이 사람들을 피하지 않고, 오히려 사람들이 비둘기와 갈매기 사이를 요리조리 헤집고 다닌다.

산 마르코 광장의 비둘기와 갈매기가 지형의 경계로 삼는 산 마르코 종탑은 베네치아에서 가장 높은 인공 건축물이다. 그래서 베네치아 사람들은 98.6미터에 달하는 이 종탑을 '모든 저택의 주인El Paròn de Casa'으로 부른다. 기원후 10세기까지 지금의 종탑 위치에는 두칼레 궁전과 산 마르코 대성당 사이의 경비를 맡았던 탑이 서 있었다. 국가의 중요 시설이었기 때문인데, 그 당시 두칼레 궁전과 산 마르코 국립도서관 사이의 땅은 바다였다. 그 이후부터 종탑 공사가 진척되어 1514년에 지금의 높이까지 완성되었다. 초기에는 베네치아로 입항하는 갤리선을 인도하는 일종의 등대 역할을 했는데, 그 이후에는 베네치아의 하루를 규정하는 기도 시간과 축제의 시작과 끝을 알리는 타종 시설로 사용되었다. 지금 서 있는 종탑은 1902년 붕괴된 것을 1912년에 재건축한 것이다. 하단의 로제타Loggetta는 산소비노의 역작 건축물로, 다음 장에서 따로 상세히 설명하기로 한다.

산 마르코 대성당을 사이에 두고 종탑과 마주보고 있는 시계탑도 베네치아의 명물이다. 산 마르코 광장이 베네치아의 종교와 정치의 중심이라고 한다면 시계탑부터 리알토 다리까지 연결되는 중심 도로Merceria는 경제의 중심이라고 할 수 있다. 지금도 시계탑 아래부터 시작되는 중심 도로변에 수많은 가게들이 줄지어 서서 좁은 골목길을 오가는 관광객들을 기다리고 있다.

시계탑 건축물 자체는 1499년에 완공되었지만 정확한 시간을 알리는
기계적 장치는 그 이후 계속 개선되어 왔다. 꼭대기에 있는 2명의 종치
는 사람은 원래 목동(양털 옷을 입고 있다)으로 조각되었는데, 청동의 색깔
이 어두운 색으로 변하면서 베네치아 사람들은 '무어인Moor'이라고 부른
다. 윌리엄 셰익스피어의 〈오셀로〉에 등장하는 장군 오셀로가 바로 베네
치아의 무어인이었다. 종탑 위에 서서 매시간 타종을 하는 무어인은 청
동으로 굳어 있고, 셰익스피어의 무어인 오셀로는 질투심 때문에 마음이
굳어진다. 그 하단에 날개 달린 사자의 조각상이 보이는데 왼쪽으로 치
우쳐 있다는 느낌이 들 것이다. 원래 오른쪽 빈 공간에 도제 아고스티노
바르바리고Agostino Barbarigo(1486~1501년 재위)가 무릎을 꿇고 경배하는 조

카날레토가 그린 1720년대의 산 마르코 광장. 뉴욕 메트로폴리탄 박물관 소장.

각이 있었기 때문이다. 도제의 조각상은 나폴레옹 침공 이후 베네치아의 국가적인 정체성을 없애버리기 위해 철거되었다. 사자상의 하단에는 성모자의 조각상을 중심으로 좌측에는 로마 숫자로 표기된 시간, 우측에는 아라비아 숫자로 표기된 시간의 사각형 패널이 붙어 있다. 1년에 2번, 공현 축일Epiphany과 승천 대축일Ascension Day에 시계탑의 특별한 작동을 보기 위해 관광객들이 몰려드는데, 청동으로 조각된 3명의 동방박사들이 성모자상을 돌면서 경배를 드리는 장면을 보기 위해서다.

산 마르코 대성당, 성자의 유해를 모시다

산 마르코 광장의 하이라이트는 누가 뭐래도 산 마르코 대성당이다. 두칼레 궁전이 베네치아의 정치적 권력을 상징하고 있다면, 산 마르코 대성당은 종교적 권위를 상징한다. 베네치아의 도제는 막강한 정치적 권력을 부여받았지만, 늘 종교적 권위를 빌려와야만 했다. 법률로만 세상을 통치한다면 그것은 삭막한 세상으로 가는 지름길이다. 종교와 믿음은 언제나 그 사회를 통합시키고 하나로 묶어주는 역할을 한다. 그래서 베네치아인들은 도제의 관저 옆에 도제를 위한 성당을 지었다. 산 마르코 대성당은 1807년부터 베네치아의 대성당, 즉 두오모Duomo로 인정되었지만 원래는 도제를 위한 개인 성당에서 출발했다. 베네치아의 도제는 정치적 권력과 종교적 권위를 두루 갖춘 인물이어야 했기에 어떤 때는 교황의 지위에 버금가기도 했다.

도제의 권위를 더하기 위해 도제의 성당에는 중요한 성자의 거룩한 유물이 필요했다. 로마 교황청의 성 베드로 대성당에는 성 베드로의 유해가 안치되어 있다. 피렌체의 두오모에는 성 세례자 요한의 손가락이 소

삶이 축제가 된다면

장되어 있다. 그렇다면 도제의 성당에는? 신약성경의 4복음서 중 하나인《마가복음》의 저자, 성 마가의 유해를 모시고 있다. 마르코Marco는 마가를 베네치아 식으로 발음한 것이다.

828년, 이집트의 항구도시 알렉산드리아에서 무역업에 종사하던 베네치아의 상인 부오노 다 말라모코Buono da Malamocco와 루스티코 다 토르첼로Rustico da Torcello는 동네 사제들로부터 놀라운 소식을 듣게 된다. 알렉산드리아를 통치하던 아랍 총독이 성당을 허물고 대리석 석재를 빼앗아 가려고 하는데, 그 안에 마르코의 유해가 안치되어 있다는 것이었다. 두 베네치아 상인은 그 사제들을 설득해 성자의 유해를 베네치아로 옮기자고 제안한다. 결국 그들은 마르코의 유해를 파내 양배추와 돼지고기를 실은 상자 안에 숨겨서 알렉산드리아를 탈출한다. 지중해를 가로지르면서 폭풍과 큰 파도를 만났지만 성자의 기적적인 도움으로 위기를 극복했다.

성자의 유해는 828년 1월 31일, 베네치아에 무사히 도착했다. 도제 주스티니아노 파르티치파치오Giustiniano Participazio(825~829년 재위)는 성자의 유해를 환영하는 의식을 올리고 두칼레 궁전의 모서리에 임시로 안치했다. 아직 유해를 모실 성당의 공간이 확보되지 않았기 때문이었다. 원래 베네치아의 수호성자는 동방 비잔틴 교회의 성자였던 성 테오도로St. Teodoro였다. 지금도 산 마르코 도서관 앞 기둥 위에서 용(악마를 상징)을 죽인 성 테오도로의 조각상을 볼 수 있다. 그러나 베네치아인들은 기원후 4세기의 인물이 아닌 예수의 직계 제자를 수호성자로 모시고 싶었고, 마침내 그 꿈이 이루어진 것이다.

이로써 산 마르코 대성당은 원래 두칼레 궁전의 부속 건물로 도제의 개인 성당으로 출발했지만, 이제는 성자의 유해를 모심으로써 베네치아

틴토레토가 그린 〈성 마르코의 시신을 옮겨 옴〉. 1562년에서 1566년 사이에 그려진 작품으로 현재 베네치아 아카데미아 미술관에 소장되어 있다.

삶이 축제가 된다면

에서 가장 중요한 성당이 되었다. 도제의 정치적 권력에 종교적 권위를 더한 것이다. 성 마르코의 유해를 안장하기 위해 성당 공사가 바로 시작되었지만 976년에 화재가 발생하여 건축은 원점으로 돌아갔다. 지금의 성당 모습이 갖추어지고 성 마르코의 유해가 무사히 안치된 것은 1094년 10월 8일, 제32대 도제 비탈레 팔리에로^{Vitale Faliero}(1084~1095년 재위) 때였다.

성 마르코의 유해가 지금의 자리에 안치된 것은 1094년의 일이지만, 성당 건물 내외부에 남아 있는 건물의 골격이나 장식은 13세기 것이 가장 오래되었다. 자주 화재가 발생해 건물과 장식이 훼손되었기도 하거니와 제4차 십자군 전쟁(1202~1204년) 이후 수많은 전리품들이 콘스탄티노플에서 쏟아져 들어와 산 마르코 대성당의 장식물로 더해졌기 때문이다. 콘스탄티노플에서 가져온 청동으로 된 4마리의 말과 두칼레 궁전을 설명하면서 소개했던 로마 4황제의 석조 조각도 이때 설치된 것이다. 산 마르코 대성당 정면 파사드 위 난간에 4마리의 청동 말이 보인다. 원래 콘스탄티노플의 히포드롬^{Hippodrome}(원형경기장)에 전시되어 있던 것을 제4차 십자군 운동의 사령관이었던 도제 엔리코 단돌로가 노획해 온 것이다. 나폴레옹이 1797년에 다시 전리품으로 프랑스에 압송해 갔다가 1815년에야 다시 베네치아로 돌아왔다. 현재 외관에 전시되어 있는 것은 모조품으로, 진품은 산 마르코 대성당 내부의 박물관에 전시되어 있다.

5개의 돔이 중첩되어 특이한 모습을 이룬 산 마르코 대성당의 지붕 역시 13세기에 완성되었다. 새로 확장된 두칼레 궁전과의 조화를 위해서 원래 있던 성당의 돔 위에 더 큰 사이즈의 돔을 이중으로 설치했다. 돔건축의 최대 난제인 건물 하중 문제를 해결하기 위해 무거운 돌을 천장재료로 사용하지 않고 가급적 벽돌로 쌓아 올려 무게를 줄였다. 산 마르코 대성당을 정면으로 바라보았을 때 제일 왼쪽에 있는 아치형 문 위에 붙어 있는 모자이크(성 마르코의 유해를 옮겨 오는 장면)만이 13세기의 것이다. 나머지는 모두 17~19세기에 보수되었다.

산 마르코 대성당의 내부는 '황금의 성당'이라는 별명에 어울리게 황금빛 모자이크로 장식되어 있다. 전체 건물의 구조는 그리스형 십자가 형태를 이루고 있고, 십자가의 끝 부분과 중앙 연결 부분에 5개의 돔이 앉혀져 있어, 밖에서 보면 둥근 돔들이 숲을 이루고 있는 형태다. 콘스탄티노플에 있던 성 사도 성당Church of the Holy Apostles을 모방해서 건축했기 때문에 이런 구조를 갖추게 되었다. 산 마르코 대성당은 이탈리아의 수많은 성당 중에서 거의 유일하게 프레스코를 전혀 사용하지 않고 순전히 모자이크로 내부를 장식한 곳이다. 총 8,000평방피트의 벽면을 모두 화려한 모자이크로 장식하기 위해 베네치아의 유리 공예 기술이 적극적으로 활용되었다. 산 마르코 대성당 건물에서 베네치아 유리 공예 장인들의 뛰어난 실력을 보여주기 위해 12세기 말부터 13세기 후반까지 대대적인 모자이크 작업이 진행되었다.

1419년 화재가 발생해 대성당의 벽면이 상당 부분 훼손되었을 때, 베네치아 정부는 피렌체에 지원을 부탁했고 파올로 우첼로Paolo Uccello(1475년 사망)가 와서 내부 장식을 맡았던 적이 있다. 정중앙 돔을 장식하고 있는 거대한 예수 상 모자이크Christ Pantocrator는 15세기에 제작되었다. 또 중앙 천장 부분은 예수의 생애를 모자이크화한 것으로, 총 29개의 장면으로 구성되어 있다. 16세기 초반부터 다시 베네치아 장인들이 내부 장식을 맡게 되어, 중세적인 도식에서 벗어난 새로운 시대의 구도를 시도하였다. 베네치아 출신의 안드레아 델 카스타뇨Andrea del Castagno, 파올로 베로네세, 틴토레토 등이 이 작업에 투입되었다. 1550년에 《예술가 평전Le

삶이 축제가 된다면

Vite》을 쓴 조르조 바사리Giorgio Vasari(1511~1574년)의 기록에 의하면, 티치아노가 젊은 모자이크 장인들에게 훌륭한 밑그림을 그려준 덕분에 그렇게 화려하고 아름다운 작품이 산 마르코 대성당 안에 전시될 수 있었다고 한다.28 천장 전체를 덮고 있는 모자이크는 19세기부터 민간에 보수가 맡겨져서 약 3분의 2 정도는 현대의 재료로 대체되었는데, 고전미가 다소 떨어진다는 평가를 받고 있다.

산 마르코 대성당 중앙 제단 뒤쪽Presbytery은 성 마르코의 유해를 모신 곳으로, 그 후면에서 유명한 '황금의 제단Pala d'Oro 장식'을 관람할 수 있다. 이것은 최고의 비잔틴 공예품으로 간주되며 1,300개의 진주, 300개의

황금의 제단.

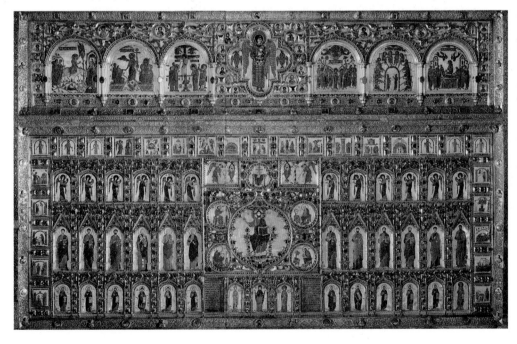

사파이어, 300개의 에메랄드가 상감象嵌 방식으로 처리되어 있다. 이 화려한 중앙 제단 장식은 1105년, 콘스탄티노플에서 주문 제작된 원판에서 출발했지만 제4차 십자군 원정의 보석 노획물이 더해지면서 지금의 사이즈로 확대되었다. 베네치아의 수많은 도제들 중에서 가장 학식과 명망이 뛰어났던 안드레아 단돌로는 이 소중한 작품을 보존하기 위해 1345년 당대 베네치아의 최고 작가였던 파올로 베네치아노Paolo Veneziano에게 의뢰하여 '황금의 제단'을 덮는 패널화를 만들게 했다. 지금 이 작품은 산 마르코 대성당 박물관에 영구 전시되어 있다.

산 마르코의 반지를 훔친 도둑의 최후

성 마르코의 유해가 베네치아로 옮겨 왔던 828년부터 산 마르코 대성당 공사 건축이 시작되었지만, 976년에 화재가 발생하여 공사가 중단된 적이 있다고 앞에서 설명한 바 있다. 그해 8월 11일에 발생한 화재는 정치적 혼란 때문에 시작되었는데, 도제의 강압적인 통치에 반발한 베네치아 시민들이 두칼레 궁전에 불을 질렀고 그 불길이 건축 중이던 성당 쪽으로 번지게 되었다. 도제가 암살당하는 참극으로 혼란이 확대되고 있을 때, 타오르는 성당의 불길 속에서 사제들은 수호성자의 유해를 비밀스러운 장소로 서둘러 이장했다. 혹시 모를 유해의 훼손을 막기 위해 사제들은 그 임시 이장 장소를 아무에게도 알려주지 않았다.

새로 도제가 선임되면서 정치적 혼란이 진정되자 베네치아인들은 산 마르코 대성당 신축 공사를 서둘렀고, 1094년에 새로운 성당 구조물의 기초가 들어섰다. 100년을 넘기며 진행된 긴 공사 기간 때문에 세대가 바뀌었고 성 마르코의 유해를 임시로 숨겨두었던 장소를 기억하는 사람은

삶이 축제가 된다면

모두 죽고 말았다. 당시 도제 비탈레 팔리에로는 3일간의 금식기도 기간을 선포하고, 성자의 유해를 찾기 위해 하느님의 도움을 간구하자고 시민들에게 호소했다. 그러자 놀라운 기적이 일어났다. 1094년 6월 25일, 신축 중이던 산 마르코 대성당의 기둥 하나가 무너지고 그 아래에서 성 마르코의 유해가 발견된 것이다. 흠 하나 없이 발견된 성자의 온전한 유해에서 장미 향기가 퍼져 나와 그 넓은 산 마르코 광장을 가득 채웠다는 전설 같은 이야기가 전해지고 있다.

여기서부터 '성 마르코의 반지'에 대한 이야기가 시작된다. 기적적으로 나타난 성 마르코의 유해는 마치 살아 있는 사람처럼 자기 모습을 드러냈고, 손가락에 끼고 있던 반지를 카 그란데Ca' Grande에 살던 베네치아의 명문 귀족 도메니코 돌핀Domenico Dolfin에게 선물로 주었다는 것이다. 돌핀 가문은 베네치아가 처음 창건될 때의 핵심 12개 귀족 가문의 일원으로, 초대 도제를 배출했다는 자랑스러운 전통을 유지하던 명문가였다. 돌핀 가문은 이 기적의 반지를 대대로 가문의 보물로 보존해오다가, 1509년에 스쿠올라 그란데 디 산 마르코Scuola Grande di San Marco에 기부했다.

틴토레토가 그린 〈성 마르코의 기적의 손이 나타남〉 부분. 스쿠올라 그란데 디 산 마르코 박물관에 소장되어 있는 작품이다. 도메니코 돌핀이 성 마르코의 기적의 손을 보고 있다.

베네치아 지역별 봉사단체인 '스쿠올라' 중에서 가장 오래되고 가장 영향력이 컸던 곳이 바로 스쿠올라 그란데 디 산 마르코였다. 1508년 당시 돌핀 가문을 이끌던 로렌초 돌핀은 단 100두카트만 받고 이 소중한 성자의 반지를 스쿠올라 그란데 디 산 마르코에 기증했다. 스쿠올라 그란데 디 산 마르코는 이때부터 베네치아에서 가장 중요한 수호성자의 유물을 소장한 대표 스쿠올라가 되었고, 매년 기적이 일어났던 6월 25일에는 스쿠올라 회원들이 성 마르코의 반지를 들고 본부에서부터 산 마르코 대성당의 유해 발견 장소까지 행진하는 축제를 거행했다.

그러나 성자의 반지를 앞세운 연례 시가행진 축제는 불미스러운 사건으로 중단되고 말았다. 1574년 9월 3일, 스쿠올라 건물에 도둑이 들어 모든 유물을 도난당했는데 성 마르코의 반지도 함께 감쪽같이 사라져버린 것이다. 베네치아 당국과 스쿠올라는 대대적인 범인 색출 작업에 나섰고, 결국 나달린 다 트렌토Nadalin da Trento가 절도범으로 체포되었다. 다른 성당의 유물을 훔치기 위해 잠입을 시도하다가 현장에서 체포되었는데, 취조를 하다 보니 성 마르코의 반지를 포함한 스쿠올라의 금은보석을 모두 녹여서 단지 8두카트를 받고 팔았다는 것을 알게 되었다.

베네치아의 비밀첩보 기관에 해당하는 '10인회'는 1574년 12월 4일, 스쿠올라 본부 건물의 앞마당에서 절도범의 오른손을 절단하고 말꼬리에 몸을 묶어 산 마르코 광장까지 끌고 갔다. 성자의 유물을 훼손했다는 것은 베네치아의 국가적 정체성을 모욕하는 것과 다름이 없었다. 절도범은 베네치아 시민들이 지켜보는 가운데 산 마르코 광장에서 교수형을 당했다. 그것도 모자라 베네치아 시민들은 교수형 당한 시신을 다시 장작더미에 올려놓고 밤새 불타도록 했다. 다음 날 새벽 여명이 밝아왔을 때, 비둘기와 갈매기는 어김없이 산 마르코 광장의 하늘로 날아들었고, 산

삶이 축제가 된다면

마르코 종탑에서는 어김없이 새벽종이 울렸으며, 산 마르코 대성당 안에서는 성자의 자비를 구하는 베네치아 시민들의 새벽미사가 진행되고 있었다.

5장

카페 플로리안

나폴레옹의 베네치아 점령

1797년 10월 17일, 나폴레옹 보나파르트는 겁을 먹고 벌벌 떨고 있던 베네치아 대표 사절단을 향해 고래고래 소리를 질러댔다. "내가 베네치아를 정복하는 아틸라Attila다!"라며 사절단을 협박하던 나폴레옹은 결국 캄포 포르미오Campo Formio 조약을 체결해 베네치아 공화국을 유럽 역사의 무대에서 완전히 퇴장시켜 버렸다. 1,000년 왕국 베네치아가 문을 닫은 순간이었다.

베네치아의 마지막 도제 루도비코 마닌Ludovico Manin(1789~1797년 재위)은 이미 같은 해 5월 12일 폐위를 당했지만, 나폴레옹은 새로 점령한 도시에 입성하지도 않았다. 대신 그의 첫 번째 아내였던 조제핀Joséphine을 보냈다. 남편을 대신해 베네치아에 프랑스 점령군 대표로 도착한 조제핀은 카날 그란데의 후기 고딕 양식으로 지어진 팔라초 피사니 모레타Palazzo Pisani Moretta에 머무르며, 나라를 빼앗긴 베네치아인들의 마음을 어루만져주는 역할을 우아하게 수행하고 있었다.

베네치아의 마지막 도제 루도비코 마닌은 8년간 맡았던 베네치아의 도제 직에서 쫓겨났다. 그는 베네치아의 명문가 출신으로, 뛰어난 학식을 가졌고 관대한 성격으로 베네치아 사람들의 칭송을 한 몸에 받던 인

프랑스의 베네치아 합병을 공식화한 캄포 포르미오 조약 체결(1797년) 장면. 나폴레옹이
꽃병을 깨트리며 베네치아 사절단을 협박하고 있다.

물이었다. 도제로 임명되기 전에 맡았던 여러 공직에서 모범을 보였고,
많은 재산을 교회에 기부해서 교황으로부터 기사 작위를 받기도 했다.
프랑스 혁명이 일어났던 1789년에 베네치아의 도제로 임명된 그는 본인
의 재산을 아낌없이 기부해서 다시 한 번 사심 없이 공직에 종사하는 청
백리의 모범을 보여주었다. 그러나 베네치아의 이 선량한 도제는 시대의
도도한 흐름을 읽지 못했다. 유럽의 판도는 나폴레옹 보나파르트에 의해
재편되고 있었고, 베네치아는 여전히 변방의 작은 도시 국가로 머물러
있었던 것이다.

 1797년 4월 25일, 프랑스 함대가 베네치아 본섬을 둘러싸고 있는 리
도섬 해안에 상륙했다. 도제 루도비코 마닌은 즉각 군대를 보내 응전에
나섰지만, 이미 베네치아가 바다를 주름잡던 시절이 끝나 있었다. 베네
치아 해군은 겨우 4척의 갤리선을 보유하고 있을 뿐이었지만, 나폴레옹

의 군대는 20척의 전함과 8만 명의 병력을 보유하고 있었다. 프랑스 군대는 베네치아의 무조건적인 항복을 요구했다. 양측의 외교적 협상이 시도되었지만 무위로 돌아가고, 같은 해 5월 2일 프랑스가 전면전을 선포했다.

결국 1797년 5월 12일, 긴급 소집된 베네치아 대의회는 4,000명의 프랑스 군인들이 산 마르코 광장을 점령하고 있는 상태에서 공화국의 폐쇄를 찬성 512표, 반대 20표, 기권 5표 차이로 의결했다. 이로써 기원후 726년 동로마제국의 지배에서 벗어나기 위해 우르수스를 초대 도제로 옹립하면서 시작된 베네치아 공화국의 역사는 1797년, 도제 루도비코 마닌의 폐위로 끝나게 된다. 정확하게 1,071년간 이어졌던 베네치아 공화국은 총 117명의 도제를 배출했지만 마지막까지 프랑스 군대의 무력에 저항했던 사람들은 평범한 베네치아인들이었다. 그들은 산 마르코 광장에 모여 "성 마르코 만세Viva San Marco! 공화국 만세Viva la Repubblica!"를 외치며 조국을 위해 목숨을 바치겠노라고 울분에 찬 함성을 뱉어냈다.

도제 마닌은 5월 12일 당일에 나폴레옹에게 항복을 선언하고 두칼레 궁전을 쓸쓸히 떠났다. 그는 가문의 저택인 팔라초 돌핀 마닌Palazzo Dolfin Manin으로 돌아가 칩거했다. 그는 변변한 저항 한 번 하지 못하고 그렇게 쉽게 나라의 주권을 프랑스와 오스트리아에 넘겨준 것은 불필요한 유혈사태를 막기 위한 고육지책이었다고 변명했다. 그러나 졸지에 나라를 뺏긴 베네치아인들은 루도비코 마닌에게 분노했고, 그가 베네치아 해변을 산책할 때면 울분에 찬 시민들이 따라다니면서 그에게 저주를 퍼붓곤 했다. 그는 임종해서 산타 루치아 성당 부근에 묻혔는데, 그의 묘지에는 "마닌의 유골"이라고만 간단하게 적혀 있었다. 그는 막대한 유산을 베네치아의 고아들에게 남겨 마지막까지 선한 사람의 이미지를 유지하면서

삶이 축제가 된다면

죽었다.

나폴레옹은 베네치아를 점령한 지 10년이 지난 후에야 직접 개선장군의 모습으로 베네치아 본섬에 입성했다. 1807년 9월 29일, "내 사전에는 불가능이란 없다"고 큰소리치며 개선하는 도시마다 점령지 국민들의 마음을 후벼 팠던 나폴레옹은 베네치아에서도 굴욕적인 조치를 취했다. 우선 베네치아가 자랑하던 국보급 유물과 수많은 예술 작품을 프랑스로 반출하기 시작했다. 산 마르코 대성당의 정면 파사드에 전시되어 있던 4마리의 청동 말도 뜯어내 파리로 옮겨갔다. 지금도 파리에 있는 루브르 박물관에 수많은 베네치아의 예술작품들이 전시되어 있는 것은 나폴레옹의 약탈 때문이다. 루브르 박물관이 자랑하는 베로네세의 명작 〈가나의 혼인 잔치〉도 이때 빼앗긴 것이다. 나폴레옹의 약탈은 예술품 절도에서 멈추지 않았다. 베네치아에 있던 가톨릭 수도원 59곳이 폐쇄되었고, 18개 성당이 문을 닫았으며, 그 건물들은 모두 병원이나 감옥으로 용도가 바뀌었다. 나폴레옹 보나파르트의 무차별적인 약탈과 횡포에 오히려 베네치아인들이 더 당황했다고 한다. 그들은 당시의 상황을 이탈리아인 특유의 위트 있는 문장으로 비꼬며, 나라를 잃은 울분을 달랬다.

프랑스인들은 모두 도둑놈들이다 Francesi son tutti ladri.
전부 그런 것은 아니지만, 분명히 대부분은 도둑놈들이다 non tutti, ma Buona parte!

프랑스인들은 '대부분'이라는 뜻에 해당하는 특정 단어를 의도적으로 '보나파르테 Buona parte'로 선택함으로써, 나폴레옹 보나파르트가 도둑놈이라는 것을 재치 있게 비꼰 것이다.

세계 최초의 커피숍, 카페 플로리안?

1720년에 산 마르코 광장에서 영업을 시작한 카페 플로리안은 세계 최초의 커피숍으로 알려져 있다. 가게의 홈페이지에도 당당하게 '세계 최초의 커피하우스'라고 자랑하고 있다. 그러나 그것은 과장이다. 에티오피아에서 처음 발견된 것으로 알려진 커피란 작물은 아라비아반도를 거쳐 1615년에 베네치아에 수입되기 시작했다. 런던의 로이드 커피하우스Lloyd's Coffee House는 이미 1686년부터 영업을 시작했으니, 카페 플로리안보다 무려 34년이나 앞선 것이다.

카페 플로리안이 유명해진 이유는 역사가 오래되어서가 아니라 산 마르코 광장에 위치하고 있었기 때문이다. 그랜드 투어를 위해 베네치아를 방문했던 괴테나 베네치아 본토박이인 카사노바가 단골로 드나들던 곳이었다. 특별히 카사노바가 카페 플로리안을 자주 찾았던 이유는 카페 플로리안이 여성의 자유로운 출입을 허용했기 때문이었다. 원래 산 마르코 광장에 처음 문을 열었을 때 가게 이름은 '카페 플로리안'이 아닌 '승리자 베네치아Alla Venezia Trionfate'였다. 그런데 왜 지금 이름이 카페 플로리안으로 바뀌게 된 것일까?

이 커피숍의 문을 연 사람은 플로리아노 프란체스코니Floriano Francesconi였다. 그는 1720년 12월 29일에 '승리자 베네치아Alla Venezia Trionfate'란 이름으로 커피하우스 영업을 시작했다. 그런데 1797년 5월 12일, 나폴레옹이 파견한 4,000명의 프랑스 군인들이 일렬로 행진하며 산 마르코 광장을 점령하자 놀란 당시의 주인이 황급하게 '승리자 베네치아'란 간판을 내렸다. 눈앞에서 펼쳐지고 있는 정치적 상황을 고려해볼 때 적절하지 않은 상호였던 것이다. 그 주인은 창업자였던 자기 할아버지의 이름 플

카페 플로리안의 전경. 밤마다 간이 음악회가 열린다.

로리아노를 가게 이름으로 적어놓았다고 한다. 그래서 지금의 카페 플로리안Caffè Florian이 되었다.

비록 커피숍의 이름은 황급히 바뀌었지만 카페 플로리안은 베네치아 민족 독립의 열기가 들끓는 민족의 회합 장소로 변해갔다. 프랑스 군대가 베네치아를 점령하고, 산 마르코 광장의 한쪽 면이 총독 관저로 사용되면서 카페 플로리안은 외국 점령군의 본부에 가장 인접해 있는 모임 장소가 되었다. 점령군인 프랑스인들이나 뒤이어 베네치아를 통치했던 오스트리아인들은 산 마르코 광장 건너편의 다른 커피숍에 모였고, 자연스럽게 카페 플로리안은 베네치아인들의 아지트로 변해갔다. 산 마르코 광장을 사이에 두고 사람들은 커피 전쟁을 벌였다. 어떤 카페에서 커피를 마시는가에 따라 애국심의 방향이 달라지는 재미있는 현상이 벌어진 것이다. 당시 이탈리아의 독립을 지지하며 투쟁하던 사람들을 카르보나리Carbonari라 불렀으니, 카페 플로리안은 카르보나리들의 성지가 되었다.

산소비노에 의해 16세기 중엽부터 재건축되기 시작했던 산 마르코 광장은 산 마르코 대성당을 바라보고 좌우에 구청사Procuratie Vecchie와 신청사Procuratie Nuove가 길게 도열해 있다. 카페 플로리안이 영업을 하고 있는 건물인 신청사는 1640년경에 바로크 건축가 발다사레 롱게나에 의해 건축되었다. 프랑스에서 파견된 총독은 두칼레 궁전을 총독 관저로 사용하지 않고, 1807년부터 신청사를 관저 겸 행정 건물로 사용했다. 그래서 산 마르코 대성당과 마주보고 있는 남쪽 측면을 아예 '나폴레옹 윙Napoleonic Wing'이라고 부르기도 한다. 프랑스 총독과 이어서 오스트리아 왕실이 사용하던 이 공간은 현재 코레르 박물관으로 사용되고 있다.

나라를 빼앗긴 후, 많은 베네치아의 귀족들이 자신들이 소장하고 있던 예술 작품과 공예품을 유럽 각국으로 팔아 치울 때 테오도로 코레르Teodoro Correr(1750~1830년)는 이들의 작품을 사들였고, 그의 저택은 이때 수집한 그림, 코덱스, 동전, 청동 및 대리석 조각, 고서, 보석, 가구 등으로 가득 차게 되었다. 코레르의 주도면밀하고 집요한 수집이 없었다면 이 시대 베네치아의 보물들은 전 유럽의 박물관으로 흩어지고 말았을 것이다. 그의 유언에 따라 1836년부터 코레르 박물관이 문을 열었고 그가 수집했던 수많은 예술 작품들이 세상의 빛을 보게 되었다. 현재는 베네치아의 역사와 연관 있는 예술품과 유물, 그리고 안토니오 카노바Antonio Canova(1757~1822년)의 조각 작품을 볼 수 있는 곳이다. 2층의 회화관에는 16세기의 그림들이 전시되어 있고, 신청사에 있는 베네치아 국립 고고학 박물관과 국립 산 마르코 도서관으로 직접 연결된다.

삶이 축제가 된다면

3부

베네치아 건축의
3대 거장

6장

산소비노의 피아제타

베네치아에 선보인
르네상스의 희극 무대

베네치아의 수호성자인 성 마르코는 성경을 들고 있는 날개 달린 사자로 표현된다. 성경에 나오는 4마리의 신비한 동물(요한계시록 4장 7절) 중 하나인 사자는 예수의 부활과 용맹을 상징한다. 산 마르코 광장에서 대성당을 지나 바다 쪽을 바라보면, 날개 달린 사자로 표현된 산 마르코와 용을 죽인 기사의 모습으로 서 있는 성 테오도로가 2개의 높은 기둥 위에 전시되어 있다. 성 테오도로와 성 마르코는 마치 임무를 교대하듯이 베네치아의 수호성자 위치를 주고받았다. 성 마르코는 이집트의 알렉산드리아를, 용을 죽인 성 테오도로는 비잔틴을 향해 열린 베네치아의 정신을 보여준다. 성 테오도로는 기원후 4세기경, 흑해 부근(지금의 터키 중북부)에서 복무하던 로마 군인이었지만 그리스도교로 개종하고 우상숭배가 자행되던 인근의 시빌레 신전을 불태운 혐의로 고문과 처형을 당한 동방 비잔틴 교회의 성자다.

　성 테오도로 숭배는 10세기경에 성 게오르기우스Saint George의 신화와 결합하면서 더욱 확장되었다. 말을 탄 기사의 모습을 하고 긴 창으로 용을 죽이는 이미지로 숭배되는 성 게오르기우스 옆에 마치 로마의 전설적인 전사 '디스쿠로이Discuroi(로마를 위해 싸운 쌍둥이 전사)'처럼 성 테오도로

삶이 축제가 된다면

가 함께 나란히 등장하기 시작했던 것이다. 동방 비잔틴 교회의 영향을 받았던 베네치아는 기원후 828년까지 성 테오도로를 도시의 수호성자로 모셨다. 그러나 그해에 성 마르코의 유해가 이집트 알렉산드리아에서 이장되었고 그 이후부터 성 테오도로는 베네치아 수호성자의 자리를 성 마르코에게 양보하게 된다. 지금은 임무를 완성한 은퇴 군인처럼 기둥 위에 홀로 서서, 용을 무찌른 창을 들고 조용히 아드리아해의 파도를 응시하고 있다. 함께 기둥 위에 전시되어 있는 용의 길이가 짧아서 마치 악어처럼 보이는 것이 흠이다.

산 마르코 대성당과 두칼레 궁전, 산 마르코 도서관과 두 수호성자의 기둥이 서 있는 이런 작은 사각형 공간을 베네치아에서는 '피아제타Piazzetta'라 부른다. '피아차(광장)와 연결된 작은 공간'이란 뜻이다. 베네치아의 피아제타는 육지와 바다가 연결되는 공간이다. 베네치아인들에게 피아제타는 바다로 떠났던 사람들이 고향으로 돌아와 제일 먼저 환대를 받은 작은 응접실이었다. 베네치아를 대표하는 공간인 산 마르코 광장과 피아제타는 모두 한 사람의 설계에 의해서 오늘날의 모습을 갖추게 되었다. 피렌체 출신이지만 로마에서 성장했고, 베네치아에서 예술혼을 불태웠던 야코포 산소비노다. 그는 산 마르코 광장과 피아제타를 르네상스 건축의 영원한 모델로 제시한 인물이다.

야코포 산소비노는 피렌체에서 태어났다. 그의 원래 이름은 산소비노가 아니라 야코포 타티Jacopo Tatti였다. 그는 아레초 출신의 조각가 안드레아 산소비노Andrea Sansovino(1467~1529년 추정)를 스승으로 모셨는데, 어찌된 영문인지 아예 이름을 야코포 산소비노로 바꿔버렸다. 스승 안드레아 산소비노는 피렌체 성 요한 세례당의 〈천국의 문〉 상단에 〈세례를 받는 그리스도〉라는 작품을 남긴 인물이다. 이름을 바꾼 제자 산소비노는 로마로 활동무대를 옮겼다. 그는 교황 율리우스 2세Iulius II(1503~1513년 재위)를 위해 일하던 건축가 줄리아노 다 상갈로Giuliano da Sangallo(1443~1516년 추정) 문하에서 건축에 입문했다.

산소비노가 로마에서 활동했던 1506년부터 1512년까지 르네상스 역사는 최고의 전성기를 구가했는데, 이를 미술사에서는 '전성기 르네상스High Renaissance'라고 한다. 브라만테가 성 베드로 대성당 공사를 시작했고(1506년), 미켈란젤로가 〈시스티나 성당의 천장화〉를 그렸으며(1508~1512년), 라파엘로가 〈서명의 방 벽화〉를 그렸던 시기(1511년)다. 건축(브라만테), 조각(미켈란젤로), 회화(라파엘로)의 3대 거장들이 모두 로마에 운집해 있던 시기에 산소비노는 지척에서 전성기 르네상스의 정점을 목격했던 것이다.

같은 피렌체 출신이었지만, 산소비노와 미켈란젤로의 개인적인 관계는 우호적이지 않았다. 젊은 산소비노가 우르비노 출신의 브라만테와 라파엘로의 서클과 어울렸기 때문이다. 당시 미켈란젤로는 브라만테와 여러 가지 문제로 충돌하고 있었는데, 이 때문에 같은 피렌체 출신이었지만 산소비노와 미켈란젤로의 사이가 좋을 수 없었다. 미켈란젤로가 메디치 가문을 위해 피렌체의 산 로렌초 성당의 정면 파사드를 장식하기 위해 준비하고 있을 때, 산소비노가 몇 개의 조각 샘플을 제시했는데 미켈란젤로가 이를 매몰차게 거절했다는 기록도 남아 있다. 산소비노는 자기 작품을 부당하게 평가했던 미켈란젤로에게 항의하는 편지를 보냈다.

1512년부터 1518년까지 고향 피렌체로 돌아간 산소비노는 메디치 가문의 후원을 받게 되었다. 메디치 가문 출신인 교황 레오 10세Leo X(1513~1521년 재위)가 고향 피렌체를 공식 방문했을 때 화려한 환영 개선문을 만들어 찬사를 받았고, 그때부터 메디치 가문의 넉넉한 지원을 받게 된 것이다. 산소비노는 교황 레오 10세의 부름을 받고 1518년부터 다시 로마로 돌아가 9년 동안 일했다. 이번에는 주로 건축 쪽 일을 하게 되었는데, 교황의 명을 받고 로마에 거주하는 피렌체인을 위한 성당San Giovanni dei Fiorentini 공사 등을 맡았다.

이렇게 피렌체와 로마를 오가며 전성기 르네상스 예술의 정수를 배웠던 산소비노는 1527년에 로마를 급히 떠나게 된다. 스페인(신성로마제국)의 무차별적 공격으로 빚어진 1527년의 '로마 대함락 사건Sack of Rome' 때문이었다. 스페인이 고용한 독일 용병들이 로마를 초토화하고 있을 때 산소비노를 포함한 많은 예술가들이 환멸을 느끼며 서둘러 로마를 떠났다. 로마를 등졌던 그들에게는 불행이었으나, 로마에서 활짝 피어올랐던 전성기 르네상스의 미학이 전 이탈리아와 유럽으로 확장된 결과는 불행 중 다행이라 할 것이다. 베네치아는 로마를 떠난 산소비노를 받아들임으로써 르네상스 건축 미학의 정수를 배우게 된다.

피렌체 사람 산소비노는 로마에서 수련을 받은 다음 베네치아 사람이 되었다. 베네치아로 이주했던 1527년부터 임종했던 1570년까지, 무려 43년간 베네치아를 떠나지 않았던 산소비노 덕분에 베네치아는 전성기 르네상스 건축의 진면목을 로마로부터 전수받게 되었다.

야코포 산소비노의 초상화. 1560년대에 틴토레토가 그린 것이다.
피렌체 우피치 미술관 소장.

로마의 성 베드로 대성당이 전성기 르네상스 건축의 이정표가 되어가는 과정을 지켜보았던 산소비노는 고대와 르네상스 로마 건축의 이상주의를 베네치아에 이전시켰다.

원래 산소비노는 프랑스에서 일자리를 구할 요량으로 로마를 떠났었다. 베네치아는 잠시 스쳐갈 예정이었다. 그런데 하필 그때 산 마르코 대성당의 돔에 균열이 생겨 기초를 목재로 보강할 수 있는 건축가가 필요했다. 1523년, 도제로 취임한 안드레아 그리티Andrea Gritti(1523~1538년 재위)는 로마에서 온 산소비노에게 파격적인 사례를 약속하며 산 마르코 대성당 보수 공사를 맡겼다. 당시로서는 파격적인 500두카트를 약속한 것이다. 산소비노는 자신의 가치와 재능을 알아주는 도제에게 호감을 느꼈고, 당대 최고의 건축가를 알아본 도제는 1529년 그를 공화국의 건축감독Proto della Serenissima으로 임명했다. 이 직책은 베네치아 정부가 발주하는 모든 공공건물의 건축을 책임지는 자리였다. 두 사람은 친구가 되었고 두 사람이 힘을 합치면서 베네치아는 화려한 르네상스의 도시로 변모하게 된다.

천재도 중요하지만 그 천재의 재능을 알아보았던 사람이 더 중요할 수도 있다. 천재의 발견자가 없다면 천재는 둔재들과 함께 뒤섞여 자신의 재능을 발휘할 기회를 얻지 못하기 때문일 것이다. 산소비노를 발굴한 도제 안드레아 그리티가 바로 그런 천재의 발견자였다. 1523년부터 1538년까지 베네치아의 도제를 역임한 그는 파도바 대학에서 수학했고, 외교관이었던 할아버지를 따라 영국, 프랑스, 스페인 등을 두루 여행한 경험이 있었다. 베네치아의 명문가였던 벤드라민 가문의 딸과 결혼했으나 일찍 사별하고, 콘스탄티노플에서 약 20년간 상업에 종사하면서 큰 부를 축적했다. 1492년, 주 콘스탄티노플 베네치아 대사에 임명된 그는

삶이 축제가 된다면

오스만제국의 지중해 장악 의지를 간파하고 베네치아에 비밀문서를 보내 오스만 해군의 움직임을 수시로 보고했다. 그 비밀문서를 베네치아로 전달하던 전령이 오스만 당국에 의해 체포되었고, 안드레아 그리티 대사는 반역 혐의로 32개월의 혹독한 투옥 생활을 했다. 석방되어 베네치아로 돌아온 그는 1503년 오스만과 베네치아 사이의 평화 협정을 체결하는 데 결정적인 역할을 했고, 탁월한 외교 능력을 가진 인재로 인정받게 된다.

안드레아 그리티가 외교 역량을 발휘했던 16세기 초반은 베네치아의 역사에 위기가 찾아온 시기였다. 교황 율리우스 2세가 캉브레 동맹Lega di Cambrai을 결성하고 베네치아 타도를 위한 전쟁(1508~1516년)을 일으켰기 때문이다. 베네치아의 국력 성장을 저지하기 위해 교황청은 스페인, 프랑스, 신성로마제국과 동맹을 맺고 대규모 국제 전쟁을 일으켰다. 수세에 몰린 베네치아는 프랑스와 비밀 협상을 맺게 되고, 이에 격분한 교황이 이번에는 프랑스와 베네치아를 함께 공격하는 전쟁으로 확대되었다. 안드레아 그리티는 이 와중에 외교역량을 발휘해서 조국 베네치아를 위기에서 구하고, 그 공로로 1523년에 도제로 임명된다. 그는 신성로마제국의 황제 카를 5세Karl V와 평화 협정을 맺고 베네치아의 존재감을 다시 회복시키는 외교력을 발휘했다. 프랑스와 신성로마제국의 경쟁 구도 사이에서 중립 정책을 선택하는 것만이 베네치아의 영광을 지속시키는 지름길이라고 판단한 것이다. 도제 그리티는 산소비노가 필요했다. 베네치아의 영광을 회복하기 위해서 그의 웅장한 르네상스 건축물이 필요했던 것이다. '르네상스'는 '재탄생'이라는 의미다. 도제 안드레아 그리티는 산소비노의 르네상스 건축을 통해 부활하는 베네치아의 모습을 만천하에 드러내고 싶었던 것이다.

1529년, 산소비노는 도제 그리티에 의해 베네치아 공화국의 건축 감독으로 임명되었다. 정부가 발주하는 모든 건물의 건축과 보수를 책임지게 되었고, 연봉 180두카트에 산 마르코 광장의 시계탑 옆 공관에 거주할 수 있는 특전이 함께 부여되었다. 산소비노는 43년간 베네치아에서 활동하며 새로운 르네상스의 도시를 탄생시켰다. 산 마르코 대성당 복원공사를 시작으로 산 마르코 광장의 전체 설계를 맡았으며, 산 마르코 도서관(1537년 시작), 구청사, 조폐국Zecca, 종탑 하단의 로제타를 건축했다. 비잔틴 양식과 고딕 양식의 고풍스러운 도시 베네치아는 산소비노에 의해 웅장한 르네상스의 도시로 탈바꿈한다.

도제 안드레아 그리티의 초상화. 1540년대 후반에 티치아노가 그린 작품으로, 미국 내셔널 갤러리가 소장하고 있다.

산소비노는 이름을 열거하기에도 벅찰 만큼 베네치아의 수많은 성당을 새로 건축하거나 보수했다.29 다수의 명문가를 위한 개인 팔라초도 건축해 베네치아 개인 저택에 르네상스 건축 양식의 열풍을 불러일으키기도 했다.30 로마에서 브라만테의 전성기 르네상스 건축 양식을 배웠던 산소비노는 베네치아에서 수주한 첫 번째 개인 주택인 팔라초 코르네르Palazzo Corner della Ca' Grande에서 스승의 르네상스 미학을 정확하게 소개했다. 스승 브라만테가 로마에서 1510년경에 건축했던 팔라초 카프리니Palazzo Caprini의 르네상스 스타일을 베네치아로 그대로 옮겨 왔던 것이다. 카날 그란데 해안선을 따라 리알토 시장 초입에 건축한 신新공장 건물Fabbriche Nuove di Rialto도 산

삶이 축제가 된다면

소비노의 작품이다. 산소비노는 뛰어난 조각 작품도 남겼다. 두칼레 궁전에 있는 '거인의 계단'과 상단 양쪽을 장식하고 있는 넵튠과 마르스 조각상도 산소비노가 직접 제작한 것이다(1554~1556년).

산소비노는 베네치아 건축 역사상 처음으로 벨라 마니에라Bella Maniera, 즉 '아름다운 방식'의 건축을 선보였던 인물로 평가받고 있다. 산 마르코 광장의 시계탑 옆 공관에 입주한 산소비노는 산 마르코 광장 전체를 새로운 '아름다운' 공간으로 탈바꿈시켰다. 산 마르코 광장의 기본 형태는 물론 인근 주요 건물을 모두 지금의 모습으로 확정시킨 인물이 산소비노다. 건축가 한 명이 도시의 중심부 전체를 완전히 탈바꿈시킨 사례는 아마 산소비노가 전무후무할 것이다. 그의 손길이 닿았던 산 마르코 국립도서관Biblioteca Nazionale Marciana, 베네치아 조폐국 건물, 산 마르코 성당의 종탑 아래를 장식하고 있는 로제타가 모두 르네상스의 대표 건물로 인정받게 된다.

산소비노는 산 마르코 광장을 피아차로 불렀지만, 산 마르코 도서관과 두칼레 궁전 사이를 피아제타라 명명했다. 피아제타란 '피아차와 연결된 작은 공간'이란 뜻이지만, 단순히 광장의 크기를 표현한 것이 아니다. 산 마르코 광장을 '비극 공연의 무대Scena Tragica'로 설정한 산소비노는 피아제타를 '희극 공연의 무대Scena Comica'로 보았다. 산 마르코 대성당을 끼고 있는 산 마르코 광장은 비극의 공연 무대다. 도제의 전용 성당으로 출발했던 산 마르코 대성당에서 미사를 드리는 도제와 베네치아의 정치가들은 비극 무대의 주인공들이다. 무릇 공직자들은 역사의 책임을 지고 가야 하는 비극의 주인공들이다. 산소비노는 베네치아 행정부의 관청이 있던 구청사와 신청사를 직선으로 반듯하게 설계했다. 베네치아의 공직자들은 원칙과 규칙을 따라야 한다는 뜻이다. 매사에 반듯해야 한다는 것이다. 그래서 산소비노는 산 마르코 광장의 건물에 르네상스적인 원칙에 따라 동일한 크기의 문과 기둥을 일렬로 배치했다.

그러나 희극 공연의 무대인 피아제타는 불규칙적이다. 이 무대를 찾는 사람은 원칙과 의무감에 눌려 사는 공직자가 아니라, 베네치아의 일반 시민들이다. 공식적으로 베네치아 카니발이 시작되는 곳도 피아제타였다. 그곳은 산소비노에 의해 비정형적으로 설계되었다. 규칙적이지 않고, 즉흥적이며, 두칼레 궁전의 고딕 양식이 인정했던 인간의 부족한 부분이 존중받던 그런 곳이었다. 산소비노는 산 마르코 도서관 앞의 피아제타를 비규칙적인, 심지어 고딕의 혼돈조차도 수용하는 공간으로 만들었던 것이다.

피아제타의 주인공인 산 마르코 국립 도서관은 비잔틴, 고딕, 르네상스 양식을 모두 수용했던 맞은편의 두칼레 궁전과 대비를 이루고 있다. 산소비노가 순수한 전성기 르네상스 건축 양식을 도입한 단일 유형의 건

산소비노가 희극의 무대로 설계한 피아제타. 두칼레 궁전과 종탑 사이의 공간이다.

물이기 때문이다. 이오니아 열주 양식을 도입했던 피렌체의 위대한 건축가 브루넬레스키Filippo Brunelleschi(1377~1446년)의 양식을 그대로 차용해, 반복적인 기둥을 가진 로지아를 전면에 배치했다. 1537년에 공사를 시작한 산소비노는 산 마르코 종탑 부분에서 볼 때 16번째 아치까지만 완성했다. 나머지 5개의 아치는 1553년 이후부터 공사를 맡은 그의 제자 빈첸초 스카모치Vincenzo Scamozzi(1548~1616년)가 마무리했다. 3만 두카트를 들여 지은 이 건물은 베네치아와 이탈리아 본토의 르네상스를 연결하는 아름다운 가교였다. 산소비노가 건축한 산 마르코 국립 도서관 건물은 안드레아 팔라디오의 《건축에 관한 4권의 책》 서문에서 고대 로마시대 이후에 건축된 건물 중 최고의 것으로 평가받는다.

역시 산소비노가 건축한 조폐국 건물은 피아제타에서 보면 산 마르코 국립 도서관 뒤쪽 부분이다. 베네치아인들이 '제카'라 부르는 곳으로, 산소비노는 치즈 가게와 살라미 가게가 있던 곳을 허물어내고 1536년부터 조폐국 건물 공사를 시작했다. 그는 로마의 스승 브라만테의 기법을 활용했다. 1층은 도리아식 열주로 르네상스 건물 특유의 반복을 구현했고, 2층은 이오니아식 열주를 배치해서 건물을 날렵하게 만들었다. 그렇다고 산소비노가 브라만테의 르네상스 기법을 무분별하게 복제한 것만은 아니다. 1514년 브라만테의 사망 이후에 등장한 새로운 예술 사조가 있었으니, 라파엘로와 줄리오 로마노Giulio Romano(1499~1546년 추정)가 주도하던 매너리즘 건축 양식이다. 산소비노는 만토바 외곽에서 로마노가 건축했던 그로테스크한 팔라초 델 테Palazzo del Tè를 참고했다. 조폐국 건물 벽면에 지나칠 정도로 빽빽하게 들어선 장식과 조각 작품 들이 건축물 자체와 그로테스크하게 융합되는 것은 산소비노가 매너리즘 건축 양식을 수용, 발전시켰기 때문이다. 산 마르코 국립 도서관 건물과 조폐국 건

1610년경에 그려진 산 마르코 국립 도서관 건물. 작가 미상.

물의 외벽을 촘촘히 장식하고 있는 조각 장식에서 숨이 막힐 것 같은 집
요함을 느끼게 되는 것도 바로 그 때문이다.

　산 마르코 종탑의 하단부에 있는 로제타도 산소비노의 작품이다. 베
네치아 귀족들의 회합 장소였던 이곳은 오래전에 번개에 맞아 파손된 이
후에 방치되다가 산소비노에 의해 1538년부터 다시 건축되었다. 산 마
르코 국립 도서관에서 1층은 도리아, 2층은 이오니아 열주 양식을 도입
했던 산소비노는 로제타에서 두 열주 방식을 동시에 교차시키는 파격을
선보였다. 로마의 콘스탄티누스 황제의 개선문 양식을 도입해서 로제타
의 고전미가 더욱 돋보이도록 했다. 로제타의 열주들은 원래 채색된 것
으로 산소비노가 전체 피아제타의 다양성과 자연스럽게 어울리도록 배
려했다. 로제타는 피아제타를 가로질러 두칼레 궁전의 의전용 공식 입구
와 직선으로 연결되며, '거인의 계단'까지 계속 이어진다. 그 계단의 끝

　　　　　　　　　　　　　　　　　　삶이 축제가 된다면

에 산소비노는 자신의 걸작 조각품 〈넵튠〉과 〈마르스〉를 좌우에 배치했다. 제2의 고향 베네치아가 바다와 땅에서 영광을 회복하기를 바라는 염원을 담았을 것이다.

산소비노는 베네치아의 아들이 되었다. 그는 당대 최고의 예술가들과 지식인들의 친구가 되었다. 화가 티치아노 그리고 학자 피에트로 아레티노Pietro Aretino(1492~1556년)와 맺었던 우정이 유명하다. 1545년, 산 마르코 국립 도서관 건물의 볼트가 무너져 산소비노는 억울한 옥살이를 하게 되었다. 티치아노와 아레티노가 발 벗고 나서 산소비노를 악명 높은 피옴비 감옥에서 나오게 도와주었다고 한다.

84세의 장수를 누린 산소비노는 1570년에 임종해 산 마르코 대성당에 묻혔다. 매장 공간이 부족해 베네치아 도제의 유해도 모시지 못하는 거

산소비노가 제작한 '거인의 계단'과 〈넵튠〉과 〈마르스〉.

룩한 곳에 피렌체 출신의 산소비노가 안치된 것이다. 야코포 산소비노의 아들 프란체스코 산소비노Francesco Sansovino(1521~1586년)는 1581년, 세계 최초로 한 도시를 집중 소개하는 가이드북인《베네치아, 가장 고귀하고 특출한 도시Venetia citta nobilissima et singolare》를 출간해 아버지가 추구했던 건축의 정신을 소개하는 역할을 맡게 된다. 베네치아를 소개한 최초의 가이드북이었다.

7장

산 조르조 마조레 성당

팔라디오가 제시한
신고전주의 건축의 이정표

산 마르코 광장을 지나 두칼레 궁전과 산 마르코 국립 도서관을 좌우로 두고 조금 걸어가면, 아드리아해가 방파제에서 파도로 부딪히고 있다. 산소비노가 설계했던 피아제타는 늘 사람들의 활기로 넘쳐난다. 관광객을 가득 실은 수상버스가 쉴 새 없이 오가고, 해안가에 일렬로 정박되어 있는 검은색 곤돌라는 파도와 함께 넘실대며 손님을 기다리고 있다. 사람들은 베네치아 방문 인증샷을 찍기 위해 휴대전화 카메라 앞에 얼굴을 내밀고, 좁은 화면에 자기 모습과 베네치아의 풍경을 함께 담기 위해 안간힘을 쓰고 있다. 아무 생각 없이 사람들의 흐름에 따라 '탄식의 다리' 쪽으로 이동하는 사람도 있지만, 대부분 바다 건너 쪽에 신기루처럼 떠 있는 산 조르조 마조레San Giorgio Maggiore 성당을 보며 탄성을 지른다. 베네치아를 다녀온 사람치고 그 바닷물 위에 떠 있는 성당 사진을 가지고 있지 않은 사람은 없을 것이다. 베네치아 풍경을 대표하는 사진들은 대부분 바닷물 위에 떠 있는 성당들이다. 여기서 소개하는 산 조르조 마조레 성당이 그렇고, 또 다음 장에서 소개할 산타 마리아 델라 살루테Santa Maria della Salute 성당도 그렇다.

그래서 베네치아 사람들은 도시를 대표하는 해안의 성당을 지을 때마

삶이 축제가 된다면

다 최고의 건축가를 선택했다. 산 조르조 마조레 성당을 건축한 사람은, 이름 자체가 형용사가 된 안드레아 팔라디오다. 그의 이름을 딴 팔라디언Palladian이란 형용사는 '안드레아 팔라디오가 추구했던 신고전주의 양식으로, 바로크 양식에 반대하며 1715년부터 유행했던 영국의 고전주의 건축 양식'을 뜻한다. 18세기의 영국 고전주의 건축 양식은 미국을 포함한 전 세계로 확장되었기 때문에, 사실상 안드레아 팔라디오의 건축 양식이 세계로 퍼져나갔다고 볼 수 있다. 1910년에 완공되어 대한제국의 황실로 사용된 덕수궁의 석조전 역시 엄격한 비례와 좌우 대칭이 돋보이는 신고전주의 건축이다. 팔라디언 양식으로 건축한 석조전은 영국인 존 레지널드 하딩John Reginald Harding의 설계에 따라 건축되었는데, 건물의 원류를 따라가다 보면 결국 베네치아의 안드레아 팔라디오를 만나게 된다.

산 조르조 마조레 성당은 베네치아 본섬을 바라보고 있는 주데카Giudecca섬의 맨 끝에 위치해 있다. 이 작은 섬 위에 9세기 후반부터 성 게오르기우스를 위한 작은 기념 성당이 세워져 있었다. 지금 산 조르조 마조레 성당 안에 비토레 카르파초Vittore Carpaccio가 그린, 용을 죽이는 성 게오르기우스의 그림이 전시되어 있는 것도 그 때문이다. 물론 성당의 이름에 성 게오르기우스가 이탈리아 발음인 산 조르조San Giorgio로 포함되어 있다. 마조레는 '크다'는 뜻이다. 성 게오르기우스는 군인들의 수호성자로, 항상 용을 무찌르는 중세 기사의 모습으로 묘사된다. 982년 당시 베네치아를 통치하던 도제는 성 게오르기우스를 위한 작은 기념 성당을 포함한 섬 전체를 베네딕트 수도회에 기증했다. 1110년에 성 스테파노의 유해도 성물로 기증되었다. 그리스도교 최초의 순교자인 성 스테파노의 성물이 안치되자 산 조르조 마조레 성당의 중요성이 더욱 커졌다. 그래서 성당 내부에 틴토레토가 그린 〈성 스테파노의 순교〉가 대형화로 전시되어 있다. 1204년에는 시칠리아 시라쿠사에서 성 루치아St. Lucia의 유해가 기증되었는데, 너무 많은 참배객들이 배를 타고 몰려드는 바람에 인명 사고가 발생했다. 베네치아 정부는 성 루치아의 유해를 베네치아 본섬에 있는 산타 루치아 성당으로 이전시키는 조치를 취했다.

1223년에는 큰 지진이 발생해 섬 위에 있던 모든 건물이 파괴되는 피해를 입었다. 1520년대부터 임시로 건축되어 있던 건물을 허물고 완전히 새로운 신고전주의 스타일의 성당을 건축하기로 결정한 베네딕트 수도회는 1565년 안드레아 팔라디오와 계약을 맺게 된다. 팔라디오는 원점에서 다시 시작하는 전면적인 공사를 계획했고, 1566년부터 1610년까지 작업이 진행되었다. 끝까지 팔라디오의 설계에 따라 공사가 진행되기는 했지만, 그 자신은 완공되기 전인 1580년 임종했기 때문에 정작 완공된 걸작 건축물을 보지 못했다. 성당 정면의 흰색 파사드는 1610년 시모네 소렐라Simone Sorella에 의해 팔라디오의 원래 설계안에 따라 완성되었다. 이미 1467년에 완공되었던 종탑은 1774년 지진 때 완전히 무너져 내렸다가, 신고전주의 양식에 따라 1791년에 재건축된 것이다. 두칼레 궁전의 앞마당인 피아제타 쪽에서 바라보면 마치 바닷물 위에 떠 있는 것 같은 착각을 불러일으키는 산 조르조 마조레 성당은 인상주의 화가들에게도 많은 영감을 주었고, 다수의 작품으로 남아 있다. 석양빛에 물든 산 조르조 마조레 성당을 그린 마네의 그림이 유명하다.

아예 고유명사가 되어버린 '팔라디오 양식'으로 건축된 이 모범적인 신고전주의 성당은 다른 이탈리아 성당과 달리 내부 조명이 밝은 편이다. 중앙 제단을 사이에 두고 틴토레토의 대형 작품들이 서로 마주보고 전시되어 있으며 이 그림들은 '하늘의 양식'과 연관된 주제를 담고 있다. 유대인들이 이집트에서 탈출해 가나안 광야로 갔을 때 하늘에서 기적의

산 조르조 마조레 성당의 전경.

음식인 만나가 내렸는데, 그 만나를 수확하는 유대인들을 그린 〈광야에서 만나를 거두어들이는 유대인들〉이 한쪽 벽면을 차지하고 있다. 반대쪽은 예수와 제자들의 마지막 만찬을 그린 〈최후의 만찬〉이다. 광야에서 유대인들이 먹었던 만나는 예수가 제자들에게 나누었던 빵으로 연결된다. 둘 다 하늘의 양식이지만 빵으로 표현된 예수의 몸이 최종적인 구원을 상징한다.

중앙 제단의 오른쪽 공간인 '죽은 자를 위한 채플Cappella dei Morti'에도 틴토레토의 작품이 전시되어 있다. 틴토레토가 임종했던 1594년에 마지막으로 그린 작품 중의 하나인 〈그리스도의 매장〉이다. 아들 도메니코가 대부분 그린 것으로 추정되지만 구도와 초안은 임종을 앞둔 아버지 야코포 틴토레토가 그린 것이다. 성 안드레아를 위해 봉헌된 모로시니Morosini 가문 성당의 제단화 역시 틴토레토가 그렸는데, 성 안드레아와 모로시니 가족들이 부활한 그리스도와 함께 등장하는 구도다. 교회당의 내부 중앙 부분인 네이브의 오른쪽 첫 번째 그림 〈목자들의 경배〉는 야코포 바사노 Jacopo Bassano의 작품이다. 바사노는 동물 그림을 잘 그리는 르네상스 말기의 화가로 알려져 있다.

산 조르조 마조레 성당의 건축가인 안드레아 팔라디오는 서양 건축의 역사가 나아가야 할 방향을 제시했던 르네상스 시대의 마지막 위대한 건축가였다. 팔라디오는 동시대 사람들로부터 로마제국의 초대 황제 아우구스투스의 건축 이론가였던 비트루비우스의 환생이라고 칭송을 받았다. 그가 남긴 비첸차Vicenza의 23개 건축물과 베네토Veneto 지역에 흩어져 있는 24개의 빌라Villa는 유네스코의 세계문화유산에 따로 등록되어 있을 정도이다.

이름이 형용사가 되어버린 건축가

팔라디오는 1508년 11월 30일, 델라 곤돌라Della Gondola 가문에서 태어났다. 이름에 '곤돌라'가 있어 베네치아와 연관이 있을 것 같은데, 사실은 인근 대학도시 파도바 출신이다. 13살 때부터 화방에 들어가 건축과 조각 수련을 받았고 1524년부터 비첸차에 거주하면서 초기에는 주로 조각 작품을 제작했다. 비첸차는 베네치아의 서쪽 60킬로미터 지점에 있는 작은 도시다.

조각가의 길에 들어섰던 팔라디오가 건축가의 삶으로 방향을 전환한 것은 한 박식한 건물주와의 만남 때문이었다. 팔라디오는 비첸차 출신의 인문학자이자 시인이었던 잔 조르조 트리시노Gian Giorgio Trissino(1478~1550년)의 저택을 건축하게 되었는데, 이 학식 높은 건물주는 자기 저택이 고대 로

삶이 축제가 된다면

마의 건축가 비트루비우스의 원칙에 따라 건축되기를 원했다. 마침 1414년, 피렌체의 '책 사냥꾼'이었던 포조 브라촐리니Poggio Bracciolini(1380~1459년)에 의해 스위스의 한 수도원에서 비트루비우스의《건축에 관한 10권의 책》이 발굴되었다. 당시 피렌체의 '책 사냥꾼'들은 알프스 이북의 수도원 도서관을 돌아다니면서 고대 그리스와 로마의 고전을 발굴했고, 이것이 르네상스 인문주의가 발전하는 계기가 되었다.

포조 브라촐리니에 의해 발굴된 비트루비우스의 건축에 관한 고전은 1486년 정식 판본으로 출간되었다. 팔라디오는 건축주의 요구에 따라 비트루비우스의 건축에 관한 고전을 읽게 되었고, 고대 로마의 건축물을 재현하겠다고 결심하게 되었다. 팔라디오는 1540년대에 아예 건축주인 트리시노와 함께 3번이나 로마에서 장기 체류하면서, 고대 로마의 건축물을 함께 연구했다. 로마에서 함께 고전주의 건축을 공부하던 건축주 트리시노는 델라 곤돌라에게 새로운 이름을 선물했다. 전도유망한 젊은 건축가에게 그리스의 지혜와 공예의 여신인 팔라스 아테나Pallas Athena의 가호가 함께하길 빌며, 그를 '팔라디오'라 불렀다.

팔라디오는 로마에서 새로운 이름과 더불어 새로운 예술적 사명을 받았다. 구체적으로 말하자면 고대 로마의 빌라 건축 양식을 16세기의 르네상스 시대에 부활시키는 일이었다. 그는 비트루비우스가 강조했던 고대 로마 건축의 정신을 살려, 정면에서 보면 정확하게 좌우 대칭을 이루도록 건물을 설계했다. 엄격한 비례와 좌우 대칭을 적용한 건물은 자칫하면 답답하게 느껴질 수 있다. 팔라디오는 지상에서 1층으로 연결되는 정면 계단을 외부로 돌출시키고 여기에 변형을 가해 건물에 생동감을 부여했다. 그가 처음 건축가로서 명성을 떨쳤던 비첸차에서 이런 신고전주의 양식을 적용한 23개의 빌라를 볼 수 있다. 팔라디오가 1540년대에 비

팔라디오의 바실리카 팔라디아나.

첸차에서 남긴 작품 중에 가장 인상적인 것은 지방 행정 관서 및 상업 시설로 사용되었던 바실리카 팔라디아나Basilica Palladiana이다. 팔라디오는 고대 로마의 행정 관청이었던 바실리카 양식을 이 건물에 적용해서, 진정한 고대 로마 건축물을 르네상스 시대에 재현하는 데 성공했다.

바실리카 팔라디아나의 건축으로 이름을 알리게 된 팔라디오는 1549년 성 베드로 대성당 신축 공사가 한창 진행 중이던 로마로 돌아가서, 브라만테와 미켈란젤로에 이어 교황청의 건축 총책임자가 되기를 원했다. 그러나 팔라디오의 로마 체류는 뜻밖의 결과로 이어지게 된다. 우선 1554년에 로마에 대한 2권짜리 가이드북인 《로마의 유적들Le antichità di Roma》을 집필한 것이다. 앞에서 소개한 야코포 산소비노의 아들 프란체스코 산소비

삶이 축제가 된다면

노가 1581년에 베네치아에 대한 가이드북을 출간한 것도 팔라디오가 먼저 로마에 대한 가이드북을 출간했기 때문이다.31

팔라디오가 로마에서 얻은 또 다른 수확은 베네치아의 유력 정치인이자 추기경이었던 다니엘레 바르바로Daniele Barbaro(1514~1570년)의 지원을 받기 시작한 것이다. 바르바로 추기경은 파도바 대학 출신으로 식물학, 광학, 수학, 원근법, 해시계 제작 등 다양한 방면에 관심을 가진 인문학자였으며 동시에 본인이 건축가이기도 했다. 바르바로 추기경은 라틴어로 집필되었던 비트루비우스의 《건축에 관한 10권의 책》을 1556년 이탈리아어로 번역해서 출간했는데, 책의 도판을 팔라디오에게 그리도록 했다. 바르바로 추기경과 팔라디오가 함께 편찬했던 《건축에 관한 10권의 책》은 곧 유럽 여러 나라의 언어로 번역되었고, 신고전주의 건축의 교과서가 되었다.

팔라디오는 추기경 바르바로와 그의 동생 마르칸토니오 바르바로Marcantonio Barbaro에 의해 베네치아 사회에 소개되었다. 그가 베네치아에서 선보인 첫 번째 르네상스 건축은 산타 마리아 델라 카리타Santa Maria della Carità 성당(현재 아카데미아 미술관)의 건축(1560~1561년)과 산 조르조 마조레 성당 부속 수도원의 내부 보수 공사(1560~1562년)였다. 팔라디오는 또한 1570년에 《건축에 관한 4권의 책》을 출간했다. 비트루비우스의 고대 로마 건축술에 비첸차와 베네치아에서 얻은 자신의 건축 경험을 반영해 독자적인 건축 이론을 제시한 것이다. 이 책 역시 유럽의 다른 언어로 번역되면서 신고전주의가 전 세계로 확대되는 데 크게 기여했다.

팔라디오는 자신의 건축 이론서에서 산소비노의 산 마르코 국립 도서관 건물에서 드러난 르네상스 건축의 아름다움을 높이 평가한 바 있다. 그러나 팔라디오는 16세기 전성기 르네상스 건축의 영향을 받았던 산소비노를 무조건 추종하지 않았다. 팔라디오는 산소비노보다 더 오래된 시대로 돌아가고 싶었던 것이다. 산소비노의 르네상스가 16세기 로마를 이상적 모델로 삼았다면 팔라디오는 고대 로마, 즉 아우구스투스 황제와 비트루비우스 시대의 로마로 돌아가고자 했다. 산소비노의 건물이 웅장함을 추구했다면, 팔라디오의 건물은 규칙과 절제를 강조했다. 산소비노가 베네치아에 르네상스를 소개하면서 경착륙을 시도했다면, 팔라디오는 연착륙을 시도한 것이다. 팔라디오는 고대 로마의 건축이 모든 아름다움의 기준이라는 원칙을 고수했다. 그의 건물은 모두 기둥(칼럼)의 지름에서 출발한다. 모든 기둥의 위아래 길이는 좌우 지름의 7배이어야 한다. 기둥을 받치고 있는 대들보의 두께는 기둥 지름의 4분의 3이어야 하고, 대들보의 길이는 반드시 기둥 지름의 5배이어야 한다. 팔라디오의 원칙에서 예외는 있을 수 없다. 예외는 아름답지 않은 건물의 다른 이름일 뿐이다.

팔라디오의 건축이 추구했던 이런 규칙과 절제의 정형성은 화려함을 추구해오던 베네치아의 비잔틴-고딕 양식과 충돌을 일으켰다. 그래서 팔라디오가 설계했던 산 조르조 마조레 성당의 정면 파사드는 베네치아인들의 강력한 반발을 불러일으켰고, 결국 팔라디오가 임종한 후 30년이 지났을 때 그의 제자였던 빈첸초 스카모치에 의해 일부 디자인이 수정되기도 했다(1610년). 그러나 1570년, 베네치아는 산소비노가 임종하자 팔라디오에게 공화국 건축 감독의 자리를 넘겨주었다. 산소비노에 필적할 만한 건축가는 아무도 없었기 때문이다. 팔라디오는 1580년, 고향 비첸차에서 임종해 그곳 성당에 묻혔다.

팔라디오는 고전 건축을 재현하면서 독특한 창문 형태를 고안해냈는데, 이를 '팔라디오 창문'이라고 하지만 베네치아에서 가장 많이 실험되

삶이 축제가 된다면

고 채택되었기 때문에 '베네치아 창문'이라고도 불린다. 팔라디오는 베네치아의 창문을 로지아의 배경으로 사용하면서 창문을 3등분하고 중간 창문 상단에 아치를 두어, 아름다움과 안정감을 동시에 추구했다. 원래 이런 구조는 로마 황제들이나 장군들이 전쟁을 마치고 개선할 때 사용했던 개선문 형태를 재해석한 것이다. 팔라디오는 베네치아를 고대 로마제국의 역사에 편입시키는 공헌을 남겼던 것이다.

비첸차에 있는 빌라 발마라나. 팔라디오가 신고전주의 양식으로 건축했다.

8장

롱게나의 살루테 성당

바로크 건축의 걸작

이탈리아 베네치아와 중국의 시안西安이 연결되었던 길을 실크로드Silk Road라 부른다. 이 가느다란 문명의 연결 고리를 통해 유럽과 아시아가 교류했다. 실크로드를 오갔던 사람은 낙타 대상을 이끌던 상인들만이 아니었다. 서방 가톨릭교회로부터 이단으로 정죄된 후, 실크로드를 타고 아시아로 동진東進했던 네스토리우스파Nestorian 동방교회 교인들도 있었다. 그런데 그 네스토리우스파 교인들의 1338년 어간 기록에, "사람들이 정체불명의 질병에 고통을 받다가 죽어갔다"는 내용이 발견된다. 역사 기록상 처음 등장하는 흑사병Black Death에 대한 보고다. 이 병에 걸리면 고열을 동반한 환자의 겨드랑이 부근에 물집이 생겼고, 그것이 검은색으로 변했기 때문에 사람들이 그 정체불명의 전염병을 '흑사병'이라 불렀던 것이다. 지금의 키르기스스탄 평원 지역에서 이 '흑사병'에 걸린 사람들에 대한 기록이 처음 발견되는데, 발병 후 3~4일 만에 죽는다는 무서운 전염병으로 알려졌다.

 중국에서 시작된 이 무서운 전염병은 실크로드를 오가던 상인들과 몽골 전사들과 함께 남쪽 인도로 그리고 서쪽 유럽으로 빠른 속도를 내며 퍼져나갔다. 중국에서 약 2,500만 명을 죽음으로 몰아넣고 나서는 무시

삶이 축제가 된다면

무시한 기세로 1347년, 흑해를 거쳐 콘스탄티노플 해안에 상륙했다. 당시 콘스탄티노플과 무역거래를 하던 제노바 상인들은 크림반도의 카파 Caffa에서 몽골 군인들이 흑사병에 감염된 시체를 성 안으로 던져 넣는 것을 보았다. 일종의 생화학전이라고 판단한 제노바 상인들은 재빨리 12척의 제노바 갤리선으로 선단을 꾸려 시칠리아의 메시나 항구로 도피했다. 1347년 10월, 제노바 상인들이 시칠리아섬에서 안도의 한숨을 내쉴 때, 갤리선 밑바닥에 쥐 몇 마리가 숨어 있었다. 시칠리아의 흑사병은 라티움으로 가던 아이네아스의 군대보다 더 빠른 속도로 이탈리아 본토로 상륙했다. 1348년 1월, 흑사병이 베네치아에 도착하기까지 3개월밖에 걸리지 않았다. 북유럽과 활발한 교역을 펼치고 있던 베네치아에 흑사병이 도착하자 전 유럽으로 전염병이 확산되는 것은 시간문제였다. 포르투갈과 영국에는 1348년 6월에, 유럽의 북쪽 끝 항구인 노르웨이 베르겐에는 1349년 초에 흑사병이 도착했다. 다시 동쪽으로 발길을 돌린 흑사병은 1351년에 러시아로 퍼져나갔다. 외부와의 왕래가 거의 없던 일부 지역, 즉 북스페인의 바스크 지역, 네덜란드 저지대, 알프스 산악 지대를 제외하면, 거의 모든 유럽 사람들이 흑사병의 위협에 노출되었다.

아프리카 사막 지대에서 시작된 뜨거운 열풍인 '시로코Sirocco'가 불어오는 초여름 베네치아 날씨는 건강에 치명적이다. 북아프리카 사하라 사막에서 지중해와 아드리아해 쪽으로 북상하는 이 건조한 바람은 바다를 건너며 잔뜩 물기를 머금게 되고, 베네치아 항구에 그 덥고 습한 열기를 풀어놓는다. 흑사병이 베네치아를 한참 강타하고 있을 때, 영문을 모른채 죽어가던 사람들은 이 습윤한 바람이 전염병의 원인이라고 생각했다. 앞에서 소개한 토마스 만의 《베네치아에서의 죽음》에서도 주인공 아셴바흐가 시로코의 후덥지근한 바람을 맞으며 죽어가는 장면이 묘사되어 있다. 매년 초여름에 불어오는 이 불쾌한 바람 때문에, 전염병은 베네치아에서 연례행사가 되어갔다. 흑사병은 정복된 것이 아니라 잠복된 것이었다. 특별히 많은 사람들이 좁은 공간에 모여 사는 베네치아는 각종 병균을 배양하는 인큐베이터와 같은 환경을 제공했다.

베네치아에 치명적인 피해를 입혔던 14세기의 흑사병 공격은, 1629년부터 1631년까지 또 한 번의 극심한 피해를 입혔다. 17세기 초반의 이 전염병은 밀라노에서 시작되어 전 이탈리아로 확산되었기 때문에 '이탈리아 흑사병' 혹은 '밀라노 흑사병'이라고 부른다. 약 100만 명이 희생당한 것으로 알려져 있는데 이탈리아 인구의 25퍼센트에 해당하는 막대한 피해를 입힌 것이다.

베네치아에도 치명타를 입힌 '이탈리아 흑사병'의 최초 대규모 감염원은 1629년 '30년 전쟁(1618~1648년)' 중에 만토바를 공격했던 독일과 프랑스 군인들이었다. 이 전투에 참전했던 베네치아 군인들이 북유럽인들로부터 집단 감염되어 병균을 가지고 고향으로 돌아온 후, 석호에 갇혀 있던 도시 베네치아는 거대한 공동묘지로 변하게 된다. 이듬해인 1630년 봄의 카니발 축제가 집단 발병의 원인이었다. 가면을 쓰고 베네치아의 좁은 골목길을 헤집고 다니던 사람들은 자신들이 '이탈리아 흑사병'의 보균자란 사실을 모르고 있었다. 이 전염병은 그해 가을과 겨울에 잠시 소강 상태를 보이다가 다시 1631년 봄과 여름에 혹독한 피해를 입히게 된다. 당시 14만 명의 베네치아 주민 중 4만 6,000명이 죽어나갔고, 베네토 해안 전체 지역을 따지면 무려 9만여 명이 목숨을 잃었다. 그야말로 속수무책이었다. 전염병 창궐을 막기 위해 의사들이 검은 천으로 만든 새의 부리를 닮은 가면 '메디코 델라 페스테Medico della Peste'를 뒤집어쓰고 혼신의 힘을 다했지만, 전염병 숙주의 정체를 몰랐던 베네치아인들은

삶이 축제가 된다면

계속 피를 토하며 죽어갔다.

그들이 할 수 있는 일은 효험이 있다는 소문에 귀를 기울이는 것뿐이었다. 오징어 먹물 스파게티를 먹으면 전염병에 걸리지 않는다는 소문이 퍼지자, 베네치아의 식탁은 온통 검은색 스파게티로 채워졌다. 아드리아해를 유유히 헤엄치던 오징어는 때 아닌 종말의 시간과 마주해야 했다. 이런 가짜 정보에 흔들리지 않은 귀족들은 서로 'CLT'라는 은밀한 암호를 주고받으며 황급히 이탈리아 내륙의 별장으로 도망쳤다. 'Cito, Longe, Tarde'의 약자인 CLT는 전염병이 돌던 베네치아에서 유일한 치료제였다. '도망쳐라, 먼 곳으로, 늦게 돌아오라'란 뜻이다. 전염병으로 인해 베네치아 인구의 3분의 1이 죽어나갔으니, 17세기 초반부터 베네치아의 국력이 쇠잔해진 이유가 바로 이때 입은 피해 때문이라는 견해가 설득력을 얻고 있다.

흑사병의 직접적인 공격을 받은 베네치아는 성聖과 속俗이 하나가 되어, 이 무서운 전염병을 퇴치하기 위해 혼신의 힘을 다했다. 세속의 권력을 장악한 베네치아 정부는 신앙의 힘으로 질병을 물리치려고 했다. 1630년 10월 22일, 베네치아 의회는 성모 마리아에게 시민들의 건강과 질병 퇴치를 간구하는 성당을 지어 봉헌키로 했다. 산타 마리아 델라

베네치아에 흑사병이 다시 창궐하자 메디코 델라 페스테 가면을 쓴 의사들이 등장했고, 곧 베네치아의 가면 장식으로 유행하게 되었다.

살루테Santa Maria della Salute 성당은 이렇게 지어졌다. 살루테는 '건강'을 뜻하지만, '구원'을 뜻하기도 한다. 베네치아 정치인들은 시민들의 건강이 도시의 구원과 직결된 문제라 보고, 이 성당 건축에 혼신의 힘을 다했다. 아예 산타 마리아 델라 살루테 성당을 베네치아 관료들이 공식 방문하는 축제까지 제정했다. 지금도 매년 11월 21일에 베네치아 의회 관료들은 살루테 성당을 공식 방문하는 의식Festa della Salute을 거행한다. 지금의 위치에 성당이 들어선 것도 매년 축제 때 두칼레 궁전에서 출발하는 임시 선박 가교를 설치할 만큼 가까운 거리였기 때문이다.

베네치아의 성전 신축 위원회는 지금의 부지를 선택한 다음, '로마나 심지어 외국에서라도' 건축가를 모셔 와서 전무후무한 성당을 지어 봉헌하겠다는 결의를 다졌다. 베네치아는 이미 피렌체 출신의 산소비노와 비첸차 출신의 팔라디오에게 공화국 건축 감독의 자리를 맡긴 적이 있었다. 많은 건축가들의 응모가 있었지만 놀랍게도 베네치아 토박이 출신인 26살의 청년 발다사레 롱게나가 낙점되었다. 그는 한참 '이탈리아 흑사병'이 창궐하던 1631년부터 공사를 시작해, 1687년에 지금의 산타 마리아 델라 살루테 성당을 완공했다. 롱게나의 성당은 베네치아의 풍경을 단숨에 바꾸어놓았다. 산소비노의 르네상스 시대, 팔라디오의 신고전주의 시대가 가고 바로크 시대가 열린 것이다.

베네치아 건축의 3대 거장 중 마지막 인물인 발다사레 롱게나는 사실 팔라디오의 제자였던 빈첸초 스카모치의 제자였다. 1581년, 스카모치는 산 마르코 광장의 한쪽 면인 신청사(카페 플로리안이 있는 쪽) 건축을 맡았다. 스승이 남긴 미완성 건물을 마무리하는 작업을 맡았을 때 롱게나를 조수로 고용했다. 1616년, 스카모치는 작업을 완수하지 못하고 임종했고

삶이 축제가 된다면

롱게나가 다시 그의 뒤를 이어 신청사를 완공했다.

　스승 팔라디오와 스카모치의 신고전주의 건축 양식에서 출발한 롱게나는 베네치아에 바로크 건축 양식을 처음 소개한 인물이다. 앞으로 소개하게 될 카날 그란데의 카 레초니코Ca' Rezzonico와 카 페사로Ca' Pesaro도 롱게나가 바로크 양식에 따라 건축한 것이다. 롱게나에 의해 베네치아의 풍경이 최종적으로 완성되었다. 동방 비잔틴 문화와 북유럽의 고딕 문화를 수용했던 두칼레 궁전에서 출발한 비잔틴-고딕 양식은 산소비노의 로마 르네상스 양식과 팔라디오-스카모치의 북이탈리아 신고전주의 시대를 거쳐, 롱게나의 바로크 시대에 도달한 것이다. 이로써 베네치아의 풍경을 풍요롭게 만드는 비잔틴-고딕 양식, 르네상스 양식, 바로크 양식이 모두 공존하게 되었다.

　살루테 성당 공사 공모전에 총 11명의 건축가들이 응모했지만, 66명의 찬성표와 29명의 반대표에 따라 롱게나의 설계안이 채택되었다. 롱게나

아카데미아 다리에서 본 살루테 성당의 전경.

는 자신의 설계가 "한 번도 본 적이 없는, 그래서 호기심을 자극하는" 혁신적인 디자인이 될 것이라고 공언했다. 산소비노의 르네상스 건축과 팔라디오의 신고전주의가 유행하던 베네치아에 롱게나가 제안한 혁신적인 디자인은 로톤타^{Rotunda}(원형) 양식의 바로크 건물이었다. 직선으로 구성된 베네치아 성당의 전통에 곡선으로 된 바로크 성당을 제안한 것이다. 그가 제안한 원형의 건물은 성모 마리아가 하늘에서 베네치아를 굽어보고 있을 때 쓰고 있는 왕관에서 영감을 얻었다고 했다. 다른 사람이 한 번도 시도하지 않았던 방식을 채택한 것은 성처녀^{Virgin}를 기념하는 의미도 있다고 덧붙였다. 혁신적인 설계안에 완벽한 신학적 해석이 덧붙여졌고, 그것도 베네치아 토박이이니 더할 나위가 없었다.

원형으로 성당 건물을 짓겠다는 것은 혁신적이면서 동시에 실제적인 아이디어였다. 산 마르코 광장에서도 성당이 보이고, 반대편인 아카데미아 다리에서도 보이기 때문에, 어느 쪽에서 봐도 같은 모양이 보이도록 원형으로 설계한 것이다. 롱게나는 밀라노 지역의 성당 건축이 추구하던 '애매모호한 신비주의 바로크'도, 로마 지역의 성당 건축에서 유행하던 '극장 무대 같은 과시적인 바로크'도 반대했다. 롱게나의 바로크는 르네상스의 비례와 좌우 대칭을 수용하되 각종 장식을 많이 붙여 건물의 벽면에 음양 효과를 극대화하는 방식이다. 살루테 성당의 정면 파사드는 거대한 4개의 기둥이 건물을 떠받치고 있지만, 그 기둥 사이에는 또 다른 2개의 기둥이 화려한 장식적 기능을 수행하고 있는 것도 그 때문이다. 이렇게 기둥과 아기 천사 등의 화려한 조각 작품을 가미해서 벽면을 입체적으로 표현하는 것을 '베네치아 바로크 양식'이라고 한다. 롱게나의 살루테 성당은 완공 즉시 베네치아 풍경의 아이콘이 되었다.

롱게나는 거대한 2개의 돔을 기초 위에 올린 살루테 성당의 물리적 무게를 지탱하기 위해 먼저 약 100만 개의 말뚝을 개펄에 박아 넣었다. 그 위에 대리석과 벽돌을 교차시키며 쌓아올리는 방식으로 기초 공사를 마감했다. 고대 로마제국의 개선문을 연상시키는 정면 파사드에는 복음서 저자 4명의 모습이 크게 장식되어 있고, 삼각형 페디먼트Pediment에는 8개의 빛 날개를 가진 '성모의 별Stella maris'이 높이 걸려 있다.

밖에서는 원형으로 보이지만 내부로 들어가서 보면 성당의 구조가 정팔각형으로 되어 있음을 알 수 있다. 이러한 팔각형 구조는 모자이크 장식으로 유명한 라벤나의 산 비탈레 대성당Basilica di San Vitale을 연상시킨다. 그리스도를 잉태한 마리아의 자궁을 상징하는 중앙에서 양 사방 팔각형으로 뻗어나간 꼭짓점에 채플을 설치한 것은 다시 성모 마리아의 별을 상징한다. 천장의 돔은 롱게나가 설명한 대로 마리아의 왕관을 상징한다. 성당의 내부는 흑사병과 연관된 작품이나 이미지가 다수 보관되어 있다. 입구에서 왼쪽으로 세 번째 제단에는 티치아노가 그린 〈성령의 강림〉이 전시되어 있고, 1669년 크레타섬의 수도 칸디아Candia에서 가져온 성모상이 중앙 제단을 장식하고 있다. 이런 형식의 성모상을 '중보하는 성모Panagia Mesopantitissa'라고 표현하는데, 12세기에 제작된 것으로 추정된다. 중앙 제단 앞에 놓여 있는 화려한 조각상은 롱게나가 직접 제작한 것이다.

살루테 성당을 방문했을 때 성구실Sacristy 방문을 놓쳐서는 안 된다. 티치아노와 틴토레토의 명작이 동시에 전시되어 있기 때문이다. 성구실 내부에 있는 작은 제단에는 티치아노의 〈성자들과 함께 보좌에 앉으신 성 마르코〉가 전시되어 있다. 치유의 성자들인 다미안Damian, 코스마스Cosmas, 세바스티안Sebastian, 로흐Roch가 하단에 일렬로 배치되어 있고 보좌 위에 성 마르코가 복음서를 들고 앉아 있다. 왼쪽에 있는 인물이 작은 병을 들고 있고, 그 옆에 있는 사람이 수염을 기른 로흐 쪽으로 손동작을 취하고 있다. 당시에는 설탕을 가공할 때 생기는 블랙 트리클Black treacle(당밀)을 만병통치약으로 믿었는데, 로흐의 허벅지에 보이는 흑사병의 일반적인 증상인 허벅지의 검은 물혹을 블랙 트리클로 치료하라는 의미다. 그러나 보좌 위에 있는 성 마르코는 하늘을 바라보며 하느님의 도움을 간구하고 있어 대비를 이룬다. 1510년경에 제작된 이 작품은 산토 스피리토 성당에서 옮겨 온 것이다. 산토 스피리토는 베네치아 본섬과 리도섬 사이에 있는 작은 섬인데, 오스만제국과의 전쟁으로 경제난에 봉착한 베네치아 정부가 이를 민간에 매각하면서 예술 작품을 살루테 성당으로 이전했다.

1510년경에 제작된 티치아노의 〈성자들과 함께 보좌에 앉으신 성 마르코〉.

성구실 천장에는 미켈란젤로의 영향을 받은 티치아노의 〈카인과 아벨〉, 〈다윗과 골리앗〉, 〈이삭을 희생 제물로 바치는 아브라함〉이 전시되어 있다. 이 작품들도 산토 스피리토 성당에서 옮겨 온 것이다. 아우구스티누스 수도회의 주문으로 산토 스피리토 성당을 건축했던 산소비노는 때마침 베네치

삶이 축제가 된다면

아를 방문 중이던 피렌체 출신의 예술가 조르조 바사리에게 천장화를 부탁했다. 바사리는 주문받은 3개의 작품을 완성하지 못한 채 베네치아를 떠났고, 대신 티치아노가 그 후속 작업을 맡게 되었다. 그러나 티치아노가 맡은 작업을 수행하면서 염두에 둔 것은 피렌체 출신의 조르조 바사리가 아니라 베네치아에서 활동하던 일 포르데노네Il Pordenone(1484~1539년)의 존재였다.

일 포르데노데는 베네치아에서 '제2의 미켈란젤로'라는 별명으로 불리며 두각을 나타내던 화가였다. 실제로 로마를 방문했을 때 미켈란젤로를 만났고, 1527년에는 미켈란젤로가 일 포르데노네의 작품을 칭찬했다는 기록도 남아 있다. 그는 인물의 역동적인 자세를 강조하면서도 배경을 과감하게 생략해 미켈란젤로로부터 받은 영향을 유감없이 드러내는 작품을 다수 제작했다. 일 포르데노네는 틴토레토와도 우정과 협력 관계를 이어갔는데, 틴토레토의 혁신적인 화풍에 반감을 느끼고 있던 티치아노로서는 일 포르데노네의 인기가 못마땅했을 것이다.

티치아노는 조르조 바사리가 제작을 포기하고 돌아간 산토 스피리토 성당의 천장화를 맡게 되었다. 그는 일 포르데노네의 인기가 증명하고 있는 미켈란젤로의 명성에 도전하고 싶었다. 〈시스티나 성당의 천장화〉에 표현된 미켈란젤로의 천재성에 버금가는 작품을 남기겠다고 결심한 것이다. 티치아노는 아찔할 정도로 역동적인 자세를 취하고 있는 구약 성경의 인물들을 산토 스피리토 성당의 천장화에 그려 넣었다. 그는 천장화로 사용될 그림의 위치를 고려해 각 작품마다 하늘의 배경이 드러나도록 했다. 또한 밑에서 올려다보는 관람자의 관점을 존중하면서도 구도에 무리가 없는 완벽한 미켈란젤로 스타일의 그림을 완성했다. 〈카인과 아벨〉, 〈아브라함과 이삭〉, 〈다윗과 골리앗〉 연작은 각각 피의 희생 장면을 묘사하고 있다. 이 그림들이 산토 스피리토 성당에서 살루테 성당의 성구실로 옮겨지게 된 것이다.

성당 안의 작은 미술관과 같은 살루테 성당의 성구실에는 틴토레토의 〈가나의 혼인 잔치〉도 전시되어 있다. 왼쪽에 배치된 탁자 끝에서 예수와 어머니 마리아가 대화를 나누고 있는 모습이다. 혼인 잔치에 포도주가 떨어졌으니 아들 예수에게 도와주라고 부탁하는 장면이다. 흥겨운 혼인 잔칫상 위에 놓여 있는 포도주 병이 비어 있는 것이 두 사람의 대화 내용을 간접적으로 증명하고 있다. 틴토레토는 혼인 잔치에 참여한 여러 하객들 중에 자기 얼굴도 슬쩍 그려 넣었다. 작품 중앙에 뜬금없이 크게 그려진 얼굴이 바로 틴토레토의 자화상이다.

틴토레토가 그린 〈가나의 혼인 잔치〉. 작품 한가운데 틴토레토의 자화상이 보인다.

4부

베네치아, 가장 평온한
공화국의 골목길

9장

아르세날레

단테의 베네치아 방문

지금까지 우리는 산 마르코 광장과 그 주변을 돌아보았다. 베네치아의 핵심부인 두칼레 궁전과 산 마르코 대성당에 이어 산소비노의 피아제타, 팔라디오의 산 조르조 마조레 성당, 롱게나의 바로크 걸작 살루테 성당을 답사했다. 이 모든 유적과 성당들이 지척의 거리에 있는 것이 놀랍다. 약 반경 500미터 안에 이런 다양한 건축물이 모두 모여 있는 곳도 찾아보기 힘들 것이다. 피렌체 정도가 예외이겠지만 그곳에는 넘실대는 아드리아해가 없다. 바다 건너 리도섬에서 아셴바흐를 만나고 또 그 반대편 무라노섬에서 카사노바를 만났던 우리는 이제 진짜 베네치아 여행을 시작할 예정이다. 베네치아 골목길로 들어가는 것이다. 우리는 미로와 같은 베네치아 골목길에서 길을 잃게 될 것이다. 왔던 길을 또 가고, 지나가는 사람들에게 방향을 물어야 할 것이다. 그럼 어떤가, 여긴 베네치아인데! 골목길에서 길을 잃어야 정상인 도시 아닌가.

　우리는 이제 유명 인물이 태어난 곳, 유명 인물이 다녀간 곳, 유명 인물이 묻혀 있는 곳, 유명 인물이 영감을 받아 책을 쓴 곳을 방문할 예정이다. 베네치아 골목길을 돌고 돌아 그런 유명 인물을 만나러 가는 것은 그들의 생각을 생각해보기 위해서이다. 베네치아는 골목길 뒤에 숨어 있다. 그 모습을 영원히 드러내지 않을 것이다. 우리는 베네치아에 대한 생각을 생각해보자. 베네치아가 중요한 것이 아니다. 베네치아에 대한 생각이 중요한 것이다. 어떤 사람이 베네치아에 대해 쓴 글을 읽은 적이 있다. 그 사람은 베네치아에 도착하자마자 부라노^Burano섬으로 갔단다. 그리고 열심히 사진을 찍어 올렸는데, 베네치아는 자기 얼굴 뒤에 있는 형형색색의 건물 배경으로만 소개되어 있었다. 그 사람에게 베네치아는 '셀카'와 '인증샷'의 배경일 뿐이었다. 그다음 이야기는 부라노에 있는 식당에서 맛있는 해산물을 먹었다는 '자랑질'이었다. 음, 그래. 맛있기는 하지….

모든 곳에 사람의 흔적이 남기 마련이다. 부라노에서는 '셀카'와 '인증샷'이 남고 지금부터 우리가 다닐 베네치아의 골목길에서는 사람들의 이야기가 펼쳐진다. 단테, 페트라르카, 성 루치아, 셰익스피어와 샤일록, 엔리코 단돌로, 마르코 폴로, 조반니 카보토 그리고 공동묘지에 묻혀 있는 수많은 도제들의 이야기가 펼쳐질 것이다. 현장감이 없는 인물 이야기는 읽는 재미가 덜하고, 인물 이야기가 없는 현장은 무미건조한 사실의 나열일 뿐이다. 세상에서 가장 평온한 공화국임을 자랑했던 베네치아의 이곳저곳에는 수많은 사람들의 발길이 이어졌고, 그들의 숨결이 남았으며, 후대 사람들이 듣고 감동을 받을 수많은 이야기가 남겨졌다. 베네치아의 좁은 골목길과 복잡한 수로에는 그 사람들이 남긴 이야기가 메아리친다. 넘실대는 파도만큼이나 정겨운 이야기가 이제 펼쳐질 것이다.

단테, 베네치아의 후미진 뒷골목을 걷다

두칼레 궁전에서 구경을 마친 우리는 이제 해안을 따라 걸어서 아르세

아르세날레 정문을 지키고 있는 사자상.

날레로 간다. 베네치아 지도를 펼치면 오른쪽 상단과 하단이 텅 비어 있는 느낌이다. 상단은 공장 지역이고 하단은 공원 지역이기 때문이다. 그래서 공장 지역인 아르세날레를 향해 가는 길은 지도를 보면서 무조건 오른쪽으로 가는 것이다. 수상버스 정기권을 구입했으면 '아르세날레' 선착장에서 내리면 된다. 베네치아도 우리로 치면 '구區'에 해당하는 'Sestiere'로 나뉘는데, 아르세날레가 있는 곳은 카스텔로Castello 구다. 두칼레 궁전에서 아르세날레까지의 거리는 약 900미터로, 걸어서 12분이 소요된다.

우리가 살펴본 산 마르코 광장 부근이 베네치아 정치와 종교의 중심이고, 앞으로 살펴볼 리알토 구역이 경제의 중심이라면, 베네치아 본섬의 동쪽에 있는 아르세날레는 베네치아의 공장 지역이다. 베네치아의 뜨거운 심장이라고 해도 틀린 말이 아니다. 그곳에 심장처럼 뜨거운 용광로가 있었고, 그곳이 베네치아 사람들을 먹여 살리는 생업의 터전이었기 때문이다. 조선소이자 병기창인 아르세날레는 베네치아 본섬의 약 15퍼센트를 차지하는 거대한 공장 지역이었다. 18세기 중반부터 시작된 산업혁명 이전까지만 해도 유럽에서 가장 큰 단일 공장이었는데, 가장 활발하게 선박을 제조했던 16세기에는 약 2만여 명의 직원들이 아르세날레에서 일했다고 한다. 베네치아의 갤리선 선단이 지중해 무역을 장악할 수 있었

삶이 축제가 된다면

던 이유도 유럽 최대 규모의 조선소였던 아르세날레가 있었던 덕분이다.

아르세날레가 처음 설치된 것은 1104년인데, 13세기 초에 제4차 십자군 원정을 위한 대규모 선박 제조가 추진되면서 비약적인 발전을 이루게 되었다. 아르세날레의 기술자들은 전통적인 선박 건조建造 방식에서 탈피해 먼저 선박의 뼈대를 조립한 다음, 내부 장치를 붙여가는 방식을 도입했다. 또 조립되던 선박이 전문 분야별로 세분화되어 있는 작업공의 위치로 이동하는 획기적인 생산 방식을 적용했다. 컨베이어 벨트 위에서 선박을 옮겨가며 건조하는 방식이라고 보면 된다.

지중해를 무대로 하는 베네치아의 동방 무역이 점차 확대되면서 더 많은 갤리선이 필요해졌으므로, 14세기경에는 기존의 아르세날레 동쪽에 새로운 조선소Arsenale Nuovo가 만들어졌다. 아르세날레에서 일하는 조선공들은 카스텔로Castello 구에 모여 살았는데, 지금도 그 지역에는 조선공들의 전문 직종이 들어간 도로 이름을 사용하고 있다. 돛을 만드는 조선공이 사는 동네 길, 닻을 만드는 조선공이 사는 동네 길, 이런 식으로 도로 이름이 정해졌다. 지금 아르세날레는 이탈리아 해군 기지와 갤리선 전시 등의 용도로 사용되고 있으며, 베네치아 비엔날레 때 각국의 작품 전시 공간으로도 활용되고 있다.

신고전주의 양식으로 설계된 아르세날레의 정문Porta Magna 앞에는 2마리의 사자가 전시되어 있는데, 1687년 그리스 아테네의 항구 도시 피레우스Piraeus에서 전리품으로 가져온 것이다. 베네치아는 1688년부터 1715년까지 그리스의 펠로폰네소스 반도 전역을 식민지화하고 그 지역에서 패권확장을 시도하던 오스만제국과 충돌했는데, 그때 전리품으로 이것을 노획했다.

아르세날레 정문과 벽면에 붙어 있는 단테 흉상.

아르세날레의 규모와 건조되는 선박의 숫자는 언제나 베네치아인들의
자랑거리였고, 외국에서 중요한 손님이 오면 꼭 방문토록 했던 곳이다.
1312년, 《신곡》이란 책으로 중세를 마감시키고 오늘날의 이탈리아어를
탄생시킨 피렌체의 대문호 단테도 이곳을 공식 방문했고 그때 느낀 감
상을 《신곡》의 기록으로 남겼다. 이를 기념하기 위해 아르세날레 정문의
오른쪽 벽에 단테의 방문을 기념하는 흉상이 전시되어 있다.

피렌체 정부로부터 '고향으로 돌아올 경우 화형에 처하겠다'는 추방
판결을 받은 단테는 1302년부터 1321년까지 이탈리아 전역을 떠돌며 망
명 생활을 했다. 약 20년에 걸친 유랑 생활 중에 단테는 최소 3번 베네치
아를 방문했다. 첫 번째 방문의 시기는 1304년 겨울로 추정되는데, 베네

치아 본섬으로 가는 배를 타기 위해 항구도시인 토르첼로Torcello를 방문했고, 그곳에 있는 산타 마리아 아순타 성당Basilica Santa Maria Asunta에서 유명한 11세기 모자이크화를 목격한 것으로 추정된다. 단테가 아순타 성당 내부의 파사드를 장식하고 있는 〈최후의 심판〉 모자이크를 보면서 《신곡》에 나오는 지옥의 처참한 장면을 상상했을 것이라는 조심스러운 견해다. 《신곡》의 지옥 편 마지막 부분에 묘사되어 있는 스산한 겨울 풍경과 꽁꽁 얼어 있는 습지의 모습은 단테가 1304년에 목격했던 베네치아의 겨울 풍경과 연관이 있을 것이다. 단테의 고향인 피렌체에서는 겨울에도 그렇게 얼음이 얼지 않는다.

1312년에 단테는 베네치아를 두 번째로 방문했다. 제51대 도제로 취임하는 조반니 소란초Giovanni Soranzo(1312~1328년 재위)의 기념 연회장에서 축하 연설을 하기 위해 초청을 받은 것이다. 베네치아의 국빈으로 초청받았지만, 피렌체로부터 추방을 당한 신세라 주최 측의 예우가 좀 소홀했던 모양이다. 단테는 도제 소란초의 취임 축하 연회석상에서 푸대접을 받는다. 다른 내빈들에게는 메인 코스로 아드리아해에서 잡은 신선하고 큼직한 생선이 올라왔는데, 단테의 접시에는 작은 크기의 생선 1마리가 덩그러니 놓여 있었다. 남들은 도미를 먹는데 자기는 멸치를 먹게 되었으니, 기분이 상했을 법도 하다. 단테는 그 자리에서 특유의 위트를 발휘한다. 접시 위에 있던 작은 생선을 귀에 대고 무엇인가 얘기를 듣는 것 같은 모습을 연출했다. 그러다가 갑자기 그 작은 생선과 대화를 나누는 것처럼 중얼거리기도 했다. 도제 소란초가 단테에게 놀림조로 물었다. "단테 선생, 왜 생선을 귀에 대고 있습니까? 생선과 무슨 대화라도 나누고 있는 건가요?"

단테는 도제 소란초에게 이렇게 답했다. "네, 사실 저의 부친은 바다에서 항해를 하시다가 돌아가셨습니다. 그래서 지금 이 생선에게 제 부친이 어떻게 돌아가셨는지 물어보고 있는 중이랍니다." "아, 그래요? 정말 재미있군요. 그래, 그 생선이 뭐라고 하던가요?" 도제 소란초가 다시 물었다. 그러자 단테는 천연덕스러운 표정을 지으며 이렇게 대답했다. "이 생선이 제게 이렇게 말하더군요. '저는 크기가 너무 작아서, 그렇게 큰 바다에서 일어난 일을 다 알지 못한답니다. 옆 접시에 있는 큰 생선에게 물어보세요.' 이 작은 고기가 이렇게 말하다니, 정말 신기한 일이지요?" 도제 소란초는 단테의 의도를 알아차리고 즉각 큰 생선이 든 접시로 바꾸어 주었다고 한다.

큼지막한 아드리아해 생선 요리로 배를 채운 단테는 국빈 자격으로 아르세날레를 공식 방문하고, 2만 명의 베네치아 조선공들이 하루 만에 갤리선을 뚝딱 만들어내는 광경을 직접 목격했다. 단테는 이날 목격한 광경을 《신곡》의 지옥 편 21곡에서 표현하고 있는데, 국가의 공직을 이용해서 사적인 이익을 취한 '사기꾼'들이 지옥에서 당하는 고통을 표현한 부분이다.

마치 그곳은 베네치아의 아르세날레처럼 보였다.
겨울철, 조선공들이 불완전한 배에 칠하기 위해
역청을 끓이듯, 그곳에서는 끊임없이 불길이 솟았다.

그들의 배는 항해할 수 없었기에, 대신 그들은
새로운 배를 만들고 있었다. 그들은 오랫동안 항해했던
배의 뼈대를 다시 만들었던 것이다.

삶이 축제가 된다면

어떤 이는 뱃머리에서, 또 어떤 이는 고물에서 못질을 하고,

또 어떤 이는 노를 만들고 또 어떤 이는 닻줄을 꼬며,

이 사람은 주 돛을, 저 사람은 보조 돛대를 수리하고 있었다.[32]

이탈리아의 시성詩聖 단테가 《신곡》에 쓴 이 구절은 지금도 아르세날레 정문 오른쪽에 단테의 흉상과 함께 전시되어 있다. 아르세날레 정문을 바라보고 왼쪽으로 20미터쯤 가면 작은 다리가 있는데, 단테가 그 다리를 통해 아르세날레로 들어갔다는 전설과 함께 오늘까지 '단테의 다리'로 불리고 있다.

단테의 세 번째이자 마지막 베네치아 방문은 1321년, 그가 사망한 해였다. 마지막 망명 도시였던 라벤나의 영주 귀도 노벨로 다 폴렌타Guido Novello da Polenta(1275~1333년 추정)의 부탁을 받고 외교 업무를 수행하기 위해 베네치아를 방문했다. 당시 라벤나와 베네치아는 전쟁을 앞두고 있었는데 양국의 평화 협정 체결을 위해 단테가 파견된 것이다. 그러나 아쉽게도 단테는 그 외교 임무를 성공시키지 못하고, 라벤나로 급히 돌아와야만 했다. 그해 8월, 베네치아를 떠날 때 단테는 말라리아에 감염되어 있었고, 이를 회복하지 못한 단테는 그해 9월에 라벤나에서 회한의 눈을 감았다. 고향 피렌체로 돌아가지 못한 단테의 영혼은 지금도 객지 라벤나를 떠돌고 있을 것이다. 향년 56세. T. S. 엘리엇이 "단테와 셰익스피어는 세상을 둘로 나누었다. 그러나 세 번째는 없다"고 칭송했던 이탈리아의 대문호 단테는 베네치아 여행을 마지막으로 이승과 작별했던 것이다.

베네치아에는 단테의 마지막 방문을 기념하는 동상이 바다 한가운데 세워져 있다. 베네치아 본섬에서 무라노로 향하는 뱃길 중간에 산 미켈

레San Michele란 이름의 묘지 섬이 있는데 바로 그 앞바다 한가운데 서 있는 동상이다. 몰려드는 파도에 맞서며 서 있는 2명의 인물은, 함께 지옥과 연옥을 여행했던 단테와 베르길리우스다. 베르길리우스가 바다 건너 지척에 있는 산 미켈레 묘지 섬으로 단테를 인도하고 있는 것처럼 보인다. 마치 《신곡》의 지옥 편에서 배를 타고 죽음의 지하 세계로 가는 스틱스Styx강을 건너가는 모습을 연상시키고 있다. 단테의 본명은 두란테Durante였다. 그 의미는 '참고 견디는 자'다. 베르길리우스와 함께 지하 세계로 내려가면서도 별과 같은 희망을 잃지 않았던 '참고 견디는 자' 단테

〈단테의 범선La Chiatta di Dante〉. 2007년 제52회 베네치아 비엔날레에 출품했던 러시아 조각가 게오르기 프랑굴리안Georgy Frangulyan의 청동조각으로, 영구 전시가 결정된 작품이다.

삶이 축제가 된다면

는 한 치의 두려움도 없이 힘찬 발걸음을 그곳으로 옮기려는 자세를 취하고 있다.

지금 아르세날레 용광로의 불은 꺼졌고, 아침마다 줄지어 출근하던 조선공들의 발걸음은 종적을 감춘 지 오래다. 아무도 찾지 않는 베네치아의 후미진 골목길을 돌아가는 발견한 단테의 동상. 작은 생선과 대화를 나누면서 세상 풍진의 비바람을 참고 견뎠던 단테의 엄숙한 얼굴이 보는 사람을 숙연하게 만든다. 다음 행선지를 찾아 골목길로 들어서다 아담한 해산물 식당을 발견한다. 단테가 먹고 배가 불렀을 그 큼직한 생선 요리를 시켜볼까? 아니면, 참고 견딜까?

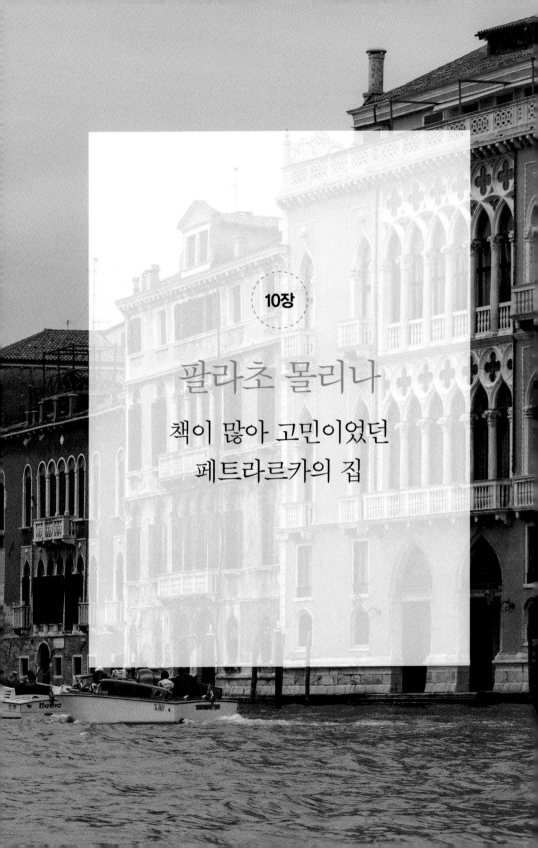

10장

팔라초 몰리나

책이 많아 고민이었던
페트라르카의 집

단테의 3번에 걸친 방문(1304년, 1312년, 1321년)으로 연결된 베네치아와 피렌체와의 인연은 페트라르카를 통해 다시 이어진다. 단테의 베네치아 방문은 추방이라는 정치적 사건과 연관되어 있었지만, 페트라르카의 방문은 전염병과 연관이 있었다. 피렌체 인근 도시 아레초^Arezzo에서 태어났지만, 페트라르카는 프랑스 남부에 있는 아비뇽^Avigon에서 성장했다. 문학가로 명성을 떨치면서 이탈리아로 돌아와 파도바 인근에 체류했지만, 그곳에서 전염병이 창궐하자 베네치아의 국빈 초청을 받아들였다. 페트라르카는 베네치아 정부가 제공해준 팔라초 몰리나^Palazzo Molina에서 1362년부터 1367년까지 살았다. 해안가의 집이 제법 커서 딸 가족도 함께 살았다. 원래 이 집은 '페트라르카의 집'으로 불렸지만, 나중에 페트라르카가 베네치아와 불편한 관계를 맺게 되면서 현재는 그냥 팔라초 몰리나로 불리고 있다. 페트라르카의 흔적을 지우기 위해서다. 두칼레 궁전에서 해안선을 타고 아르세날레 쪽으로 걸어가다 보면, 노란색으로 외벽이 칠해진 해안가의 저택, 팔라초 몰리나를 볼 수 있다. 두칼레 궁전에서 출발하면 약 6분 정도 소요된다. 직선거리는 400미터다.

베네치아 정부가 페트라르카에게 숙소를 제공하고, 온 가족들이 전염병을 피할 수 있게 해준 이유가 있었다. 남부 프랑스에서 성장하고, 또 잦은 외교 업무 수행을 위해 알프스 이북의 여러 도시를 방문했던 페트라르카는 다수의 그리스와 로마 고전을 사들였고, 직접 필사본을 만들어 소장하고 있었다. 페트라르카도 일종의 '책 사냥꾼'이었던 것이다. 포조 브라촐리니와 같은 피렌체의 유명한 '책 사냥꾼'들은 메디치 같은 유력 가문에게 북유럽에서 수집한 고대의 서적을 팔아넘겼지만 페트라르카는 그 고전들을 직접 소장하고 있었다. 베네치아 정부는 페트라르카에게 팔라초 몰리나를 제공하는 대신, 사후에 소장하고 있는 그 고전들을 산 마르코 도서관에 기증해달라고 요구했다. 페트라르카도 개방성을 중시하는 베네치아 특유의 분위기를 좋아했고, 무엇보다 가족을 전염병으로부

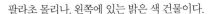

팔라초 몰리나. 왼쪽에 있는 밝은 색 건물이다.

터 보호할 수 있었으니 그 제안을 기쁜 마음으로 받아들였다.

그러나 베네치아 체류 기간이 해를 넘기면서 페트라르카의 생각이 바뀌게 된다. 그는 베네치아 사람들이 지나치게 개방적이다 보니 꼭 지켜야 할 전통의 가치를 소홀히 하고 있고, 무엇보다 미래에 대한 올바른 방향을 상실했다고 보았다. 특별히 페트라르카는 베네치아 사람들이 지나치게 물질적이라고 비판했다. 그가 가졌던 베네치아에 대한 부정적인 생각은 1363년 4월 9일, 한 친구에게 쓴 아래 내용에 잘 반영되어 있다.

> 자네가 이 배를 보았다면, 이것은 배가 아니라 바다의 표면에서 헤엄치는 산이라고 말했을걸세. 그 배들은 엄청난 양의 무거운 화물들을 싣고 있어서 선체의 대부분이 파도 밑에 잠겨 보이지도 않았다네. 그 배는 돈강(러시아 남부의 강)을 향해 출항하더군. 돈강은 우리 배들이 흑해에서 가장 멀리 항해할 수 있는 곳이지. 하지만 그 배를 탄 많은 선원들은 돈강에서 내려서 여행을 계속할걸세. 코카서스를 넘고, 갠지스강을 건너, 인도에 도착하고, 더 나아가 멀고 먼 중국과 동쪽 바다에 도착하겠지. 인간의 마음을 사로잡는, 이 만족할 줄 모르는 부에 대한 갈증의 원천은 무엇일까? 나는 이 불운한 사람들을 동정하게 되었다네. 선원의 인생이 비참하다고 노래한 시인들의 표현이 옳았음을 나는 이해하게 되었지.33

실제로 페트라르카가 5년간 살았던 팔라초 몰리나는 직접 바다와 접해 있고, 지금도 큰 화물선들이 쉴 새 없이 저택 앞을 오가고 있다. 페트라르카는 이른 새벽에 화물선에서 내지르는 선원들의 고함 소리 때문에 잠을 깼을 것이고, 창문 너머로 편지 내용에 들어 있는 장면을 목격했을 것이다. 페트라르카는 베네치아 사람들을 "만족할 줄 모르는 부에 대한 갈증"을 가진 사람들이라고 생각했다. 그는 베네치아 선원들의 모습을 보면서 지중해를 떠돌며 거친 파도와 싸워야 했던 오디세우스와 그의 불쌍한 선원들을 떠올렸을 것이다. "선원들의 인생이 비참하다고 노래한 시인"은 호메로스였음이 분명하다.

자기 나라 사람들에 대해 이렇게 부정적으로 묘사하는 사람을 베네치아 사람들도 결코 좋아할 수 없었을 것이다. 베네치아인들은 페트라르카를 '늙은 노인'이라고 불렀다. 막연하게 옛 시대를 동경하면서 지금 눈앞에서 펼쳐지고 있는 모든 것들에 대해 근거 없는 환멸을 늘어놓는 사람이란 것이다. 페트라르카는 베네치아의 학자들이 자신의 장서를 적극적으로 활용하지 않는다고 불평을 터트렸다. 책의 소유에는 관심이 많지만 실제로는 책을 읽지 않는 사람들이라는 것이다. 사실 베네치아인들은 페트라르카의 인문 고전보다 기술과 과학에 더 많은 관심을 가지고 있었다. 결국 베네치아인들의 이런 태도에 실망하게 된 페트라르카는 1368년에 전격적으로 인근 도시 파도바로 떠나버렸다.

당시 베네치아와 파도바는 전쟁 중이었기 때문에 페트라르카의 갑작스러운 파도바 이주는 베네치아인들에게 큰 배신감을 안겨주었다. 그가 떠나자 소장하고 있던 고전의 상당 부분은 파비아에 있던 비스콘티 공작의 도서관(후에 프랑스로 이전), 바티칸 도서관, 영국 옥스퍼드 대학의 보들레인 도서관으로 뿔뿔이 흩어지게 된다. 팔라초 몰리나에 남아 있던 일부 장서들은 급히 산 마르코 도서관 서고로 옮겨졌으나, 관리 부실로 거의 훼손되고 말았다. 페트라르카는 후에 자신의 장서를 탐내던 베네치아 사람들을 비꼬는 글을 남기기도 했다. 페트라르카가 생애 끝부분에 파도바에서 쓴《행운과 불운에 대처하는 법De Remediis utriusque fortunae》에는 자신이 소장하고 있던 책을 탐내던 베네치아인들에 대한 신랄한 비판이 담겨져 있다.

> 배우려고 책을 찾는 사람도 있고, 남에게 보여주는 게 좋아서 책을 찾는 사람도 있어. 책으로 실내를 장식하는 사람도 있고. 사실 책은 겉이 아니라 속을 장식하라고 있는 건데 말이야. 그런 사람들은 코린토스 산 도자기 화병, 그림, 조각상, 또 앞에서 말한 다른 가구처럼 책을 사용하지. 자기 욕심을 채우려고 책을 사들이는 사람도 있어. 이것이 최악이지. 왜냐하면 그런 사람들은 책의 진가를 모르고 책을 상품처럼만 취급하니까. 이건 최근에 휩쓸었던 몹쓸 페스트 같은 버릇으로, 얼마 전부터 책이란 오로지 부자의 욕심에 새로운 도구와 새로운 영역을 부여하기 위해서만 슬그머니 그들의 관심사가 된 것 같아.**34**

어떤 가이드북에는 베네치아가 자랑하는 산 마르코 도서관의 출발이 페트라르카의 장서와 연관이 있다고 설명하지만, 사실은 무관한 일이다. 실제 산 마르코 도서관의 장서는 1468년, 그리스 출신의 철학자이자 추기경이었던 베사리온Bessarion(1403~1472년)이 기증했던 482권의 그리스어 고전과 246권의 라틴어 고전 등 총 746권의 코덱스(사람 손으로 쓰인 옛날 책들)에서 출발했다. 앞으로 소개되겠지만, 한 시대를 풍미했던 시인이자 추기경이었던 피에트로 벰보Pietro Bembo(1470~1547년)가 초기에 이 유명한 도서관의 사서로 일했다.

한편 파도바로 이주해버린 페트라르카는 베네치아에서 가져온 일부 장서들에 둘러싸인 채 1374년 7월 19일, 조용히 눈을 감았다. 생애 말년에 이르렀던 그는 책에 대한 일종의 환멸을 느낀 듯하다. 책도 우리 삶에서는 비본질적인 '허영의 산물'일 뿐이라는 것이다. 평생 자신이 걸어왔

삶이 축제가 된다면

던 작가로서의 삶도 허망한 것으로 보았다. 한니발의 코끼리 부대를 무찌르고 로마를 지중해의 절대 강자로 등극시켰던 스키피오 아프리카누스를 찬양했던 서사시 〈아프리카Africa〉와 아름다운 소네트 문집 《칸초니에레Canzoniere》를 발표해 후대 작가들의 심금을 울렸던 페트라르카는 작가로 살았던 자신의 삶을 돌아보며 이런 글을 남겼다.

키케로 시대에는 드물었던 것이 지금은 흔해 빠졌어. 개나 소나 글을 쓰지. 누구나 작가처럼 글을 쓸 자유가 있다고 하니까. 그리하여 소위 저자라는 사람은 어리석은 글을 쓰라고 서로 격려하며 부추기고 남의 작품을 칭찬함으로써 잘못 칭찬한 자들의 칭송을 받으려 한다네. 그래서 우리의 작가들은 후안무치하게 되고 상황은 아리송해지는 거지. 그러니 단지 글을 쓴다는 것만 갖고 자랑하지 말기를!35

단테와 페트라르카의 이중 초상. 오른쪽이 페트라르카이다. 조반니 달 폰테Giovanni dal Ponte의 그림으로 포그 박물관에 소장되어 있다.

임종하기 4년 전에 써두었던 유서(1370년 4월 4일 작성)에 따르면, 페트라르카는 자신을 따르던 베네치아의 후배 문학가 보카치오Boccaccio에게 50플로린을 유산으로 남겼다. 그는 보카치오에 그 돈으로 책을 사지 말고, "따뜻한 겨울 코트"를 한 벌 사라는 기록을 남겼다.

11장

리알토 다리

검은색 곤돌라와 함께
흔들거리는 흰색의 다리

베네치아의 수상 간선 도로라고 할 수 있는 카날 그란데는 길게 뻗어 있는 역﹏S자 모양이다. 산타 루치아 역에서 산 마르코 광장으로 이어지는 카날 그란데는 기존에 라구나 형태를 이루고 있던 간석지와 그 사이에 있던 수로를 그대로 살렸기 때문에 그런 형태를 유지하게 되었다. 지금은 카날 그란데를 정기적으로 오가는 수상버스가 승객들을 실어 나르고 있지만, 원래 카날 그란데의 유일한 교통수단은 곤돌라였다. 베네치아의 풍경에서 빼놓을 수 없는 것이 카날 그란데를 유유히 떠다니는 곤돌라일 것이다. 이 곤돌라에 대한 가장 통찰력 있는 묘사는 토마스 만의 《베네치아에서의 죽음》에 나오는 아래 구절이 아닐까.

난생 처음이든 아주 오랜만이든 베네치아의 곤돌라를 타게 될 때, 순간적인 공포나 남모르는 두려움과 당혹감을 이겨낼 필요가 없을 정도로 대담한 사람이 있을까? 그 기이한 배는 색깔이 너무 까매서, 다른 배들 가운데 섞여 있으면 마치 관棺처럼 보인다. 그것은 물결 찰랑거리는 밤에 소리 없이 저지르게 되는 범죄적 모험을 연상시킬 뿐 아니라, 죽음 자체와 관대棺臺, 음울한 장례식, 그리고 마지막 떠나는 침묵의 여행을 연상시키기도

한다.36

곤돌라 선체의 검은색에서 죽은 자를 실어 나르는 관을 연상했던 토마스 만의 예리한 관찰을 읽고 난 후부터, 나도 베네치아의 검은색 곤돌라를 볼 때마다 침울한 기분이 든다. 남들은 곤돌라를 타면서 흥겨운 노래를 부르는데, 왜 토마스 만은 죽음의 그림자를 떠올린 것일까? 왜 나는 그의 생각에 동의하는 것일까? 사실 베네치아에는 따로 운구차가 없었다. 실제로 망자를 산 미켈레 묘지 섬에 매장하기 위해 가는 배는 검은색 곤돌라였다. 지금은 장례 모터보트가 관을 싣고 가는데, 그 기이한 광경을 직접 목격한 적이 있다.

'곤돌라'의 정확한 어원은 아무도 모른다. 현지인들은 '흔들리다'의 뜻인 '돈돌라레Dondolare'에서 유래되었을 것이라고 짐작하지만, 확실하지는 않다. 1094년의 기록에 처음으로 등장한 이래, 곤돌라는 베네치아의 가장 중요한 교통수단으로 활용되었는데, 한창 전성기였던 15세기에는 약 1만 대의 곤돌라가 운영되었다고 한다. 현재 사용되고 있는 곤돌라는 17세기부터 사용되던 형태를 그대로 유지하고 있으며 길이가 11미터, 폭이 1미터 40센티미터의 크기이고, 선체의 무게는 대략 350킬로그램이다.

1대의 곤돌라는 2달 정도의 완전 수작업을 거쳐 제작된다. 장인들의 철저한 분업으로 건조되는데, 선체의 골격을 만드는 조선공, 나무로 된 노를 만드는 목수, 쇠 부분을 만드는 대장장이, 청동 부분을 만드는 대장장이, 손님이 앉는 의자의 천 장식을 제작하는 장인 등이 철저한 분업 체계를 이루고 있다. 이렇게 여러 장인들의 손을 거쳐 완성되는 곤돌라는 약 4만 유로의 가격에 팔린다. 보통 4명의 곤돌리에들이 운행 시간을 나누어 1대의 곤돌라를 운영하는데, 현재 베네치아 당국에는 약 400여 명의 조합 면허증을 소유한 곤돌리에들이 영업을 하고 있다.

정식 곤돌리에가 되려면 조합에 가입하고(최대 425명으로 제한), 6개월 동안 400시간의 훈련을 거친 다음, 관광 가이드 자격증과 외국어 소통 자격증을 취득해야 한다. 영어는 기본이다. 관광 도시 베네치아에서는 고수익 직종으로 분류되는데 매년 15만 유로 이상을 벌어들이는 곤돌리에도 있다고 한다. 2010년에 처음으로 여성에게 곤돌리에 자격증 취득이 허락되었는데,37 이들은 곤돌리에라Gondoliera로 불린다. 베네치아를 상징하는 리알토 다리 위에서 보면 손님을 태우고 이리저리 곤돌라를 저어가는 곤돌리에와 곤돌리에라 들을 쉽게 볼 수 있다. 다른 배들과 달리 곤돌라의 선체 밑바닥은 평평하기 때문에 물결에 미끄러지듯 흘러가는 특징이 있고, 그래서 빠른 방향 전환도 가능하다. 리알토 다리 부근에는 수상버스 선착장이 많기 때문에 매우 혼잡스럽다. 갑작스러운 수상버스의 출몰이나 모터보트의 파도 때문에 곤돌리에가 물에 빠지는 사고가 가끔 일어난다. 평평한 바닥 때문에 빠른 방향 전환이 가능하지만 원숭이도 나무도 떨어질 때가 있는 법! 곤돌리에가 실수로 물에 빠지면, 베네치아 신문은 이를 대서특필하는 전통이 있다.

카날 그란데를 횡橫으로 가로지르는 4개의 다리 중에서 리알토 다리가 가장 오래된 역사를 가지고 있다. 사실 베네치아의 역사는 리알토 구역에서 시작되었다. 5세기 초반, 게르만족의 공격을 피해 리알토 부근에 임시 정착촌을 만든 것이 지금의 베네치아가 되었다. 12세기 초반에 최초로 카날 그란데를 가로지르는 리알토 다리가 만들어졌으나, 이후 여러 번의 증개축을 거쳤고, 1255년에 건축된 다리는 중앙 부분이 들려 올라가는 목조 도개교였다. 15세기에 이르러 지금처럼 양쪽에 상점이 들어서게 되었고, 그 임대 수익은 다리를 보수하는 데 사용되었다. 그러나 목재

삶이 축제가 된다면

토마스 만은 검은색 곤돌라를 보고 죽음을 떠올렸다.

로 된 다리는 하중을 받치는 데 한계가 있었고, 실제로 1444년과 1524년에 다리가 무너지는 사고가 발생하기도 했다.

 1551년, 목재로 된 리알토 다리를 재건축하기 위해 위원회가 구성되었고, 아예 석재로 대체해야 한다는 조건이 붙었다. 많은 건축가들이 리알토 석재 다리 공사 공모에 출사표를 던졌다. 가장 주목을 받은 건축가는 도제 안드레아 그리티의 지원을 받고 있던 야코포 산소비노였지만, 다리의 하중을 계산하는 방식에 대한 확신과 경험이 없었기 때문에 그의 설계안은 받아들여지지 않았다. 미켈란젤로와 팔라디오 등과 같은 쟁쟁한 건축가들도 응모에 참여했지만, 최종 설계안을 제출하고 낙점을 받은 사람은 무명의 건축가 안토니오 다 폰테Antonio da Ponte(1512~1597년)였다.

안토니오 다 폰테는 기존의 목재 건물의 원형을 살려 이를 모두 석재로 대체하면서도, 하중 계산을 철저히 해 지금도 건재한 리알토 다리를 건축해냈다. 1588년에 시작된 공사는 1591년에 마무리되었다. 무거운 석재의 하중을 버티지 못할 것이라는 우려도 있었지만 현재까지 아무런 사고가 없었고, 오히려 독특한 아치형을 지닌 다리 자체의 아름다움 때문에 베네치아를 상징하는 명소가 되었다. 안토니오 다 폰테는 원래 1574년 두칼레 궁전의 대화재 이후의 복원 건축에 투입되었던 건축가였는데, 조카인 교량 건축 전문가 안토니오 콘티노Antonio Contino(1566~1600년)의 도움을 받아 리알토 다리를 완성했다. 안토니오 콘티노는 이후에 '탄식의 다리' 공사를 맡았다. 삼촌과 조카가 베네치아를 상징하는 두 다리를 건축한 것이다. 오늘도 흰색 대리석으로 빛나는 리알토 다리 밑으로 검은색 곤돌라가 흔들거리며 지나가고 있을 것이다.

관광객들의 소음과 탄성에 맞춰 춤추듯 흔들거리는 곤돌라는 여전히 죽음의 검은 그림자를 드리우고 있는 것일까.

　　　　　　　　　　　　　　　　　삶이 축제가 된다면

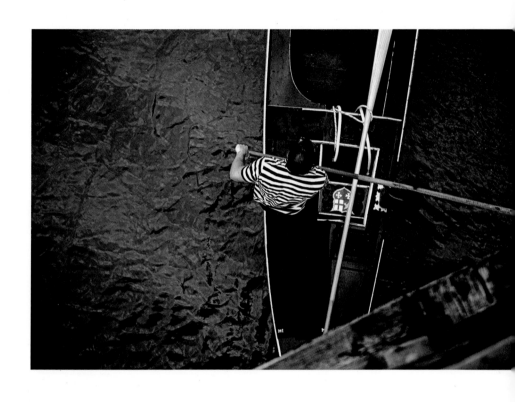

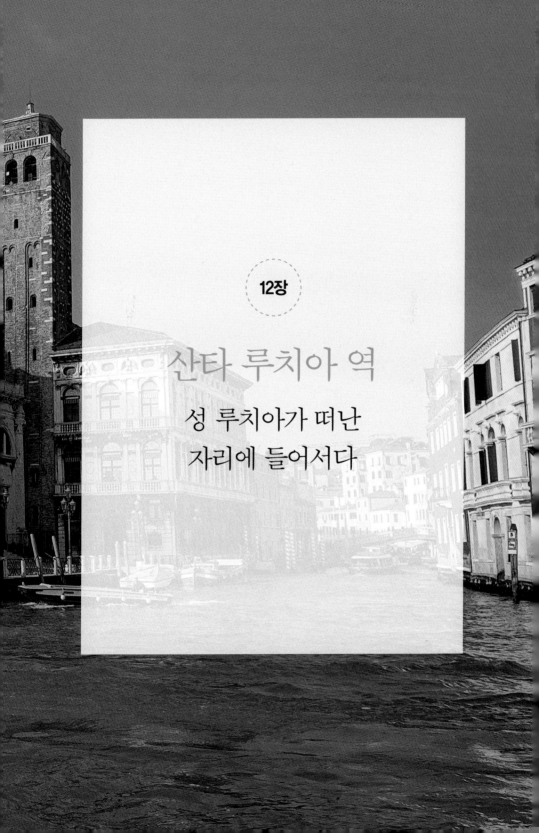

12장

산타 루치아 역

성 루치아가 떠난
자리에 들어서다

가끔 곤돌리에들이 두둑한 팁을 줄 만한 손님을 자기 곤돌라에 태우고, 멋들어진 노래를 불러줄 때가 있다. 그들의 애창곡은 "오 솔레 미오", 태양이 작열하는 베네치아에 어울리는 곡이다. 한 곡을 불러도 팁을 안 주면, 두 번째 노래를 시도한다. 이번에는 "산타 루치아"다. 우리에게도 익숙한 이탈리아 민요, "산타 루치아"의 가사는 이렇다.

> 창공에 빛난 별, 물 위에 어리어
> 바람은 고요히 불어오누나.
> 아름다운 동산, 행복의 나폴리
> 산천과 초목들 기다리누나.
> 내 배는 살같이 바다를 지난다.
> 산타 루치아, 산타 루치아
> 정깊은 나라에 행복아 길어라.
> 산타 루치아, 산타 루치아

　베네치아의 곤돌리에들이 "산타 루치아"를 애창하기 때문인지 많은 사

　　　　　　　　　　　　　　　　　　　　　삶이 축제가 된다면

람들이 '루치아'를 베네치아 출신의 성녀로 착각하는 것 같다. 베네치아에 기차로 도착한 사람들이 모두 산타 루치아 역에서 하차하기 때문에 그런 생각을 하는 것 같기도 하고, 가사 내용 중에 '내 배는 살같이 바다를 지난다'는 구절에서 그런 연상을 하는 모양이다. 그러나 어설프게 번역된 한국의 가사에서 언급되어 있듯이, 이 노래는 베네치아가 아닌 '행복의 나폴리'를 노래하고 있다. 그리고 성녀인 루치아를 찬양하는 노래가 아니라, 나폴리의 명소인 계란 섬Castel dell'Ovo 인근 바다 '산타 루치아'의 멋진 풍경을 노래하고 있는 것이다. 나폴리 앞 바다가 '산타 루치아'로 불린 것은 해안에 '바다의 산타 루치아Santa Lucia a Mare 성당'이 있기 때문이다. 나폴리 민요가 베네치아에서 남용되고 있으니, 가뜩이나 성질 급한 나폴리 사람들이 발끈할 만도 하다. 그러나 이 베네치아의 뱃사공들이 이 노래를 부를 때 정작 기분이 상할 사람들은 나폴리 사람들이 아니다. 시칠리아 섬 동쪽에 있는 도시 시라쿠사Syracusa 사람들은 베네치아에서 이 노래를 들으면 고개를 숙이고 눈물을 훔친다.

성 루치아St. Lucia of Syracusa(283~304년)는 로마제국의 디오클레티아누스 황제 치세에 벌어졌던 그리스도교에 대한 박해(303~304년) 기간에 시라쿠사에서 순교한 성녀다. 루치아는 처음부터 끝까지 시칠리아 시라쿠사 사람이었다. 시라쿠사는 시칠리아섬의 동쪽에 있기 때문에 예로부터 그리스와 인적 교류가 활발했다. 루치아도 부유한 로마인 아버지와 그리스인 어머니 밑에서 태어났지만, 5살 때 아버지를 잃고 홀어머니 밑에서 성장했다. 소녀 루치아는 자신의 정절을 모두 하느님께 바치고 평생 독신으로 살 것을 서원했지만, 그 사실을 몰랐던 어머니는 딸을 이교도 부자 상인에게 시집보내는 약조를 맺었다.

루치아는 시라쿠사 인근에 있는 카타니아Catania에서 성녀 아가타Agatha 의 조각상을 찾아가 도움을 구하는 기도를 드렸다. 루치아의 어머니가 혈우병을 앓고 있었기 때문이다. 루치아가 태어나기 약 30년 전에 카타 니아에서 순교했던 아가타의 도움으로 어머니의 병이 기적적으로 치유 되었고, 루치아는 하느님께 드리는 감사의 표시로 많은 재산을 가난한 자들에게 나누어 주었다. 그러자 루치아와 결혼해서 그녀의 모든 재산을 차지할 생각을 하고 있던 약혼자가 로마 총독에게 루치아를 고발해버렸 다. 황제 숭배를 거부하고 그리스도를 섬긴다는 죄목이었다. 체포된 루 치아는 로마 황제의 신상 앞에서 제사를 드리라는 명령을 받았지만 신앙 을 지키기 위해 이를 거절한다. 이에 로마 군인들은 그녀의 두 눈을 뽑는 고문을 자행했고, 결국 루치아는 목숨을 잃는다. 한편 중세의 기록에는 조금 다른 이야기가 전해지고 있다. 루치아는 자신의 아름다운 눈이 약 혼자의 이성을 잃게 했다고 판단하고, 스스로 두 눈을 뽑아버렸다는 것 이다.

어쨌든 이때부터 성 루치아는 맹인들의 수호성자가 되었다. 루치아는 '빛, 광명'을 뜻한다. 순교한 그녀의 유해는 시라쿠사에 약 400년 동안 조용히 안장되어 있었다. 그러나 기원후 8세기 초에 스폴레토의 공작 파 로알드 2세Faroald II가 그녀의 유해를 약탈해 로마에서 동쪽으로 150킬로 미터 정도 떨어져 있는 산악도시 코르피니움Corfinium으로 이장시켜 버렸 다. 그 이후에 이탈리아의 여러 곳으로 떠돌아다니던 성 루치아의 유해 는 1039년에 동로마제국의 장군 조르조 마니아케Giorgio Maniace에 의해 콘 스탄티노플의 산 조르조 수도원으로 이장되었다. 성 루치아의 유해는 고 향 시라쿠사를 떠나 정처 없는 방랑을 거듭하고 있었다.

여기서부터 베네치아와 성 루치아가 연결된다. 제4차 십자군 운동의

삶이 축제가 된다면

지도자였던 도제 엔리코 단돌로는 콘스탄티노플의 산 조르조 수도원에 안치되어 있는 성 루치아의 유해를 1204년 베네치아로 옮겨왔다. 처음 성녀의 유해를 모신 곳은 앞에서 소개했던 산 조르조 마조레 성당이었다. 성 루치아의 유해는 수많은 참배객을 불러 모았고, 1279년에는 너무 많은 사람들이 배를 타고 산 조르조 마조레 성당으로 순례를 가다가 물에 빠져 죽는 참사가 일어나기도 했다. 결국 베네치아 당국은 성 루치아의 유해를 안전한 베네치아 본섬으로 다시 이장하기로 했다. 그곳이 바로 지금 산타 루치아 역 부지에 있었던 산타 루치아 성당이었다.

안타깝게도 지금 산타 루치아 성당은 그 자리에 없고, 대신 산타 루치아 역이 들어서서 베네치아에 첫발을 내딛는 관광객들을 맞이한다. 1192년에 건축되었던 원래 성당 건물은 성 루치아의 유해를 모심과 동시에 산 조르조 마조레 성당으로 순례하다가 익사했던 사람들을 추모하기 위해 1279년부터 '산타 루치아 성당'으로 개명되었다. 이 성당은 1861년에 철거되었다. 이탈리아 본토와 연결하기 위한 열차의 종착역 지점에 하필 그 성당이 위치해 있었기 때문이다. 성 루치아의 유해는 인근에 있는 산 제레미아San Geremia 성당으로 다시 이전되었다. 12세기에 세워진 로마네스크 양식의 고풍스러운 성당으로, 카날 그란데의 수상버스를 타고 리알토 다리 쪽으로 가다 보면 왼쪽에 보이는 벽돌 건물이다.

시칠리아 시라쿠사, 이탈리아 코르피니움, 콘스탄티노플, 산 조르조 마조레 성당 그리고 산타 루치아 성당으로 이어졌던 성 루치아의 고단했던 여정이 산 제레미아 성당에서 마침내 끝났다. 마지막 안식처인 성당의 제단 아래에 전시되어 있는 성 루치아의 유해는 은으로 된 마스크를 쓰고 있다. 베네치아의 귀족 출신으로 교황 요한 23세Ioannes XXIII로 봉직했던 안젤로 론칼리Angelo Roncalli(1958~1963년 재위)가 성녀의 유해를 보존

카날 그란데에서 본 산 제레미아 성당.

하기 위해 기증한 것이다.

그러나 산 제레미아 성당에서도 성 루치아는 평안히 영면할 수 없었다. 또 한 번의 수난이 성녀를 기다리고 있었다. 1981년 11월 7일, 정체불명의 괴한 2명이 산 제레미아 성당에 잠입하여 유해를 훔쳐가는 희대의 절도 사건이 발생한 것이다. 은 마스크를 쓰고 있던 성 루치아의 머리는 그대로 두고 몸만 가져가서 수많은 사람들의 마음을 아프게 했다. 다행스럽게도 그해 12월 13일, 성녀의 유해가 발견되었고 베네토 지역을 중심으로 활동하는 브렌타 마피아Brenta Mafia에 속해 있던 2명의 청년이 체포되었다. 무사히 발견된 성 루치아의 몸과 머리가 다시 합쳐졌을 때 베네치아 사람들보다 더 기뻐하는 사람들이 있었으니, 고향의 성녀를 멀리 북쪽의 베네치아인들에게 빼앗긴 시칠리아섬의 시라쿠사 사람들이었다. 성녀의 유해가 다시 복원되었다는 소식을 전해 들은 시라쿠사 사람

삶이 축제가 된다면

들은 시라쿠사 대성당 광장 앞에서 모여 목 놓아 노래를 불렀다고 한다. "산타 루치아, 산타 루치아, 정깊은 나라에 행복아 길어라. 산타 루치아, 산타 루치아."

시라쿠사 사람들이 촛불을 들고 대성당 광장에 모인 이유가 있다. 정확하게 말하자면 시라쿠사 두오모 광장의 한 모퉁이에 우뚝 솟아 있는 산타 루치아 알라 바디아^{Santa Lucia alla} Badia 성당 앞이었다. 그 성당 안에 카라바조^{Caravaggio}(1571~1610년)의 명작이 전시되어 있으니, 바로 그 유명한 〈성 루치아의 매장〉이다. 카라바조는 르네상스를 마감하고 바로크 시대를 열었던 밀라노 출신의 천재 예술가였다.[38] 로마에서 살인을 저지르고 몰타섬으로 도피했던 카라바조는 다시 그곳에서 문제를 일으키고 시칠리아로 몸을 숨겼다.

산 제레미아 성당에 안치된 성 루치아의 유해. 앞에 놓여 있는 등잔과 기름은 모두 성녀의 고향인 시라쿠사에서 보내준 것이다.

1608년, 시라쿠사에 잠시 머물고 있던 카라바조에게 프란체스코 수도회 소속 성당^{Santa Lucia al} ^{Sepolcro}은 대형 제단화 〈성 루치아의 매장〉을 주문했다. 카라바조는 1달 만에 작품을 완성했는데, 이전에 볼 수 없었던 독특한 구도로 사람들의 큰 관심을 끌었다. 순교당한 성 루치아를 매장하기 위해 굳은 땅을 파고 있는 묘지 인부 2명 사이로, 눈알이 뽑힌 채 처연하게 누워 있는 성녀의 모습이 먼저 눈에 들어온다. 그러나 놀라운 부분은 텅 비어 있는 그림의 윗부분이다. 낡고 갈라진 성벽이 크게 드러나 있고 그곳에는 아무런 장식이 없다. 금이 가서 금방이라도 무너질 것 같은 성벽. 텅 비어 있는 배경. 자기 땅에서 자라고 순교당한 성녀를 멀리 베네치아에 뺏겨버린 시라쿠사 사람들의 안타까운 마음을 이보다 더 적절하게 표현할 수는 없었을 것이다. 지금 시라쿠사 대성당 광장의 한 모퉁이에 외롭게 전시되어 있는 카라바조의 이 명작은 고향으로 돌아오지 못하고 베네치아에 매장되어 있는 성 루치아를 그리워하는 시라쿠사인들의 안타까운 마음을 담고 있다.

이 구구절절한 사연을 알지 못하는 관광객들은 기차 여행의 종착지인 산타 루치아 역에 하차해 베네치아 일정을 시작한다. 기차에서 내려 수상버스를 타기 위해 이동하는 그들의 총총걸음은 가볍기만 하다. 끌고 가는 트렁크도 무겁지 않게 느껴진다. 가곡 "산타 루치아"의 익숙한 가사와 멜로디가 콧노래로 흘러나온다. 그러나 산타 루치아 역에는 산타 루치아가 없다. 성당은 무너졌고, 대신 역 건물이 들어섰다. 산타 루치아 역에서 사라져버린 성 루치아는 대신 찬란한 베네치아의 빛과 광명으로 관광객들을 맞이하고 있다.

카라바조 〈성 루치아의 매장〉 1608년, 산타 루치아 알라 바디아 성당의 제단화.

13장

유대인들의
아픔을 품은 게토

윌리엄 셰익스피어의
《베니스의 상인》

베네치아의 골목길을 미로라고 표현하는 것은 절대로 과장이 아니다. 여러 차례 그 도시를 방문했어도 여전히 베네치아 골목길에서 길을 잃는 사람들이 많다. 천하의 구글 지도를 손바닥 위에 펼쳐보아도, 베네치아의 골목길은 직선과 건널목에 익숙한 우리를 길 더듬이로 만든다. 높이 솟아 있는 건물을 이정표로 삼으려 해도 골목길의 벽이 낯선 여행자들의 시야를 차단하기 일쑤다.

베네치아에서 길의 방향을 잃으면 당황하지 말고, 일단 다른 사람들의 뒤를 따라 걸어가 볼 것을 추천한다. 이동하는 무리의 꽁무니에 붙어서 무작정 따라가 보는 것이다. 그러면 그 앞서 가던 사람들은 미로와 같던 골목길을 통해 당신을 작은 광장으로 인도할 것이다. 앞서 가는 사람을 따라서 걷는 것! 이것이 베네치아에서 길을 찾는 비결이다. 다만 앞서 걸어가는 사람의 옷차림을 잘 살펴서 원주민인지, 관광객인지를 구별할 수 있어야 한다. 그렇다면 앞서 걸어가는 사람이 원주민인지 아니면 관광객인지를 구별하는 방식은? 그 사람에게 미소를 날려보라. 웃으면 관광객이고, 인상을 쓰거나 무표정이면 십중팔구 원주민이다.

　　　　　　　　　　　　　　삶이 축제가 된다면

베네치아가 최고의 전성기를 구가하던 16세기에, 이 도시의 인구는 유럽의 최고 수준에 도달했다. 르네상스를 꽃피웠던 이탈리아 내륙의 도시 피렌체의 인구가 8만에서 10만 사이였는데, 베네치아에는 무려 15만 명에서 17만 명 정도가 거주했다. 여기에 관광객들의 숫자까지 더하면, 베네치아는 그야말로 통제 불능의 인구 과밀지역이었던 것이다. 가장 큰 문제는 주택난이었다. 그 많은 사람들이 좁은 베네치아 본섬에 옹기종기 모여 살아야 했으니, 집은 좁아지고 길은 굽어졌으며, 이웃집 벽과 벽이 붙어 지금의 오밀조밀한 풍경이 만들어졌다. 산아제한 정책이 없고 피임을 종교적으로 거부하던 가톨릭 국가다 보니, 늘어나는 가족을 위해 최대한의 주거시설을 마련해야만 했다. 개인의 사적 공간을 최대한 확보하기 위해 광장이나 공원과 같은 공적인 공간을 축소시켰을 법도 한데, 다행스럽게도 베네치아에서는 그렇지 않았다. 지금도 베네치아 곳곳에는 한 박자 쉬어 갈 수 있는 공원과 여유가 있는 광장이 남아 있음을 볼 수 있다. 층층이 쌓아 올린 아파트 공화국에서 살아가야 하는 우리들에게는 좁은 공간에서 살아가면서도 공공의 여백을 남겨둘 줄 알았던 베네치아인들의 지혜가 부럽기만 하다.

이런 베네치아의 북쪽에 아주 특별한 집단 주거시설이 들어서게 되었다. 베네치아 당국은 1516년 3월 29일을 기점으로 영토 내에 거주하고 있던 모든 유대인들을 북쪽의 카나레조Cannaregio 구 안에 있는 한 작은 섬으로 몰아넣었다. 당시 베네치아에 거주하던 유대인은 900명 정도였다. 중고 옷 거래와 같은 허드렛일이나 멸시받는 고리대금업에 종사하던 유대인들은 이미 베네치아에서 극심한 차별을 받고 있었다. 그런데 그들에게 거주 제한을 가하고 출입을 통제하는 게토Ghetto까지 만든 것이다.

유대인 집단 거주 지역을 '게토'라고 하는데, 베네치아에서 제일 먼저

사용된 용어다. 베네치아의 게토는 악명 높은 반유대주의Anti-Semitism의
구동 장치로 발전하면서 전 유럽의 도시로 확산되기에 이른다. '게토'란
명칭이 처음 만들어진 이유에 대한 여러 가지 학설이 있다. 베네치아의
'철공소' 혹은 '철공소로 가는 길'을 게토라 불렀는데, 이 지역을 유대인
의 강제 집단 거주지로 정하면서 게토가 되었다는 설이 가장 유력하다.
어떤 학자는 '(오물 등을) 버리다'라는 뜻의 이탈리아어 '제타레gettare'에서
유래했다고 주장하는데, 그 지역이 베네치아의 쓰레기나 오물을 버리는
곳이었기 때문이다.

　세계 최초의 게토는 베네치아 북쪽의 카나레조 구역 안에 있는 작은
섬이었다. 산타 루치아 역에서 게토까지 약 600미터, 걸어서 7분 거리
다. 외부와 격리되어 있는 유대인 게토 지역은 2개의 작은 다리로만 연

세계 최초로 등장한 '게토'의 현재 모습.

삶이 축제가 된다면

결되어 있었다. 섬 바깥쪽으로는 창문도 만들 수 없었다. 말만 집단 거주 지역이지 감옥과 크게 다를 바가 없었다. 아침에 해가 뜨고 산 마르코 성당의 아침 종이 울리면 통행이 허락되었지만, 어둠이 내리면 다리 입구가 봉쇄되었고 모든 유대인들의 통행도 엄격히 금지되었다.[39]

야간 통행금지의 유일한 예외는 유대인 의사들이었다. 응급환자가 발생하면 빠른 속도로 곤돌라를 몰 수 있는 뱃사공이 게토로 달려 와 밤중이라도 유대인 의사를 태우고 갔다. 유대인 의사는 환자의 집에 최대 20일까지 치료를 위해 머물 수 있었지만, 외부 출입은 금지되었다. 그러나 나머지 유대인들의 통행은 철저히 통제되었다. 통행금지 시간에 외부로 나간 유대인은 잔혹한 테러를 당하곤 했다. 게토 안에 봉쇄된 유대인들은 자신들의 출입을 감시하는 베네치아 경비병들에게 사례를 지급해야만 하는 굴욕을 당했다. 낮 시간에 외부로의 출입을 허락받아도 반드시 검은색이나 노란색 유대인 복장을 갖추어야

유대인 게토는 작은 섬으로 고립되어 있다. 봉쇄용 다리와 연결된 입구는 고개를 숙여야만 들어갈 수 있다.

했고, 머리에는 노란색으로 된 삼각형 고깔모자를 쓰고 가슴에는 배지를 달아야만 했다.

16세기 초반에 약 900명 정도에서 출발한 베네치아 게토의 유대인 인구는 이베리아반도에서 축출된 유대인들이 이곳으로 집단 이주하면서 폭발하듯 늘어났다. 약 한 세기만에 5,000명 정도로 인구가 불어났다. 기하급수적으로 늘어나던 유대인 인구를 수용하기 위해 최대 4층으로 되어 있던 베네치아 건물이 9층으로 개조되었다. 물론 기존의 1개 층을 2개 층으로 쪼개는 방식이었다. 지금도 층고가 보통 주택의 반 정도밖에 되지 않는 유대인 아파트가 남아 있다.

베네치아 게토에는 출신 지역을 기준으로 5개의 유대교 회당(시너고그 Synagogue)이 있었는데, 독일계Ashkenazim, Scuola Grande Tedesca, 이탈리아계Scuola Italiana, 이베리아계Sephardim, Scuola Spagnola, 동방 비잔틴계Scuola Levantina, 마지막으로 파노Fano 가문을 포함한 4개의 유력한 유대인 가문이 독립적으로 설립한 시너고그Scuola Canton가 따로 사용되었다. 현재 베네치아에는 약 450명의 유대인들이 거주하고 있지만, 극소수만이 게토 지역에 실제로 거주하고 있으며 2개의 시너고그만이 운영되고 있다. 베네치아의 유대인 게토가 공식적으로 폐지된 것은 1797년, 나폴레옹의 침공 때다. 지금은 행정 구역 상으로 게토가 존재하지 않는다. 세계 최초로 인종차별적인 게토를 운영했던 과거의 잘못을 반성한다는 의미에서 그 지역을 콘트라다 델루니오네Contrada dell'unione라 부르고 있다. '화합의 구역'이란 뜻이다.

영국의 대문호 윌리엄 셰익스피어는 베네치아를 배경으로 하는 2개의 작품을 썼다. 《베니스의 상인》과 《오셀로》다. 셰익스피어는 베네치아

삶이 축제가 된다면

의 인근 지역에서도 작품의 소재를 자주 골랐다. 《말괄량이 길들이기^{The} Taming of the Shrew》는 베네치아의 인근 도시인 파도바를 배경으로 하고 있고, 《로미오와 줄리엣》과 《베로나의 두 신사》는 베로나가 배경이다. 그러니까 셰익스피어는 베네토 지역(베네치아와 인근 내륙을 포함한 지역)을 배경으로 무려 5개의 작품을 쓴 것이다.

셰익스피어 당시의 영국 문단에서는 출판 저작권이 법으로 보호되지 않고 있었다. 그래서 다른 작가가 쓴 작품의 플롯을 재활용해도 문제가 되지 않았다. 셰익스피어의 비극 《로미오와 줄리엣》은 아서 브룩^{Arthur Brooke}(1563년 사망)이 1562년에 출간했던 《로메우스와 줄리엣의 비극적인 역사》를 개작한 것인데, 원작의 무대는 베네치아다. 베로나의 거리를 피로 물들였던 캐풀렛^{Capulet}가와 몬터규^{Montague}가의 대립은, 아서 브룩이 쓴 원작에서는 베네치아의 엘레나^{Elena}와 제라르도^{Gerardo} 가문 사이의 충돌로 묘사되어 있다. 만약 그렇다면 셰익스피어가 베네치아를 배경으로 쓴 작품은 3편으로 늘어난다.

한 번도 베네치아를 방문한 적이 없었던 셰익스피어가 이렇게 자주 베네치아를 작품의 무대로 등장시켰다는 것은 엘리자베스 여왕 시절에 이미 베네치아가 국제적인 도시였음을 반증해주고 있다. 베네치아의 활발했던 무역 산업은 북유럽과의 교류를 촉진했고, 런던에서 활동하던 셰익스피어도 국제도시였던 베네치아의 이야기가 낯설지 않았던 것이다. 어떤 학자들은 셰익스피어가 20대 때 이탈리아와 베네치아를 방문했을지도 모른다는 가설을 제시하고 있지만, 가설은 가설일 뿐이다.

1596년에 처음 발표된 《베니스의 상인》은 베네치아의 유대인 게토 구역에서 실제로 발생했던 1567년의 사건과 연관이 있는 것으로 보인다. 셰익스피어의 플롯과 거의 흡사한 법정 다툼이 벌어졌는데, 《베니스의 상인》은 이 실제 사건을 극화한 것으로 추정되고 있다. 베네치아에서는 이른바 '고귀한' 유대인들의 존재가 법적으로 인정되고 있었다. 의사나 약사와 같은 전문 직종에 종사하는 유대인들과 베네치아 경제에 중요한 영향을 미쳤던 고리대금업자들이었다. 이들은 자신의 권리를 주장하기 위해 자주 베네치아 법정에 호소했는데,《베니스의 상인》도 이런 역사적 사례가 극화된 것으로 보인다. 셰익스피어가 남긴 총 37편의 작품(희극 17편, 비극 10편, 역사극 10편) 중에서 《베니스의 상인》은 희극으로 분류되고 있지만, 요즈음은 유대인 주인공 샤일록의 촌철살인의 명대사를 통해 인권의 소중함과 인종차별의 부당성을 알린 불후의 명작으로 기억되고 있다.

개략적인 줄거리는 이렇다. 주인공 안토니오는 베네치아의 거상巨商으로 바사니오와 친한 친구 사이다.《베니스의 상인》에는 제목처럼 '상인'들이 많이 등장하는데, 그들은 모두 어떤 여성을 열렬히 사랑하는 공통점을 가지고 있다. 베네치아 남성들은 대부분 카사노바의 기질을 타고났으니, 셰익스피어는 카사노바가 태어나기 훨씬 전에 '베니스의 상인'들이 카사노바였음을 보여준다. 안토니오의 친구였던 바사니오는 벨몬트에 사는 포셔를 열렬히 사랑해 우여곡절 끝에 그녀와 결혼하게 되고, 또 다른 친구인 그라시아노는 포셔의 하녀였던 네리사에게 빠져 그녀와 결혼하고, 또 다른 친구인 로렌초는 유대인 고리대금업자인 샤일록의 딸 제시카를 열렬히 사랑해서 그녀의 남편이 되었다. '베니스의 상인들'은 장사는 안하고 모두 연애에만 몰두하는 모양이다. 어쨌든 사랑의 도시 베네치아에서 3쌍의 남녀가 모두 행복한 결혼식을 올리게 되었다.

그러나 이들의 사랑은 베네치아의 미로처럼 복잡하게 얽혀 있었다. 포셔는 귀족 여성이었고, 네리사는 포셔의 하녀였다. 그러니 베네치아의

베네치아 골목길에서 어린이들에게 조롱당하는 유대인 샤일록.

두 총각들은 각각 여주인과 하녀를 사랑하게 된 것이다. 로렌초가 사랑했던 제시카는 좀 더 복잡한 관계를 가진 커플의 이야기다. 제시카는 유대인 고리대금업자 샤일록의 딸이었다. 그러니까 로렌초는 유대인 여성과 결혼하게 된 것인데 이는 매우 이례적인 일이다. 그리스도교와 유대인이 결혼으로 한 가정을 이룬다는 것은 베네치아에서 상상할 수 없는 일이었기 때문이다.

유대인 고리대금업자 샤일록이 부채를 갚지 못한 바사니오 때문에 보증을 섰던 친구 안토니오의 살점을 도려내겠다고 고집을 부리다가 패가망신하고, 결국 주인공 '베니스의 상인들'은 원하던 대로 행복하게 되었다는 것이 개략적인 줄거리다. 플롯의 출발점은 사랑에 빠진 바사니오가 그 사랑을 쟁취하기 위해, 무리한 부채를 졌다는 것이다. 미모와 재산을 모두 가진 포셔에게 구혼하기 위해 급전이 필요했던 바사니오가 스스로 반유대주의자임을 자처했던 친구 안토니오를 찾아가는 이야기로 극이 시작된다.

안토니오는 바사니오와의 우정을 지키기 위해 유대인 고리대금업자인 샤일록에게서 3,000두카트를 빌리고, 이에 대한 채무 보증까지 서준다. 안토니오는 베네치아에서 유행하던 반유대주의의 선봉을 섰던 인물이다. 샤일록과 같은 유대인 고리대금업자들이 지나치게 높은 이자를 부과한다고 비판을 퍼붓던 안토니오가 친구 때문에 유대인의 돈을 빌리고 또 보증까지 선 것이다. 샤일록은 안토니오에게 복수하기로 결심하고 계략을 꾸민다. 이자를 받지 않는 대신, 정해진 날까지 채무를 변제하지 못하면 그 값에 해당하는 안토니오의 살점 1파운드를 도려내겠다는 조항을 채무조건으로 요구한 것이다. 안토니오는 그 조건을 받아들인다.

바사니오는 샤일록이 빌려준 돈을 가지고 수다쟁이 친구 그라시아노와 함께 포셔가 있는 벨몬트로 떠난다. 사랑을 얻기 위해 친구의 목숨을 걸었던 바사니오도 참 딱한 사람이란 생각이 든다. 어쨌든 바사니오는 포셔의 마음을 얻어 구애에 성공하고, 결혼까지 골인한다. 그러나 슬픈 소식이 베네치아에서 전해졌다. 안토니오의 무역선들이 바다에서 실종되어, 채무 변제일이 되었지만 샤일록에게 빌렸던 3,000두카트를 갚을 수 없게 되었다는 것이다. 바사니오는 포셔의 재산으로 친구 안토니오를 구하기 위해, 즉각 베네치아로 돌아간다.

그런데 샤일록에게도 골치 아픈 일이 벌어졌다. 자기 딸 제시카가 베네치아의 이교도인 로렌초와 정분이 나서 그리스도교로 개종하고 유산을 가져갔을 뿐 아니라, 아내가 딸에게 선물로 준 아름다운 터키석 반지까지 모두 가져가 버린 것이다. 딸의 배신에 분노하던 샤일록은 채무변제를 하지 못한 안토니오를 법정에 고소하면서, 계약에 따라 살점 1파운드를 도려내겠다고 주장한다. 안토니오를 죽이겠다는 심산이다. 한편 베네치아로 급히 돌아온 바사니오는 자기 때문에 죽게 될지도 모르는 친구 안토니오를 위해 원래 빌린 돈의 2배인 6,000두카트를 지불하겠다고 제안했다. 그러나 샤일록은 이를 거부하고, 원래 계약조건을 지키라고 요구한다. 안토니오를 기어코 죽여버리겠다는 뜻이었다. 샤일록이 자신의 행동을 정당화하는 내면의 과정을 보여주는 아래 대사는 인간의 본성을 통찰했던 셰익스피어의 놀라운 문장력을 보여준다. 샤일록은 자신을 유대인이라고 차별하는 '베니스의 상인들'을 향해서 이렇게 소리친다.

그래, 난 유대인이요. 유대인은 눈이 없는 것 같소? 유대인은 손이 없소? 몸도 없고 지각도 없고, 감각도 없고, 감정도 없고, 열정도 없는 것 같소? 당신들과 같은 종류의 음식을 먹고, 같은 칼에 찔리면 당신들처럼 상처를 입고, 당신들과 같은 질병에 시달리고, 당신들과 같은 방식으로 치료되고, 당신들 크리스천들처럼 겨울과 여름에 똑같은 추위와 더위를 느끼지 않는 것 같소? 당신들이 칼로 찌르면, 우리 몸에서는 피가 흐르지 않소? 당신들이 간지럼을 태우면, 우리는 웃지 않고 참을 수 있을 것 같소? 당신들이 우리에게 독약을 먹이면, 우리는 죽지 않을 것 같소? 그렇다면 당신들이 우리에게 해를 끼치면, 우리도 당신들에게 복수해야 하는 것이 정상 아니오?**40**

기가 막히는 촌철살인의 논리가 펼쳐지고 있다. 세상의 그 어떤 인권

선언보다 더 박진감이 넘치는 문장이다. 그런데 여기서 반전이 시작된다. 샤일록에게 1파운드의 살점을 잃게 된 안토니오를 구하기 위해 포셔와 하녀 네리사가 남장男裝을 하고 법학박사로 베네치아 법정에 나타난것이다. 포셔의 남편 바사니오와 네리사의 남편 그라시아노는 감쪽같이변장을 하고 나타난 자기 아내를 알아보지 못한다. 법학박사로 변장한포셔는 먼저 샤일록에게 자비를 베풀 것을 호소하지만(4막 1장 185행), 복수의 일념에 사로잡힌 샤일록은 끝까지 안토니오의 살점 1파운드를 도려내겠다고 주장한다. 그러자 포셔는 살점을 도려내되 만약 피 한 방울만 흘러도 당신은 처형을 당할 것이고, 모든 재산을 베네치아 정부가 압수하게 될 것이라고 말한다. 해당 법조문까지 제시했다. 베네치아 시민을 의도적으로 죽이려고 한 외국인은 모두 사형으로 다스리고, 그의 재산을 정부가 압수한다는 법조문이 있었던 것이다. 결국 샤일록은 모든재산을 딸 제시카와 사위 로렌초에게 양도하고, 그리스도교로 개종하는조건을 받아들임으로써 가까스로 죽음을 모면하게 된다.

한편 법학박사의 뛰어난 변론 덕분에 친구 안토니오의 목숨을 구하게된 바사니오는 그 법학박사가 자기 아내인지도 모르고, 은혜에 보답하기 위해 무엇을 원하든지 그것을 주겠다고 약속한다. 그러자 아내 포셔는 남편의 사랑을 시험해보기 위해 안토니오의 장갑과 얼마 전에 결혼한아내가 결혼선물로 준 반지를 달라고 요구한다. 바사니오는 친구 안토니오의 장갑을 선뜻 내주었지만, 결혼할 때 절대로 남에게 주지 않겠다고약속했던 결혼반지를 법학박사에게 주는 것을 망설인다. 결국 오랜 고민끝에 결혼반지를 선물로 내어주지만, 남편의 진심을 알게 된 포셔는 결혼반지를 다시 자기 남편에게 돌려준다. 실종되었던 안토니오의 무역선3척이 무사히 베네치아 항구로 입항했다는 사실이 전해지면서 《베니스의 상인》은 해피엔딩으로 끝이 난다. 이것이 전체 줄거리다.

그러나 유대인들에게 셰익스피어의 《베니스의 상인》은 해피엔딩이 아니었다. 종교적 복수심 때문에 살아 있는 사람의 살점을 도려내려 했던 '인간 백정' 같은 샤일록의 이미지는 곧 반유대주의와 연결되기 때문이다. 셰익스피어는 유대인 고리대금업자인 샤일록을 돈에 눈 먼 짐승처럼 묘사했다. 안토니오의 친구 솔라니오는, 자기 딸 제시카가 사랑에 눈이 멀어 베네치아의 이교도(그리스도교도)와 결혼하자 미친 사람처럼 게토의 좁은 거리를 돌아다니는 샤일록의 모습을 이렇게 표현한다.

> 그 유대인 개가 거리를 돌아다니면서 소리를 질렀다네.
> 내 딸! 내 돈! 오, 내 딸!
> 이교도와 도망을 치다니! 오, 이제는 이교도의 돈이 된, 내 돈!
> 정의! 법! 내 돈! 그리고 내 딸!41

유대인은 '개'로 불렸고, 샤일록은 딸보다 돈을 더 소중하게 여기던 수전노로 표현되었다. 즉 셰익스피어의 이 문장은 당시 영국인들이 유대인을 개돼지로 취급했으며, 돈만 밝히는 수전노로 보았다는 것을 반증하고 있다.

유대인들이 한 나라에서 집단적으로 추방된 사례는 영국이 처음이었다. '유대인 집단 추방' 하면 스페인에서 1492년에 일어났던 사건(알함브라 척령)을 먼저 떠올리게 된다. 그러나 스페인보다 영국이 더 먼저 유대인들을 자기 땅에서 모두 몰아냈다. 영국의 왕 에드워드 1세(1272~1307년 재위)가 유대인을 영국에서 추방시키는 결정을 내린 것이 1290년의 일이다. 셰익스피어 시대의 영국 땅에서는 유대인을 찾아볼 수 없었다. 1656년,

올리버 크롬웰Oliver Cromwell이 완화된 칙령을 발표할 때까지 유대인들은 영국으로 돌아오지 못했다.

셰익스피어의 희극《베니스의 상인》을 제일 좋아했던 사람은 아마 아돌프 히틀러였을 것이다. 나치의 유대인 박해가 집단적으로 시작된 1938년 '수정의 밤Kristallnacht' 사건 이후부터 《베니스의 상인》은 독일에서 라디오극으로 만들어져 수시로 방송되었고, 국가가 주도하는 연극제의 단골 레퍼토리가 되었다. 사실 셰익스피어의 다른 작품에 비해 《베니스의 상인》은 공연되는 횟수가 적은 편이다. 작품의 플롯에 뿌리박혀 있는 노골적인 반유대주의적 색채 때문이다.

현재 450여 명의 유대인들이 베네치아에 상주하고 있지만, 소수만이 게토 지역에 거주하고 있다. 세계 최초로 '게토'란 인종차별적인 단어를 탄생시킨 유대인 집단 구역은 이제 관광지가 되었고, 역사의 뒷이야기를 품고 있는 고립된 섬으로 쓸쓸히 남아 있다. 그렇다면 한 가지 질문이 남는다. 영국(1290년), 독일(1348년), 스페인(1492년)은 유대인들을 모두 자국에서 추방했는데, 왜 베네치아는 그들을 내쫓지 않고 게토에 모여 살게 했을까? 왜 하필 1516년 3월 29일에, 유대인들을 이 감옥 같은 '게토'로 몰아넣었을까?

그것은 바로 그때, 베네치아가 밀라노와의 전투를 앞두고 있었기 때문이다. 교황청의 주도로 온 유럽이 단합해 베네치아 타도를 외치던 캉브레 동맹 전쟁(1509~1517년)의 분기점이 될 국가적 위기 앞에서, 베네치아인들은 유대인들을 하느님께 드리는 희생 제물로 바친 것이다. 근대 이전의 유럽인들에게는 '개 같은 유대인The dog Jew'을 나라에서 쫓아내면 하느님의 축복을 받게 된다는 믿음이 있었다. 1497년, 포르투갈이 인도로 가는 무역로를 개척하고 향신료 거래로 막대한 수익을 올리게 된 것도 그들이 유대인들을 축출한 덕분이라는 소문이 퍼져 나갔다. 1492년, 신대륙을 발견한 스페인이 승승장구하는 것도 그들이 유대인을 축출한 덕분이란 것이다. 콜럼버스가 신대륙을 발견한 바로 그해에 유대인들은 스페인에서 쫓겨났다. 그래서 절체절명의 위기에 빠진 베네치아인들은 유대인들을 하느님께 희생 제물로 바치기로 한 것이다.[42]

그러나 베네치아인들은 실용적인 사람들이었다. 그들의 신앙은 유대인 축출을 원했지만, 그들은 경제적인 조건을 먼저 생각할 만큼 현실적이었다. 유대인들을 완전히 내쫓는 것은 어리석은 일이었다. 전염병의 창궐이 잦았던 베네치아에 유대인 의사와 약사는 필요불가결한 존재였다. 무엇보다 해외 무역으로 부를 축적해오던 베네치아인들에게는 초기 투자금을 빌려주는 유대인 고리대금업자들이 꼭 필요했던 것이다. 안토니오에게 샤일록은 없어서는 안 될 존재였다.

14장

다니엘리 호텔

제4차 십자군의 지도자
도제 엔리코 단돌로

베네치아 최고의 호텔은 아셴바흐가 머물렀던 리도의 엑셀시어 호텔, 영화배우 조지 클루니George Clooney가 허니문을 보냈던 주데카섬의 치프리아니Cipriani 호텔, 영화 〈더 투어리스트〉에서 주 무대로 사용되어 앤젤리나 졸리Angelina Jolie와 조니 뎁Johnny Depp이 투숙하면서 세계적으로 유명세를 탄 다니엘리 호텔 등이다. 엑셀시어와 치프리아니는 베네치아 본섬과 떨어져 있어 접근성이 좋지 않다. 세 번째 소개한 다니엘리 호텔은 두칼레 궁전에서 불과 140여 미터 정도 떨어져 있다. 도보로 2분이면 충분한 거리다.

　다니엘리 호텔이 최고의 명성을 자랑하게 된 것은 베네치아 최고의 명문가 저택을 개조한 호텔이기 때문이다. 이 호텔은 원래 베네치아 역사의 변곡점이 된 제4차 십자군 전쟁의 주역이었던 엔리코 단돌로의 저택이었다. '럭셔리'는 값비싼 가구를 배치한다고 만들어지는 것이 아니다. 사람들은 역사와 전통에 매혹을 느낀다. 가격 면에서는 그리티Gritti 호텔이 훨씬 비싸고 호화롭지만, 사람들은 다니엘리 호텔을 더 선호한다. 바다를 바라보고 있는 두칼레 궁전과 같은 면에 위치해 있고, 수평선 너머 산 조르조 마조레 성당이 한 폭의 그림처럼 떠 있기 때문이기도 하다. 특

　　　　　　　　　　　　　　삶이 축제가 된다면

다니엘리 호텔.

별히 옥상 베란다에 설치되어 있는 식당의 전망은 베네치아에서 최고를
자랑한다.

　이 호텔의 원래 건물은 14세기에 건축되었다. 르네상스의 파도가 아직
베네치아의 해안에 상륙하기 전이었으니, 비잔틴 양식으로 지어졌다. 세
월이 흘러 팔라초 단돌로도 16세기의 르네상스를 맞이해야 했다. 단돌로
가문의 일원이 많아지면서 단일 건물을 3개의 작은 부분으로 분할했다.
르네상스 스타일로 내부를 개조하는 공사도 동시에 진행되었다. 17세기
에는 모체니고Mocenigo 가문과 베르나르도Bernardo 가문에게 소유권이 이전
되었다가, 1822년부터 주세페 달 니엘Giuseppe Dal Niel이 1층을 임대해 럭
셔리 호텔로 전환했다. 2년 후 전체 건물을 매입하고 자신의 애칭이었던

'다니엘리'란 이름으로 호텔 영업을 시작했다. 앞서 소개한 존 러스킨이 《베네치아의 돌》을 집필할 때 이 호텔에 묵은 것으로 유명하고, 그 외에도 괴테, 바그너, 찰스 디킨스, 바이런 등도 이 호텔을 이용했다.

이 저택의 원래 주인이었던 단돌로 가문은 11세기부터 베네치아의 상거래를 주도해 부호가 되었고, 무려 4명의 도제를 배출해 베네치아 최고 명문가로 부상했다.[43] 엔리코 단돌로는 베네치아의 제41대 도제로, 1192년부터 제4차 십자군 원정을 주도한 지도자였다. 대대로 장수하는 집안에서 태어난 엔리코 단돌로는 늦은 나이에 베네치아의 공직에 입문했다.

그러다 동 지중해 해상 무역을 장악하고 있던 비잔틴제국의 수도 콘스탄티노플에서, 황제가 피사인들과 제노바인들에게만 특별 거주 자격을 부여하자 베네치아인들이 이에 항의하며 소요를 일으켰다. 동로마제국의 수도에서 분란이 일어나자 비잔틴 황제 마누엘 콤네노스Manuel Comnenus(1118~1180년)는 수천 명의 베네치아인들을 강제 구금했고, 이에 격분한 베네치아는 함선을 보내 콘스탄티노플을 도발하기에 이른다. 엔리코 단돌로는 이 원정대의 일원이었다. 그러나 1172년, 베네치아 함선 안에서 전염병이 창궐하면서 원정은 실패로 끝났고, 패전에 충격을 받은 베네치아인들은 폭동을 일으키고 도제 비탈레Vitale II Michiel(1156~1172년 재위)를 사형에 처해버렸다. 이 원정에 참전했던 엔리코 단돌로는 전쟁에서 패배한 도제가 겪게 되는 비참한 말로를 눈앞에서 목격했다. 단돌로는 여러 차례 해상 원정에 참여해 실전 경험을 쌓았고, 미래를 내다보는 통찰력을 가진 지도자로 성장해갔다.

그야말로 산전수전을 다 겪었던 단돌로는 1192년에 베네치아의 제41대 도제로 선출되었다. 태어난 연도가 확실하지 않기 때문에 정확한 나이를 알 수 없지만, 단돌로가 도제로 임명되었을 때 이미 85세를 넘긴 것

삶이 축제가 된다면

으로 추정된다. 시력도 거의 상실해서 장님과 다를 바가 없었다. 도제로 임명되기 30년 전, 비잔틴에 인질로 잡혀 있던 단돌로는 황제에게 고문을 당했다. 유리로 눈을 찌르는 고문을 당해 거의 실명 상태가 된 것이다. 그러나 그는 도제로 취임하자마자 강력한 정책을 펼치기 시작했다. 우선 베네치아에 거주하는 모든 외국인을 추방시키는 조치를 취했다. 너무 많은 외국인들이 베네치아에 거주하면서 본토인의 불만이 점증했기 때문이다. 활발한 외교전을 펼쳐 콘스탄티노플의 베네치아 상인들의 거주 구역을 다시 할당받았고, 수감되어 있던 베네치아인들을 모두 석방시키기도 했다.

1193년, 단돌로는 아드리아해의 경쟁자였던 달마티아 해안의 도시국가 자라Zara를 점령하는 공을 세웠다. 베네치아의 화폐 개혁도 단행했다. 비잔틴 화폐의 가치에 따라 등락을 거듭하는 베네치아 화폐의 만성적인 열세를 만회하기 위해 내려진 조치였다. 특별히 1193년에 순은으로 대량 제작한 새로운 동전Grosso은 동 지중해 교역의 단위 화폐로 사용될 정도였다. 그의 화폐 개혁은 성공을 거두었다. 단돌로는 고대 로마의 전통에 따라, 새로 만든 동전에 자신의 전신 초상화를 새겨 넣도록 했다.

828년은 베네치아 역사의 첫 번째 분기점이었다. 2명의 베네치아 상인들이 이집트의 교역 도시 알렉산드리아에서 성 마르코의 유해를 옮겨옴으로써, 국가의 영혼에 정체성을 부여했기 때문이다. 만약 역사의 두 번째 분기점을 들라면, 단연코 1202년의 제4차 십자군 원정일 것이다. 도제 단돌로가 주도했던 제4차 십자군 원정은 베네치아의 미래와 운명을 건 건곤일척乾坤一擲의 일대 사변이었다.

1201년 봄, 말을 탄 6명의 프랑스 대사들이 베네치아에 도착했다. 유럽에서 결성된 제4차 십자군 원정대의 해상 운송, 전쟁 물자 준비, 병력 지원을 협의하기 위해 도제 단돌로를 은밀히 찾아온 것이다. 제4차 십자 군은 예루살렘으로 진군하기 위해 육로가 아닌 해로를 선택했다. 십자군 기사와 군사 들의 해상 이동을 위해서는 엄청난 숫자의 함선이 동원되어 야 했고, 세계 최대 규모의 아르세날레(조선소)를 가진 베네치아의 지원 이 필요했다. 그렇다면 베네치아는 어떤 조건으로 십자군의 함선을 조달 해주어야 하는가? 두칼레 궁전에서 프랑스 대사들과 협상이 진행될 때, 단돌로는 자신이 내리는 판단과 결정이 베네치아의 운명을 결정지을 것 이라는 예감이 들었다.

만약 십자군 원정 지원을 거부한다면 북유럽 국가들과의 교역이 중단 될 것이다. 교황청으로부터도 그리스도교의 신앙을 배신했다며 엄청난 공격을 당하게 될 것이다. 그렇다고 무작정 지원을 약속하면 자칫 모든 결과의 책임을 본인이 뒤집어쓰게 될지도 모를 일이었다. 전쟁에서 패한 도제가 베네치아인들의 손에 참혹한 죽임을 당하는 모습을 지켜보았던 도제 단돌로는 심사숙고를 거듭했다. 만약 십자군 원정이 승리로 끝난다 면, 베네치아는 틀림없이 지중해의 왕자로 등극할 것이다. 경제적 이익 도 만만치 않을 것이다. 결국 마지막 결단을 내린 도제 단돌로는 제4차 십자군 원정을 지원하기 위해 4,500마리의 말과 9,000명의 기사를 싣고 갈 갤리선을 제작해주고, 또 2만 명의 보병과 4,500명의 기사를 따로 싣 고 갈 범선도 제작해주는 조건으로, 총 9만 4,000마르크를 받기로 했다. 여기에 십자군 원정대원들이 1년간 먹을 수 있는 전투 식량을 조달해주 는 조건도 더해졌다.[44]

거의 실명 상태로 협상을 마친 도제는 베네치아 시민들 앞에서 긴급 성명을 발표했다. 당시 프랑스의 1년 예산과 맞먹는 엄청난 거래가 성사되었으며, 선박 제작과 원정 지원을 위해 모든 베네치아 시민들의 일상적인 경제 활동을 중단시킨다는 선언이었다. 해외에 나가 있던 모든 선박들도 급히 베네치아로 돌아오라는 명령이 떨어졌다. 십자군 원정을 통해 얻어지는 전리품을 프랑스와 베네치아가 양분해서 나누어 갖기로 했다는 희망적인 소식도 전했다. 도제 단돌로가 십자군을 돕기 위해 자비로 갤리선 50척을 기부하겠다고 밝히자, 6명의 프랑스 사절단은 모두 무릎을 꿇고 눈물의 감사를 드렸다고 한다.[45]

하지만 단돌로는 그 기증 계약서의 기부 조건에 "그것이 우리를 어디로 인도하든"이라는 아리송한 문구를 적어놓았다. 이 한 구절이 장차 어떤 결과를 초래할지 몰랐던 프랑스 대사들은 앞을 보지 못하는 노년의 도제 앞에서 하염없이 감동의 눈물을 흘릴 뿐이었다. 그러나 단돌로는 눈물을 흘리지 않고 마음의 평정을 유지했다고 한다. 당시 파리에 보고된 프랑스 첩자의 비밀문서에는 단돌로가 장님처럼 행동했지만 사실은 모든 것을 보고 있을지도 모른다는 기록이 남아 있다. "그의 눈동자가 투명했다." 이것이 그 첩자의 보고였다.

13개월 안에 모든 계약 조건을 완수하라는 도제 단돌로의 긴급 명령에 따라 베네치아인들은 밤낮을 가리지 않고 일했다. 장차 단테가 국빈 방문하게 될 아르세날레가 십자군을 위한 대형 선박 건조의 중심지였다. 그러나 워낙 많은 갤리선과 범선을 건조해야 했기 때문에, 베네치아 전역의 개인 작업장이 징발되었다. 베네치아인들은 도제 단돌로를 중심으로 똘똘 뭉쳐 불가능해 보이던 과업을 모두 완수하고, 십자군의 도착을 기다리고 있었다. 총 3만 3,000명의 십자군을 수송할 수백 척의 갤리선과 범선이 완성되었는데, 정작 베네치아에 도착(1201년 8월)한 십자군의 총 숫자는 1만 2,000명에 불과했다. 제4차 십자군 원정은 처음 단계에

서부터 실패로 돌아갈 확률이 커졌다. 총 9만 4,000마르크를 받기로 했지만, 선금으로 받은 5만 1,000마르크 외에는 잔금을 회수할 방법도 없었다. 만약 선금만 받고 십자군 원정을 포기한다면 교황청과 유럽 국가들로부터 엄청난 비난을 받게 될 것이다. 결국 도제 단돌로는 잔금 4만 3,000마르크는 베네치아 정부가 일단 차용해주겠다고 선언했다. 십자군 대표와 비밀협정을 맺어 최종적인 변제는 원정의 전리품을 베네치아가 모두 갖는 것으로 상쇄했다. 이제 제4차 십자군 원정은 베네치아의 운명과 직결된다. 승리를 거두면 베네치아는 바다의 왕자가 될 것이고, 패배하면 부도국가로 전락하고 말 것이다.

　이런 우여곡절 끝에 제4차 십자군 함대는 아드리아해의 파도를 가르며 남쪽으로 힘찬 항해를 시작했다. 도제 단돌로는 노구를 이끌고 직접 함대를 지휘했다. 뱃머리에 서서 십자군 함대를 지휘하던 도제 단돌로의 모습은 베네치아 역사의 아름다운 기억으로 남게 된다. 90대라는 노령의 도제가 보여주는 존재감도 대단했지만, 그가 내린 결단은 더 놀라웠다. 그는 십자군 함대의 항해 방향을 바꾸었다. 성지 예루살렘으로 가야 할 함대의 뱃머리는 동로마제국의 수도이자 동방 비잔틴 교회의 본산인 콘스탄티노플로 향했다. 역전 노장이었던 도제 단돌로는 전력 열세인 제4차 십자군이 예루살렘에 도착하면 필연코 패배당할 것이라고 판단했다. 그 경우 베네치아는 패배의 책임을 져야 하고, 경제적인 손실도 고스란히 떠안아야 한다. 자신도 죽임을 당할 것이다. 도제 단돌로는 그 냉혹한 현실을 정확하게 꿰뚫어 보았다. 마침 콘스탄티노플의 권력다툼에서 밀려난 비잔틴제국의 왕자 알렉시우스 앙겔루스Alexius Angelus(1182~1204년경)가 찾아와 자신이 다시 권력을 잡을 수 있도록 군사적 지원을 해달라고 간청했다. 왕자는 도제 단돌로에게 베네치아에 대한 막대한 금전 보상을 약속했다. 도제 단돌로는 베네치아의 국익을 위해서 그를 비잔틴제국의 황제로 옹립하기로 하고, 콘스탄티노플 공격을 감행한 것이다.

1203년 6월 24일. 도제 단돌로가 이끌던 십자군 함대는 마침내 보스포루스 해협을 끼고 있는 콘스탄티노플의 해안선 성벽 앞에 도착했다. 그러나 모든 십자군들은 배 위에서 할 말을 잃었다고 한다. 무려 50만 명이 거주하는 거대한 도시 콘스탄티노플이 3중으로 된 난공불락의 성채로 둘러싸여 있었기 때문이다. 한 종군 역사가는 당시의 충격을 이렇게 간단히 기록해놓았다.

그들은 콘스탄티노플을 오래도록 쳐다보았다. 그들은 이 세상에 그처럼 어마어마한 도시가 있다는 사실을 거의 믿을 수 없었다.**46**

이 침묵을 깬 것은 도제 단돌로의 함성이었다. 중무장한 채 뱃머리에 서 있던 도제 단돌로는 성 마르코의 사자 깃발을 두 손에 쥐고 있었다. 베네치아의 영광을 상징하는 깃발이다. 그는 "갤리선 앞으로 나아가 자신을 해안에 내려놓으라고 단호하게 명령했다. 그리고 '그렇게 하지 않으면 선원들을 엄중하게 문책하겠다'고 경고했다."**47** 90대 나이의 노쇠한 도제, 앞을 보지 못하는 장님 도제의 상륙과 함께 전투가 시작되었다. 도제의 용맹에 감동을 받은 십자군은 모두 목숨을 걸었다. 전투는 맹렬한 공격을 퍼붓던 십자군의 일방적인 승리로 끝났고, 도제 단돌로와 비밀계약을 맺었던 알렉시우스 앙겔루스 왕자는 8월 1일에 비잔틴제국의 새 황제로 취임한다. 이스탄불의 명소, 성 소피아 성당(지금은 박물관에서 모스크로 변함)에서였다. 새 황제는 도제 단돌로에게 약속대로 8만 6,000마르크를 지불했다.

그렇다고 전투가 완전히 끝난 것이 아니었다. 알렉시우스 앙겔루스 왕자가 황제 알렉시우스 4세로 취임했지만, 콘스탄티노플의 정치적 혼란은 종식되지 않았다. 1203년 12월, 십자군과 콘스탄티노플 주민들 사이에 폭력사태가 발생하자 도제 단돌로는 그 책임을 황제에 물었지만, 도리어 황제는 베네치아 함선 17척에 불을 지르며 반발했다. 결국 알렉시우스 4세는 반란군에게 체포되어 살해당하고, 이어 3명의 황제들이 등극을 거듭하는 혼란이 계속된다.

추가 보상금 문제로 마찰을 빚던 십자군들은 "여성과 사제의 몸에는 손대지 말라"는 도제 단돌로의 지시와 함께 전리품을 노획하기 시작했다. 이때 산 마르코 대성당의 파사드 상단을 장식하고 있는 4마

제4차 십자군이 콘스탄티노플에서 노획했던 청동상이 산 마르코 종탑을 바라보고 있다. 진품은 산 마르코 대성당 박물관에 소장되어 있다.

리의 청동 말이 노획되었다. 그 외에도 예수가 달린 십자가의 나무 조각, 성모 마리아의 머리카락, 바오로 사도의 정강이 뼈, 성 게오르기우스의 팔(산 조르조 마조레 성당에 안치) 등을 노획해 베네치아로 옮겨 오게 된다. 사색이 된 콘스탄티노플의 시민들은 도제 단돌로에게 찾아가 아예 당신이 비잔틴제국의 황제로 취임하라고 호소했다. 그러나 도제 단돌로는 침묵을 지키며 그 제안을 거절했다고 한다.

삶이 축제가 된다면

1205년 5월, 약 98세의 단
돌로는 콘스탄티노플에서 임
종해 하기아 소피아 성당Hagia
Sophia에 묻혔다. 모스크와 박
물관으로 사용되다가 최근 터
키 정부의 결정에 따라 다시
이슬람 사원으로 용도가 변
해버린 성 소피아 성당 2층에
엔리코 단돌로의 무덤 표지석.
도제 단돌로의 무덤 표지석이
있다. 물론 정확한 영묘의 위치는 아무도 모른다. 원래 있던 도제 단돌로
의 유해는 1453년 콘스탄티노플이 오스만제국에 함락되면서 철거되고
말았다. 무슬림들은 하기아 소피아 성당을 모스크로 전환했는데 이슬람
규정에 따라 내부에 있던 무덤을 모두 없애버린 것이다. 현재 보존되어
있는 표지석은 19세기에 이탈리아 정부의 지원으로 만들어진 것인데, 이
것도 다시 모스크로 바뀌었기 때문에 예상치 못할 운명을 맞게 될 것으
로 보인다.

15장

진실인가, 허구인가?

마르코 폴로의 《동방견문록》

로마 피우미치노Fiumicino 국제공항이 '레오나르도 다빈치' 공항이라는 별칭으로 불리듯이, 베네치아 국제공항도 '마르코 폴로' 공항이라는 별명을 가지고 있다. 《동방견문록》의 저자로 알려진 위대한 탐험가 마르코 폴로의 고향이 베네치아이기 때문이다. 그에 대해 궁금한 사람은 베네치아의 '마르코 폴로의 집Casa Marco Polo'을 방문하기 전에 먼저 가보아야 할 곳이 있다. 산 마르코 국립 도서관 안에 있는 '폴로 전시실'이다. 이곳에는 마르코 폴로의 《동방견문록》 사본과 세계 각국에서 출간된 《동방견문록》 번역본들, 그 책에 나오는 지리학적인 정보에 대한 각국의 연구서와 참고 문헌들이 전시되어 있는데, 그 규모가 어마어마하다. 마르코 폴로가 원래 책 제목대로 그야말로 '세계를 서술'했으니,48 엄청난 숫자의 연구서와 참고 문헌들이 여러 나라의 언어로 출간되었기 때문이다.

그 전시실에서 마르코 폴로에 대한 엄청난 분량의 기존 연구결과를 보고 나면, 마르코 폴로나 《동방견문록》을 공부하는 것이 얼마나 어려운 일인지를 절감하게 된다. 복잡한 《동방견문록》의 판본과 다양한 언어로 출간된 연구 자료들을 한 사람이 다 읽어낸다는 것은 거의 불가능한 일이다. 시중에 나와 있는 마르코 폴로나 《동방견문록》 연구서를 읽어보면

삶이 축제가 된다면

마치 자신의 연구가 절대적이고 최종적인 것처럼 주장하지만, 절대로 그렇지 않다. 겨우 '장님 코끼리 만지기'이거나, 아니면 근거 없는 자신감에 휘둘린 신중하지 못한 연구자의 착각일 경우가 대부분이다.

먼저 몇 가지 수정해야 할 것이 있다. 《동방견문록》이라는 책 제목 자체가 잘못되었는데, 이는 원래 제목인 《세계의 서술Divisament dou Monde》을 터무니없이 번역한 일본 사람들의 탓이다. 또 마르코 폴로의 책은 '동방'에 대한 책도 아니고, '견문록'도 아니다. 정확하게 말하자면 이 책은 중국 원나라(몽골 제국)의 황제 쿠빌라이 칸Khubilai khan이 세계 패권을 장악했던 13세기의 인문·지리서라고 봐야 한다. 《동방견문록》이 진짜 '견문록' 대접을 받으려면, 여행자가 경험한 이런저런 모험 이야기가 펼쳐져야 하는데, 이 책에는 그런 내용이 없다. 대신 중앙아시아, 몽골과 중국, 남중국과 동남아시아, 인도, 아프리카 동해안, 아라비아반도와 아나톨리아(지금의 터키), 러시아에 대한 인문·지리적 기록이 대부분이다.

이탈리아에서는 이 책의 제목을 《밀리오네라고 불린 마르코 폴로의 책Il libro di Marco Polo detto il Milione》이라고 부른다. '수백만'이란 뜻의 밀리오네Milione가 폴로의 별명이 된 이유는 그가 베네치아로 돌아온 후 쿠빌라이 칸이 '수백만'의 재산을 가졌다고 자주 이야기했기 때문이다. 그는 말마다 '수백만', '수백만'을 연발하며 허풍 같은 이야기를 늘어놓았을 것이다. 베네치아 사람들은 그가 과장이 심하다는 뜻으로 '마르코 밀리오네'라고 불렀다. 좀 심하게 번역하자면 '허풍선이 폴로'쯤 된다. 그러나 최근에 마르코 폴로의 아버지도 '밀리오네'로 불렸다는 기록이 발견되어, 새로운 해석이 제시되긴 했다. 마르코 폴로가 폴로 가문의 한 분파인 '에밀리오네Emilione'에 속했기 때문에, 앞의 E를 생략하고 '밀리오네'라고 불렸을 것이라는 가설이다.

또 다른 문제도 있다. 마르코 폴로의 《동방견문록》이라고 제목이 잘못 붙여진 이 책은 사실 마르코 폴로가 쓴 것도 아니다. 마르코 폴로는 1271년 부터 1295년까지의 세계 여행을 마치고 24년 만에 베네치아로 돌아왔지만, 곧바로 제노바와의 해전에 참전하게 되었다. 적에게 체포된 마르코 폴로는 제노바의 감옥에 투옥되었는데, 같은 배에 탔던 선원 루스티켈로 다 피사Rustichello da Pisa과 같은 감방에 갇혀 있게 되었다. 로맨스 작가로 문학에 소질이 있었던 이 감방 동료에게 마르코 폴로가 구술한 내용이 《동방견문록》이다. 하지만 그렇다고 해서 루스티켈로가 이른바 《동방견문록》을 모두 집필했다고 볼 수도 없다. 삼인칭 시점으로 전개되던 책의 내용을 자세히 읽다 보면 60장에서 갑자기 화자가 마르코 폴로의 1인칭 시점으로 바뀌는 것을 볼 수 있다. 지금까지 루스티켈로가 설명해왔는데 갑자기 마르코 폴로가 등장하면서, "이제 내가 여러분에게 말하겠노라"라고 밝히는 부분이다.49 루스티켈로가 받아 쓴 내용에 어떤 부족한 점이 있었던지, 폴로가 나중에 직접 내용을 수정한 것처럼 보인다.

또 분명히 해두어야 할 것은 《동방견문록》의 원본이 존재하지 않는다는 점이다. 무려 150개 이상의 언어로 된 다양한 판본과 번역본이 산 마르코 도서관에 소장되어 있는데, 가장 오래된 판본은 프랑스어로 번역된 것으로, 학자들은 이를 FFrench판본이라 부른다. 1559년에 조반니 바티스타 라무시오Giovanni Battista Ramusio가 출간한 이탈리아어 판본은 RRamusio판본이라 부르고, 그 외에도 스페인 톨레도에서 15세기에 라틴어로 출간된 Z판본 등이 있다. 150여 개의 판본과 번역본이 있지만, 동일한 내용을 가진 판본은 하나도 없다. 다양한 언어로 번역되는 과정에서 내용의 첨삭이 있었을 것으로 추정된다.

특히 도미니코 수도회의 학자들은 《동방견문록》을 라틴어로 번역하면

삶이 축제가 된다면

서, 아시아 선교의 당위성과 호교론적인 내용을 의도적으로 첨가했다. 교황 그레고리우스 10세Gregorius X와 쿠빌라이 칸 사이에 친서가 교환되었고, 교황청에 100명의 학자를 중국(몽골)으로 초청하는 내용이 강조되어 있는 것은 바로 이런 이유 때문일 것이다. 점증하고 있던 이슬람 세력의 위협을 견제하기 위해 십자군 운동을 주창하던 도미니코 수도회는 중국(몽골)과 로마 교황청이 동서에서 이슬람을 협공하는 전략을 모색하고 있었다. 실제로 교황 그레고리우스 10세는 1278년에 몽골군과 협력하는 십자군 운동을 주창하기도 했다.

마지막으로 《동방견문록》은 마르코 폴로 혼자만의 여행 경험을 기록한 것이 아니라, 마르코 폴로의 아버지였던 니콜로 폴로Niccolo Polo와 삼촌 마페오 폴로Maffeo Polo의 여행 기록을 모두 반영하고 있다. 아버지와 삼촌이 이미 1260년부터 동방으로의 여행을 시작해 원나라 황제 쿠빌라이 칸을 알현하고 1269년에 베네치아로 무사히 귀환했다. 마르코 폴로가 아버지와 재회하고 함께 아시아(중국)를 방문한 기간은 1271년부터 1295년까지다. 그러니까 《동방견문록》에는 폴로 가문의 33년 여행 기록이 모두 포함되어 있는 것이다.

경이로운 것은 이 긴 기간의 경험을 마르코 폴로가 엄청난 기억력으로 구술해냈다는 점이다. 틀림없이 메모 노트와 같은 비망록을 가지고 있었을 것으로 추정되고, 대부분의 지역을 설명할 때 공통적인 형식(도시 이름, 거리, 지형, 동식물, 종교)이 적용되는 것을 보아, 제3의 참고 자료가 존재했을 것이다. 이 책의 최초 편집자였던 루스티켈로는 《동방견문록》이 동방과의 경제 교역을 원하는 이탈리아 상인들에게 꼭 필요한 정보를 제공해주기를 원했다. 그래서 각 도시나 지역 간의 이동 거리, 이동을 위한 지리 정보, 지역 주민들의 특징, 해당 지역의 상거래 관습, 교역을 위한 무게와 길이 등의 단위 설명, 경제 활동의 범위 등에 대한 상세한 정보를 담은 것이다.

앞에서 설명한 대로 마르코 폴로의 아버지였던 니콜로 폴로와 그의 동생 마페오 폴로는 원나라의 황제 쿠빌라이 칸을 알현하고 1269년에 고향 베네치아로 돌아왔다. 니콜로 폴로가 사업의 거점이 있던 콘스탄티노플을 떠나 동방으로 향한 이유는 비잔틴제국의 정치적 위협 때문이었다. 비잔틴제국이 지중해 해상 무역을 장악하기 위해 베네치아 상인들을 모두 체포할 것이라는 소문이 돌자 니콜로 폴로는 새로운 사업 기회를 찾아 아시아로 떠났다.

니콜로 폴로는 대도大都(현재의 베이징)에서 쿠빌라이 칸을 알현했고, 로마 교황청에 친서를 전달하라는 특명을 받게 된다. 쿠빌라이 칸은 유럽과 중국의 상호 교류를 위해 100명의 학자를 자국으로 파견해줄 것을 요청하는 친서를 보냈다. 니콜로 폴로가 쿠빌라이 칸의 친서를 들고 동생과 함께 베네치아로 돌아왔을 때, 고아처럼 자라고 있던 15세의 아들 마르코 폴로를 처음 만나게 된다. 폴로 가문의 세 사람은 3년 후인 1271년, 다시 실크로드를 따라 동방으로 향한다.

베네치아를 떠난 그들은 지중해를 가로질러 팔레스타인의 항구 도시인 아크레Acre에 도착했다. 아시아 대륙의 서쪽 끝에 도착한 폴로 가족 일행은 계속해서 낙타를 타고 페르시아에서 중국 쪽으로 동진하게 된다. 그들은 쿠빌라이 칸에게 전달할 교황의 친서를 지참하고 있었는데, 이 중요한 사명을 보좌하기 위해 2명의 도미니코 수도회 소속 신부들이 동행하고 있었다. 폴로 일행은 낙타를 타고 이란 동남쪽을 횡단한 후, 호르무즈 해협을 우회해 사막과 파미르고원을 거쳐 중국 국경을 건넜다. 1274년 여름, 마침내 폴로 일행은 쿠빌라이 칸의 여름 수도인 '부의 도

삶이 축제가 된다면

시' 상도上都에 도착했다. 이로서 3년 6개월의 긴 여정이 끝난 것이다.

폴로 일행은 황제에게 교황의 친서와 예루살렘에서 가져온 성유聖油를 선물로 바쳤다. 쿠빌라이 칸은 4개의 언어를 자유롭게 구사했던 21살의 청년 마르코 폴로에 깊은 인상을 받고 원나라의 관리로 등용했다. 황제는 마르코 폴로를 대사로 임명해 인도와 미얀마로 파견했으며, 총 17년간 중국 원나라의 색목인色目人 관리로 일하게 했다. 폴로의 기록에는 양주揚州에서 '통치'를 했다는 기록까지 남아 있으나 중국 쪽 기록에서는 확인할 수 없는 내용이다.

마르코 폴로의 마지막 임무는 쿠빌라이 칸의 지시를 받고 페르시아에 있는 칸국의 아르군Arghun(1284~1291년 재위)에게 시집가는 몽골 공주 코카친Kokachin을 호송하는 일이었다. 해로를 통해 인도와 미얀마를 여행했

쿠빌라이 칸과 작별하는 폴로. 15세기 세밀화이다.

던 경험이 있던 폴로는 바다의 실크로드를 통해 유럽으로 돌아갔다. 남중국의 자이툰 항구에서 14척의 함대를 구성해 지금의 싱가포르를 거쳐 수마트라와 인도 동남부의 타밀나두 지역을 지나 아라비아해의 호르무즈로 이동하는 경로를 택한 것이다. 임무를 성공적으로 마친 마르코 폴로는 다시 콘스탄티노플을 거쳐 1295년에 고향 베네치아로 돌아왔다. 24년 동안 바다와 육지의 실크로드를 모두 여행했던 마르코 폴로는 총 2만 4,000킬로미터를 여행한 것으로 추정된다. 지구 1바퀴가 4만 킬로미터라고 하니 그야말로 지구를 반 바퀴 도는 기나긴 여정이었다. 폴로 가족이 거지처럼 남루한 옷을 입고 자기 집 문을 두드렸을 때, 하녀가 알아보지 못했다는 전설 같은 이야기가 전해지고 있다.

앞에서 언급한 대로 마르코 폴로가 41살의 나이로 고향으로 돌아왔을 때 베네치아는 제노바와 해상권을 놓고 전쟁 중이었다. 폴로는 다시 무장한 갤리선을 이끌고 아나톨리아 해안에서 해전을 펼치다 제노바 해군에게 체포된다. 감옥에 갇힌 마르코 폴로는 자신의 파란만장했던 경험을 로맨스 작가였던 루스티켈로에게 구술해주었고, 그 기록이 《동방견문록》의 기초가 된 것이다.

이 책을 통해 유럽인들은 아시아 내륙과 중국에 대한 상세한 지리적, 문화적 정보를 얻게 되었으며, 일본Cipango과 고려Cauli에 대한 정보를 처음으로 접하게 되었다. 쿠빌라이 칸이 반란을 일으킨 나얀을 죽이자, 4개의 지역이 함께 중국에 투항했는데 그중의 한 지역이 '카울리Cauli'였다는 언급이 남아 있다.50 《동방견문록》에 등장한 이 '카울리'는 고려를 중국식 발음으로 표기한 것이며, 후에 '코리아'가 되었다.

한편 마르코 폴로는 1299년 8월에 제노바 감옥에서 풀려나 베네치아로 다시 귀환했다. 폴로 가문은 아시아에서 보석에 투자해 큰 부를 얻었다. 1295년에 긴 여정을 마치고 돌아왔을 때 허름한 옷 안에 많은 보석을 숨겨왔다는 이야기가 전해지고 있다. 폴로는 산 조반니 크리소스토모San Giovanni Crisostomo 성당 구역에 큰 저택을 구입했고, 결혼해 딸 3명을 낳았다. 마르코 폴로는 병이 들어 죽기 전에 중국에서 데려온 몽골 하인 '페드로'에게 자유를 주고, 100리라를 유산으로 남겨주었다고 한다. 그는 고향 베네치아에서 유복한 생활을 하다가 1324년에 임종했고, 그의 유해는 산 로렌초 성당에 안치되었지만, 그 성당이 문을 닫으면서 그의 무덤도 함께 사라지게 되었다.

《동방견문록》에 소개되었던 몽골제국과 쿠빌라이 칸의 모습은 마르코 폴로보다 먼저 아시아를 탐험했던 여행자들의 증언과 상치되는 것이 많다. 마르코 폴로보다 한 세대 먼저(1240~1250년대) 몽골 칸들과 원나라의 수도를 방문했던 조반니 다 피안 델 카르피네Giovanni da Pian del Carpine(1252년 사망)와 루브룩의 윌리엄William of Rubruck(1255년 사망)은 몽골제국과 황제들에 대해 매우 부정적인 평가를 내리고 있다.51 그래서 마르코 폴로의 《동방견문록》은 폴로가 실제로 경험한 것이 아니라, 다른 사람들의 구술 자료를 모아서 만든 위작이라는 설이 제기되고 있다. 마르코 폴로가 중국의 만리장성을 전혀 언급하지 않았고, 허무맹랑한 이야기들이 많기 때문에《동방견문록》의 신빙성을 확신할 수 없다는 것이다. 그야말로 마르코 폴로를 밀리오네, 즉 허풍선이로 보는 견해다.

그러나 마르코 폴로의 《동방견문록》은 13세기 중앙아시아와 중국의 역사를 제공해주는 객관적인 역사책이 아니라는 관점에서 읽혀야 한다. 그 책은 보석처럼 빛나는 베네치아 상인들의 불굴의 개척 정신을 보여주고 있다. 유럽 상인 최초로 실크로드를 타고 중국 몽골제국의 수도까지 행진을 멈추지 않았던 폴로 가문의 사람들은 베네치아 상인들의 좌절을 모르는 호기심과 지치지 않는 생존 본능을 보여준다. 《동방견문록》의 백미는 베네치아 특유의 위트 넘치는 재담이다. 그들은 고난의 행군 속에서도 농담을 주고받으며 불타는 사막을 건넜고 죽일 듯이 달려드는 거친 파도를 헤쳐 갔다. 러시아의 혹독한 추위와 러시아 사람들이 엄청나게 마셔대는 보드카 파티를 풍자한 아래 이야기는 마르코 폴로가 얼마나 위트가 넘치는 사람인지 잘 보여준다.

여러분에게 그곳에서 일어난 일 한 가지를 소개하겠다. 어떤 남자가 저녁에 부인과 함께 술잔치 자리를 떠나 집으로 가는 길이었다. 부인이 도중에 소변을 보려고 앉았는데, 날이 얼마나 추웠는지 그녀의 사타구니 털이 풀에 달라붙은 채 얼어버려서 그 부인은 움직일 수 없게 되고 말았다. 고통으로 울음을 터트리고 있는 아내가 측은해 보여 술에 취한 그녀의 남편이 몸을 구부리고 입김을 불기 시작했다. 자신의 따뜻한 입김으로 얼음을 녹이려고 했던 것이다. 그런데 그가 분 입김의 습기가 얼어서 그의 턱수염이 여자 사타구니 털에 달라붙어 버렸다. 이렇게 해서 그 역시 너무나 아파서 꼼짝하지 못한 채 그렇게 구부린 채 있었다. 다른 사람이 와서 그 얼음을 깨트려줄 때까지 그들은 그 자리에서 꼼짝도 할 수 없었다.52

이 구절을 읽어보면 마르코 폴로는 허풍선이가 아니라 재미있는 수다쟁이였을 것이란 생각이 든다. 그는 지구 반 바퀴를 도는 기나긴 여정 중에서도 잠시도 쉬지 않고 입을 놀렸을 것이다. 몽골 사람들에게는 재미있는 베네치아 이야기로 호기심을 자극했을 것이고, 베네치아 사람들에게는 지구 반대편의 재미있는 중국 이야기로 혼을 빼놓았을 것이다.

다행히 '마르코 폴로의 집'이 아직 남아 있다. 지도상의 거리는 두칼레 궁전에서 출발하면 800미터 정도이고, 도보로 10분밖에 걸리지 않을 것 같지만, 실은 그렇지 않다. 장담컨대 마르코 폴로의 집을 찾다가 골목길에서 방향을 잃고 헤매게 될 것이다. 사람들의 왕래도 많지 않아서 물어볼 사람도 없고, 현지 사람들도 폴로의 집 위치를 모른다고 할 것이다. 알고 있지만 귀찮아서 그렇게 대답하는 것이다. 찾아가는 골목길도 무료하고, 가 봐야 아무것도 없다.

마르코 폴로의 집을 스쳐가는 곤돌라.

산 조반니 크리소스토모 성당 구역에 있던 그의 집은, 마르코 폴로가 1324년에 임종하기 전까지 25년의 마지막 여생을 보낸 곳이다. 1596년의 화재로 원래 집은 무너져 내렸고 현재는 다른 건물이 들어서 있다. 여기가 마르코 폴로의 집터였다는 작은 명패가 새 집 담벼락에 덩그러니 붙어 있을 뿐이다. 집주인은 끊임없이 찾아와서 "여기가 마르코 폴로의 집입니까?"라고 묻는 관광객들 때문에 늘 인상을 찌푸리고 있다. 그래도 곤돌리에들은 좁은 수로를 끼고 있는 폴로의 집을 좋아한다. 한적한 곳에 있기 때문에 손님들에게 설명을 해주지 않고 노만 부지런히 저으면 되는 곳에 위치해 있기 때문이다. 폴로의 집 바로 옆으로 흐르는 좁은 수로에 도착하면, 곤돌리에들은 딱 한 마디만 한다. "카사 디 마르코 폴로(마르코 폴로의 집)!" 그러고는 다시 입을 다물고 묵묵히 노를 젓는다. 재미있는 수다쟁이였던 사람의 집을 소개하기에는 설명이 너무 짧다는 생각이 든다.

16장

조반니와
세바스티아노 카보토

세상을 휘젓고 다녔던
아버지와 아들

아메리카 신대륙의 최초 발견자는 크리스토퍼 콜럼버스Christopher Columbus(1451~1506년)로 알려져 있다. 제노바 출신의 이 '신비로운 인물'은 1492년에 신대륙을 '정복했다.'[53] 그러나 제노바인들과 해상권을 놓고 수 세기 동안 경쟁을 펼쳤던 베네치아 사람들은 그렇게 생각하지 않는다. 제노바 출신의 콜럼버스가 발견한 것은 중앙아메리카이고, '진짜' 북아메리카(지금의 캐나다와 미국)를 처음 발견한 사람은 베네치아 출신이라는 것이다. 남한테 지고 못 사는 베네치아 사람들이 진정한 아메리카 대륙의 발견자라고 우기는 사람이 있으니, 조반니 카보토Giovanni Caboto(1450년경~1500년경)이다.

비록 그의 생몰연대가 부정확하지만, 그는 베네치아 사람들에게 영웅 중의 영웅으로 대접받고 있다. 두칼레 궁전에서 해안선을 따라가면, 앞에서 소개한 다니엘리 호텔과 '페트라르카의 집Casa Molina'을 지나게 된다. 조금 더 해안선을 따라가다 보면 가리발디 가Via Galibaldi 끝에 바다를 마주보고 있는 카보토의 집Casa di Caboto이 있다. 두칼레 궁전에서 출발하면 약 900미터 지점에 있고, 도보로 약 12분 거리다. 벽면에 성 마르코를 상징하는 사자 조각상이 붙어 있어 집주인이 예사롭지 않은 인물임을 보

삶이 축제가 된다면

여준다. 조각상 아래에 있는 명패에 집주인을 소개하는 짧은 글이 이렇게 적혀 있다.

조반니 카보토, 일곱 번째 대륙인 아메리카에서 새 땅을 발견한 사람

조반니 카보토는 1450년경에 이탈리아 본토에서 태어났지만, 1476년에 베네치아의 시민권을 획득했다. 15년 이상 베네치아 본섬에서 합법적인 체류를 해야만 시민권이 주어지기 때문에, 조반니 카보토는 아무리 늦어도 1461년부터 베네치아에서 거주했을 것이다. 카보토는 다른 베네치아 사람들처럼 바다로 나갔다. 크레타와 동 지중해를 오가면서 항해에 대한 기술을 익혔고, 건축에도 조예가 깊었다고 한다. 베네치아에서 항

카보토의 집 벽에 붙어 있는 명패.

만을 만들고 유지하는 건축 관련 일을 잠시 했다는 기록도 있다. 그는 결혼해서 아들을 셋이나 낳았는데, 이 아들들도 모두 뱃사람이 되었다. 카보토 가족은 1480년대 후반 모든 베네치아 기록에서 갑자기 사라진다. 사업이 망하면서 부채가 발생했고 조반니 카보토는 가족과 함께 베네치아를 등진 것이다. 그의 가족은 스페인 발렌시아, 세비야, 리스본을 전전하다가 1495년, 영국의 항구도시 브리스톨에 정착했다.

당시 영국의 거리는 콜럼버스의 신대륙 발견 소식으로 떠들썩했다. 지구 반대편에 지금까지 유럽인들이 알지 못했던 신대륙이 존재하고 있고, 그곳에 벌거벗은 원주민들과 '황금의 도시' 엘도라도El Dorado가 있다는 소문이 퍼지고 있었던 것이다. 라틴아메리카에 황금의 도시가 있다는 소문이 들리자 제일 마음이 조급해진 사람은 영국의 왕 헨리 7세(1485~1509년 재위)였다. 이러다가 스페인이 모든 것을 다 차지할 터였다. 그는 장거리 항해 경험이 있는 사람을 백방으로 찾아 나섰고 마침내 브리스톨에서 베네치아 출신의 베테랑 선원 조반니 카보토를 발견하게 된다. 카보토는 영국 왕실의 편의를 위해 이름을 영어식으로 바꾸고, 존 캐벗John Cabot이라고 자신을 소개했다.

당시 영국의 튜더 왕가는 안타까운 마음으로 대서양을 바라보며 스페인과 포르투갈이 신대륙 발견의 모든 경제적인 이익을 독점하는 것을 개탄하고 있었다. 헨리 7세는 항해술에 능한 존 캐벗에게 자국의 무역선이 이동할 수 있는 새로운 신대륙 항로를 개척해달라고 부탁하면서 동시에 재정 후원을 약속했다. 그러나 당시 영국의 튜더 왕가는 존 캐벗의 항해 비용을 모두 충당할 수 있는 재원이 부족했다. 결국 존 캐벗은 부족한 경비를 피렌체의 바르디Bardi 은행으로부터 빌렸다. 메디치 가문과 함께 피렌체 경제를 주도하던 바르디 은행은 단테의 연인이었던 베아트리체가 시집간 집안으로도 유명하다. 영국 왕실과 피렌체 은행의 재정 지원을 확보한 존 캐벗은 1496년 50톤 규모의 매튜Matthew 호를 타고 브리스톨 항구를 떠나 대서양의 서쪽으로 항해를 시작했다.

크리스토퍼 콜럼버스가 스페인에서 정확하게 서쪽 방향으로 항해를 계속해서 지금의 서인도 제도에 도착했듯이 존 캐벗은 영국에서 정확하게 서쪽 방향으로 항해를 계속해서 지금 캐나다 해안선의 동쪽 끝에 도착하게 된다. 때는 1497년 6월 24일이었으니, 콜럼버스보다 5년이 늦은 셈이다. 그는 새로 발견한 '진짜' 북아메리카 대륙의 동쪽 끝에 지명을 붙였는데, 뉴파운드랜드Newfoundland였다(한국에서는 '뉴펀들랜드'로 표기한다). 이 촌스러운 영국식 이름은 그냥 '새로 발견한 땅'이란 뜻이다.

캐벗은 '새로 발견한 땅'에 상륙한 다음, 놀랍게도 베네치아와 교황청의 깃발을 함께 땅에 꽂았다. 영국의 헨리 7세가 알았다면 섭섭했을 일처럼 보이지만 당시는 이것이 관행이었다. 그 당시까지만 해도 새로운 땅(대륙)이 발견되면 그 소유권에 대한 최종 결정은 교황이 내렸다. 아직 영국이 수장령(1534년 시행)을 통해서 가톨릭교회와 결별하기 전이었기 때문에, 존 캐벗은 자신이 발견한 대륙을 교황청이 인정해주기를 바라며

뉴펀들랜드 해안에 서 있는 조반니 카보토의 동상.

그런 행동을 한 것이다. 이후 영국은 자국 정부의 후원을 받았던 존 캐벗이 뉴펀들랜드를 최초로 발견했기 때문에 영국의 영토라고 주장하게 된다. 그러나 베네치아인들은 조반니 카보토가 '새로 발견한 땅'에 베네치아의 깃발을 함께 꽂았다고 강조한다.

신대륙의 북부 원정을 성공적으로 마친 존 캐벗은 영국의 헨리 7세로부터 10파운드의 격려금을 하사받고 연간 20파운드의 연금(현재 약 2억 원)을 받는 조건으로 계속 영국을 위해 일하게 되었다. 이듬해인 1498년 5월, 존 캐벗은 5척의 무역선단을 꾸려 또 한 번의 신대륙 항해에 나섰다. 그러나 1498년 항해와 그 이후의 기록은 보이지 않는다. 어떤 학자들은 그가 대서양에서 침몰했던 배와 함께 목숨을 잃었다고 주장하고 있다. 또 어떤 학자는 함께 동승했던 선원 중의 한 명이 1500년의 기록에 등장하는 것을 보아, 무사히 항해를 마치고 영국으로 돌아와 여생을 마쳤다고 주장하고 있다. 그래서 영국에서 존 캐벗으로 불렸던 베네치아 사람 조반니 카보토의 생몰년도가 아직 확정되지 않은 것이다.

그런데 여기서 극적인 반전이 일어난다. 조반니 카보토가 북아메리카 대륙의 끝을 발견했다는 1497년보다 먼저 그곳을 다녀왔다는 사람이 등장한 것이다. 그는 조반니 카보토보다 3년 먼저인 1494년 그곳을 탐험했다는 기록을 남겼는데, 바로 조반니 카보토의 아들 세바스티아노 카보토Sebastiano Caboto(1474~1557년경)였다. 아들 카보토는 이런 황당한 주장을 안트베르펜에서 1544년에 발간한 《라틴아메리카 해상 지도Cartografía Marítima Hispana》에 라틴어로 직접 기록했다. 물론 세바스티아노 카보토는 그 당시 20살에 불과했고, 탐험선의 선장은 자기 아버지였다고 기록했다. 그의 주장대로 1494년에 그 항해가 실제로 있었다면, 조반니 카보토는 1496년 영국의 헨리 7세의 후원을 받기 이전에 이미 아들과 함께 신

삶이 축제가 된다면

대륙을 탐험한 것이 된다. 학자들의 의견은 갈리고 있다. 실제로 1494년
에 다녀왔다는 설과, 스페인과 포르투갈의 라틴아메리카 선점을 인정하
고 싶지 않았던 영국 측의 조작이었을 것이라는 설이 팽팽하게 맞서고
있다.

어쨌든 아들 세바스티아노 카보토도 뛰어난 항해술을 가진 것만은 분
명해 보인다. 1504년, 이번에는 아들 세바스티아노가 헨리 7세의 후원
을 받고 2척의 배로 대서양을 횡단했고, 1508년에는 세계 최초로 북극
을 통해서 영국에서 아메리카 대륙으로 가는 북서 항로Northwest Passage를
개척하는 쾌거를 올렸다. 그러나 세바스티아노의 선단이 1509년에 브
리스톨로 돌아왔을 때, 영국의 튜더 왕조는 헨리 7세의 임종과 헨리 8세
(1509~1547년 재위)의 취임으로 바쁜 일정을 보내고 있었다. 무엇보다 새
로 영국의 왕이 된 헨리 8세는 신대륙 탐험이나 항해술에는 별다른 관심
이 없었다. 널리 알려진 대로 그가 관심을 가진 분야는 궁중의 아름다운
여성들이었다.

헨리 8세의 무관심에 실망한 세바스티아노 카보토는 스페인으로 눈을
돌렸다. 1512년, 그는 아라곤의 왕 페르디난도 2세의 후원을 받기 위해
스페인의 항구도시 세비야에 정착했다. 그는 1522년에 스페인 왕실로부
터 정식 후원을 받고 아시아 항로 개척을 위한 항해에 나서게 된다. 그는
이즈음에 조국 베네치아의 비밀정보기관인 '10인회'와 접촉했다. 만약
유럽에서 중국으로 직행하는 북서 항로를 발견하면 베네치아 당국에 그
지도를 제공하겠다는 밀약을 맺은 것이다. 그는 250명의 선원을 이끌고
1526년 4월 3일, 세계 일주에 나섰다.

그러나 아버지와 아들은 영원히 2인자가 될 운명이었던 모양이다. 아
버지 조반니 카보토가 콜럼버스의 뒤를 이어 두 번째로 신대륙을 탐험

했다면, 아들 세바스티아노는 마젤란(1519~1522년)에 이어 두 번째 세계 일주에 성공한 것이다. 그러나 세바스티아노가 성공시켰던 두 번째 세계 일주는 다시 조국 베네치아와 연결된다.

세계 일주를 하던 중 브라질의 남쪽 해안을 탐험하던 세바스티아노는 잉카제국에 엄청난 보물이 숨겨져 있다는 소문을 듣고 지금의 아르헨티나(당시는 파라과이로 불림)에 있는 플라타강Río de la Plata 내지로 들어가는 모험을 감행했다. 중국 항로를 개척하기 위해 승선했던 스페인 선원들은 선장 세바스티아노가 베네치아를 위해서 무리한 항해를 고집하고 있다고 반발했다. 세바스티아노는 선원들의 반란을 진압하고 5개월 동안 플라타강을 따라 내지로 탐험을 계속했다. '플라타Plata'는 은銀이란 뜻이다. 그는 플라타강 유역에 은을 채굴하기 위한 2개의 정착촌까지 만들었다. 세바스니아노 카보토는 자신이 탐험한 나라의 이름까지 붙였으니, 이탈리아어로 '은으로 된'이란 뜻의 '아르헨티나Argentina'가 이렇게 탄생한 것이다.

1528년 8월 6일, 세바스티아노 카보토 선장은 스페인으로 돌아왔다. 선원들이 그를 반역 혐의로 고소했지만 사면을 받았고, 1547년까지 스페인에 계속 거주하다가 영국으로 다시 돌아간 것으로 보인다. 아버지 조반니의 경우처럼 아들 세바스티아노의 정확한 사망 연도를 확인할 수 없다. 그러나 그의 항해가 이탈리아 역사에 큰 영향을 미쳤다는 것만은 분명하다. 로마의 명소 나보나 광장에는 베르니니Giovanni Lorenzo Bernini(1598~1680년)의 조각 〈4대 강의 분수〉가 위용을 드러내고 있다. 교황청의 권위가 선포되는 네 대륙의 강이 사람의 모습으로 조각되어 있는데, 아메리카 대륙은 세바스티아노 카보토가 발견한 플라타강으로 표현되어 있다. 미시시피강도 아니고, 아마존강도 아니다. 아메리카 신대륙

삶이 축제가 된다면

은 콜럼버스나 마젤란이 아니
라 세상을 휘젓고 다녔던 베네
치아의 카보토 부자父子에 의해
대표되고 있는 것이다.

카보토 부자가 세상을 휘젓
고 다니기 위해 출항했을 아드
리아해의 파도가 카보토의 집
앞에서 출렁이고 있다. 더러운
세상은 2등을 기억하지 않는다
지만, 카보토 부자는 신대륙을
탐험하고 세계 일주에 성공하
며, 그야말로 세상을 휘젓고 다
녔다. 아버지와 아들이 함께 바
다로 나섰던 그 집의 벽면에는
아버지의 업적뿐만 아니라 아
들의 업적도 함께 기록되어 있
다. 새로운 항로를 개척했다는
점에서, 아들이 더 위대한 업적
을 남겼는지 모른다.

베르니니의 〈4대 강의 분수〉 중 아메리카 대륙을
상징하는 플라타강은 은 상자를 쥐고 있는 사람
으로 표현되어 있다.

세바스티아노 카보토, 천문학자이자 항해자였으며 파라과이를 처음 알
았고 북극의 바닷길을 개척한 사람

17장

성 요한과 바오로 대성당

도제들의 공동묘지

베네치아 북동부 지역은 관광객을 위한 동네가 아니다. 리알토에서 비교적 멀리 떨어져 있는 그곳은 원래 늪지에 잡초만 무성한 곳이었다. 13세기 초반, 신앙심이 깊었던 도제 야코포 티에폴로Jacopo Tiepolo(1229~1249년 재위)는 그 불모지를 기증해 신생 도미니코 수도회가 소속 성당을 지을 수 있도록 했다. 전설에 따르면 1246년 도제 티에폴로는 흰색 비둘기가 날아가는 늪지에 대한 꿈을 꾼 다음 그 땅을 로마 가톨릭 교회로부터 수도회 설립에 대한 허락을 받은(1217년) 도미니코 수도회(정식 명칭은 설교자들의 수도회Ordo Praedicatorum)에 기부했다고 한다. 도제 티에폴로는 직접 이 성당의 이름을 '성 요한과 바오로Santi Giovanni e Paolo 성당'이라 지었다. 여기서 성 요한과 바오로는 신약 성경에 나오는 인물들이 아니라, 기원후 363년에 로마에서 순교한 초대 교회의 두 성자를 말한다. 1343년경에 착공된 것으로 추정되는데, 1347년 흑사병의 창궐로 공사가 잠시 중단되었다가 1430년 11월 12일에 지금의 모습으로 완공되었다.

성당 마당에는 레오나르도 다빈치의 스승으로 유명한 안드레아 델 베로키오Andrea del Verrocchio(1488년 사망)가 생애 말년(1480~1488년)에 제작한 용병대장 바르톨로메오 콜레오니Bartolomeo Colleoni(1400~1475년경)의 청동

삶이 축제가 된다면

기마상이 늠름한 위용을 자랑하고 서 있다. 이 청동 기마상 하나만을 보기 위해서라도 성 요한과 바오로 성당은 방문해볼 만한 가치가 있는 곳이다. 15세기에 베네치아를 위해 싸웠던 용병대장 콜레오니는 이탈리아 북부 베르가모 출신으로, 1455년부터는 베네치아의 종신 총사령관으로 임명되었다. 1475년에 임종한 바르톨로메오 콜레오니 용병대장은 자신의 기마상을 산 마르코 광장에 남기기 위해 많은 재산을 베네치아에 기

부했다. 그러나 산 마르코 광장에 외국인 용병대장의 기마상이 전시되는 것에 대한 반감도 많아, 결국 성 요한과 바오로 성당 앞마당으로 정해지게 되었다. 더구나 성당 정문 앞에 용병대장의 기마상이 세워지는 것이 적절하지 않다는 사제들의 반대에 부딪혀, 광장의 한쪽 구석이 최종 위치로 결정되었다.

안드레아 델 베로키오 〈바르톨로메오 콜레오니 용병대장의 청동 기마상〉.

이 청동 작품은 피렌체의 조각가 도나텔로Donatello(1466년 사망)가 1453년에 완성했던 파도바의 〈가타멜라타Gattamelata, 1370~1443년 용병대장의 기마상〉과 함께 르네상스 시대를 대표하는 기마상이다. 역시 같은 피렌체 출신이었던 베로키오는 선배 조각가인 도

도나텔로 〈가타멜라타 용병대장의 기마상〉.

나텔로의 〈가타멜라타 용병대장의 기마상〉과 로마의 캄피돌리오 광장에 전시되어 있던 〈마르쿠스 아우렐리우스 황제의 기마상〉에서 영감을 얻었다. 산 마르코 대성당 정면 파사드 옥상에 전시되어 있는 4마리의 청동 말도 참고했을 것이다. 그러나 베로키오는 선배 조각가 도나텔로의 한계를 뛰어넘었다. 도나텔로와 베로키오가 조각한 말은 모두 앞다리 하나를 들고 서 있는 자세를 취하고 있다. 그러나 도나텔로가 조각한 말은, 들고 있는 왼쪽 앞다리 아래에 둥근 돌이 붙어 있다. 세 발로는 무거운 청동의 무게를 모두 지탱하기 힘들었기 때문이다. 그러나 베로키오의 말은 왼쪽 앞다리를 들고 있는데, 아무런 지지대가 없다. 완전히 허공에 떠 있도록 만든 것이다. 베로키오는 착지해 있는 3개의 다리에 청동의 무게를 정확하게 분산시켰다. 베로키오에 의해 청동 기마상 조각의 역사와 기술에 새로운 이정표가 세워진 것이다.

주인공 가타멜라타 용병대장은 전투 중에도 평정심을 유지한 인물로 유명한데, 도나텔로의 청동 조각상은 그런 인물의 내면적 특징을 잘 표현하고 있다. 창을 들고 있는 가타멜라타 용병대장의 모습을 사려 깊은 철학자로 표현한 것이다. 그러나 베로키오는 실제 콜레오니 용병대장을 만나본 적이 없었기 때문에, 그의 성격을 알 수가 없었다. 그래서 이상적인 용병대장을 상상하면서 그것을 청동 조각상으로 표현했다. 그래서 베로키오의 용병대장은 한 발을 치켜세운 성난 전투마를 이끄는 '이상적인' 전사로 묘사되었다.

이 뛰어난 작품을 남긴 안드레아 델 베로키오는 대표적으로 저평가되어 있는 르네상스 시대의 예술가다. 기껏해야 레오나르도 다빈치의 스승 정도로만 소개되는 것은 그에게 부당한 일일 뿐만 아니라, 르네상스 예술사를 왜곡하는 것이다. 그는 피렌체 출신으로, 청동 주물을 제작하

던 아버지에게서 배우다가 15세기 초반의 천재 화가 프라 필리포 리피^{Fra}
^{Filippo Lippi}(1469년 사망)로부터 그림 그리는 법을 배웠다. 15세기의 피렌체
예술가들이 모두 그러했듯이 로렌초 데 메디치의 후원을 받으며 성장한
그는 15세기 후반에 피렌체에서 공방을 직접 운영했다. 레오나르도 다빈
치가 그 공방에서 수련을 받았고, 제자와 함께 그림을 그리기도 했다.

　뿐만 아니라 〈베누스의 탄생〉과 〈프리마베라〉를 그린 산드로 보티
첼리^{Sandro Botticelli}(1510년 사망), 라파엘로의 스승 피에트로 페루지노
^{Perugino}(1523년 사망), 시스티나 성당에서 벽화를 그린 루카 시뇨렐리^{Luca}
^{Signorelli}(1523년 사망) 등이 모두 그의 공방에서 성장한 기라성 같은 제자들
이다. 피렌체의 쟁쟁한 예술가들이 베로키오의 공방에서 수련을 받았기
때문에 "위대한 예술가들은 모두 베로키오의 샘에서 물을 마셨다"는 표
현이 남아 있을 정도다. 노년에 접어든 그는 피렌체의 공방을 제자들에
게 맡기고 베네치아에 와서 콜레오니 용병대장의 청동상 제작을 위한 공
방을 열었고, 청동 말이 한쪽 다리를 들게 만드는 데 성공한 다음 1488년
베네치아에서 임종했다. 그의 유해는 고향 피렌체로 돌아가 제자들이 조
용히 지켜보는 가운데 산탐브로조^{Sant'Ambrogio} 성당에 매장되었다.

　이제 명작 청동상을 뒤로하고 성당 안으로 들어갈 차례다. 그토록 멋진
청동상을 남긴 안드레아 델 베로키오가 저평가되어 있듯이, 지금 들어갈
성 요한과 바오로 성당도 베네치아에서 가장 저평가되어 있는 유적지라
고 할 수 있다. 우선 입장료가 터무니없이 착하다. 2020년 현재 3.50유로
를 받고 있다. 두칼레 궁전 입구에서 입장료로 25유로를 털린 기억을 떠
올려보면 거의 공짜 수준이다. 역사적 중요성이나 소장되어 있는 작품의
우수성으로 따져봐도 두칼레 궁전에 못지않다. 베네치아에서 가장 가성
비가 높은 유적지를 찾는다면, 성 요한과 바오로 성당을 추천한다. 특히

역사를 좋아하는 사람에게는 최고의 장소라고 감히 말할 수 있다.

사실 말이 성당이지, 지금은 미사를 드리지 않는다. 나폴레옹이 베네치아를 점령한 후 성당은 강제 폐쇄되었고 지금은 박물관으로만 사용되고 있다. 그러나 그 끔찍했던 1797년 이전에도 이 성당은 아주 특별한 기능을 수행하고 있었다. 도제들의 공동묘지였던 것이다. 베네치아 공화국의 역사가 1,071년간 이어지면서 총 117명의 많은 도제가 배출되었다. 물론 초기의 도제들은 두칼레 궁전의 부속 건물이었던 산 마르코 대성당에 영묘를 마련했다. 그러나 15세기에 이르자 그곳은 포화 상태에 이르렀고, 도제들은 새로운 매장지가 필요했다. 그래서 약간 외곽에 있는 성 요한과 바오로 성당이 그들의 새로운 안식처가 된 것이다.

성당 외벽이나 성당 앞 광장 바닥에 표지석Sepulchral Monument이 붙어 있는 150여 개의 무덤을 제외하고라도, 총 37개의 영묘가 성당 내부에 안치되어 있으며, 그중에 15개가 도제의 영묘다. 10명의 '덜 중요한' 도제들은 성당 외벽에 안치되어 있다. 베네치아의 유명인사도 함께 묻혔는데, 그 수도 부지기수다. 1,000년의 역사를 자랑하는 베네치아 공화국의 최고 수반 25명의 영혼이 영면을 취하는 곳, 그곳이 바로 성 요한과 바오로 성당이다.

성당 안으로 들어서서 오른쪽 모서리 쪽을 보면, 15세기에만 무려 3명의 도제를 배출했던 모체니고Mocenigo 가문의 영묘가 관람객을 제일 먼저 맞이한다. 도제 피에트로 모체니고Pietro Mocenigo(1474~1476년 재위)의 우아한 영묘가 눈에 들어오는데, 3단으로 되어 있고 그 좁은 공간에 총 15명의 인물상이 촘촘하게 조각되어 있는 것이 인상적이다. 1476년에 운명했던 도제 피에트로 모체니고는 전투용 갑옷을 안에 입고 도제의 모자와 복장을 착용한 모습으로 정중앙에 서 있다. 그가 영묘 위에 서 있는 것은

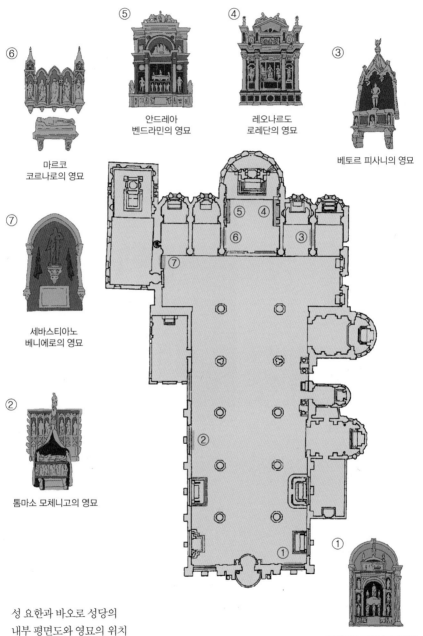

⑤

④

⑥

③

안드레아
벤드라민의 영묘

레오나르도
로레단의 영묘

베토르 피사니의 영묘

마르코
코르나로의 영묘

⑦

세바스티아노
베니에로의 영묘

②

톰마소 모체니고의 영묘

①

피에트로 모체니고의 영묘

성 요한과 바오로 성당의
내부 평면도와 영묘의 위치

그리스도교 신앙과 인문주의 전통의 결합을 보여준다. 그는 베네치아가 지중해 해상권을 장악하는 데 결정적인 역할을 한 도제였다. 키프로스섬을 복속시키는 공을 쌓았지만, 추가 전투를 직접 지휘하다가 전염병에 걸려 순직했다.

반대편 회랑 쪽으로 보면 성당 벽면을 아름답게 장식하고 있는 도제 톰마소 모체니고Tommaso Mocenigo(1414~1423년 재위)의 영묘가 보인다. 황제의 휘장이 드리워져 있는 보기 드문 형태를 가진 영묘다. 모체니고 가문 최초로 도제에 등극했던 그는 베네치아 역사의 또 다른 전환점이 되었던 제노바와의 키오자Chioggia 전투(1378~1381년)에서 승리를 거둔 업적을 남겼다.

피에트로 모체니고 영묘. 피에트로 롬바르도Pietro Lombardo(1435~1515년)가 조각했다.

키오자는 이탈리아 본토의 위쪽 끝에 있는 항구도시로, 리도섬을 거쳐 베네치아로 진입할 수 있는 전략상 중요 거점이다. 베네치아를 침공하는 외적들이 석호 안으로 진입하기 위해 반드시 확보해야 하는 교두보였기 때문에, 베네치아로서는 사활을 걸고 지켜내야 하는 지역이다. 베네

삶이 축제가 된다면

치아는 키오자를 지키기 위해 제노바 군대와 사생결단을 벌였는데, 그 전투를 승리로 이끈 인물이 바로 톰마소 모체니고다. 그는 또한 막강한 해군력을 바탕으로 오스만제국을 적절히 견제해 베네치아가 지중해의 해상 무역에 진출하는 데 결정적인 역할을 했다. 두칼레 궁전을 오늘의 모습으로 재건축하는 데 일조했으며, 산 마르코 도서관 건축을 처음 계획할 만큼 학문에 대한 관심과 조예가 깊었다. 황제의 휘장이 임종의 침상을 덮고 있는 아름다운 영묘는 피렌체 출신 조각가들의 작품이다.

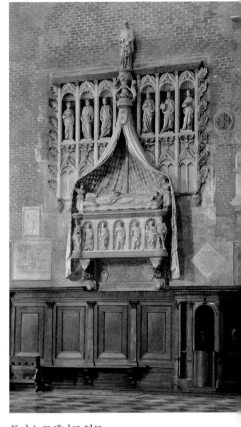

톰마소 모체니고 영묘.

키오자 전투(1378~1381년)는 베네치아 역사의 작은 전환점이었다. 이 전투에서 승리를 거둔 덕분에 베네치아는 경쟁도시였던 제노바를 제압하고 동 지중해 해상 무역의 강자로 등장하게 된다. 이 전투를 실질적으로 지휘했던 베토르 피사니Vettor Pisani(1324~1380년) 제독의 영묘도 이 성당 안에 안치되어 있다. 피사니 제독은 키오자 전투에서 초기에 승기를 잡았으나, 1379년에 베네치아로 소환되어 체포당하는 수난을 겪었다. 복잡하게 얽혀 있던 국내 정치 현안에 연루되었기 때문이다.

그런데 명장 피사니 제독이 감옥에 갇혀 있다는 소문이 퍼지자 제노바 해군의 사기가 올라가는 기현상이 벌어졌다. 제노바 해군은 전력을 회복해 키오자섬을 점령했고, 베네치아 본섬 공격을 준비하고 있었다. 다급해진 베네치아 시민들은 두칼레 궁전으로 몰려와 그를 긴급 석방하라고 요구했다. 피사니 제독의 뛰어난 전투 지휘 능력을 대체할 만한 인물이 없으니 그에게 다시 지휘권을 부여하란 요구였다. 이때 감옥에서 석방되는 피사니 제독을 시민들이 목말 태우고 행진하는 역사화가 남아 있다. 명장 피사니 제독은 키오자 전투를 승리로 이끌고 제노바 본토까지 압박하는 큰 전과를 올린다. 가히 베네치아의 이순신 장군이라 할 만한 이 위대한 인물의 영묘는 실제 인물 크기의 청동상으로 장식되어 있다.

실제 개인의 역량보다 조반니 벨리니가 그린 초상화의 주인공으로 더 유명한 75대 도제 레오나르도 로레단 Leonardo Loredan(1501~1521년 재위)의 영묘도 성 요한과 바오로 성당에 안치되어 있다. 베네치아의 외교관으로 명성을 날리던 로레단은 명문가의 규수인 주스티나 주스티아니 Giustina Giustiniani 와 결혼하면서 도제의 자리에 한 걸음 더 다가서게 된다. 주스티아니 가문은 수많은 베네치아의 정치가와 학자를 배출한 명문가였고, 17세기에 직접 도제를 배출하기도 했다.

격동의 16세기 초반, 20년간 도제로 재임했던 로레단은 교황 율리우스 2세가 주동이 되었던 캉브레 동맹

베토르 피사니 제독의 영묘.

삶이 축제가 된다면

과 대결해야만 했다. 교황청과 이탈리아 도시국가들, 신성로마제국(독일), 프랑스가 한패를 이루었던 캉브레 동맹의 결성으로 인해 도제 로레단이 이끌던 베네치아는 절체절명의 위기로 내몰리고 있었다. 유럽의 거의 모든 나라들이 힘을 합쳐 베네치아를 타도하겠다는 것은 역설적으로 베네치아의 국력이 그만큼 강해졌다는 뜻이다.

캉브레 동맹 전쟁(1508~1516년) 당시, 초기에는 열세에 몰려 파도바를 빼앗기기도 했지만 도제 로레단은 화려한 외교술과 막강한 해군력을 적절히 사용해 나라를 위기에서

벨리니 〈레오나르도 로레단의 초상화〉 1501년 제작, 런던 내셔널 갤러리 소장.

구해냈다. 그가 선택한 외교술은 프랑스를 설득해 베네치아 편으로 만드는 것이었다. 교황청과 신성로마제국이 위기에 빠진 베네치아의 영토를 서로 더 많이 차지하기 위해 다투는 동안, 베네치아는 프랑스와 조약을 맺음으로써 세력을 회복한 것이다. 외교의 달인이었던 로레단은 자신의 초상화를 선전 도구로 활용했다. 지금 영국의 내셔널 갤러리가 자랑하는 조반니 벨리니의 〈레오나르도 로레단의 초상화〉는 베네치아 도제를 고대 영웅의 모습으로 묘사한 첫 번째 작품이었다.

압도적인 4개의 기둥 사이에서 도제 로레단이 대리석 동상으로 모습을 드러낸다. 전통적인 도제의 복장과 모자를 착용하고 있다. 뒷면에 배

치되어 있는 검은색 배경 때문에 그의 모습이 더욱 강렬해 보인다. 영묘
의 전체 구조는 로마의 개선문을 모방했다. 도제 로레단이 캉브레 동맹
전쟁의 승리자란 뜻인 동시에, 베네치아의 영광을 재현하고 있다. 도제

레오나르도 로레단의 영묘. 다네세 카타네오Danese Cattaneo와 지롤라모
캄파냐Girolamo Campagna가 1616년에 완성한 작품이다.

삶이 축제가 된다면

로레단은 왕좌에 앉아서 좌우에 있는 두 사람을 중재하는 자세를 취하고 있다. 왼쪽에 있는 남성은 베네치아를 상징하고 오른쪽에 있는 여성은 캉브레 동맹을 상징한다. 화려한 외교술로 캉브레 동맹 전쟁을 종결시킨 도제 로레단의 업적을 찬양하고 있는 것이다.

15세기 후반, 앞에서 설명했던 모체니고 가문이 연이어 도제를 배출하던 시절, '치즈 장사꾼'으로 놀림을 받던 안드레아 벤드라민Andrea Vendramin(1476~1478년 재위)이 도제로 선출되었을 때 베네치아 사람들은 놀라지 않을 수 없었다. 일개 '치즈 장사꾼'이었던 벤드라민 가문의 사람이 베네치아의 명문가들이 독점하고 있던 도제의 자리에 올랐기 때문이다.

앞에서 설명한 대로 베네치아의 귀족은 《황금의 책》에 가문의 이름이 등록되어 있어야 한다. 그러나 1380년, 키오자 전투가 막바지에 이르렀을 때 새로운 몇 개의 가문이 추가로 귀족의 명단에 포함되었는데, 벤드라민 가문이 바로 이런 후발 주자에 속한다. 그래서 전통 베네치아 귀족들은 벤드라민 가문의 사람들을 '치즈 장사꾼'으로 폄하하곤 했다. 안드레아 벤드라민의 동생 루카 벤드라민Luca Vendramin은 리알토 다리에 '은행'을 열고 고리대금업을 했다. 또 벤드라민 형제는 유명한 '벤드라민 비누'도 제작·판매했으며, 극장도 소유했던 적이 있다. 베네치아 전통 귀족들은 이런 벤드라민 가문을 졸부라고 놀려댔던 것이다.

벤드라민 가문에게 리알토 다리는 각별한 의미가 있다. 벤드라민 형제가 리알토 다리 위에 있는 점포에서 '은행'을 열게 된 것과 그중의 1명이 도제로 선출된 것은 그들의 조부(이 사람의 이름도 안드레아 벤드라민이다)와 연관이 있다. 제4차 십자군 전쟁 때 콘스탄티노플에서 노획했던 십자가 조각은 베네치아 사람들이 성 마르코의 유해 다음으로 소중하게 여기는 성물이었다. 매년 그리스도가 달렸던 십자가 조각을 앞세우고 베네치아 시내를 행진하는 축제도 만들어졌다. 그런데 1369년, 예수의 십자가 성물이 리알토 다리를 지날 때 너무 많은 사람들이 몰려들어 예기치 못한 사고가 발생했다. 그 소중한 십자가 성물이 물에 빠지고 만 것이다. 다른 사람들이 모두 허둥대고 있을 때, 도제 안드레아 벤드라민의 조부이자 동명이인인 안드레아 벤드라민은 이 광경을 목격하고 바로 리알토 다리에서 뛰어내려 그 성물을 기적적으로 건져냈다. 이 기적과 같은 사건 때

1496년에 제작된 비토레 카르파초의 〈성 십자가의 기적〉. 베네치아 아카데미아 소장.

삶이 축제가 된다면

문에 그동안 정통 귀족 가문으로부터 무시를 당하던 벤드라민 가문이 주목을 받게 되었고, 결국 손자 때에 이르러 도제를 배출하게 된 것이다. 이 기적의 장면을 그린 비토레 카르파초Vittore Carpaccio(1465~1525/1526년 추정)의 역사화가 지금도 베네치아 아카데미아 미술관에 소장되어 있다.

도제 안드레아 벤드라민의 영묘는 성 요한과 바오로 성당에서 가장 크고 화려한 자태를 드러낸다. 다른 영묘와 어울리지 않을 정도로 규모가 큰 이유는 원래 다른 성당(산타 마리아 데이 세르비Santa Maria dei Servi)에 있던 것을 1817년에 옮겨 왔기 때문이다. 이 영묘를 원래 제작한 조각가는 툴리오 롬바르도Tullio Lombardo(1455~1532년)로, 베네치아 르네상스 시대를 대표하는 조각가였다. 그는 도제 로레단의 영묘처럼 벤드라민의 영묘를 로마의 개선문 형식으로 제작했다. 다른 조각들은 원래의 위치에 그대로 놓여 있는데, 좌우에 배치되어 있는 장군과 소년의 조각상은 툴리오 롬바르도가 제작한 것이 아니다. 그는 그 자리에 자신이 조각한 〈아담〉과 〈이브〉를 배치했는데, 벤드라민 가문이 그 조각을 저택으로 옮겨 가면서 원래 있던 자리를 떠나게 되었다. 특별히 걸작으로 평가되는 〈아담〉은 우여곡절 끝에 미국의 메트로폴리탄 박물관이 소장하게 되었다.

영묘에 아담과 이브가 배치되는 것은 상당히 예외적인 일이었다. 인간의 타락을 상징하는 아담과 이브의 조각상을 '치즈 장사꾼'으로 불렸던 도제 벤드라민의 영묘에 전시한 것은 어떤 의도였을까? 어쨌든 벤드라민의 영묘에 있어야 할 〈아담〉은 또 한 번의 수난을 당한다. 2002년 메트로폴리탄 박물관에 전시되어 있던 〈아담〉이 땅바닥으로 떨어지는 사고가 발생했다. 원래 있던 성당에서 성 요한과 바오로 성당으로 옮겨지고, 다시 그란데 카날의 저택으로 옮겨졌다가, 미국으로 건너가 산산조각이 난 것이다. 하지만 정교한 복원 작업을 통해 16세기의 아름다움을 회복

도제 안드레아 벤드라민의 영묘.

삶이 축제가 된다면

한 벤드라민의 〈아담〉은 수많은 뉴욕 '치즈 장사꾼'들 앞에 서서 고향으로 돌아갈 날을 하염없이 기다리고 있을 것이다.

메트로폴리탄 박물관에 소장되어 있는 〈아담〉. 툴리오 롬바르도가 조각했다.

　베네치아의 59대 도제 마르코 코르나로 Marco Cornaro(1365~1368년 재위)는 55대 도제였던 마리노 팔리에로 Marino Faliero(1354~1355년 재위)의 국가 전복 시도를 초동 진압한 공로로 도제에 오른 특별한 경력을 가지고 있다. 코르나로 가문은 베네치아에서 가장 오랜 역사를 가진 가문 중의 하나로, 이집트와의 교역을 통해 큰 부를 축적했고, 파도바의 고리대금업자였던 스크로베니 가문과 협력하며 베네토 일대의 경제권을 장악했던 막강한 부호였다. 조토 디 본도네 Giotto di Bondone(1337년 사망)의 작품으로 유명한 파도바의 스크로베니 예배당 Scrovegni Chapel 벽화와 천장화를 후원했던 스크로베니 가문이 코르나로 가문의 사업 파트너였다. 도제 마르코 코르나로의 첫 번째 아내가 스크로베니 가문 출신이기도 했다. 그가 도제로 재임하고 있을 때 베네치아의 군사력은 제노바에 계속 밀리고 있었다. 에게해의 많은 식민 도시들을 제노바에 빼앗겼던 굴욕의 시기였다. 그러나 코르나로는 군사력을 증대하기보다 해상 무역에 더 많은 자원을 투자해서 베네치아가 상업적으로 발전하는 데 큰 공을 쌓았다. 코르나로 가문은 총 4명의 도제를 배출했고, 수많은 문인들과 추기경을 배출하는 베네치아의 명문가로 계속 성장했다.

고딕 양식으로 설계된 도제 마르코 코르나로의 영묘는 학자들의 집요한 연구대상이 되고 있다. 도제의 영묘를 연구하는 것이 아니라, 그 영묘를 연구했던 존 러스킨의 실수를 연구하는 것이다. 앞에서 소개한 존 러스킨은 베네치아를 3번 연구 방문해 《베네치아의 돌》이라는 불후의 명저를 남겼다. 그런데 그가 베네치아 건축과 조각을 연구하는 과정에서 성 요한과 바오로 성당 내부에 있는 도제 마르코 코르나로의 영묘를 아르고스의 영주였던 피에트로 코르나로Pietro Cornaro(1388년 사망)의 영묘로 착각했다는 주장이 있다. 그야말로 주객이 전도된 학자들의 이런 쓸데없는 연구가 못마땅한지, 도제 마르코 코르나로는 얼굴을 돌린 채 성 요한과 바오로 성당의 천장을 조용히 바라보고 있다.

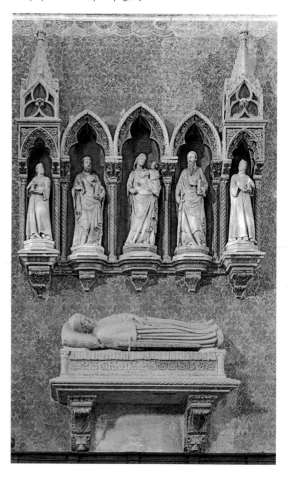

도제 마르코 코르나로의 영묘.

베네치아 역사의 또 다른 이정표였던 레판토 해전을 거쳐 베네치아의 도제로 수직 상승했던 세바스티아노 베니에로Sebastiano Veniero(1577~1578년 재위)의 영묘도 성 요한과 바오로 성당에 안치되어 있다. 국가의 주요 공직을

삶이 축제가 된다면

두루 거친 베니에로는 1570년에 베네치아의 해군 총사령관Capitano generale da Mar에 임명되어 오스만제국과의 군사 대결을 총지휘하는 위치에 오른다. 이듬해인 1571년 10월 7일, 그 유명한 레판토 해전에서 베네치아 군 총사령관으로 전투를 지휘했고, 기적과 같은 승리를 이끌었다. 베니에로 총사령관은 즉각 베네치아의 영웅이 되었다.

화가 틴토레토가 그린 베니에로의 승전 기념 초상화에는 지휘봉을 든 총사령관의 당찬 모습이 전면에 배치되어 있고, 레판토 해전의 장면이 배경에 그려져 있다. 이슬람의 서진을 막아낸 위대한 개선장군으로 베네치아로 돌아와 도제로 선출되는 영광을 얻었지만, 다음 해에 심장마비로 사망했다. 1578년, 두칼레 궁전의 대화재 때 너무나 큰 충격을 받았기 때문이라는 설이 있다. 영묘에 등장하는 도제 베니에로의 청동 조각상은 그의 전성기를 회상시켜 주는 기능을 한다. 칠순의 노령에도 불구하고 레판토 해전에서 호령했던 베니에로 장군의 당당한 모습이 청동

도제 세바스티아노 베니에로의 영묘.

틴토레토가 1571년에 그린 〈총사령관 베니에로의 초상화〉. 비엔나 예술사 박물관 소장.

으로 조각되어 있다. 베네치아 사람들은 그를 단지 노회한 정치인이 아니라, 용맹했던 장군으로 기억하고 있는 것이다.

이제 성 요한과 바오로 성당을 나선다. 더 많은 영묘가 구석구석에 배치되어 있지만 이 정도만 둘러봐도 충분한 것 같다. 도제의 공동묘지를 나서면서 드는 생각은 '모든 사람은 죽는다'는 것이다. 레판토의 영웅 베니에로는 두칼레 궁전의 화재 때문에 놀라서 죽었고, 베네치아의 재벌 코르나로도 죽었다. '치즈 장사꾼'으로 놀림받던 신흥 부호 벤드라민은 도제가 되어서 신세를 고치나 했는데, 결국 그도 죽고 말았다. 죽어서 이리저리 옮겨 다녀야만 하는 신세가 되었다. 키오자 전투에 베네치아의 명운을 걸었던 모체니고와 피사니도 함께 죽어, 같은 성당에 묻혔다. 15세기에 3명이나 도제를 배출했던 모체니고 가문은 성당 안에 떼로 묻혀 있다.

그들은 무엇을 위해 살았고, 무엇을 남겼을까? 도제로서 살았던 그들의 삶은 행복했을까? 성 요한과 바오로 성당 안에 묻혀 있는 15명의 도제들에게 그런 질문을 해서는 안 된다. 그 질문은 베네치아에서 도제의 영광을 누렸지만, 성 요한과 바오로 성당에 묻히지 못한 나머지 102명의

삶이 축제가 된다면

도제들에게 해야 한다. 당신들은 지금 왜 그곳에 누워 있는가, 라고. 도
대체 당신들은 무엇을 잘못했기에 성 요한과 바오로 성당에 묻히지 못했
는가, 라고.

18장

카날 그란데의
10대 팔라초

베네치아는 중동에 와 있는 것 같은 느낌을 주는 도시다. 분명히 이탈리아의 도시인데, 미로처럼 연결된 골목길을 걷다 보면 이집트의 카이로Cairo나 모로코의 페즈Fes의 골목길을 걷고 있는 것 같은 착각을 불러일으킨다. 중동의 도시들은 처음 거주를 시작했을 때부터 직선으로 된 핵심 간선도로를 만들지 않았다. 일터와 거주지의 구분도 모호했다. 일하는 곳에서 먹고 자는 문제를 다 해결했다. 베네치아도 마찬가지다. 직선으로 난 큰 도로가 거의 없고, 일터와 주택이 한곳에 뒤섞여 있다. 근대 도시의 개념으로 설명하자면 상업 시설과 거주 지역, 여가 지역을 구분해서 설계하는, 이른바 조닝Zoning의 구분이 없다는 것이다. 일하고, 먹고, 자고, 노는 공간이 같다. 대한민국 수도 서울의 '강남'처럼, 특정한 계층(물론 경제적인 의미에서)을 위한 특별한 지역은 존재하지 않는다.

베네치아에서는 부자와 서민이 같은 동네에서 공존한다. 거대한 팔라초와 초라한 오두막집의 벽면이 붙어 있는 경우도 허다하다. 일찍이 동방 비잔틴 문화를 받아들였고, 이슬람 국가들과 활발한 교역을 펼쳤던 베네치아는 도시의 모습도 영향을 받았다. 베네치아는 유럽 안에 있는 비잔틴-이슬람 특별 구역인지도 모르겠다. 최소한 오리엔탈 특별 지구

삶이 축제가 된다면

인 셈이다.

베네치아는 저택의 디자인도 다른 이탈리아의 도시들과 다르다. 피렌체 르네상스 건축을 대표하는 루첼라이 저택Palazzo Rucellai이나 메디치 저택Palazzo Medici은 집 중앙에 중정中庭을 두고, 건물의 외벽을 방어적으로 장식하는 패턴을 보인다. 피렌체 건축사에 길이 남을 스트로치 저택Palazzo Strozzi의 경우에는 외벽이 너무 방어적으로 장식되다 보니 마치 견고한 성채처럼 보이기도 한다. 그러나 베네치아의 저택은 첫인상부터 다르다. 석호의 개펄에 나무 말뚝을 박아 만든 기초 위에 대리석 건물을 지어야 했으니, 외관 자체에서 건물의 가벼움 혹은 경쾌함이 느껴질 수밖에 없다. 아주 특수한 예외를 제외하고, 피렌체나 로마 저택에서 쉽게 볼 수 있는 두꺼운 대리석 벽은 베네치아에서 좀처럼 찾아보기 힘들다. 대리석으로 된 저택이라 해도 얇은 석재를 사용하거나 겉만 대리석으로 처리해, 건물의 하중을 줄였다. 또한 대부분의 명문가 저택들이 카날 그란데와 벽면을 맞대고 있기 때문에 최대한 화려한 파사드를 설치한 것도 공통된 특징이다. 항상 바닷물과 공존해야 했던 베네치아의 저택들은 건물이 가벼워야 한다는 기능적인 측면과 더불어 수변水邊저택의 아름다움을 고려해야만 했다. 그래서 베네치아는 세상에서 가장 아름다운 저택을 가진 바다의 도시가 되었다.

거꾸로 된 S자로 흐르는 카날 그란데를 타고 약 170개의 건물들이 양쪽 해안을 아름답게 장식하고 있다. 수상버스나 곤돌라를 타고 이 아름다운 건물들을 바라보는 것이 베네치아 여행의 첫출발이다. 이 아름다운 수변저택들은 13세기부터 18세기까지 건축되었기 때문에 베네치아 건축사의 흐름을 한눈에 조망할 수 있게 해준다. 모든 건물은 말로 전해진 이야기와 글로 기록된 역사를 남긴다. 때로는 그것이 전설이 되기도 하고,

때로는 명성Legacy으로 후대에 전해진다. 카날 그란데 양쪽 해안을 아름답게 장식하고 있는 170개 건물은 모두 이런 전설 같은 이야기와 명성의 역사를 후대에 전하고 있다.

카날 그란데의 해안을 타고 연이어 어깨와 어깨를 맞대고 서 있는 수변저택들의 구조를 베네치아에서는 폰다코Fondaco라 부른다. '창고'란 뜻이다. 베네치아의 귀족 가문들이 소유했던 팔라초들은 로마나 피렌체의 대저택과는 사뭇 다른 구조를 이루고 있다. 이탈리아 본토Terrafirma의 귀족들은 대부분 화려한 도심 저택을 두고 있었지만, 도시 외곽에 있는 거대한 농토와 산림에서 주된 소득을 올렸다. 살기는 도시에서 살고 돈은 시골에서 벌었다. 생활의 터전과 경제 활동의 소득원이 달랐던 것이다. 그러나 베네치아에서는 이 둘이 한 장소에서 일어났으니, 그래서 귀족들의 저택은 폰다코 형태를 띠게 된 것이다.

베네치아의 저택들은 대부분 교역 물자를 배로 실어 나르는 접안 시설과 그 물자를 보관하는 창고를 설치해야만 했다. '폰다코'는 아랍어로 물품 보관 창고란 뜻이다. 베네치아의 부호들은 농업이 아니라, 무역이나 상거래를 통해 부를 창출했기 때문이다. 해안과 접하고 있는 폰다코는 가끔 그 가문이 소유하고 있는 무역 회사의 사무실로 사용되기도 했다. 화물을 실은 배가 접안할 수 있는 시설이 반드시 필요했다. 지금 베네치아의 최고급 백화점으로 사용되고 있는 독일 상무관 건물Fondaco dei Tedeschi이 대표적인 베네치아의 폰다코 건물이다.

이탈리아에서는 대저택을 '팔라초Palazzo'라 부르는데, 베네치아에는 '카Ca''라는 단어를 쓴다. 집을 뜻하는 '카사Casa'를 줄인 말이다. 카날 그란데와 주요 카날 해안을 아름답게 장식하고 있는 팔라초들은 시대 순으로 비잔틴-고딕 양식, 르네상스 양식, 바로크 양식으로 발전되어 갔다.

삶이 축제가 된다면

베네치아 건축의 역사와 거의 동일하다. 13세기부터 14세기까지 크고 화려한 대저택들이 카날 그란데 해안에 들어서기 시작했는데, 이 시기의 팔라초들은 비잔틴-고딕 양식으로 건축되었다. 이 시기 건물의 특징은 반원형 혹은 끝이 뾰족한 아치가 반복되는 파사드가 강조되고 있다는 것이다. 여기에 북유럽의 고딕 양식이 더해졌다. 베네치아 고딕 양식의 특징은 엄격한 초기 고딕이 아니라 중세 말기의 고딕, 즉 '불타오르는 것처럼 화려한 고딕Flamboyant Gothic' 양식이다. 두칼레 궁전의 남쪽 파사드에서 그 전형적인 표현 기법을 확인할 수 있다. 베네치아 고딕 양식은 카날 그란데의 수변저택에도 영향을 미쳤는데, 지름이 작아진 기둥이 전면에 촘촘히 배치되어 있고 그 위에 화려한 장식이 더해졌으며, 전체 파사드가 화려한 색으로 채색되기도 했다. 대략 14세기에 건축된 건물에 이런 후기 고딕 양식이 적용되었다.[54]

15세기 중반부터 르네상스 양식이 도입되었다. 르네상스 양식의 팔라초는 큰 창문을 뒤로 하고 전면에 베란다가 설치되었으며, 그 앞에 대리석 기둥이 일렬로 서 있는 공통된 구조를 보여준다. 앞에서 설명한 대로 1527년부터 베네치아에 거주하며 로마의 르네상스 양식을 소개했던 산소비노의 영향이 크다.[55] 16세기 말, 르네상스 양식이 퇴조하고 바로크의 시대가 시작되었다. 살루테 성당을 건축해 베네치아의 풍경 자체를 바꿔버린 발다사레 롱게나에 의해 시작된 양식이다. 건축과 조각, 회화가 중첩되는 특징을 가지고 있기 때문에, 건물 지붕이나 베란다 위에 동상이 서 있는 특징을 보여준다. 파사드에서 음양이 느껴질 정도로 장식이 다양하고 화려해졌다. 내부의 화려한 장식도 모든 바로크 건물의 또다른 특징이다.[56]

카날 그란데는 베네치아란 도시의 몸에 자양분을 공급하는 동맥처럼

카 벰보

리알토 다리

카 도로

카 페사로

카 벤드라민
칼레르지

산타 루치아 역

산 마르코 광장

카 그리마니 디 산 루카

카 바르바리고

카 카발리
프란케티

아카데미아 다리

카 그라시

카 레초니코

카 포스카리

유유히 흘러가고 있다. 베네치아에 처음 도착한 사람들은 카날 그란데의 수상버스에 몸을 싣고, 바다의 여왕 베네치아와의 황홀한 첫 만남을 통해 수변저택의 아름다움에 압도당하게 된다. 세상에 이렇게 아름다운 도로가 있을까? 저 아름다운 집들에 살았던 사람들은 도대체 어떤 사람들이었을까? 이 장에서는 카날 그란데의 수많은 수변저택 중에서 중요한 팔라초 10개만 선별해 소개키로 한다.

카 벤드라민 칼레르지

산타 루치아 역에서 수상버스를 타고 카날 그란데로 들어서면 도열되

카 벤드라민 칼레르지. 외부는 르네상스, 내부는 바로크 양식이다.

어 있는 수변저택 중에서 카 벤드라민 칼레르지Ca' Vendramin Calergi가 제일 먼저 눈에 들어올 것이다. 산 마르코 광장 쪽을 바라봤을 때 왼쪽에 자리 잡고 있고, 저택 입구에 붉은색 융단으로 베네치아 카지노Casino di Venezia 라 표시되어 있어, 찾기도 쉽다. 정면 파사드가 단아한 3층 구조로 구성되어 있고 반복되는 창문의 패턴과 전면에 베란다가 배치되어 있는 것으로 보아, 르네상스 시대의 저택이라는 것을 알 수 있다.

베네치아의 일반 지도에는 카 벤드라민 혹은 카 벤드라민 칼레르지로 표시되어 있지만, 굳이 이 저택의 정식 이름을 소개하자면 카 로레단 그리마니 벤드라민 칼레르지Ca' Loredan Grimani Vendramin Calergi이다. 베네치아에서는 저택을 소유했던 가문의 이름을 순서대로 붙이는 것이 관례인데, 이렇게 저택의 이름이 길다는 것은 소유주가 그만큼 여러 번 바뀌었다는 뜻이기도 하고, 여러 가문이 소유하고 싶어할 만큼 아름다운 건물이었다는 뜻이기도 하다.

이 건물을 처음 소유한 사람은 안드레아 로레단이다. 성 요한과 바오로 성당에서 영묘의 주인공으로 소개했던 도제 레오나르도 로레단을 포함해 총 3명의 도제를 배출했던 로레단 가문이 베네치아에서 위세를 드러낸 첫 번째 건축물이다. 안드레아 로레단은 르네상스 양식의 건축가 마우로 코두시Mauro Codussi(1440~1504년)에게 건축을 맡겼다. 1481년에 시작된 공사는 1509년에 완공되었다. 안드레아 로레단은 1516년 해전에서 전사하고, 그의 르네상스 저택은 1581년에 경매에 넘어갔다.

이 저택은 1589년에 칼레르지 가문에 매각되었다. 당시 베네치아가 식민통치하던 크레타섬에서 자수성가한 칼레르지 가문에게는 이 저택이 꼭 필요했다. 베네치아의 명문가 딸인 이사벨라 그리티Isabella Gritti를 아내로 맞아들여야 했기 때문이다. 귀족의 딸을 아내로 취하려면 그 정도의 준비는 해야 했다. 그러나 이 저택에서 신접살림을 차린 부부는 딸 하나만 낳고 죽었고, 그 딸이 성장해 또 다른 베네치아의 귀족이었던 그리마니 가문으로 시집가면서 이 저택을 지참금으로 가져갔다. 도제를 3명이나 배출한 그리마니 가문은 그 저택의 내부를 대대적으로 수리하기 위해 산소비노의 제자였던 빈첸초 스카모치를 고용했다. 이런 이유 때문에 저택의 외부는 르네상스 형식이지만 내부는 바로크 장식으로 채워지게 되었다.

이 건물은 1739년에 다시 벤드라민 가문에 매각되었다. 거상巨商에다 도제의 세속 권력과 추기경의 종교 권력까지 모두 누렸던 벤드라민 가문은 베네치아 여러 곳에 팔라초를 소유했다. 지금 이 건물의 이름이 카 벤드라민이기 때문에 주인처럼 보이지만, 사실은 1844년에 매각해서 진짜 주인이 아니다. 이 건물은 현재 베네치아 시 정부 소유로, 1946년에 매입한 것이다.

이 저택은 두 가지 용도로 사용되고 있다. 박물관과 카지노다. 한 건물이 전혀 성격이 다른 두 가지 용도로 사용되고 있는 이유는 이 건물에 살았던 19세기 중반의 한 인물 때문이다. 독일 작곡가 리하르트 바그너는 1858년부터 임종했던 1883년까지 총 6차례나 베네치아를 방문했다. 그는 마지막 방문 때 카 벤드라민의 1층 전부를 임대해서 사용했다. 전설처럼 전해져 오는 소문에 의하면, 1883년 2월 13일, 바그너는 오페라 여주인공과의 의심스러운 관계를 추궁하던 아내와 말다툼을 하다가 심장마비로 사망했다고 한다. 니체가 독일 정신의 음악적 구현이라고 표현했던 바그너는 그렇게 베네치아에서 숨졌다. 어쨌든 카 벤드라민은 1995년부터 바그너 박물관으로 사용되고 있는데, 토요일에만 예약을 받고 관람객을 맞는다.

삶이 축제가 된다면

또 다른 용도는, 매일 문을 여는 카지노다. 현재 형태의 카지노는 1959년부터 운영되기 시작했다. 베네치아는 원래 카지노의 도시였다. 베네치아 최초의 카지노는 1638년에 문을 열었으니 오랜 역사를 가진 산업이다. 박물관과 카지노라는 정반대되는 가치를 하나의 건물로 소화하고 있는 카 벤드라민은 베네치아 주민들에게는 '논 노비스 도미네Non nobis Domine'로 불린다. 지상 층 벽면 창문 아래에, '주여, 우리에게는 그리 마소서'라고 적혀 있기 때문이다. 이것은 시편 115편에 나오는 구절인데, 십자군의 기수 성전 기사단 단원들이 십자군 전쟁 때 드리는 기도의 한 구절이었다. 카 벤드라민에서 일확천금을 노리고 카지노로 들어가는 사람들을 위한 짧은 기도일지도 모른다.

카 페사로

카 벤드라민 칼레르지를 지나 리알토 다리를 향해 조금 더 수상버스를 타고 가다 보면 오른쪽 수변에 흰색 대리석 건물이 위용을 드러내고 있다. 1층(지상 층)은 마치 성벽을 쌓은 것처럼 단단해 보이는 반면, 2층과 3층은 각각 12개의 기둥을 전면에 배치해서 화려한 느낌을 준다. 1층 출입구에 카 페사로Ca' Pesaro라는 큰 현판이 붙어 있는 건물이다.

카 페사로는 17세기의 베네치아 바로크 양식의 거장이었던 발다사레 롱게나의 작품으로, 앞으로 소개될 카 레초니코와 더불어 바로크 양식 저택의 모범으로 꼽히는 건물이다. 롱게나는 베네치아 풍경을 대표하는 산타 마리아 델라 살루테 성당을 건축해 당시 일대 돌풍을 일으킨 토박이 건축가였다. 앞에서 설명한 대로 롱게나는 팔라디오의 유일한 제자였던 빈첸초 스카모치의 제자였다. 1659년에 카 페사로 공사를 시작한 롱게나는 산소비노와 팔라디오, 직계 스승 스카모치의 르네상스 건축 미학을 계승하면서 동시에 새로운 바로크 미학을 수용하려는 절충주의적인 시도를 했다.

우선 그는 로마와 피렌체의 르네상스 팔라초를 베네치아의 카날 그란데로 옮겨 놓으면서 스승들에 대한 존경심을 표현했다. 건물의 골격에 르네상스 시대의 정형성과 비례 대칭의 원칙이 그대로 유지된 것도 그 때문이다. 그러나 롱게나는 각 층에 12개의 기둥을 촘촘하게 배치하고 벽면에 창문과 여러 가지 장식을 가미해서 바로크 양식의 입체감을 동시에 부여했다. 롱게나가 추구했던 바로크의 입체감은 앞서 보았던 카 벤드라민 칼레르지와 비교해보면 된다. 르네상스 양식은 전면 파사드가 평면이거나, 베란다가 배치된 정도의 단순한 입체감만 준다. 그러나 롱게나의 카 페사로에는 음양이 느껴질 정도의 깊은 입체감이 강조되어 있

카 페사로. 바로크 거장 롱게나가 건축했고 지금은 2개의 박물관이 입주해 있다.

다. 구조와 골격, 각종 장식, 창문과 기둥의 배치에서 어떤 리듬감이 느껴질 정도로 입체적이다.

카 페사로가 호화로운 바로크 시대의 건물처럼 보이면서 동시에 균형과 안정을 잃지 않게 된 것은 바로 이런 롱게나의 절충주의적인 시도가 성공을 거두었기 때문이다. 정면 파사드의 모든 창문 틀 위에 화려하게 조각되어 있는 아기 천사들의 반복적인 등장이 바로 롱게나가 추구했던 '베네치아 바로크'의 전형적인 특징이었다. 그러나 안타깝게도 1682년, 롱게나는 이 건물이 완성되는 것을 보지 못하고 일찍 임종했다. 롱게나의 설계에 따라 이 건물을 1710년 최종적으로 완공한 인물은 그의 제자 안토니오 가스파리Antonio Gaspari(1749년 사망)다. 그는 작고한 스승이 남긴 살루테 성당도 마무리 지었다.

건물의 첫 주인이었던 페사로 가문은 16세기 초반에 베네치아 해군 총사령관으로 임명되어 오스만제국과의 전쟁을 지휘했던 베네데토 페사로 Benedetto Pesaro(1430~1503년경)를 배출했다. 그의 사촌이었던 야코포 페사로Jacopo Pesaro(1466~1547년)도 교황 알렉산데르 6세Alexander VI의 교황군 함대 사령관이었고, 장차 티치아노에게 〈카 페사로의 마돈나〉를 주문하는 예술 후원자이기도 했다. 그러나 페사로 가문의 가세는 이 건물을 건축한 이후부터 급격하게 기울고 말았다. 이 건물은 베네치아 부동산 시장의 매물로 떠돌다가 1898년에 베네치아에 최종 기증되었다. 그해 베네치아 비엔날레의 전시관으로 사용되었는데, 그 이후부터 아예 미술관으로 건물의 용도가 바뀌게 된 것이다.

현재 카 페사로는 현대 미술 국제관Galleria Internazionale d'Arte Moderna과 오리엔탈 예술 박물관Museo d'Arte Orientale으로 사용되고 있다. 현대 미술 국제관에는 클림트Gustav Klimt, 샤갈Marc Chagall, 클레Paul Klee, 피에르 보나르Pierre

Bonnard, 헨리 무어Henry Moore, 후안 미로Joan Miró, 조르조 데 키리코Giorgio de Chirico, 탕기Yves Tanguy, 칸딘스키Wassily Kandinsky 등의 작품이 소장되어 있다. 클림트의 유명한 〈유디트 II〉도 이곳에 전시되어 있다.

오리엔탈 예술 박물관은 3층에 있다. 1887년부터 1889년까지 아시아를 방문했던 부르봉-파르마의 헨리 왕자Prince Henry of Bourbon Parma(1851~1905년)가 일본에서 구입한 일본 에도 시대의 작품과 유물들(도자기, 갑옷, 무기, 악기, 부처상, 족자, 조개에 그린 그림 등)이 있고, 중국과 인도네시아의 작품을 포함해 총 3,000점의 작품을 소장하고 있다. 전시되어 있는 일본 에도 시대의 작품과 유물의 수준은 외국에 있는 일본 박물관 중에서 최고 수준이다.

카 도로

카 페사로 건너편에 베네치아 고딕 양식을 대표하는 카 도로가 서 있다. '황금의 저택'이란 뜻이다. 카날 그란데를 바라보는 파사드를 금색으로 칠했기 때문에 붙여진 이름이었다. 그러나 지금은 퇴색되어 고풍스러운 흰색 대리석 건물로 보인다. 황금 보기를 돌같이 하라 했는데, 알고 보니 원래부터 돌이었던 것이다. 기둥과 베란다가 설치된 왼쪽과 창문으로 구성된 오른쪽으로 나누어져 있고(불규칙적이란 뜻), 두칼레 궁전의 기둥 처리와 닮은 것을 보면 쉽게 베네치아 고딕 양식의 저택임을 알 수 있다. 베네치아에서는 가장 오래된 건축 양식이다.

카 도로는 원래 베네치아의 최고 명문가였던 콘타리니Contarini 가문의 소유였다. 콘타리니 가문은 베네치아가 아드리아해 북단에서 처음 자리를 잡을 때부터 존재했던 유서 깊은 귀족 가문이다. 베네치아 국가

삶이 축제가 된다면

카 도로. 오른쪽에 있는 건물로, 현재 조르조 프란케티 미술관으로 사용되고 있다.

건립에 공헌했던 '가장 고귀한 베네치아의 12가문Duodecim nobiliorum proles Venetiarum' 중의 하나로 꼽힐 정도였다. 1043년에 첫 도제를 배출한 이래, 17세기까지 총 8명의 도제를 배출해 단일 가문으로서는 가장 많은 도제를 배출했다. 또한 총 44명의 재정 감찰관Procurators과 수많은 국가 관리, 성직자, 학자 등을 배출한 베네치아 최고 명문가였다. 1297년에 '최종 귀족 명단 확정 종료 선언Serrata'을 통해 확정된 베네치아의 247개 귀족 가문 중, 최고의 가문으로 공식 인정받았다. 가문의 역사가 길고, 수많은 자손들이 베네치아 곳곳에서 터전을 잡았기 때문에 지금도 베네치아 지도에서 많은 '카 콘타리니'를 발견할 수 있다.57

1412년, 마리노 콘타리니Marino Contarini는 고풍스러운 수변저택을 건축하기 위해 밀라노 출신의 건축가 마테오 라베르티와 조반니 본Giovanni

Bon(1442년 사망), 그의 아들 바르톨로메오 본Bartolomeo Bon(1464년 사망)에게 건축을 맡겼다. 마테오 라베르티는 두칼레 궁전의 파사드 모서리에 〈술에 취한 노아〉를 조각한 인물로, 고딕 양식의 대가였다. 1424년경부터 1430년 사이에 건축된 카 도로는 베네치아에 현존하는 팔라초 중에서 가장 완벽한 고딕 형태를 유지하고 있다. 왼쪽 고딕식 창문은 두칼레 궁전을 모방했고 건물의 꼭대기에 일렬로 설치된 장식도 비잔틴 양식의 성채를 재현해 완벽한 베네치아 비잔틴-고딕 양식의 건물을 탄생시켰다. 곤돌라의 선수(배의 앞부분)와 닮은 뾰족한 창문은 비잔틴과 고딕 양식의 결합을 보여준다.

카 도로는 현재 조르조 프란케티 미술관Galleria Giorgio Franchetti으로 사용되고 있다. 조르조 프란케티Giorgio Franchetti(1865~1922년)는 마차 운송 사업을 하던 아버지 라이몬도 프란케티Raimondo Franchetti와 유대인 은행가 로스차일드 가문(비엔나 로스차일드) 출신의 어머니 사이에서 태어난 '금수저'였다. 열차의 등장(유럽의 철도 산업도 로스차일드 가문이 주도했다)으로 마차 운송 사업이 사양길에 접어들자 아버지 라이몬도 프란케티는 농업에 눈을 돌렸고(에트나 화산에서 생산되는 프란케티 와인이 유명하다), 이탈리아 독립을 위한 자금을 대면서 막대한 부와 명예를 얻었다. 라이몬도 프란케티는 이탈리아 독립을 위해 자금을 댄 공로로 남작의 작위를 받기도 했다.

아들 조르조 프란케티는 자신의 사업을 이어갈 것을 바랐던 아버지와 불화를 겪었다. 그는 사업보다는 예술에 재능을 보였고(특히 피아노 연주), 피렌체에서 화가가 되기 위해 수련을 받던 중에 많은 초기 르네상스 시대의 작품을 구입했다. 1891년, 그는 가족과 함께 베네치아에 정착했다. 원래 파도바 유대인 출신이었던 프란케티 가문은 이미 베네치아

삶이 축제가 된다면

에 저택을 소유하고 있었다. 앞으로 소개할 카 카발리 프란케티^{Ca' Cavalli} Franchetti가 1878년에 아버지가 구입했던 저택이었다. 조르조 프란케티는 아버지가 소유하고 있던 이 저택에 입주하지 않고, 1894년 17만 리라를 지불하고 카 도로를 구입했다.

　15세기에 베네치아 비잔틴-고딕 양식의 모범으로 건축되었던 황금의 저택은 수 세기를 지나면서 예전의 아름다움을 상실한 채 무작정 방치되어 있었다. 후대의 소유자들이 함부로 증개축하는 바람에 예스러운 맛을 잃어버린 것이다. 조르조 프란케티는 카 도로를 원래 상태로 돌리려는 계획을 세우고 공사에 들어갔다. 그가 심혈을 기울인 점은 고대 로마의 바닥 장식을 그대로 재현해 건물의 고전적 품격을 높이는 것이었다. 그 모자이크 바닥은 조르조 프란케티가 직접 디자인한 것이다. 카 도로를 찾는 사람들은 형형색색의 모자이크로 장식한 바닥을 보면서 유대인 예술 애호가의 품격을 실감하게 된다. 그는 원래 카 도로를 장식하고 있던 유물을 찾아 유럽을 돌아다녔고, 15세기에 그 건물을 건축했던 바르톨로메오 본이 1427년 제작한 우물 덮개를 파리에서 구매해서 원위치에 돌려놓기도 했다.

　1916년, 조르조 프란케티는 소장하고 있던 모든 예술 작품과 함께 카 도로를 이탈리아 정부에 기증했고, 1927년에 준비를 마친 조르조 프란케티 미술관이 문을 열었다. 조르조 프란케티가 피렌체에서 구입했던 르네상스 시대의 작품과 나폴레옹 침공 이후 강제 폐쇄되었던 베네치아의 여러 종교 기관에서 구입했던 작품들이 함께 전시되어 있다. 청동 작품과 조각이 많지만, 걸작으로 평가받고 있는 안드레아 만테냐^{Andrea} Mantegna(1506년 사망)의 〈성 세바스티아노〉와 티치아노의 〈거울을 들고 있는 베누스〉가 가장 유명한 소장품이다. 극심한 병고에 시달리다 권총 자살로 생애를 마친 집주인 조르조 프란케티의 유해는 카 도로의 기둥 아래에 매장되어 있다.

카 벰보

이제 수상버스는 독일 상무관 건물과 리알토 다리를 스쳐 지나가게 된다. 리알토 다리는 이미 설명을 했고, 독일 상무관 건물은 그곳에서 체류했던 위대한 독일 화가 뒤러와 함께 앞으로 소개될 것이다. 리알토 다리는 카날 그란데의 중간 지점쯤에 위치해 있다. 수상버스와 곤돌라 그리고 화물을 싣고 달리는 모터보트까지 모두 합세해서 카날 그란데의 잔잔했던 파도를 출렁이게 만드는 곳이다. 상업의 중심지다 보니 큰 건물들이 빽빽이 들어서 있다. 산 마르코 방향으로 보면서 왼쪽 수변으로 눈을 돌리면 도열해 있는 건물 중에서 붉은색으로 칠해진 저택이 보일 것

카 벰보. 중앙에 있는 붉은 집이다.

이다. 그곳이 카 벰보Ca' Bembo다. 흰색 대리석 건물이 일렬로 서 있는 카날 그란데에서 유독 카 벰보가 돋보이는 이유는 그 특유의 붉은색 때문일 것이다.

14세기에 베네치아에서 결합되었던 북유럽의 고딕 양식과 동 지중해의 비잔틴 양식이 카 벰보의 정면 파사드에 모두 표현되어 있다. 평면으로 처리된 벽면에 작은 창문들이 연속적으로 배치되어 있어, 고풍스러운 느낌을 준다. 옆 건물인 카 마닌 돌핀Ca' Manin Dolfin의 엄격한 르네상스 건물과 완벽한 대비를 이룬다. 카 벰보는 산소비노가 1530년 후반에 건축한 카 마닌 돌핀보다 한 세기 앞선 건물이다. 카날 그란데에 건축된 저택들이 대부분 3층의 구조로 되어 있는데, 카 벰보는 4층 구조처럼 보이도록 설계되었다. 현재 이 건물의 절반은 호텔로 이용되고 있으며, 나머지 반은 베네치아 비엔날레 기간 중에 작품이 전시되는 공간이다.

많은 사람들이 '카 벰보'라는 건물의 이름을 확인하고는 16세기의 유명 문학이론가이면서 동시에 추기경이기도 했던 피에트로 벰보를 떠올린다. 그의 이름이 있으니, 혹여 그가 태어난 곳이 아닌가 짐작하기도 한다. 그러나 그것은 사실이 아니다. 벰보 가문에 속한 다른 사람들이 태어나고 죽은 곳이다. 오히려 이 카 벰보에 살았던 사람들은 우울한 역사와 함께 태어나고 또 죽었다. 두칼레 궁전에 보관되어 있는《황금의 책》에서 "불행하게 살다가 요절한 베네치아의 귀족"의 명단에 유독 벰보 가문 사람들의 이름이 많이 나온다. 국가에 대한 반역 혐의로 교수형 당했던 벰보도 이 저택에 살았고, 또 국가 기밀을 누설해서 참수당한 또 다른 벰보도 이 저택에 살았다. 요절한 그들이 흘렸던 붉은 피를 생각하면서 카 벰보를 바라보면, 특유의 붉은색 담벼락이 예사롭게 보이지 않는다.

카 그리마니 디 산 루카

　온통 붉은색으로 칠해진 카 벰보를 지나 조금 더 산 마르코 쪽으로 이동하면 같은 쪽 수변에 완벽한 르네상스 건물이 모습을 드러낼 것이다. 저택의 오른쪽으로 산 루카 지류^{Rio di San Luca}가 흐르고 있기 때문에 그것을 기준으로 찾으면 된다. 그래서 건물의 이름도 카 그리마니 디 산 루카^{Ca' Grimani di San Luca}다. 도제를 3명이나 배출한 그리마니 가문의 위세에 대해서 이미 살펴보았다. 제일 먼저 소개했던 카 벤드라민 칼레르지도 한때 그리마니 가문의 소유였다. 워낙 저택이 많다 보니 '산 루카 지류 옆에 있는 그리마니 가문의 저택' 식으로 특정해서 불리는 것이다.

　카 그리마니 디 산 루카는 완벽한 르네상스 양식의 모범을 보여주

카 그리마니 디 산 루카. 현재 베네치아 법원으로 사용되고 있는 건물.

삶이 축제가 된다면

는 건물이다. 베네치아의 재정 감찰관이었던 지롤라모 그리마니Girolamo Grimani의 주문으로 미켈레 산미켈리Michele Sanmicheli(1559년 사망)가 설계를 맡았다. 1576년에 최종적으로 완공되었을 때부터, 르네상스 팔라초의 완벽한 모델로 칭송을 받았다. 고대 로마의 개선문을 떠올리게 만드는 정면 파사드는 코린트 양식의 열주를 규칙적으로 배열시켜 웅장한 아름다움을 더하고 있다. 야코포 산소비노와 안드레아 팔라디오가 르네상스의 아름다움을 드높인 건물이라고 극찬했으며,《베네치아의 돌》을 쓴 존 러스킨도 "가장 뛰어난 품격을 가진 건물"이라고 평가한 바 있다.

풍수지리설이 바다도시 베네치아에서도 통했던 것인지, 그리마니 가문은 새 저택을 마련하고 난 후부터 비약적으로 발전해갔다. 재정 감찰관이었던 지롤라모 그리마니의 아들 마리노 그리마니Marino Grimani(1595∼1605년 재위)가 베네치아의 제89대 도제로 선출되었기 때문이다. 도제 마리노 그리마니의 치적은 국내외 정치나 경제 성장보다 그의 아내 모로시나 모로시니Morosina Morosini를 도제 영부인Dogaressa으로 모시는 축제로 더 유명하다. 마리노 그리마니는 도제로 임명된 후, 1597년부터 새로운 베네치아의 축제를 만들었다. 그의 아내가 왕후로 추대되어 카 그리마니에서 곤돌라를 타고 두칼레 궁전까지 퍼레이드를 펼치는 것이다. 이 황당한 축제의 규모가 얼마나 컸던지, 베네치아 의회는 이런 국가 행사를 다시는 개최하지 못하게 하는 법을 새로 만들어야 했다고 한다. 카 그리마니는 1806년까지 가문의 저택으로 사용되다가 현재는 베네치아의 법원으로 사용되고 있다. 지금 카 그리마니에서 일하는 법관들은 가문의 영광을 위해 무리한 축제를 강행했던 집주인의 오래된 잘못을 기억하고 있을까?

카 포스카리

산 마르코 광장 쪽으로 굽이쳐 흐르던 카날 그란데는 볼타 지류Volta del
Canal를 만나 두 갈래로 나뉘어 흐른다. 거꾸로 된 S자로 흐르던 카날 그
란데가 다시 휘어져 산 마르코 광장 쪽으로 흘러가는 분기점이다. 아카
데미아 다리가 시야에 들어오는 교차로에서 보면, 카 포스카리가 오른쪽
수변에 길게 서 있다. 원래 이곳에는 '2개의 탑을 가진 저택'이란 옛 이
름의 비잔틴 건물이 있었는데, 포스카리 가문이 15세기에 베네치아 고딕
양식으로 개조했다.

포스카리 가문은 1297년, 베네치아의 귀족 가문이 확정된 이후에 편
입된 신흥 귀족이다. 14세기부터 베네치아 사람들의 주목을 받기 시작하
다가 1423년, 프란체스코 포스카리가 경쟁자였던 로레단 가문을 누르고
도제로 선출되었다. 1453년, 도제 프란체스코 포스카리가 이 건물을 매
입하면서 카 포스카리로 불리기 시작했다. 도제 포스카리가 비잔틴 건물

카 포스카리. 왼쪽에 있는 건물과 통합되어 지금은 포스카리 대학 건물로 사용되고 있다.

을 고딕 스타일로 바꾼 이유가 있다. 정면 파사드를 이른바 '플로럴 고딕 Floral Gothic' 양식의 창문으로 바꾸어 달도록 했는데, 이는 두칼레 궁전의 외벽에서 볼 수 있는 디자인이다. 카날 그란데에 이런 양식을 파사드에 도입한 저택들은 대부분 도제를 배출한 집안인 경우가 많았다. 자기가 살고 있는 저택이 '작은 두칼레 궁전'이라는 뜻이기 때문이다. 그래서 도제 포스카리도 신흥 귀족이었지만 당당히 두칼레 궁전의 주인이 된 자신의 저택을 '작은 두칼레 궁전'으로 바꾼 것이다.

도제 포스카리는 격동의 시대에 나라의 운영을 책임져야 하는 가혹한 운명에 노출되면서 엄청난 고초를 겪었다. 그의 경쟁자였던 로레단 가문은 베네치아의 미래가 해상 세력의 확장에 달려 있다고 주장한 반면, 포스카리는 이탈리아 본토에서 베네치아의 영토를 확장하는 것이 상책이라는 주장을 펼치고 있었다. 바다로 갈 것이냐, 아니면 육지로 갈 것이냐? 베네치아의 이 고민은 두칼레 궁전에 있는 '거인의 계단'을 장식하고 있는 산소비노의 두 조각상으로 표현되어 있다. 바다의 신 넵튠(포세이돈)을 섬길 것인가, 아니면 전쟁의 신 마르스를 섬길 것인가?

도제 포스카리는 마르스를 선택했다. 그 결과는 밀라노와의 전쟁이었다. 이탈리아 본토의 북동쪽은 이미 밀라노의 통치권에 속해 있었기 때문이다. 도제 포스카리가 이탈리아 내륙으로 진출하려면 결국 막강한 육군을 가진 밀라노와 대결해야만 했다. 그러나 34년에 이르는 최장기 집권 역사에서, 유능했던 도제 포스카리를 괴롭혔던 것은 외적의 공격이 아니라, 가족의 문제였다. 아들 야코포 포스카리가 뇌물 수수 사건에 연루되어 크레타로 추방되었다가 그곳에서 사망했는데, 도제 포스카리는 이런 내우외환에 시달리고 있었던 것이다. 베네치아에서는 이를 '포스카리 가문의 비극'이라고 표현한다. 공직자가 가족 문제 때문에 어려움을 겪는 현상을 말한다.

결국 도제 포스카리는 아들 문제에 대한 책임을 지고 도제의 자리에서 물러났다. 아버지로서의 책임을 다하겠다는 뜻이었다. 그때의 상심이 큰 충격이 되었는지, 도제 포스카리는 사임 후 1주 만에 사망하고 말았다. 나라의 방향을 설정하고 자식의 문제에 기꺼이 책임을 졌던 도제 포스카리의 리더십과 충성심을 잘 알고 있던 베네치아 시민들은 두칼레 궁전 입구 정문에, 성 마르코(사자) 앞에서 무릎을 꿇고 있는 도제 포스카리를 조각해 그의 생애를 기념했다.

15세기에 이 건물은 베네치아 정부의 소유가 되어 주로 외국인 출신의 용병대장들이 사용하는 공관으로 활용되었다. 만토바 출신의 용병대장 잔프란체스코 곤자가Gianfrancesco Gonzaga(1444년 사망)나 1430년대에 베네치아를 위해 싸웠던 용병대장 프란체스코 스포르자Francesco Sforza(1466년 사망) 등이 이 공관에 머물렀다.[58] 16세기에는 베네치아를 방문하는 국빈 접대를 위한 영빈관 시설로 확장되었고, 1574년에는 프랑스의 왕 헨리 3세가 2층 전체를 임대해 사용한 적도 있다. 1698년에는 북유럽에서 그랜드 투어 중이던 러시아의 차르 표트르 1세Peter I(1682~1725년 재위)가 비밀리에 방문했을 때 묵을 숙소로 섭외되기도 했다.

현재 카 포스카리는 1868년에 설립된 이탈리아의 명문 포스카리 대학의 건물로 사용되고 있다. 1984년 임종한 이탈리아 문학가이자 파시스트 운동의 반대자였던 마리오 바라토Mario Baratto(1920~1984년)를 기념하는 2층의 대연회장 아울라 마리오 바라토Aula Mario Baratto는 베네치아에서 가장 크고 화려한 공간으로 알려져 있다.

삶이 축제가 된다면

카 그라시

카 포스카리 건너편에 수상버스 선착장이 있다. 선착장 이름은 산 사무엘레San Samuele이다. 선착장 바로 왼쪽에 붙어 있는 건물이 카 그라시Ca' Grassi이다. 구겐하임 미술관과 함께 베네치아 현대 미술관을 대표하는 명소다. 카 그라시를 정면으로 바라보고 있는 운하 건너편의 카 레초니코와 비슷하게 보이는데, 이유는 간단하다. 두 저택 모두 한 사람이 건축했기 때문이다.

그라시 가문과 레초니코 가문은 치열한 경쟁 상대였다. 레초니코 가문

카 그라시. 일본 건축가 안도 타다오가 리모델링을 맡았던 건물로 현대 미술관으로 사용되고 있다.

이 건축가 조르조 마사리Giorgio Massari(1687~1766년)를 동원해 저택을 짓자, 그 건너편에 살던 안젤로 그라시Angelo Grassi(1758년 사망)는 조르조 마사리를 다시 불러 더 멋진 저택을 짓도록 했다. 마사리는 바로크 시대의 마지막 건축가였다. 그러나 그는 베네치아 건축의 전통으로 내려오던 팔라디오의 신고전주의적인 균형미를 존중했다. 1층과 2, 3층의 구조를 달리한 것은 건물에 입체감을 부여하기 위한 바로크적인 장식이다. 그러나 규칙적으로 배열한 2, 3층의 창문과 창문틀은 베네치아 건물의 전통으로 자리 잡은 신고전주의적인 비율과 대칭을 존중하는 배려였다. 이런 종합적인 태도는 카날 그란데 건너편에 있는 카 레초니코에서도 동일하게 적용된다.

그라시 가문은 원래 볼로냐 출신이었는데, 13세기부터 키오자 지역에서 터전을 잡고 부를 일군 신흥 귀족이었다. 베네치아 의회는 1718년부터 《황금의 책》 귀족 명단에 그라시 가문을 포함시켰다. 그라시 가문이 저택을 처분한 1840년부터 많은 사람들이 연이어 소유와 매각을 반복했고, 20세기 중반에는 잠시 박물관으로 사용되기도 했다. 1983년, 피아트 그룹이 매입한 뒤 현대 미술관으로 전환시켰다. 이 건물의 내부를 현대 미술관으로 개조한 건축가 알도 로시Aldo Rossi는 1990년에 세계적 명성을 가진 프리츠커Pritzker 상을 수상했다. 당시 심사위원들은 카 그라시에 표현된 로시의 건축 미학을 이렇게 평가했다.

로시는 고전주의 건축의 교훈을 따르되, 모방하지는 않았다. 그는 고전주의 건축의 보편적인 아름다움이 과거로부터 메아리치게 만들었다. 그의 건물은 돌발적이면서 동시에 평범하다. 튀지 않는 독창성을 유지하고 있고, 지독하게 복잡한 개념의 의미를 간단한 외양으로 드러내는 데 성공

삶이 축제가 된다면

했다.59

카 그라시는 2005년에 다시 매각되었다. 프랑스의 사업가인 프랑수아 피노François Pinault가 2,900만 유로에 인수했고, 일본의 건축가 안도 타다오에게 다시 리모델링 공사를 맡겼다. 안도 타다오는 앞으로 설명할 푼타 델라 도가나Punta della Dogana에서처럼 건물에 미니멀리즘을 부여하면서 카 그라시의 내부를 40개의 전시공간으로 분할했다. 건물 안에 있는 극장을 현대식으로 보수해 찬사를 받기도 했다. 2006년 4월, 현재의 프랑수아 피노 재단이 운영하는 현대 미술관이 문을 열었다.

카 레초니코

카 그라시 건축에 영감을 불러일으킨 건물, 카 레초니코는 카날 그란데를 사이에 두고 카 그라시와 정확한 대칭을 이루고 있다. 수상버스의 선착장이 저택 바로 앞에 있는 것도 같다. 자기 집 앞에 선착장이 있다는 것은, 그 집 주인의 세도가 만만치 않다는 뜻일 것이다. 카 레초니코는

카 레초니코. 18세기 베네치아 박물관으로 사용되고 있다.

내부가 길게 설계되어 있기 때문에 정면 파사드만 생각하고 건물의 크기를 가늠하면 안 된다. 내부에 큰 정원까지 가지고 있는 카 레초니코의 크기는 방문객을 놀라게 한다.

원래 이 건물의 부지는 도제를 배출했던 명문가 본Bon 가문의 소유였다. 1649년, 베네치아의 재정 감찰관이었던 필리포 본Filippo Bon은 기존의 노후한 2채의 집을 허물고 1채의 거대한 저택을 짓기 위해, 베네치아 바로크의 대표 건축가였던 발다사레 롱게나를 고용했다. 지척에 있는 베네치아 바로크를 상징하는 살루테 성당을 설계한 신예 건축가였다. 저택 공사는 1661년에 시작되었으나 본 가문의 재정 상태가 악화되어 공사는 중단되었고, 롱게나도 1682년 임종하고 말았다. 1712년, 필리포 본은 공사가 중단된 건물을 후손들에게 물려주고 임종했지만, 공사를 재개할 만한 경제적인 여유를 가진 후손이 나타나지 않았다. 결국 1750년, 본 가문은 롬바르디아 출신의 은행가인 잠바티스타 레초니코Giambattista Rezzonico에게 이 건물을 6만 두카트에 매각했다. 앞에서 소개한 대로 레초니코는 조르조 마사리를 고용해 현재의 건물 형태로 마무리 짓고 이름을 카 레초니코로 붙였다. 카날 그란데 건너편에 있는 카 그라시를 건축한 바로 그 사람이다.

마사리는 처음 건물을 설계했던 발다사레 롱게나의 바로크 양식을 존중했지만, 자신의 시대정신이었던 로코코의 요소도 부분적으로 반영했다. 그는 내부 천장을 기존 건물보다 2배나 높여 장엄한 건물을 만들었다. 롱게나의 바로크 정신을 유지하면서도 자신의 화려한 로코코 양식을 더하기 위해서였다. 엄청난 천장 높이의 대연회장과 화려한 황금색 스투코 장식은 조르조 마사리의 개인적 취향을 반영하고 있다. 내부에 있는 화려한 계단도 조르조 마사리의 작품이다. 그러나 산소비노의 신고전주의적인 대칭과 비례를 존중했던 롱게나의 파사드는 거의 원형으로 보존했다. 바다 수면과 접하고 있는 1층 아랫부분에는 인상적인 사자의 머리가 장식되어 있고, 거친 돌 쌓기Rustication를 적용해 저택이 튼튼한 성채처럼 보이도록 만들었다. 르네상스와 바로크, 로코코가 함께 조화를 이룬 카 레초니코 건물은 1756년에 최종 완성되었다.

이듬해인 1757년, 레초니코 가문에 경사가 났다. 루도비코 레초니코가 베네치아 최고 부자 가문의 딸이었던 파우스티나 사보르난Faustina Savorgnan에게 장가를 들면서, 가문의 위상이 높아진 것이다. 잠바티스타 레초니코는 이 결혼을 기념하기 위해 당대 최고의 화가였던 조반니 티에폴로

Giovanni Tiepolo(1696~1770년)에게 〈알레고리의 살롱 천장화〉를 그리도록 했다. 신랑신부가 아폴로의 마차를 타고 가는 화려한 그림이다. 티에폴로와 그의 아들들은 불과 12일 만에 그 천장화를 완성했다. 티에폴로가 '알레고리의 살롱'을 장식하는 동안 다른 베네치아 화가들이 '파스텔의 살롱'에 〈무지를 정복하는 예술〉이란 제목의 천장화를 그렸다. 파스텔이란 이름이 붙은 이유는 그 살롱 안에 파스텔로 그린 초상화가 많이 전시되어 있기 때문이다. 그 그림 속에 티에폴로 아내의 초상화도 그려져 있는 것으로 유명하다.

조반니 티에폴로가 그린 〈알레고리의 살롱 천장화〉가 전시되어 있는 방.

결혼식 이후에 더 큰 기쁜 일이 있었다. 레초니코 가문이 아니라 전 베네치아에 큰 경사였으니, 잠바티스타 레초니코의 아들 카를로 레초니코 Carlo Rezzonico가 교황 클레멘스 13세Clemens XIII(1758~1769년 재위)로 즉위한 것이다. 카 레초니코는 교황이 탄생한 집으로 알려지면서, 화려함과 명성을 더해갔다. 레초니코 가문의 교황 클레멘스 13세는 예수회 대학에서 수학했고, 재임 기간 동안 다른 수도회로부터 공격을 받던 예수회를 보호하기 위해서 혼신의 힘을 다했던 것으로 유명하다.

1810년, 레초니코 가문의 마지막 인물이 임종하면서 카 레초니코는 예수회 대학으로 잠시 사용된 적이 있다. 가문이 배출한 교황의 친 예수회 정책과 어울리는 조치였다. 그러나 이후에 카 레초니코는 여러 사람에게 양도되거나 임대되었는데, 한때 영국의 시인 로버트 브라우닝Robert Browning(1812~1889년)이 소유했던 적도 있었다. 1935년, 최종적으로 베네치아 시가 구매해 현재의 '18세기 베네치아 박물관Museo del Settecento Veneziano'으로 운영되기 시작했다. 박물관 내부에 있는 '왕좌의 방'은 1778년 베네치아를 방문한 교황 피우스 6세Pius VI(1775~1799년 재위)가 머물렀던 방이다. 사실 그 방은 1757년 결혼했던 루도비코 레초니코의 신혼 방으로 사용된 적이 있다. 이 방의 천장화도 티에폴로와 그의 아들들이 그렸는데 〈덕성의 알레고리〉란 이름이 붙어 있다. '티에폴로의 방'에도 티에폴로의 〈고귀함과 덕성이 무지를 정복함〉이라는 천장화가 그려져 있는데, 원래 그 방에 그려진 것이 아니라 다른 곳에 그려진 그림을 베네치아 시가 1934년에 구매해서 붙인 것이다.

삶이 축제가 된다면

카 카발리 프란케티

　　나무로 만들어진 아카데미아 다리Ponte dell'Accademia는 베네치아 최고의 포토 존이다. 산 마르코 성당 쪽을 바라보며 사진을 찍으면 아름다운 살루테 성당이 물가에서 우아한 포즈를 취하고 있다. 그냥 대충 찍어도 멋진 작품이 된다. 1933년에 만들어진 이 다리의 한쪽 끝에 카 카발리 프란케티Ca' Cavalli Franchetti가 있다. 반대편에는 베네치아 아카데미아 미술관으로 사용되고 있는 스쿠올라 델라 카리타Scuola della Carità 건물이다.

　　1565년에 건축된 카 카발리 프란케티는 이름 그대로 카발리 가문이 처음 소유했다가, 나중에 오스트리아 왕가가 이 건물을 사들였다. 프랑스 침공 이후에 베네치아를 차지하게 된 합스부르크 왕가가 자신들의 존재감을 드러내기 위해 건물을 사들인 것이다. 그들은 이 건물을 개조시

카 카발리 프란케티. 베네치아 과학 아카데미 건물로 사용되고 있다.

커, 르네상스 시대 말기에 지어졌던 건물의 파사드를 고풍스러운 베네치아 고딕 스타일로 바꾸었다. 두칼레 궁전의 창문 양식이 보이는 저택은 정치적 의도를 가지고 있다는 것을 이미 앞에서 설명했다. 자기 집이 '작은 두칼레 궁전'이란 뜻이기 때문이다. 우리가 이 도시의 통치자 가문이란 것을 보여주려는 의도였다. 1847년, 이 건물은 다시 프랑스에서 망명해 온 샹보르의 백작 헨리 5세Henry V, Count of Chambord(1820~1883년)에게 매각되었다. 라 페니체 극장을 건축했던 잠바티스타 메두나Giambattista Meduna(1880년 사망)가 건물 일부의 보수 공사를 맡았다.

오스트리아와 프랑스를 거쳐 이번에는 유대인에게 소유권이 넘어간다. 1878년, 빈의 로스차일드 가문이 이 저택을 사들이고 이름을 카 카발리 프란케티로 바꾸었다. 이 저택을 구매한 로스차일드 가문의 사위 라이몬도 프란케티는 카 도로를 구매해서 미술관으로 전환시킨 조르조 프란케티의 아버지다. 로스차일드 가문은 1922년에 이 건물을 베네치아 시에 기증했고, 1999년부터 이 건물은 베네치아 과학 아카데미Istituto Veneto di Scienze, Lettere ed Arti가 사용하고 있다. 이 아카데미는 1810년, 프랑스의 정복자 나폴레옹에 의해 설립된 것이다.

카 바르바리고

카날 그란데의 수변저택들은 점점 규모가 줄어든다. 산 마르코 대성당과 두칼레 궁전으로 다가갈수록 건물의 높이가 낮아지는 경향을 보인다. 일종의 고도제한이다. 청와대와 정부종합청사 옆에 있는 건물들의 높이가 낮은 것과 같은 현상이다. 산 마르코 광장 선착장까지 이제 남은 건물은 구겐하임 미술관, 살루테 성당, 푼타 델라 도가나Punta della Dogana다. 살

삶이 축제가 된다면

카 바르바리고. 유리 공예 작품 전시관으로 사용되고 있다.

루테 성당은 이미 롱게나와 함께 설명했고, 나머지 두 건물은 앞으로 상세히 설명될 것이다.

카날 그란데의 10대 수변저택 중 마지막 작품은 카 바르바리고Ca' Barbarigo다. 솔직히 가문의 역사나 건축 양식의 독특성보다 시각적인 효과 때문에 선택된 것이다. 형형색색의 무라노 유리로 벽면을 가득 채우고 있는 독특한 건물이다.

이 저택의 주인이었던 바르바리고Barbarigo 가문은 15세기 말, 연이어서 도제를 2명 배출한 명문가다. 마르코 바르바리고Marco Barbarigo(1485~1486년 재위)에 이어 그의 동생 아고스티노 바르바리고가 연달아 도제를 역임했다. 도제 아고스티노 바르바리고는 원래 산 마르코 광장의 시계탑에 사자 상 앞에서 무릎을 꿇고 있는 모습으로 조각되었는데, 그 조각상은 나폴레옹의 점령군들에 의해 철거되었다. 전설에 의하면 가문의 조상들이 사라센 포로를 끌고 왔는데 그들이 모두 수염Barba을 길렀다고 해서 바르바리고란 가문의 이름을 얻게 되었다고 한다. 그렇게 명망가였는데 카 바르바리고의 크기가 의외로 작은 이유는, 그곳이 가문의 원래 거주지가 아니었기 때문이다. 카날 그란데에만 바르바리고 가문의 이름이 붙은 3개의 수변저택이 있다.

16세기에 건축된 작은 저택 카 바르바리고는 1886년, 외벽을 무라노 유리로 장식해서 논란을 불러일으켰다. 비잔틴-고딕 양식, 르네상스, 바로크의 전용 무대라고 할 수 있는 카날 그란데에 뜬금없이 형형색색의 유리로 벽면이 장식된 건물이 등장한 것이다. 비잔틴-고딕 양식의 두칼레 궁전, 르네상스 스타일의 산 조르조 마조레 성당, 바로크의 살루테 성당이 지척인 곳에 유리로 반짝이는 건물이 들어선 것이다. 이런 과감한 장식을 시도한 사람은 프랑스에서 태어나 이탈리아에서 성장하고, 영국에서 활동했던 헨리 레이어드Henry Layard(1817~1894년)였다. 보통 영국의 탐험가(페르시아), 고고학자(바빌론 유적지 발굴), 정치가(외무성 차관), 외교관(스페인과 터키)으로 알려져 있지만, 그는 유능한 사업가이기도 했다. 그는 1866년에 런던에서 '베네치아 무라노 유리 회사'를 설립했는데, 지금도 그 명맥을 이어가고 있는 '폴앤컴퍼니'는 세계 유리공예 시장을 주도하는 회사다. 그는 산 마르코 대성당 안에 전시되어 있는 모자이크를 보고, 카 바르바리고 파사드 장식의 아이디어를 떠올렸다고 한다.

정면에 배치되어 있는 모자이크화의 주제는 〈산 마르코 대성당의 티치아노를 방문한 카를 5세〉(왼쪽)와 〈무라노를 방문한 프랑스의 왕 앙리 3세〉(오른쪽)이다. 베네치아 출신의 화가 티치아노는 신성로마제국의 황제 카를 5세의 초상화를 여러 점 그린 것으로 유명하다. 1548년, 황제가

삶이 축제가 된다면

아우크스부르크Augsburg 왕궁에 있을 때 직접 그곳으로 가서 황제의 기마상과 전신상을 그린 적이 있다. 카를 5세는 자주 티치아노의 화실을 방문했는데, 그 장면을 모자이크로 표현했던 것이다. 모자이크 작가는 작품의 무대를 산 마르코 대성당으로 옮겨 왔다. 조르조 바사리의 기록에 따르면, 티치아노가 산 마르코 대성당의 모자이크화를 보수할 때 밑그림을 그려주었다고 한다. 이 현장을 황제 카를 5세가 찾아와 티치아노와 대화를 나누는 장면으로 표현했다.

오른쪽에 있는 〈무라노를 방문한 프랑스의 왕 앙리 3세〉는 1574년에 베네치아를 방문하고 "만약 내가 프랑스 사람이 아니었다면 베네치아 사람이 되었을 것이다"라는 유명한 말을 남겼던 프랑스의 왕 앙리 3세의 모습을 담고 있다. 프랑스의 왕이 무라노의 유리 공장을 방문한 장면을 담고 있으니 무라노 유리 공예 산업의 쇼윈도 주제로는 최고의 선택일 것이다. 그 위에 있는 두 사람의 초상화는 베네치아를 대표할 뿐만 아니라 치열한 예술의 경쟁 상대였던 틴토레토와 티치아노의 초상화다. 틴토레토가 왼쪽에, 티치아노가 오른쪽에 전시되어 있다.

1866년, 헨리 레이어드와 함께 '베네치아 무라노 유리 회사'를 설립한 이탈리아 동업자 비토리오 살비아티Vittorio Salviati는 독립해 회사 '살비아티Saviati & Co.'를 만들고, 카 바르바리고를 회사 본부로 사용했다. 지금도 카 바르바리고는 이 회사의 무라노 거울 공예 작품을 전시하는 공간으로 활용되고 있다.

5부

넘실대는 예술의 도시, 베네치아

19장

베네치아 아카데미아 미술관

벨리니와 조르조네

우리의 베네치아 여행은 좌우로 기분 좋게 흔들리는 곤돌라를 탄 것처럼 황홀하기만 했다. 리도섬과 무라노에서 시작된 우리의 여행은 산 마르코 광장의 여러 건물들과, 그 건물들을 지어 올리면서 명성도 함께 쌓아갔던 3명의 뛰어난 준재들(산소비노, 팔라디오, 롱게나)과의 만남으로 이어졌다. 인간도처유청산人間到處有靑山(인간이 가는 곳마다 청산이 있다)이라더니, 아드리아해의 초록빛 바닷물과 어우러진 빼어난 건물들이 발길 닿는 곳마다 장관을 이루고 있었다.

　중심부를 봤으니 주변부도 살펴보자는 심산으로 좁은 골목길로 들어섰는데, 오호라, 이번에는 인생도처유상수人生到處有上手(사람 사는 곳곳마다 고수들이 존재한다)로구나. 단테, 페트라르카, 성 루치아, 셰익스피어, 엔리코 단돌로, 마르코 폴로, 카보토가 골목길 어귀에서 우릴 기다리고 있었다. 좀 쉬어볼 요량으로 수상버스를 탔는데, 이번에는 즐비한 수변저택의 아름다움이 가히 대하고루大廈高樓를 이루고 있다! 큰 집과 아름드리 기둥이 바닷물에 반사되어 물 위에서 넘실댄다. 파도와 함께 흔들거리며 춤추는 건물들. 그 사이를 오가는 사람들도 바닷물에 반사되어 흔들거린다. 그 사람들도 물 위로 떠다니는 것 같다. 이제야 알 것 같다. 페기 구겐

　　　　　　　　　삶이 축제가 된다면

하임이 왜 다음과 같이 말했는지를.

정상적인 삶이란 베네치아에 존재하지 않습니다.
여기서는 모든 것들이, 그리고 모든 사람들이 물 위에서 떠다닙니다.
이렇게 물 위에서 떠다니며 사는 것이, 베네치아에서는 멋진 일상입니다.
물결에 비친 도시는 그림처럼 보이는데,
최고의 거장이 그린 어떤 작품보다 더 아름답습니다.

여기서 우리들의 베네치아 여행을 끝낼 수는 없다. 지면이 길어지고,
책 읽는 시간이 늘어날 것을 감수하고라도 우리는 좀 더 베네치아를 붙
들고 있어야 한다. 이대로 떠나버린다면, 여기서 책장을 덮는다면, 우리
는 베네치아의 진면목을 놓치게 될 것이다.

페기 구겐하임은 베네치아의 아름다움을 예술 작품과 비교했다. 최고

산 마르코 선착장에서 본 산 조르조 마조레 성당.

의 거장이 그린 어떤 그림보다 아름답다는 것이다. 이런 말을 할 수 있다는 것은 이미 그녀의 안목이 거장의 예술 작품을 알아보는 심미안임을 보여주는 것이다. 베네치아에서는 누구든지 예술의 심미안이 된다. 도시 자체가 예술이고, 발길 닿는 곳에 서 있는 건물들이 모두 걸작이며, 아무 집에나 들어가 고개를 들면 명작 천장화가 우리를 내려다보고 있기 때문이다. 환경이 사람을 만든다. 베네치아가 우리를 예술의 세계로 인도할 것이다.

베네치아의 마지막 여정은 이 걸작 예술품들을 만나보는 것이다. 이왕 시작한 걸음, 끝까지 한번 가보자. 천재 예술가들을 만나보고 그들이 남긴 작품 앞에서 그들의 생각을 생각해보자. 왜 이런 그림을 그렸을까? 이 그림을 그릴 때 어떤 일이 있었을까? 무슨 얘기를 하고 싶었던 것일까? 왜 이 그림이 명작일까? 나는 왜 이 그림이 마음에 들까? 그림이 내게 말을 건네고 있는 것일까, 아니면 내가 이 그림에게 말을 걸고 있는 것일까?

가급적 소개되는 인물의 연대순을 따라 우리의 마지막 예술 여정이 펼쳐질 것이다. 발걸음을 더 가볍게 하기 위해 시대순으로 배치하되, 그들의 작품이 보존되어 있는 장소를 함께 순례하는 방식을 따른다. 건축은 이미 거장 3명의 이름과 함께 자세히 소개되었으니, 마지막 장에서는 화가, 음악가, 현대 건축가를 중심으로 설명을 펼친다. 예술계의 올림픽인 베네치아 비엔날레 그리고 놀이가 예술이 되는 순간인 베네치아 카니발이 우리들의 마지막 여정이 될 것이다.

멀리 피렌체에서 몰려오기 시작한 르네상스의 파도가 베네치아 해안에 도착하는 데까지 꼭 100년이 걸렸다. 중세의 어둠이 물러간 피렌체에서 인간과 세상의 본질을 파헤치는 르네상스 운동이 시작된 지 100년 후에, 베네치아에서도 르네상스의 새 물결이 일어나기 시작했다. 르네상스 정신에 다가갔던 최초의 베네치아 예술가들이 있었으니, 15세기 말부터 활동했던 벨리니 가문의 사람들과 16세기 초반에 활동한 천재 예술가 조르조네Giorgione(1477~1510년 추정)이다.

베네치아 아카데미아 미술관.

이제 우리는 이들 개척자들을 만나기 위해 아카데미아 미술관으로 간다. 로마에 보르게세 미술관이 있고, 피렌체에 우피치 미술관이 있고, 밀라노에 브레라 미술관이 있고, 나폴리에 카포디몬테 미술관이 있다면, 베네치아에는 아카데미아 미술관이 있다. 수상버스를 이용하면 리알토 다리와 산 마르코 광장 중간쯤에 위치하고 있으니 찾기도 쉽다.

우선 건물 자체가 예사롭지 않다. 아카데미아 미술관은 베네치아의 6개의 대大 스쿠올라 중에서 가장 오래된(1260년 설립) 산타 마리아 델라 카리타Santa Maria della Carità 스쿠올라 본부 건물을 예술 전시 공간으로 전환한 것이다. 수도원과 함께 사용되던 이 건물은 팔라디오가 1561년부터 공사를 진행하다 미완성으로 그쳤고, 나폴레옹 시대에 미술관으로 사용되기 시작했다. 미술관 입구의 인상적인 흰색 파사드는 1441년에 바르톨로메오 본이 건축한 것이다.

입장권을 끊고 서둘러 2층으로 향한다. 첫 번째 방에 전시되어 있는 14세기 고딕 양식의 그림은 그냥 지나쳐도 좋다. 우리는 지금 베네치아에서 르네상스 미술 시대를 연 벨리니 가문의 사람들을 찾아 나선 길이기 때문이다.

르네상스, 벨리니 가문의 패밀리 비즈니스

로마에 베르니니가 있었다면, 베네치아에는 벨리니가 있었다. 로마의 베르니니는 1명이었지만, 베네치아의 벨리니는 3명이다. 아버지 야코포 Jacopo Bellini(1470년 사망), 아들 젠틸레Gentile Bellini(1507년 사망), 또 다른 아들 조반니 벨리니. 이렇게 삼부자다. 주로 만토바에 활동하며 '북부 이탈리아의 미켈란젤로'라 불렸던 안드레아 만테냐가 야코포 벨리니의 사위였으니, 가히 르네상스 회화는 벨리니 가문의 가업이었다.

아버지 야코포 벨리니는 베네치아를 방문하거나 작품 제작을 위해 임시로 거주했던 피렌체 출신 화가들로부터 르네상스 미학을 배웠다. 르네상스 조형 예술의 심오한 이론가이자 스스로도 뛰어난 건축가였던 레온 바티스타 알베르티가 베네치아를 방문했을 때와(1420년대 초반), 르네상스 원근법의 선구자였던 파올로 우첼로가 베네치아에서 장기체류했을 때(1425~1431년), 야코포 벨리니는 스펀지처럼 빠르고 집요하게 새로운 시대사조를 빨아들였다. 파도바와 베네치아에 여러 작품을 남겼던 피렌체 출신 조각가 도나텔로와도 교류했다(1443~1453년).

야코포 벨리니는 베네치아 화가로서는 처음으로 큰 예술 공방을 열었다. 그가 이 화실에서 배출한 최고의 제자는 그의 두 아들이었다. 큰아

삶이 축제가 된다면

들 젠틸레는 출중한 실력으로 베네치아 공식 역사화가가 되었고, 그의 명성이 지중해 전역으로 퍼져 결국에는 1479년부터 1481년까지 콘스탄티노플의 술탄 무하마드 2세Mehmet II(1432~1481년)의 궁중화가로 활동하게 된다.

벨리니 가문에서 가장 뛰어난 솜씨를 보인 조반니 벨리니는 베네치아 르네상스의 아버지라 할 수 있다. 아카데미아 미술관에서 우리가 제일 먼저 작품을 확인해야 할 화가다. 전시되어 있는 작품 사이를 스쳐 지나가다 '밝고 선명한' 그림을 보게 되면, 조반니 벨리니가 그린 것으로 간주하면 거의 틀리지 않는다. 밝고 선명한 그림이라는 것은 의미 전달이 확실한 그림이란 뜻이다. 사

조반니 벨리니의 〈보좌에 앉으신 성모자〉. 1478년 작품으로 일명 〈산 조베 제단화〉로도 불린다.

실적으로 잘 그렸다는 뜻이고, 또 이해하기 쉽다는 뜻이다. 조반니 벨리니는 그런 명확한 르네상스 미학을 추구했다. 보기 좋은 그림, 설명이 필요 없는 그림, 누구든지 가까이 다가갈 수 있는 그런 그림을 그렸다.

아카데미아 미술관에는 조반니 벨리니가 그린 다수의 명작이 소장되어 있지만, 여기서는 2개의 명작만 소개키로 한다. 베네치아 예술사를

설명하기 위해 꼭 필요한 그림인 동시에, 생애 첫 그림과 마지막 그림으로 추정되는 그림들이다. 먼저 〈보좌에 앉으신 성모자〉 혹은 〈산 조베 제단화〉로 불리는 대형 제단화다. 아카데미아 미술관 두 번째 방에 전시되어 있다.

조반니 벨리니는 베네치아 최초로 유화 기법으로 그림을 그린 화가였다. 이전 화가들은 프레스코(석회 위에 안료를 착색시키는 기법, 주로 벽면이나 천장에 사용)나 템페라(계란 노른자, 벌꿀, 무화과 열매를 안료와 섞어 칠하는 기법. 주로 이젤에 사용) 기법을 사용했다. 그러나 그는 이탈리아 최초로 유화 기법을 습득했던 안토넬로 다 메시나Antonello da Messina(1479년 사망)가 베네치아를 방문했을 때 그 기법을 습득하게 되었다.

유화 기법은 르네상스 미술의 기술적 혁명을 불러일으켰다. 얼굴의 주름살이나 솜털 같은 세밀한 표현이 가능해졌기 때문이다. 인간의 본질을 표현하려고 했던 르네상스 미술은 유화 기법을 통해 사람의 감정과 내면의 목소리를 표현해낼 수 있었다. 조반니 벨리니의 〈보좌에 앉으신 성모자〉는 유화 기법으로 그린 첫 번째 그림으로 추정된다. 안토넬로 다 메시나가 생애 말년에 베네치아를 방문했기 때문에 그 영향을 받은 이 작품의 제작 연도는 1470년대 후반일 것이다. 미술관 도록에는 정통 학설에 따라, 1478년이 제작 연도라고 밝히고 있다.

이 작품이 원래 전시되어 있던 곳은 베네치아 본섬 북쪽 끝에 있는 산 조베 성당이었다. 여기서 '조베'는 구약 성경에 나오는 '고난 받는 사람' 욥을 이탈리아식으로 발음한 것이다. 이 작품은 원래 욥을 신앙의 모델로 따르는 스쿠올라 디 산 조베Scoula di San Giobbe가 베네치아를 강타했던 전염병이 물러간 것을 기념하기 위해 벨리니에게 주문한 것이다. 작품 속에 아기 예수에게 경배하는 모습으로 등장하는 나신裸身의 욥은 건강

삶이 축제가 된다면

을 회복하고 깨끗한 피부 상태를 보여준다. 구약 성경 《욥기》에 의하면 사탄의 시험을 받은 욥은 기와 조각으로 몸을 긁어야 할 정도로 심각한 피부병을 앓았다. 보좌에 앉아 있는 아기 예수는 욥에게 오른손을 뻗어 치유의 축복을 베풀고 있다. 보좌를 중심으로 하단 왼쪽부터 성 프란체스코, 세례 요한, 욥, 성 도미니코, 성 세바스티안, 성 루이가 일렬로 서 있는데, 대표적인 '성스러운 대화Sacra conversazione' 표현 방식이다. 즉 보좌를 중심으로 하단에 서 있는 성자들이 서로 대화를 나누는 전통적인 도상圖像이다.

보좌 오른쪽에 서서 책에 코를 박고 독서에 몰두하고 있는 성 도미니코의 모습이 인상적이다. 이 작품이 제작될 당시, 프란체스코 수도회 출신 교황 식스투스 4세Sixtus IV(1471~1484년 재위)는 도미니코 수도회와 신학적인 갈등을 빚고 있었다. 성모 마리아가 기적과 같은 성령의 역사로 아기 예수를 임신하게 되었다는 무염시태無染始胎설을 지지하던 교황은 이를 반대하는 도미니코 수도회와 불편한 관계에 놓여 있었던 것이다. 이 작품이 원래 전시되었던 산 조베 성당은 프란체스코 수도회 소속이었다. 그래서 조반니 벨리니는 도미니코 성자를 의심이 많은 사람으로 표현했다. 성모자의 보좌 가까이에 서 있으면서도 믿음을 갖지 못하고 의심하듯 성경 혹은 신학 책을 뒤적이고 있는 모습이다.

아카데미아에 소장되어 있는 조반니 벨리니의 또 다른 명작을 꼽는다면, 동시대의 예술적 질문에 답했던 명작 〈피에타〉를 지목하지 않을 수 없다. 성모가 아들 예수의 시신을 안고 슬퍼하는 장면을 '피에타Pieta'라고 한다. 우리에게는 로마 성 베드로 대성당에 전시되어 있는 미켈란젤로의 〈피에타〉가 제일 먼저 떠오르지만, 벨리니도 다수의 〈피에타〉를 그림으로 남겼다.

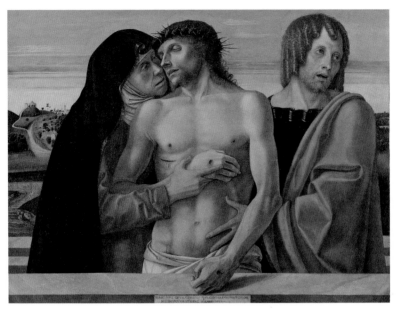

밀라노 브레라 미술관에 소장되어 있는 조반니 벨리니의 또 다른 〈피에타〉.

　밀라노의 브레라 미술관Pinacoteca di Brera에 소장되어 있는 조반니 벨리니의 〈피에타〉는 핏기 없는 예수의 얼굴을 처연하게 바라보는 어머니의 모습을 감동적으로 그렸다. 아들의 싸늘한 시신에 얼굴을 맞대고 있는 어머니의 눈 주위는 붉게 부풀어 올라 있다. 아들을 잃은 어머니가 너무 많은 눈물을 흘렸기 때문이다. 작품의 하단에 라틴어로 '이 부어오른 성모의 눈을 본 사람은 슬픔에 빠질 것이다. 지금 눈물을 흘리고 있는 것은 벨리니의 그림이다'라고 적혀 있다. 벨리니의 그림이든 미켈란젤로의 조각이든 '피에타'는 이런 종교적 감정을 불러일으키기 위해 제작되었다.

삶이 축제가 된다면

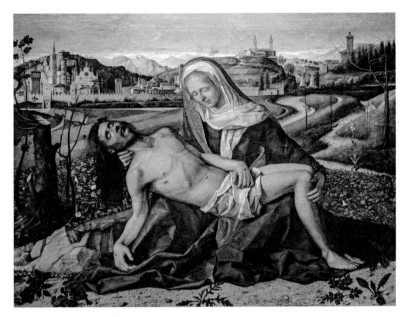

아카데미아에 소장되어 있는 조반니 벨리니의 명작 〈피에타〉. 일명 〈마르티넹고 피에타〉
로 불린다. 1505년 제작. 마르티넹고는 최초 소장자다.

아카데미아에 소장되어 있는 〈피에타〉는 조반니 벨리니의 생애 마지
막 시기의 작품이며, 1505년에 제작되었다. 인상적인 것은 미켈란젤로
의 대리석 〈피에타〉와 흡사한 구도를 채택했다는 것이다. 성 베드로 대
성당에 소장되어 있는 미켈란젤로의 〈피에타〉가 1499년에 전시되었을
때, 이탈리아의 예술가들은 천재 조각가의 탄생을 경의에 찬 눈으로 바
라보았다. 미켈란젤로가 선택한 조각의 구도는 파격적이었다. 30대의
성인 남자의 시신을 안고 있는 노모老母의 모습이 너무 젊게 표현되었기
때문이었다. 성모 마리아가 무염시태로 아들 예수를 잉태했기 때문에 그
런 젊음을 유지했다는 미켈란젤로의 주장은 사람들을 더 어리둥절하게

만들었다. 아무리 '젊음을 유지한' 어머니라고 해도, 죽은 아들의 시신을 무릎 위에 거뜬히 올린 것은 매우 비정상적인 자세였던 것이다.

그런데 조반니 벨리니는 이 설명하기 힘든 미켈란젤로의 구도를 그대로 차용했다. 이것은 단순한 구도의 반복이 아니라, 이른바 '파라곤Paragon 논쟁'이라 불리던 동시대 예술가들의 치열했던 경쟁 상태를 보여주는 것이다. '완벽한 모델'로 번역될 수 있는 '파라곤'은 동시대 이탈리아 예술가들의 뜨거운 화두였다. 완벽한 아름다움을 표현하기 위해서 '조각'과 '회화' 중에서 어떤 것이 더 완벽한 수단인가에 대한 논쟁이었다. 이것은 단지 예술가들 사이의 개인적 경쟁이 아니라, 조형예술의 장르끼리 경쟁했던 당시 이탈리아 예술계의 지적 흐름을 보여준다.

파라곤 논쟁은 결국 피렌체와 베네치아의 경쟁으로 확대되었다. 도나텔로와 미켈란젤로를 배출한 피렌체는 전통적으로 '조각'이 강세였고, 벨리니-조르조네-티치아노-틴토레토로 이어졌던 베네치아 화단은 '회화'가 강세였다. 조반니 벨리니는 티치아노 이전의 베네치아 화단을 대표하던 화가였다. 그의 마지막 작품인 아카데미아의 '회화' 〈피에타〉는 미켈란젤로의 '조각' 〈피에타〉에 대한 경쟁의식을 보여준다. 아들 예수의 시신을 안고 슬픔에 빠져 있는 미켈란젤로의 조각 작품과 같은 주제와 구도로 그린 자신의 회화를 비교해보란 것이다. 회화야말로 진정한 예술의 파라곤이란 주장을 펼치고 있다. 조반니 벨리니의 또 다른 공헌은 그의 화실에서 3명의 위대한 제자가 길러졌다는 것이다. 조르조네와 티치아노, 세바스티아노 델 피옴보Sebastiano del Piombo(1547년 사망)란 특출한 제자 3명을 당대 최고의 화가로 성장시킨 조반니 벨리니는 베네치아 르네상스의 아버지로 불릴 만한 충분한 자격이 있다.

요절한 천재화가, 조르조네

33살의 젊은 나이에 요절했던 조르조네의 본명은 조르지 다 카스텔프랑코Zorzi da Castelfranco였다. 왜 그가 이름을 조르조네로 바꾸었는지, 또 33년의 짧은 생애가 어떻게 펼쳐졌는지 우리는 알 길이 없다. 그의 짧았던 예술 생애에 불과 30개 정도의 작품만이 남았지만, 그는 그 소수의 작품으로 서양미술사에 한 획을 그었다. 요절한 천재화가, 조르조네가 그린 〈템페스트〉는 미술 교과서에 빠짐없이 등장하는 작품이다. 베네치아 아카데미아가 자랑하는 일급 소장품이다.

〈템페스트〉의 작품 의도를 설명해주는 어떤 공식 자료도 남아 있지 않다. 극히 소수의 귀족이나 사제들이 조르조네에게 작품을 의뢰했고, 그가 매우 선별적으로 작품의 주제를 선택했기 때문에 조르조네에게는 이미 16세기 초반부터 '신비로운 예술가'라는 신화가 형성되었다. 북유럽 화가들과의 적극적인 교류, 제자이자 동료였던 티치아노와 주고받은 우정과 결별, 레오나르도 다빈치와의 우연한 만남 등은 그의 짧았던 인생과 더불어 일종의 '조르조네 신화'를 만들어냈다. 특별히 33살이라는 짧은 생애가 이런 '조르조네 신화'를 심화시켰다. 알렉산드로스 대왕도 33살에 죽었고, 예수도 지상에서 삶을 33년간 이어갔다.

'조르조네 신화'를 처음 만들어낸 사람은 1550년, 세계 최초의 예술가 전기인 《예술가 평전》을 쓴 조르조 바사리다. 1541년부터 이듬해까지 베네치아에 체류하며 그곳 예술가들의 생애와 작품에 대한 정보를 수집했던 바사리는 '새로운 방식의 예술Maniera moderna'의 창조자로 미켈란젤로, 레오나르도 다빈치, 라파엘로 그리고 조르조네를 지목했다. 조르조 바사리 덕분에 조르조네가 새로운 시대를 연 예술의 개척자가 된 것이다.

사실 조르조네는 자신을 가르친 조반니 벨리니의 형식주의(간결한 의미 전달)에서 벗어나, 등장인물이 살아 있는 것 같은 생생한 묘사, 절묘한 색의 선택, 고상한 자세의 구도를 선보여 베네치아 화단에 일대 돌풍을 일으켰다. 어떤 학자들은 조르조네의 이런 혁신적인 화풍이 1500년경에 베네치아를 방문했던 레오나르도 다빈치와의 교류 덕분이라고 주장한다. 인물이나 물체를 그릴 때 색감의 무게를 달리하고, 조명을 이용해서 그 물체를 공간에서 분리시키는 다빈치의 회화 기법을 조르조네가 배웠다는 것이다. 그러나 조르조네는 1502년경부터 베네치아에서 본격적으로 활동했기 때문에 이 주장에는 무리가 따른다.

아카데미아가 소장하고 있는 조르조네의 〈템페스트〉는 그의 대표작이기도 하다. 이 작품에 대한 최초의 기록은 조르조 바사리가 쓴 1530년의 목격담인데, 베네치아의 귀족인 가브리엘레 벤드라민Gabriele Vendramin(1484~1552년)의 소장품이었다는 것이다.

짙은 먹구름이 끼어 있는 배경의 도시는 음산한 느낌마저 들게 한다. 먹구름 사이를 가르고 섬광처럼 번개가 내리치고 있으니, 이런 것을 '마른하늘에 날벼락'이라고 했던가? 숲이 우거진 고즈넉한 언덕배기에 한 여성이 아기에게 젖을 물리고 있다. 그러나 그녀의 자세는 매우 기이하다. 보통 수유 중인 엄마의 모습이라고 보기 힘든 것이, 젖을 빨고 있는 아기를 발 바깥쪽에 놓고 있기 때문이다. 여차하면 젖 빠는 아기를 내팽개치고 달아날 모양새다. 무엇인가 절박한 일이 벌어질 것만 같다. 반대쪽에 서서 젖 먹이는 여성을 바라보고 있는 남성의 자세도 이상해 보인다. 무엇인가 긴박한 상태에 놓여 있는 여성과는 달리, 그 남성은 관망하는 자세를 취하고 있다. 폭풍이 몰려오는데도 아랑곳하지 않는다. 가장 이상하게 보이는 것은 짓다가 만 것 같은 이상한 형태의 좌대와 그 위에

삶이 축제가 된다면

설치되어 있는 2개의 기둥이다. 그 생뚱맞은 좌대 위에는 동상을 설치하기 위한 미완성의 지지대가 덩그러니 서 있다.

　이게 도대체 무슨 뜻일까? 조르조네는 왜 〈템페스트〉를 이렇게 그렸을까? 왜 폭풍이 몰려오고 있는데 아기 젖을 먹이고 있는 것일까? 그것도 숲 속 언덕에서? 왜 엄마는 긴장하고 있는 것일까? 평온을 유지하고

조르조네의 명작 〈템페스트〉.

있는 남자는? 도대체 짓다 만 좌대는 무엇을 상징하는 것일까?

학자들은 이 이상한 작품의 구도를 해석하기 위해 골머리를 앓아왔다. 수십 가지의 해석이 시도되었지만 아직도 속 시원한 해답은 제시되지 않았다. 그리스 신화의 내용을 표현한 것이라는 주장이 제일 먼저 제기되었다. 아르고호 원정대 이야기에서 이아손의 아들을 임신한 렘노스의 여왕 힙시필레Hypsipyle를 아드라스테스Adrastes가 보호하는 장면이라는 설, 오비디우스의 《변신 이야기》에 나오는 대홍수와 연관된 장면으로, 남편 데우칼리온Deucalion과 아내 피르하Pyrrha가 태초에 인간을 창조하는 장면이라는 설, 아킬레우스가 아기로 태어난 자기 자신을 바라보는 장면이라는 설, 아폴론의 탄생 이야기라는 설, 디오니소스의 탄생 이야기라는 설, 이오와 제우스의 사랑 이야기라는 설 등이 제시되어왔다. 성경에 나오는 이야기란 가설도 있다. 최초의 살인자 카인의 탄생 장면이라는 설, 나일 강에서 발견된 모세라는 설 등이다. 논쟁에 지친 어떤 학자들은 그냥 풍경을 그린 것이라고 하고, 어떤 학자는 조르조네가 자기 마음 내키는 대로 그린 것이라고 주장하면서 '아무 말 대잔치'를 펼치기도 한다.

너도 나도 자신의 전문 지식을 동원해 조르조네의 〈템페스트〉를 해석하고 있으니, 나도 여기서 한몫 거들기로 한다. 내 전공이 신학이니, 종말의 날을 경고하고 있는 《마가복음》의 아래 구절을 이용해 〈템페스트〉를 해석해보겠다.

멸망의 가증한 것이 서지 못할 곳에 선 것을 보거든, 읽는 자는 깨달을지저, 그때에 유대에 있는 자들은 산으로 도망할지어다. 지붕 위에 있는 자는 내려가지도 말고, 집에 있는 무엇을 가지러 들어가지도 말며, 밭에 있는 자는 겉옷을 가지러 뒤로 돌이키지 말지어다. 그 날에는 아이 밴 자

삶이 축제가 된다면

들과 젖 먹이는 자들에게 화가 있으리로다. 이 일이 겨울에 일어나지 않도록 기도하라. 이는 그날들이 환난의 날이 되겠음이라. 하느님께서 창조하신 시초부터 지금까지 이런 환난이 없었고, 후에도 없으리라.

《마가복음》 13장 14~19절에 나오는 구절이다. 세상의 종말을 예언한 것인데, 조르조네가 묘사한 장면을 설명할 수 있는 몇 개의 구절이 보인다. 우선 '멸망의 가증한 것이 서지 못할 곳에 선 것'이라는 구절은 화면 왼쪽에 보이는 이상한 좌대인 것 같다. '멸망의 가증한 것'은 구약 성경 《다니엘서》 12장 11절에도 나오는 문구로, 셀레우코스 왕조의 안티오코스 4세(기원전 215~164년)가 예루살렘 성전을 모욕하기 위해 그리스 신상을 제단에 모신 사건과 연관이 있다. 왼쪽에 서 있는 남자는 본문에 등장하는 '밭에 있는 자'를 설명하는 것 같고(돌이키지 않고 관망하고 있다), 당연히 젖을 먹이고 있는 여성은 본문에 나오는 화가 미치게 될 '젖 먹이는 자'가 될 것이다. '겨울에 이런 일이 일어나지 않도록 기도하라'고 했는데, 베네치아에서는 겨울에 폭풍(템페스트)이 분다. 만약 이 그림이 《마가복음》 13장에 나오는 종말에 대한 그림이라면, 제작 연도의 알리바이도 맞아떨어진다. 정확하게 1500년이 되었을 때, 당시 이탈리아의 많은 사람들이 세상의 종말이 가까웠다고 굳게 믿었다. 피렌체의 산드로 보티첼리도 1500년을 종말의 해로 보고, 〈신비의 예수 탄생〉이란 그림을 그렸다. 그렇다면 조르조네의 〈템페스트〉는 종말이 다가온 베네치아의 풍경을 표현한 것이 된다.

조반니 벨리니와 조르조네가 남긴 대표작 3점만 감상하고 아카데미아를 떠난다면 그곳에 엄청난 미련을 남기게 될 것이다. 티치아노의 〈성 세례 요한〉, 〈피에타〉, 〈예루살렘 성전에 나타난 성 처녀〉, 파올로 베로네세의 〈레판토 해전〉과 〈레위의 집에서 벌어진 잔치〉, 틴토레토의 〈노예의 기적〉과 〈성 마르코의 시신을 옮겨 옴〉은 절대로 놓치지 말아야 할 명작들이다. 티치아노, 틴토레토, 베로네세는 각각 독립적으로 다루어야 할 만큼 중요한 인물들이기에, 앞으로 방문하게 될 베네치아의 다른 장소에서 이 명작들이 소개될 것이다.

삶이 축제가 된다면

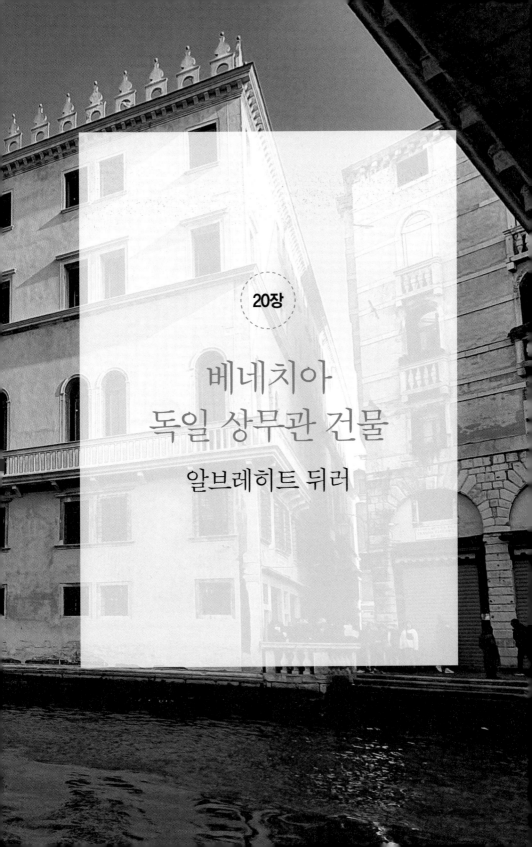

20장

베네치아
독일 상무관 건물
알브레히트 뒤러

베네치아에서는 독일인을 '테데스키Tedeschi'라 부른다. '폰다코'는 아랍어로 '물품 보관 창고'란 뜻이다. 리알토 다리와 거의 한쪽 끝을 맞대고 있는 독일 상무관 건물Fondaco dei Tedeschi의 이름은 이 상이한 두 단어가 합쳐져 만들어졌다. 베네치아에 거주하던 독일 상인들의 물품 보관 창고

독일 상무관 건물.

겸 거주지란 뜻이다. 실크로드를 타고 이탈리아까지 운송된 인도의 향신료와 중국의 비단이 이곳을 거쳐 북유럽으로 팔려나갔다.

베네치아와 유럽을 운송망으로 연결하던 상무관 건물은 1228년에 처음 건축되었지만 초기 건물은 화재로 유실되었고, 1508년에 지금의 건물이 재건축되었다. 4층으로 된 외관(파사드)은 리알토 다리와 카날 그란데를 향해 나 있고, 내부에는 큰 중정中庭이 있다. 전형적인 이탈리아 르네상스 양식으로 건축된 이 건물은 상거래와 주거를 한꺼번에 해결하는 다목적 시설이었다. 윗부분은 독일 상인들이 거주하는 160개의 작은 방들이 차지하고 있었고, 아래층에는 상점과 창고가 있었다.

당시 주로 독일 남부의 뉘른베르크Nürnberg와 아우크스부르크 출신 상인들이 베네치아와의 교역을 주도했었다. 그러나 이 건물의 원래 주인은 독일 상인들이 아니라 베네치아 정부였다. 그들은 임대 수익을 올릴 뿐만 아니라, 그곳에서 발생하는 이익의 일정 부분을 수수료로 부과했다. 1517년에 시작된 독일의 종교개혁 이후 이탈리아와 독일의 상거래는 일시 중단되었지만, 베네치아의 상무관은 영업 활동을 계속할 수 있었다. 독일 남부는 여전히 가톨릭 신앙을 유지했기 때문이다. 베네치아에 거주하던 독일 남부 지역 출신 상인들은 리알토 다리와 지척에 있던 산 바르톨로메오San Bartolomeo 성당에서 미사를 드렸다.

독일 상무관 건물은 여러 번 화재가 발생해 증개축을 거듭했다. 그러던 1505년 1월, 이 건물은 화마에 휩싸였고, 신속하게 재건축을 완료한 베네치아 행정부는 당시 화단畫壇의 샛별이었던 20대 후반의 조르조네와 10대 후반의 티치아노에게 외벽 장식을 맡겼다. 촉망받던 2명의 젊은 화가들은 선의의 경쟁을 펼치며 1507년부터 1508년까지 외벽의 프레스코 장식을 완성했다. 작품을 완성한 조르조네는 1508년 11월에 작품 대금을 청구했는데, 당시 관례에 따라 베네치아의 예술가들이 그 가격을 매기게 되었다.

작품의 공정한 가격을 책정하려던 위원회의 위원장은 조반니 벨리니였다. 그는 조르조네의 스승이었다. 벨리니가 주도했던 감정 위원회는 작품에 150두카트라는 비교적 후한 가격을 매겨주었다. 그러나 베네치아의 재정국은 조르조네에게 130두카트만 지급했고, 이 조치에 대해 그가 강력하게 항의했다는 기록이 남아 있다. 이 사실을 굳이 밝히는 이유는 그 기록에서 티치아노에 대한 아무런 언급을 발견할 수 없기 때문이다. 이 사실을 미루어 볼 때, 당시 10대였던 티치아노는 조르조네의 조수로 활동했을 것으로 추정된다. 카날 그란데를 바라보는 벽면은 조르조네가 장식하고, 내륙 쪽 벽면은 조수인 티치아노가 장식했다는 설이 있지만 안타깝게도 지금 두 젊은 천재가 그린 벽화는 남아 있지 않다.

500년 넘게 해풍에 시달린 두 젊은 천재들의 작품은 소금기와 해풍 때문에 거의 유실되었고 일부만이 카 도로에 소장되어 있다. 나폴레옹의 침공 이후, 독일 상무관 건물은 우체국으로 잠시 사용되다가 2008년에 베네통 그룹에 매각되어 최고급 쇼핑센터로 탈바꿈했는데, 그 과정에서 베네치아 전통을 유지하려는 지역 주민들과 갈등을 빚기도 했다.

알프스 산맥을 중간에 두고 이탈리아와 북유럽은 르네상스의 핵심 가치를 하나씩 주고받았다. 이탈리아가 고전과 인문학의 중요성을 북유럽으로 전했다면, 알프스 북쪽의 예술가들은 유화 기법을 이탈리아에 소개했다. 이탈리아와 북유럽의 르네상스 정신은 베네치아에서 합류했다. 북유럽의 유화 기법을 처음 도입한 곳이 베네치아였고(조반니 벨리니에 의해), 북유럽의 화가들이 이탈리아 예술의 인문 정신을 배운 곳도 베네치아였다. 독일 상무관에서는 후추와 비단만 거래된 것이 아니라 새로운 시대정신이 함께 교류되었다. 바로 그 접점에 서 있던 인물이 독일 남부 뉘른베르크 출신의 화가 알브레히트 뒤러다. 뒤러는 베네치아에 2번 체류하면서 이탈리아의 르네상스 정신을 배웠고, 그것을 독일과 북유럽으로 전파하는 결정적인 역할을 했다. 그는 같은 고향에서 온 상인들과 함께 독일 상무관에 거주지를 마련했다.

뒤러는 1494년에 베네치아를 처음 방문했다. 그는 베네치아 화단을 주름잡던 벨리니 가문의 화가들과 벨리니의 사위였던 만테냐와 활발히 교류했다. 그의 두 번째 방문은 1505년부터 1507년까지, 2년간 이어졌다. 앞에서 설명한 대로 1505년 1월, 독일 상무관 건물에 불이 났고, 보수를 위해 20대와 10대의 젊은 화가들이 벽면 장식을 하고 있을 때 뒤러는 그 현장에 있었다. 그렇게 젊은 화가들이 카날 그란데의 주요 건물을 장식한다는 사실을 믿을 수 없는 눈으로 바라보았을 것이다.

뒤러는 베네치아에 거주하는 독일인들을 위한 산 바르톨로메오 성당을 위해 중앙 제단화를 그렸다. 독일인들을 위한 성당이니, 독일 화가에게 맡긴 것이다. 뒤러가 그린 제단화 〈장미화관의 축제〉는 그가 베네치아에서 받은 르네상스 예술의 직접적인 영향을 보여준다. 특히 활발하게 교류했던 조반니 벨리니의 예술이 큰 영향을 미쳤

베네치아 유학을 다녀온 뒤 그린 뒤러의 자화상. 1498년에 그렸다.

다. 작품 하단에서 악기를 연주하는 천사의 모습은 앞에서 소개한 조반니 벨리니의 〈산 조베 제단화〉에 등장하는 천사의 모습과 거의 같은 자세를 취하고 있다.

이 작품을 뒤러에게 처음 주문한 사람은 독일 은행가 야코프 푸거Jakob Fugger(1459~1525년)였다. 야코프 푸거는 이 작품을 베네치아의 독일인을 위한 산 바르톨로메오 성당에 기증했다. 뒤러가 베네치아 화실에서 열심히 이 작품을 그리고 있을 때, 도제와 베네치아 귀족들이 그의 실력을 보고 감탄했다고 한다. 뒤러에게 베네치아 정부의 공식 화가 자리를 맡아달라고 요청할 정도였는데, 조반니 벨리니가 특별히 그를 높이 평가했다고 한다. 물론 뒤러는 이를 정중히 거절하고 고향 독일로 돌아갔다.

뒤러가 그린 〈장미화관의 축제〉는 독일인 예술가가 이탈리아 르네상스의 정신과 기법을 완벽하게 소화해냈다는 유력한 증거다. 우선 작품

알브레히트 뒤러가 1506년에 그린 〈장미화관의 축제〉. 현재 프라하의 내셔널 갤러리가 소장하고 있다.

삶이 축제가 된다면

의 화려한 색채가 전형적인 베네치아 르네상스의 '색채우선주의'를 보여준다. 작품의 왼쪽에는 이탈리아 사람들이, 오른쪽에는 독일 사람들이 진영을 이루고 있다. 왼쪽에 두 손을 모은 인물은 아기 예수로부터 화관을 받고 있는 교황 율리우스 2세이고 오른쪽에서 성모로부터 화관을 받고 있는 인물은 독일 황제 프리드리히 3세Frederick III(1452~1493년 재위)다. 교황과 독일 황제를 대비시킨 것은 당시 유럽의 권력이 이탈리아와 독일에 있음을 알리고자 하는 의도다.

작품 오른쪽에 뒤러의 자화상이 보인다. 들고 있는 종이에 기록된 것은 작품을 완성하기 위해서는 5개월이 더 필요하다는 간청이고, 그 아래에 '독일 사람 뒤러Dürer germanicus'라고 적혀 있다. 뒤러는 작품 속에 자기 이름을 남길 때 보통 '뉘른베르크 사람 뒤러'라고 표기했는데, 이 작품에서는 자신을 독일인의 대표로 표현했다. 뒤러 뒤에 있는 인물이 작품의 두 번째 계약자인 독일 형제회의 수장이고, 아래쪽에 검은색 옷을 입고 손에 격자를 들고 있는 인물이 바로 독일 상무관 건물을 건축했던 히에로니무스Hieronymus von Augsburg다. 이 작품은 1606년에 독일 황제 루돌프 3세에 의해 구매되어, 현재 프라하 국립 미술관에 소장되어 있다.

2번에 걸친 베네치아 방문을 마친 뒤러는 '독일에는 장인은 많지만, 진정한 예술가는 없다'는 다소 자학적인 결론을 남겼다. 그래서인지 베네치아 유학을 마친 뒤에 남긴 뒤러의 자화상은 그 이전의 자화상과 확연하게 다른 모습을 보여준다. 이전의 자화상에서 거친 독일인의 야성을 드러냈던 뒤러는 베네치아 유학을 마친 후에 그린 자화상에서 세련된 예술가로 자신을 표현했다. 독일인의 계몽은 베네치아에서 시작된 것이다.

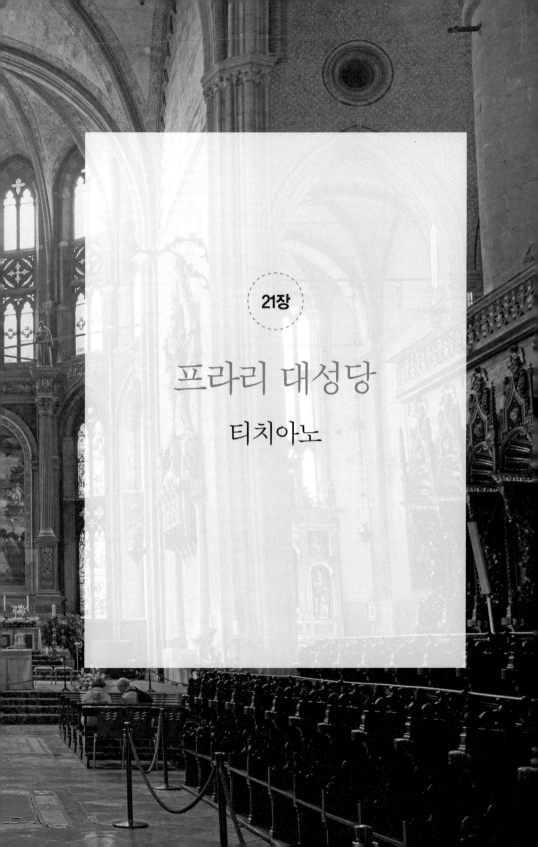

21장

프라리 대성당

티치아노

가방을 끌고 산타 루치아 역에서 하차하면, 카날 그란데 건너편으로 우뚝 솟은 종탑이 보인다. 다음 행선지인 산타 마리아 글로리오사 데이 프라리 대성당Basilica di Santa Maria Gloriosa dei Frari의 벽돌 종탑이다. 산타 루치아 역에서 다리만 건너가면 지척이니 걸어가 볼 만하다. 가까이 다가가면 성당의 크기와 높이가 예사롭지 않을 것이다. 성당의 높이로는 베네치아에서 제일간다. 가난과 청빈을 핵심 가치로 여기는 프란체스코 수도회 소속 성당이다 보니, 고딕 양식임에도 불구하고 벽돌로 지어졌다.

1220년, 베네치아와 아시시 출신의 성 프란체스코가 첫 인연을 맺게 되었다. 성지 순례를 마치고 이탈리아로 귀환한 성 프란체스코는 베네치아에서 수많은 새들이 한 나무의 가지에 앉아 지저귀고 있는 것을 보았다. 성 프란체스코는 동행하고 있던 수사에게 '새鳥 형제들이 주님을 찬양하고 있으니, 우리도 함께 동참하자'고 제안했고, 실제로 그 나무 아래에서 '새 형제들'과 함께 소리 높여 찬양을 했다고 한다.

1231년, 베네치아 정부는 갓 태동한 프란체스코 수도회에 성당과 수도원 건물을 지을 수 있는 부지를 제공했고, 1250년부터 공사가 시작되었다. 성당 건물의 외벽은 1338년에 완공되었고, 산 마르코 광장의 캄파

삶이 축제가 된다면

닐레(종탑)에 이어 두 번째로 높은 종탑은 1396년에 완공되었다. 산 마르코 성당이 베네치아의 두오모(도심 대성당)라면 프라리 대성당은 베네치아의 프란체스코 수도회 중심 성당이다. 13세기부터 가톨릭교회는 유럽의 각 도시 중심부에 두오모를 건축하고, 대표적인 수도회인 프란체스코 수도회, 도미니코 수도회, 아우구스티누스 수도회(혹은 베네딕트 수도회)의 주 성당 건물을 삼각형 패턴으로 배치했다. 수도회 간의 과도한 영역 다툼을 막기 위한 대책이었는데, 베네치아에서도 이런 배치 패턴이 유지

산타 마리아 글로리오사 데이 프라리 대성당. 고딕 양식으로 지어졌다.

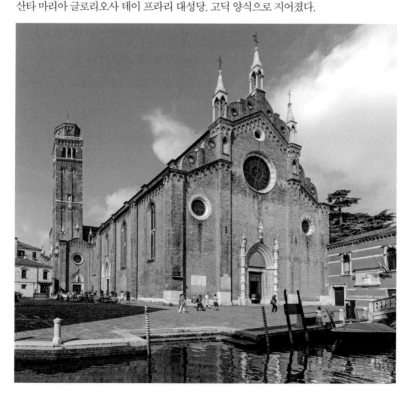

되고 있다. 정면 파사드와 중앙 제단을 포함한 모든 공사가 마무리되고, 1492년 5월 27일에 최종 헌당식이 열렸다. 프라리 대성당의 이름은 '성모의 승천을 찬양하는 성당'이란 뜻이다.

프라리 대성당의 이름에 걸맞게, 중앙 제단화의 제목은 〈성모의 승천〉이다. 가히 베네치아의 국민화가라고 할 만한 티치아노가 그린 것이다. 피렌체에 미켈란젤로가 있고, 로마에 라파엘로가 있었다면, 베네치아에는 티치아노가 있었다. 그래서 이 세 사람을 '르네상스 시대의 3대 예술가'라고 표현한다. 레오나르도 다빈치가 빠졌다고 의문을 제기하는 사람에게, 그는 이탈리아 사람이었지만 프랑스에서 임종했다는 사실을 환기시키고 싶다. 레오나르도 다빈치는 피렌체에서 태어났고, 로마와 베네치아를 방문했지만, 그곳에 정착하지 못했다. 워낙 뛰어난 위 세 사람이 각 도시를 장악하고 있었기 때문이다. 베네치아는 티치아노의 몫이었다.

앞에서 설명한 대로 티치아노는 조반니 벨리니의 제자로 출발했고, 조르조네의 조수로 활동했다. 티치아노는 스승 조반니 벨리니의 그림을 '무미건조하고, 세련되지 않고, 지나치게 붓질을 많이 한' 옛 시대의 그림이라고 간주했다. 그가 대신 선택한 것은 색채와 느낌을 중시하는 조르조네의 자연주의였다. 당시 조르조네와 티치아노가 추구하던 예술의 방향을 베네치아에서는 포넨티네Ponentine, 즉 '서쪽의 방식Western Style'이라 불렀다. 북유럽에서 전래된 유화 기법의 영향을 받았다는 뜻이다.

하지만 조르조네와 티치아노가 서로 예술적 영감과 영향을 주고받았던 것보다 두 사람이 결별하게 된 사건의 경위가 사람들의 관심을 더 많이 끌어왔다. 앞서 설명한 대로 1508년, 독일 상무관 건물의 외벽 장식 공사에 20대의 조르조네와 10대의 티치아노가 투입되었다. 두 사람의 작업이 완성되었을 때 베네치아 사람들은 연장자인 조르조네가 그린 부

삶이 축제가 된다면

분보다 어린 티치아노가 그린 부분을 더 칭찬했다. 이에 격분한 조르조 네는 다시는 티치아노와 공동 작업을 하지 않겠다고 선언했다고 한다. 그러나 조르조네는 1510년에 전염병에 걸려 자신의 포부를 펼쳐보지 못 하고 임종했다. 1516년에는 조반니 벨리니까지 임종했으니, 이제 베네치 아의 예술계는 티치아노만 바라보게 되었다.

1513년, 티치아노는 자신을 베네치아의 궁정 화가로 임명해줄 것을 도 제에게 요구했다. 그렇지 않으면 베네치아를 떠나버리겠다고 큰소리쳤 다. 당시 그는, 앞으로 소개될 베네치아의 유력인사 피에트로 벰보의 적 극적인 후원을 받고 있었다. 결국 티치아노는 원했던 직책을 얻게 된다. 그가 궁정 화가가 된 이후에 그린 그림이 바로 프라리 대성당이 자랑하 는 〈성모의 승천〉이다. 1518년 5월 19일, 이 작품이 처음 일반에 공개되 었을 때, 사람들은 놀라움에 입을 다물 수 없었다고 한다. 그 작품은 베 네치아의 궁정 화가였던 티치아노 개인의 예술적 성취였을 뿐 아니라, 거침없이 돌아가던 역사의 수레바퀴 속에서 당당하게 부활하던 베네치 아의 웅장한 모습을 만천하에 드러냈기 때문이다. 당시 베네치아는 로마 교황청이 주도하는 캉브레 동맹에 맞서 힘든 싸움을 펼치고 있었다. 교 황청, 스페인과 독일(신성로마제국), 프랑스, 밀라노 공국 등이 협공을 펼 치고 있으니, 베네치아로서는 사력을 다해 생존 투쟁을 벌여야만 했다. 이런 국가적 운명의 교차점에서 티치아노가 〈성모의 승천〉을 그린 것이 다. 하늘로 올라가는 것은 성모가 아니라 영광의 베네치아였다.

이 제단화 구도의 혁신성은 작품을 주문했던 프라리 대성당의 사제들 마저 당혹하게 만들었다. 지상에 배치된 인물들이 지나치게 크게 그려졌 다는 점과 전체 화면의 반짝임이 너무 강렬하다는 점이 지적되었다. 특 별히 과도하게 사용된 '티치아노의 붉은색'은 사제들의 눈살을 찌푸리게 했다. 등을 돌리고 서서 엉덩이를 드러내고 있는 인물의 모습도 눈에 거슬렸다. 하지만 이 작품을 주문했던 프란체스코 수도회의 제르마노 다 카살레Germano da Casale 수도원장이 작품에 대해 이런저런 불평을 늘어놓는다는 소문이 퍼지자, 유럽의 여러 나라에서 그 그림을 사겠다고 줄을 섰다는 전설과 같은 이야기가 전해지고 있다.

한 번도 시도된 적이 없는, 높이 6.9미터에 달하는 거대한 중앙 제단화의 위용도 놀랍거니와, 하늘을 향해 승천하는 성모의 장엄한 모습에서 사람들은 충격을 받았다. 그들은 그 작품 앞에서 피렌체의 미켈란젤로, 로마의 라파엘로와 당당히 경쟁하는 베네치아 천재의 탄생을 목격하게 되었다. 이제 르네상스 시대의 사람들은 기존의 미켈란젤로, 라파엘로, 레오나르도 다빈치라는 3대 예술가의 목록에서, 프랑스로 떠나버린 마지막 인물을 빼고 베네치아의 티치아노를 포함시키게 된다.

티치아노의 〈성모의 승천〉. 프라리 대성당의 제단화.

프라리 대성당에는 또 다른 티치아노의 명작이 소장되어 있다. 〈성모의 승천〉이 베네치아의 기상을 드높이는 작품이었다면, 〈페사로의 마돈나〉는 서양 미술사의 흐름을 바꾼 작품으로 평가받고 있다. 이 그림은 키프로스의 파보스Paphos 교구의 주교이면서 동시에 교황 알렉산데르 6세의 교황군 함대 사령관이었던 야코포 페사로가 프라리 대성당의 가족 채플을 장식하기 위해 주문한 것이다. 그는 티치아노에게 산타 마우라(현재 레프카다) 해전에서 투르크 함대를 격파하고 개선하는 자신의 모습(1502년)을 그리도록 했다. 개선 장군

티치아노의 〈페사로의 마돈나〉.

야코포 페사로는 작품 왼쪽 하단에서 베드로의 인도를 받으며 성모자를 향해 무릎을 꿇고 있다. 교황 알렉산데르 6세의 문장이 새겨져 있는 붉은색 휘장이 바람에 날리고 있다. 휘장에 달린 월계관과 포로로 잡혀가는 투르크인은 페사로 장군이 거둔 승리를 상징한다. 프라리 대성당이 프란체스코 수도회 소속이다 보니, 화면 오른쪽에서 5명의 페사로 가족을 인도하는 사람은 아시시의 성자, 성 프란체스코다. 아기 예수는 성자

를 향해 부드러운 미소를 짓고 있다. 성 프란체스코 뒤에 서 있는 파도바의 성 안토니오 역시 프란체스코 수도회 소속이다.

1526년에 최종 완성된 이 작품은 티치아노의 천재성을 다시 한 번 유감없이 드러냈다. 성모자가 앉아 있는 좌대가 수직으로 배치되었고 등장인물들이 수평으로 배치되는 '성스러운 대화Sacra conversazione' 양식을 차용했지만, 티치아노는 이 그림의 각도를 옆으로 틀었다. 관람객은 비스듬히 배치된 공간 속에서 수많은 등장인물들을 보게 된다. 만약 좌대가 정중앙에 놓이고 등장인물들이 그 밑에 일렬로 도열했다면 답답한 느낌이 들었을 것이다. 더 놀라운 것은 프라리 대성당 내부에 있는 기둥과 작품속에 등장하는 기둥이 조화를 이루고 있다는 것이다. 회화와 조각, 건축이 함께 뒤섞이는 바로크 양식을 예견하고 있는 그림이다.

1576년 8월 27일, 거의 90살에 가까운 장수를 누렸던 티치아노는 임종 후에 프라리 대성당에 묻혔다. 베네치아의 국민 화가답게 임종 후에도 자신의 두 명작을 바라볼 수 있는 곳에서 최후의 안식을 취할 수 있게 된 것이다. 티치아노는 자신의 유해를 '십자가의 제단' 아래에 묻어달라는 유언을 남겼다. 프라리 대성당 입구에서 보았을 때 왼쪽 첫 번째에 전시되어 있는 화려한 제단이다. 원래 티치아노는 그곳에 자신의 마지막작품인 〈피에타〉를 전시하려고 했다. 현재 아카데미아에 전시되어 있는작품이다. 그러나 그 작품은 미완성으로 끝났고, 결국 후대의 건축가이자 조각가였던 롱게나가 '십자가의 제단'을 제작해 선배 티치아노의 삶을 기리게 되었다. 베네치아의 예술가들은 티치아노의 생애를 기억할 수있는 기념비를 제작하기를 원했고, 1790년 베네치아 출신의 조각 거장안토니오 카노바가 그런 시도를 했다. 그러나 나폴레옹의 베네치아 침공으로 카노바의 계획은 수포로 돌아가고 말았다.

　　　　　　　　　　　　　　　　삶이 축제가 된다면

티치아노를 위한 프라리 대성당의 정식 영묘는 프랑스에 이어 베네치아를 통치하게 된 오스트리아 합스부르크 왕가의 페르디난드 1세가 제작했다. 1838년에 시작된 영묘 작업은 합스부르크 왕가의 자화자찬이 가미되었다. 티치아노의 영묘 상단에 조각되어 있는 사자(성 마르코)가 왼발로 지지하고 있는 명패에는 합스부르크 왕가의 문장이 새겨져 있다. 티치아노가 합스부르크 왕가의 황제 초상화를 다수 남겼기 때문에 이런 구도가 채택되었다.

티치아노가 초상화를 그린 2명의 피에트로

프라리 대성당에 안치되어 있는 티치아노의 영묘.

티치아노의 명성은 베네치아에 국한되지 않았다. 당대 최고의 초상화 작가이기도 했던 티치아노는 베네치아를 넘어 이탈리아 전역의 귀족, 왕, 추기경, 교황의 초상화를 남겼고, 심지어 당시 유럽의 최강국이었던 합스부르크 왕가(스페인과 오스트리아)의 황제의 초상화를 그려 전 유럽에 자신의 이름과 명성을 알렸다. 그는 그림 하나로 세상의 왕후장상들을 줄 세웠다. 당시 힘깨나 쓴다는 사람은 2가지 종류로 나뉘었다. 티치아노가 초상화를 그려준 사람과 그렇지 않은 사람으로.

티치아노가 이런 유명세를 타게 된 것은 물론 본인의 실력도 출중했지만 강력한 홍보 대사들이 주위에 많았기 때문이다. 티치아노는 그들의 연설과 문장이 세도가들의 마음을 움직인다는 것을 잘 알고 있었고, 그들과의 교분을 통해 자신의 명성을 확산시키기 위해 노력했다. 화가가 홍보 대사와 맺을 수 있는 최고의 관계는 그 사람의 초상화를 '멋지게' 그려주는 것이다. 그것도 실제보다 훨씬 잘생기고 근엄한 초상화를 그려준다면 그 홍보 대사는 화가의 재능을 입에 침이 마르도록 떠벌리고 다닐 것이다. 티치

티치아노가 1545년에 그린 〈피에트로 아레티노의 초상〉. 피렌체 피티 궁전 미술관 소장.

아노가 직접 초상화를 그려주고 그런 관계를 맺은 홍보 대사가 있었으니, 피에트로 아레티노와 피에트로 벰보란 인물이다. 티치아노가 초상화를 그려준 2명의 피에트로다. 두 사람 다 티치아노가 전 유럽에 명성을 떨치는 데 결정적인 역할을 했다. 그들의 현란한 말솜씨와 장려한 문장이 없었다면, 티치아노는 좁은 석호의 화가로만 머물러 있었을지 모른다.

티치아노의 첫 번째 홍보대사가 된 피에트로 아레티노는 평민 출신이었다. 그의 아버지는 피렌체 인근 아레초Arezzo에서 신발을 만드는 제화공이었고, 어머니는 예술가들 앞에서 옷을 벗는 누드모델이었다. 그의 아버지는 용병으로 출정했다가 곧 빈털터리로 고향에 돌아와 죽었다. 어릴 때부터 준재의 가능성을 보였던 아들에게 회한과 좌절만 남겨놓고 간 것이다. 아들은 아버지에 대한 원망으로 아예 이름까지 '아레티노'로 바꿔

삶이 축제가 된다면

버렸다. 그냥 '아레초 출신'이란 뜻이다.

개명까지 한 피에트로 아레티노는 입신양명을 위해 로마로 떠났다. 당시 시에나 출신의 은행가이자 대부호였던 아고스티노 키지Agostino Chigi(1466~1520년)가 교황청의 재무장관으로 활동하고 있었다. 아레티노는 아고스티노 키지의 가속家屬이 되어 로마에서 출세의 사다리를 타고 올라갔다. 아레티노는 문학에 특별한 소질을 보였는데, 특히 풍자와 독설의 대가였다. 교황 레오 10세의 애완동물이었던 흰색 코끼리 한노Hanno가 죽자 그는 이를 비꼰 작은 책자를 발간했는데, 이 책이 로마에서 선풍적인 인기를 끌었다. 아레티노는 로마 귀족들의 주목을 받긴 했지만 그의 풍자와 비판 의식은 항상 권세를 가진 사람들의 경계 대상이기도 했다.

기득권층에 대한 그의 날선 비판과 풍자는 선을 넘기 일쑤였다. 그는 또 1526년 로마에서 16개의《욕망의 소네트Sonetti Lussuriosi》를 출간했는데, 거의 포르노그래피에 가까운 삽화까지 곁들여 사람들을 놀라게 했다. 마르틴 루터의 종교개혁(1517년)으로 인해 가득한 긴장감이 흐르던 로마는 신성로마제국의 황제 카를 5세의 로마 침공이 현실로 닥쳐오면서 엄청난 혼란을 직면하게 되었다. 피에트로 아레티노는 만토바를 통치하던 곤자가 가문의 후원을 받기 위해 로마를 떠났다가, 1527년부터 베네치아에 정착했다. 로마에서 활동하던 건축가 야코포 산소비노도 같은 해에 베네치아로 옮겨왔다.

피에트로 아레티노는 로마가 함락된 것을 핑계로 베네치아에 몸을 숨겼지만, 사실 주위 사람들에게 너무 많은 비난과 독설을 퍼부어 더 이상 로마에서 생활하는 것이 불가능했기 때문이었다. 노골적인 성애 장면을 적나라하게 묘사하면서 당대 최고의 에로물 작가로 대접받던 그로서는,

겉으로만 도덕을 외치는 답답한 로마보다 자유로운 감각의 나라 베네치아가 더 좋았을 것이다. 그는 이제 교황의 도시를 떠나 카사노바의 도시로 옮겨 온 것이다.

그러나 피에트로 아레티노는 언제나 가난했기 때문에, 베네치아의 비싼 건물 임대료를 지불할 능력이 없었다. 카 볼라니Ca' Bollani를 임대한 아레티노는 22년간 한 번도 임대료를 내지 않았다고 한다. 1551년에 결국 카 볼라니에서 쫓겨났지만, 이번에는 베네치아 최고의 귀족 가문이었던 단돌로 가문의 더 큰 집으로 이사를 갈 수 있었다. 단돌로 가문의 위세에 대해서는 이미 설명한 바 있다. 그 큰 집의 임대료는 피렌체의 은행가 집안에서 피렌체의 통치자가 된 메디치 가문의 대공 코시모 1세Cosimo I de' Medici(1537~1569년 재위)가 일부를 부담했다고 한다.

피에트로 아레티노는 베네치아로 이주를 하자마자 장안의 명물이 되었다. 귀족들과 예술가들이 그의 주변에 몰려들었고, 베네치아의 국민 화가로 부상하고 있던 티치아노와 둘도 없는 친구가 되었다. 이미 로마에서 예리한 독설가로도 이름을 날렸던 아레티노는 티치아노에게만은 이상하리만치 관대했다. 객관적 사실을 과장하거나, 심지어 왜곡에 가까울 정도로 티치아노의 작품 세계를 높이 평가했던 것이다.

티치아노가 이탈리아와 유럽 최고의 화가로 알려지게 된 것은 아레티노의 거의 찬양에 가까운 글 때문이었다고 해도 과언이 아니다. 아레티노는 평생에 걸쳐 무려 3,000~4,000통의 편지를 썼고, 그중에서 예술가들에게 보낸 편지만 해도 600통이 넘는다. 아레티노는 이 많은 편지에서 기회가 있을 때마다 티치아노의 작품을 입에 침이 마르도록 칭찬했다. 1537년부터 1557년까지 쓴 편지를 모아서 출간한 《서신집Lettere familiari》에는 무려 200번 이상 티치아노의 작품에 대한 언급이 나오는데, 찬양

삶이 축제가 된다면

일변도다. 전 유럽의 귀족이나 왕족, 고위 성직자들에게 보내진 아레티노의 편지 덕분에 티치아노는 카를 5세를 포함한 유럽의 수많은 유명 인사들과 교분을 쌓을 수 있었다. 1527년부터 시작된 티치아노, 아레티노, 산소비노의 교류와 우정은 향후 30년 동안 베네치아의 문화를 선도하는 엘리트 집단으로 발전하게 된다.

아레티노의 티치아노 지지는 단순한 친분관계 이상의 것이었다. 아레티노는 조르조 바사리에 의해 주도된 피렌체-로마 예술에 대한 일방적 찬양에 반기를 들었다. 16세기 이탈리아 화단의 가장 치열했던 논쟁은 피렌체-로마 주도의 '구도우선주의'와 베네치아 주도의 '색채우선주의' 간의 경쟁이었다. 앞에서도 잠시 살펴본 파라곤 논쟁이다. 피렌체-로마의 구도우선주의는 미켈란젤로의 작품에 의해 대표되었고, 베네치아의 색채우선주의는 티치아노의 작품에 의해 대표되고 있었다.

아레티노는 토스카나 출신의 문필가였으나 티치아노의 색채우선주의를 적극적으로 지지했다. 예술은 모름지기 사람들에게 '감동'을 주는 것이어야 한다. 아레티노는 티치아노가 그린 아름다운 색채의 그림들이 무한한 영혼의 감동을 불러일으킨다고 주장했다. 완벽한 구도를 통해 이데아의 이상세계를 모색했던 미켈란젤로의 작품은 감동이 아니라 '완벽으로의 충동'을 불러일으키는데, 이것은 예술의 본래 목적이 아니라는 것이다. 아레티노의 이런 깊이 있는 분석과 해석은 졸지에 티치아노를 미켈란젤로와 버금가는 인물로 만들어버렸다. 이제 티치아노는 단순히 베네치아를 대표하는 화가 정도가 아니라 예술의 본질을 규명해가는 예술철학자로 자리매김하게 된 것이다. 티치아노는 이 고마운 사람에게 초상화를 그려주면서 감사를 표했다.

당대 최고의 초상화 작가로 명성을 떨치던 티치아노는 홍보 대사 피에트로 아레티노의 초상화를 최소한 5번 이상 그렸는데, 그중에서 걸작으로 평가받는 것은 현재 피렌체의 피티 박물관에 소장되어 있는 작품이다. 이것은 아레티노를 위한 초상화가 아니라 피렌체의 대공 코시모 1세에게 자신의 실력을 과시하기 위한 그림이다. 예리한 필봉으로 티치아노를 당대의 예술 철학자로 만들어가던 아레티노의 초상화를 샘플로 보여주면서, 당신도 내 앞에서 포즈를 취하란 뜻으로 보냈다. 그러나 코시모 대공은 피렌체의 지도자답게 티치아노에게 자신의 초상화를 의뢰하지 않았다. 브론치노Agnolo Bronzino(1503~1572년)와 같은 피렌체 출신 화가를 밀어주기 위해, 외지인에게 공식 초상화를 맡기지 않았던 것이다.

미켈란젤로가 〈최후의 심판〉에 그린 피에트로 아레티노의 초상화.

티치아노는 자신의 열렬한 후원자였던 아레티노를 독특한 모습으로 그렸다. 화면의 왼쪽을 응시하고 있는 아레티노의 모습은 함부로 범접할 수 없는 지식인의 전형적인 모습을 드러내고 있다. 출신 신분이 낮았던 친구의 자존심을 고려해서 지체 높은 귀족의 모습으로 아레티노를 그려준 것이다. 티치아노가 그린 아레티노의 초상화 중 첫 번째인데, 미켈란젤로의 〈모세상〉에 조각된 얼굴을 참고했다는 견해도 있다. 얼굴이 좀 닮긴 닮았다.

아레티노에 의해 티치아노와 비교되었던 미켈란젤로도 아레티노의 모

삶이 축제가 된다면

습을 그림으로 남겼다. 시스티나 성당의 〈최후의 심판〉에서 수염을 잔뜩 기른 채 오른손으로 칼을 들고 왼손으로는 피부가 벗겨져 순교당한 성 바르톨로메오 Bartholomew 의 시신을 들고 있는 인물이 바로 아레티노다. 피부가 벗겨져 순교당한 성자는 미켈란젤로의 자화상으로 알려져 있다. 그렇다면 미켈란젤로가 아레티노를 어떤 사람으로 생각하고 있었는지 짐작이 될 것이다.

피에트로 아레티노의 좌우명이 적혀 있는 부조.

1556년, 피에트로 아레티노는 임종해서 카 단돌로 인근에 있는 산 루카 성당에 유해가 안치되었다. 리알토 시장의 한 벽면에 그의 수염 가득한 얼굴이 부조로 조각되어 있는데 그 밑에 그의 인생 모토가 라틴어로 적혀 있다. "Veritas, filia temporis." 진리는 시간의 딸이란 뜻이다. 아레티노의 해석대로 감동을 추구했던 티치아노의 예술이 충동을 추구했던 미켈란젤로의 예술을 능가했는지, 시간의 흐름에 의해 판정될 것이다.

피에트로 아레티노와 이름이 비슷하지만 혼동되어서는 안 되는 인물이 있다. 피에트로 벰보다. 벰보란 이름이 익숙할 것이다. 카날 그란데의 붉은색 저택 카 벰보에서 소개된 베네치아 귀족 가문이다. 앞서 소개한 피에트로 아레티노가 토스카나의 한미한 집안 출신이라면, 피에트로 벰보는 베네치아의 원로원 의원과 외교관을 다수 배출한 정통 귀족 집안에서 태어났다.

벰보의 아버지는 단테의 마지막 유배지였던 라벤나 출신이었는데, 베네치아에서 대사로 재임하고 있을 때 피에트로 벰보가 태어났다. 외교관을 아버지로 둔 덕분에 벰보는 어린 시절부터 많은 곳을 여행하면서 식견을 넓힐 수 있었고, 베네치아 인근의 명문 파도바 대학에서 학창시절을 보냈다. 베네치아의 정통 관료로 성장할 길이 보장되어 있었지만 그는 페라라Ferrara의 영주 에스테Este 가문에서 첫 번째 커리어를 시작했다. 그곳에서 영주 알폰소 데스테Alfonso d'Este(1476~1534년)의 아내 루크레치아 보르자Lucrezia Borgia(1480~1519년)와의 염문을 뿌린 것으로 유명하다(1502~1503년).

그 후에 그는 우르비노에서 1512년까지 궁정 신하로 일했다. 이때 상황을 묘사한 카스틸리오네Giuseppe Castiglióne의 《궁정론》에서, 재치 있는 농담을 주고받는 인물로 등장한다. 그는 우르비노에서 《이탈리아 속어에 관한 글Prose della volgar lingua》을 집필했는데(출간은 1525년), 단테의 주장에 동조하며 문학가들이 라틴어가 아닌 이탈리아어를 사용할 것을 역설한 책이다. 피에트로 벰보는 그의 이름을 딴 활자체가 있을 정도로 이탈리아 문학 발전에 큰 영향을 미친 인물이기도 하다.

이어 벰보는 로마로 가서 교황 레오 10세의 비서로 활동했다. 몰타 기사단의 단원이 되었으며 교황 레오 10세의 서거 이후에 만토바로 가서 이번에는 곤자가 가문을 위해서 일했고 그곳에서 로마에서 쓴 《이탈리아 속어에 관한 글》을 출간했다. 드디어 1530년, 벰보는 베네치아의 역사를 집필하는 공식 역사가의 직책을 수락하면서 고향 베네치아로 돌아왔고, 산 마르코 도서관의 관장직을 맡았다. 1527년에 베네치아로 옮겨왔던 아레티노보다 3년이 늦었지만, 베네치아는 피에트로 벰보의 고향

삶이 축제가 된다면

이었다. 아레티노는 재정난 때문에 귀족 들의 후원을 받아야 했지만 벰보는 그냥 귀족이었고, 카날 그란데에 큰 저택도 소 유하고 있었다. 그가 쓴 베네치아 역사책 은 1487년부터 1513년까지를 집중적으 로 다루고 있고, 1551년에 출간되었다. 격동기의 베네치아 역사를 정치적 관점 에서 기록한 이 역사서는 르네상스 시기 의 국제 정치를 이해하는 데 결정적인 단 서를 제공해주고 있다. 벰보는 이 책을 집필하면서 천재 화가를 만났다. 아레티 노가 그렇게 칭찬하던 티치아노였다. 티 치아노는 이 피에트로와도 친구가 되었다.

티치아노가 1540년에 그린 〈추기 경 피에트로 벰보의 초상화〉. 미국 내셔널 갤러리가 소장하고 있다.

1539년, 교황 파울루스 3세Paulus III가 벰보를 추기경으로 임명하였다. 티치아노가 그린 〈추기경 피에트로 벰보의 초상화〉는 처음으로 영광스 러운 추기경의 모자를 쓰게 된 친구 벰보를 축하하기 위해 그린 것이다. 종교적인 경건함이 아낌없이 표현된 얼굴이나, 무엇인가 지적인 토론을 하고 있는 것 같은 주인공의 자세는 티치아노가 이해하던 피에트로 벰보 의 신앙과 품격을 웅변해주고 있다. 작품은 17세기까지 로마의 바르베리 니Barberini 가문에서 소장하고 있다가 현재는 미국의 내셔널 갤러리가 소 장하고 있다. 피에트로 벰보는 77세의 나이로 로마에서 임종했고, 산타 마리아 소프라 미네르바Santa Maria sopra Minerva 성당에 안장되었다. 티치아 노는 최소 2번, 친구 피에트로 벰보의 초상화를 그려주었다.

22장

스쿠올라 그란데 디 산 로코

야코포 틴토레토

'가장 평온한 공화국' 베네치아는 《황금의 책》에 이름이 올라 있는 전통 귀족들과 그중에서 선택된 도제에 의해 통치되었다. 그들의 주 무대는 두칼레 궁전과 산 마르코 광장이었다. 그러나 좁은 공간에서 미로처럼 얽혀 있는 베네치아의 일상을 지배하던 것은 6개의 대大 스쿠올라였다. 베네치아 가톨릭교회의 각 교구에 속한 일반 성도(남성)들로 이루어진 일종의 친목단체인데, 산 마르코, 산 로코San Rocco, 산 테오도로, 산 조반니 에반겔리스타San Giovanni Evangelista, 미세리코르디아Misericordia, 산타 마리아 델라 카리타가 도시 곳곳에서 자선활동과 봉사활동, 카니발과 같은 축제의 절차를 관장했다. 전쟁이 터질 경우 지원금을 모금하고, 회원이 전투에 참여했다가 포로로 잡힐 경우 배상금을 마련하는 것도 스쿠올라의 주요 업무였다.

　특정 직업에 종사하는 사람들의 단체인 길드나 소小 스쿠올라Scuola piccole와는 달리, 대 스쿠올라는 직업에 상관없이 구성되었다. 전통 귀족들은 스쿠올라 활동에 참여할 수는 있었지만 임원이나 대표로 선출될 수 없었다. 스쿠올라의 대표를 '비카리오Vicario'라 부르고, 관리 임원의 모임은 '방카Banca'라 불렀다. 베네치아 전역에 흩어져 있는 스쿠올라 건물은

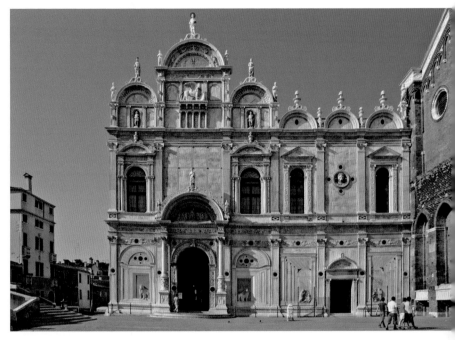

스쿠올라 그란데 디 산 마르코 건물. 지금은 병원으로 사용되고 있다.

비슷한 구조로 건축되었다. 1층은 미팅 홀이었는데 '안드로네Androne'라 부르고 일반 베네치아 시민들이 자유롭게 방문할 수 있는 곳이다. 2층은 회원들의 전용 공간으로 안쪽에 임원 회의실 용도의 작은 방이 딸려 있었다. 이를 '알베르고Albergo'라 부른다.

베네치아의 수호성자 성 마르코를 모신 스쿠올라 그란데 디 산 마르코가 제일 오래된 역사(1260년 설립)와 큰 규모를 자랑했다. 성 요한과 바오로 성당 건물과 직각으로 마주보고 서 있다. 초기의 건물은 1485년 화재로 유실되었고 피에트로 롬바르도가 현재 모습의 건물을 재건축했다. 이곳이 유명해진 이유는 한때 '성 마르코가 선물로 준 신비의 반지'가 소장되어 있었기 때문이다.

성자의 반지가 절도당한 후에, 이 건물은 베네치아의 한 신예작가의 등장으로 유명해졌다. 그가 그린 그림들이 이 스쿠올라 건물에 처음 전시되었을 때 가장 충격을 받았던 사람은 티치아노였다. 베네치아를 대표할 뿐만 아니라, 피렌체의 미켈란젤로와 쌍벽을 이루던 티치아노에게 도전장을 내민 젊은 작가가 있었으니, 바로 틴토레토였다. 우리는 이미 카날 그란데의 10대 수변저택을 둘러보면서 카 바르바리고의 정면에 두 사람의 초상화가 무라노 유리로 장식되어 있는 것을 목격한 바 있다. 베네치아를 주름잡던 티치아노의 아성에 도전하는 강력한 경쟁자가 스쿠올라 산 마르코에서 데뷔를 한 것이다.

틴토레토의 원래 이름은 야코포 '로부스티' 코민Jacopo 'Robusti' Comin이었다. '로부스티'는 1509년부터 1516년까지 캉브레 동맹 전쟁 당시, 그의 아버지가 파도바의 성문을 '굳건하게Robusto' 지켰기 때문에 붙여진 이름이다. '코민'은 베네치아어로 향신료의 한 종류인 '쿠민Cumin'에서 온 것인데 조상들이 동방과 향신료 거래를 했을 것으로 추정된다. 틴토레토가 태어난 생가는 유대인 게토가 있는 카나레조 구의 폰다멘타 데이 모리 Fondamenta dei Mori 근처의 작은 집이었다. 그는 이곳에서 21자녀 중의 장남으로 태어났다. 아버지는 염색업자Tintore였는데, 그래서 아들 이름이 '염색업자의 아들' 혹은 '작은 염색업자'란 뜻으로 틴토레토라 불리게 된 것이다.

틴토레토는 미술을 배우기 위해 티치아노의 화실을 찾아갔지만 두 사람의 관계가 이내 틀어졌다고 한다. 성격 차이가 대단했던 두 사람이 대판 싸우고 결별했다는 이야기가 전설처럼 전해지고 있다. 17세기에 출간된 전기에 의하면, 틴토레토의 뛰어난 재능을 알아보고 티치아노가 이를 질투해 화실에서 내쫓았다는 것이다. 서로에 대한 경계심과 극단적인 성격의 차이에도 불구하고, 틴토레토는 티치아노 예술에 대한 존경심을 잃지 않았다. 틴토레토는 거의 독학으로 미술 수련을 쌓았지만 그의 화실 입구에는 아래와 같은 모토가 장식되어 있었다.

미켈란젤로의 구도와 티치아노의 색채

티치아노의 화실에서 쫓겨난 틴토레토는 독학으로 당대 최고의 예술 정신을 모두 습득했다. 아름다움의 근본 이데아를 '완벽을 향한 충동'으로 모색해 들어갔던 미켈란젤로와, 아름다운 색채로 보는 사람의 마음을 무한 감동시켰던 티치아노를 모두 종합한 인물이 바로 틴토레토다. 그러나 그의 등장에 가장 심기가 불편했던 사람은 티치아노였을 것이다. 그는 자신의 명성과 권위에 도전하던 틴토레토를 미켈란젤로의 대리인으로 생각했다. 베네치아에 나타난 이 신예 작가가 첫 작품을 선보인 곳이 바로 스쿠올라 산 마르코의 2층, 회원 전용 회합 장소였다.

베네치아의 수호성자인 성 마르코를 기념하는 곳이니 당연히 그의 생애에 대한 그림들이 주문되었다. 스쿠올라는 30살의 무명 신예 작가 틴토레토에게 성 마르코의 생애 연작을 주문했다. 이때 그린 그림이 바로 〈노예의 기적〉(1548년 제작)과 〈성 마르코의 시신을 옮겨 옴〉(1566년 제작), 〈풍랑을 만난 사라센을 구하는 성 마르코〉, 〈성 마르코의 시신을 발견함〉(1566년 제작)이다. 특히 〈노예의 기적〉이 완성되어 스쿠올라에 처음 전시되었을 때 베네치아 사람들의 평가는 극단으로 나뉘었다. 그동안 티치아노를 천재 예술가로 칭송하던 피에트로 아레티노는 갑자기 입장을 바꾸어 새로운 시대의 시작을 알리는 명작이 탄생했다고 호들갑을 떨었다. 그러나 스쿠올라 산 마르코의 임원들은 '하늘에서 떨어지는 것 같은' 성 마르코의 모습에서 신성모독이 느껴진다고 펄펄 뛰었다. 한 번도 본 적이 없는 충격적인 구도에 사람들은 할 말을 잃었다고 한다. 틴토레토는 그들의 몰이해에 분노를 터트리며 작품을 회수해버렸다. 결국 피에트로 아레티노의 적극적인 중재로 그 작품은 원래 장소로 돌아가게 되었다. 〈노예의 기적〉은 현재 아카데미아 미술관에서 소장하고 있다.

틴토레토의 데뷔작 〈노예의 기적〉은 베네치아에서 티치아노의 시대가 저물고 새로운 시대가 시작되었음을 알리는 신호탄이었다. 지금까지 한 번도 느껴보지 못했던 힘이 작품 속에서 뿜어져 나왔기 때문이다. 틴토레토는 자신의 예술적 목표를 처음부터 분명히 했다. 미켈란젤로의 구도와 티치아노의 색채를 동시에 구현하는 것이었다.

공개적으로 대놓고 말하진 못했지만 베네치아 사람들은 틴토레토를

틴토레토가 그린 〈노예의 기적〉. 베네치아 아카데미아 미술관 소장.

늙어가고 있던 티치아노의 대안으로 생각하기 시작했다. 나이가 들면서 티치아노의 실력이 옛날보다 못하다는 소문이 퍼지고 있던 터였다. 티치아노의 표현이 모호해지고 화면이 너무 어두워졌다는 비판도 제기되었다. 붓을 사용하지 않고 손으로 물감을 찍어 캔버스에 문질러댄다는 소문도 돌았다. 30살의 틴토레토가 〈노예의 기적〉을 그렸을 때 티치아노는 58세였다(1490년 출생이라고 가정했을 때). 옛것은 지나갔으니, 보라! 새것이 되었도다! 베네치아의 귀족들은 자신의 저택 내부를 장식할 때 틴토레토를 찾기 시작했다.

틴토레토의 목표와 포부는 '베네치아의 모든 건물에 내 그림을 걸겠다'였다. 그동안 티치아노가 장악하고 있던 베네치아 화단의 새 주인이 되겠다는 야심만만한 결의였다. 그러나 그것은 말처럼 쉬운 일이 아니었다. 티치아노를 지지해왔던 피에트로 아레티노의 입을 당할 수 있는 사람이 없었다. 티치아노 뒤에는 피에트로 아레티노를 위시해 피에트로 벰보와 로마에서 온 르네상스의 거장 산소비노가 있었다. 그들은 베네치아의 '올드 보이Old Boy'들이었다. 신예 작가 틴토레토는 그들 모두와 경쟁해야 했다.

티치아노는 틴토레토의 유명세가 확산되는 것을 달가워하지 않았다. 그래서 베네치아에서 작품 수주 경쟁이 벌어질 때마다 틴토레토를 탈락시키기 위해 본인이 직접 경쟁에 뛰어들거나, 자신의 후계자로 여겼던 파올로 베로네세를 강력 추천했다. 이 치열한 작품 수주 경쟁에서 살아남기 위해 틴토레토는 '무료 봉사' 전략을 구사했다. 우선 티치아노를 침이 마르도록 칭찬해주던 피에트로 아레티노에게 찾아가 무료로 침실의 천장화도 그려주었다. 아레티노가 갑자기 틴토레토의 〈노예의 기적〉을 "새로운 시대의 시작을 알리는 명작"이라고 극찬했던 이유가 여기에 있다. 틴토레토가 스쿠올라 산 마르코로부터 연작을 주문받게 된 것도 아레티노의 추천 때문이라는 설이 있다.

틴토레토는 티치아노가 유력 인사들과의 교류를 통해 자신의 명성을 키워가는 것을 눈여겨보고, 비슷한 전략을 썼다. 베네치아의 유력 인사들과 교류하기 위해 그는 자신에게 첫 작품을 주문해주었던 스쿠올라 산 마르코의 주요 임원의 딸, 파우스티나 데 베스코비Faustina de Vescovi와 결혼까지 한다(1550년).

쏟아지는 작품 주문

틴토레토의 자화상.

틴토레토는 더 이상 '염색업자의 아들'이 아니었다. 이제 티치아노와 당당히 경쟁하는 예술가였다. 아내까지 베네치아의 유력한 집안에서 얻었으니 그의 앞길에는 비단길이 펼쳐지게 된 것이다. 그런데 베네치아의 또 다른 대 스쿠올라가 외관 공사를 마치고 내부를 장식하기 위해 화가를 찾고 있었다. 틴토레토는 '베네치아의 모든 건물에 내 그림을 걸겠다'는 목표를 가지고 있었기 때문에, 당연히 이 스쿠올라의 작품 공모에 큰 관심을 가졌다. 우여곡절 끝에 이 스쿠올라의 1층과 2층 전부, 그것도 벽면과 천장을 모두 틴토레토가 그리게 된다. 이곳이 이제부터 소개할 스쿠올라 그란데 디 산 로코인데, 지금은 틴토레토의 단독 전시관처럼 알려져 있는 곳이다. 우뚝 솟아 있는 프라리 대성당을 끼고 시계 방향으로 돌면, 좁은 골목길 왼쪽 편에 스쿠올라 산 로코

삶이 축제가 된다면

가 모습을 드러낸다.

스쿠올라 산 로코는 1478년에 결성되었는데, 흑사병의 피해를 막고 전염병 피해자들을 돕기 위해 베네치아의 시민들이 자발적으로 결성한 자선단체 겸 병원이었다. 성 로크(베네치아어로 산 로코)는 흑사병의 치유를 맡은 수호성자다. 1515년부터 1560년까지 공사가 진행되었고 이제 내부 장식 공사가 막 시작될 시점이었다. 스쿠올라는 수의계약을 불법으로 간주했기 때문에 반드시 작품 공모를 거쳐야만 했다. 틴토레토는 제일 먼저 신청서를 접수했다.

스쿠올라 산 로코는 베네치아의 다른 스쿠올라 건물처럼 2층 구조로 되어 있는데, 지상층은 2줄의 열주列柱가 서 있는 작은 바실리카 양식이고, 위층은 회원들만을 위한 모임 장소로, 기둥이 없는 하나의 큰 홀로 구성되어 있다. 다른 건물과 마찬가지로 위층 왼쪽 구석에는 임원들을 위한 회의실이 딸려 있다. 건물의 내부에는 창문이 없다. 자연채광이 불가능한 내부 공간 안을 벽화와 천장화로 장식해야 했던 화가들에게는 아주 곤란한 작업환경이었을 것이다. 스쿠올라 산 로코는 신청서를 접수한 틴토레토와 베로네세를 불러 회의실 천장을 장식할 그림 스케치 초안을 제출하도록 했다. 2명의 화가들을 공정하게 경쟁시킨 것이다. 당시 베네치아를 방문해서 예술가들의 전기를 쓰기 위한 기초 자료를 조사하고 있었던 조르조 바사리의 목격담에 의하면 베네치아에서는 화가들이 작품의 수주를 위해서 "여러 사람을 찾아다니며 허리를 굽혀야" 했다고 한다.[60] 틴토레토와 베로네세의 치열한 작품 수주 경쟁이 시작된 것이다.

틴토레토는 자기보다 10살 어린 베로네세가 어떤 사람의 후원과 지도를 받고 있는지 잘 알고 있었다. 티치아노가 자신의 수주를 방해하기 위해서 베로네세를 앞세우고 있다고 생각했다. 어쨌든 베로네세는 스쿠올라 산 로코가 원하는 대로 스케치를 초안으로 제출했다. 그러나 틴토레토는 깜짝 놀랄 만한 편법을 썼다. 그는 2층 회의실에 몰래 들어가 타원형으로 된 〈성 로크가 천국으로 올려짐〉이란 제목의 그림을 천장에 미리 붙여버렸다. 스쿠올라 회원 규칙에 "어떤 사람이 스쿠올라에 물품을 기부하면, 스쿠올라는 그것을 절대로 거절하지 못한다"는 조항이 있다는 것을 알고 있던 틴토레토가 선수를 친 것이다. 결국 이 작품 하나 때문에 나머지 모든 작품의 제작도 모두 틴토레토에게 넘어갔다. 하지만 그가 이곳에서 편법만 저지른 것은 아니다. 틴토레토가 임원 회의실 벽면에 그린 〈십자가에 달린 예수〉(1565년)는 베네치아 르네상스의 최고 걸작으로 꼽힌다.

틴토레토가 몰래 붙여놓았던 〈성 로크가 천국으로 올려짐〉.

삶이 축제가 된다면

틴토레토의 명작 〈십자가에 달린 예수〉.

틴토레토는 스쿠올라 산 로코의 연작을 완성한 후부터 화풍에 변화를 보였다. 당시 르네상스 말기 화가들은 화면의 질감을 높이고 선명도를 증가시키기 위해 여러 번 채색하는 것을 원칙으로 삼았다. 특히 인물을 그릴 때 두껍게 칠하는 것이 일반적인 관행이었다. 그래야 깊어진 명암의 차이 때문에 그 인물이나 사물이 입체적으로 보이게 된다. 그러나 틴토레토는 이런 르네상스 말기 회화의 기본 원칙을 버렸다. 그의 새 기법을 프레스테차Prestezza라고 하는데, 좋게 말하면 빨리 그린다는 뜻이고, 나쁘게 말하자면 대충 그린다는 뜻이다.

사실 틴토레토는 너무 많은 작품을 주문받았기 때문에 여러 번 덧칠을 할 시간이 없었고, 그렇게 하는 것도 좋아하지 않았다. 그는 짙은 갈색 바탕에 흰색을 한 줄 긋고, 그것이 마른하늘에 떨어지는 벼락이라고 주장했다. 사람들이 정성을 들이지 않고 그린 그림이라고 비판하면, 자신은 그림을 그리는 것이 아니라 생각을 표현하는 것이라고 답했다. 내 그림을 보면서 인물을 보지 말고, 내가 이 인물에 대해 어떻게 생각하고 있는지 생각해보라고 큰소리쳤다. 틴토레토는 상식을 뛰어넘는 빠른 작품 제작과 일필휘지의 단호하고 간결한 붓질을 계속 이어갔다. 후기에 접어들수록 단순하지만 힘찬 그림들이 속속 발표된 이유가 여기에 있다. 그의 작품에서 드러난 강력한 에너지는 그에게 '분노에 사로잡힌 자[Il Furioso]'란 별명을 붙여주었다. 이제 틴토레토는 강력한 색채와 굴곡진 신체의 다양한 구도를 통해 베네치아 매너리즘 시대를 열어가기 시작한 것이다.

틴토레토는 스쿠올라 산 로코 건물을 직각으로 마주보고 있는 산 로코 성당의 벽화를 모두 자신의 그림으로 채우기 위해, 또 다시 도발적인 제안을 했다. 1577년부터 시작해서, 모든 벽화가 채워질 때까지 연봉 100두카트만 받으면서, 최소한 1년에 3작품 이상 그려주겠다는 파격적인 제안을 한 것이다. 거의 덤핑 수준의 계약이었다. 이렇게 해서 스쿠올라 산 로코 건물과 산 로코 성당에 걸린 52개의 작품이 모두 틴토레토에게 돌아갔다. 틴토레토는 조수들의 도움을 받으며 1587년에 모든 작업을 마무리했다. 스쿠올라 산 로코는 모든 작품을 마친 틴토레토가 임종할 때까지 총 2,447두카트를 지불했다. 아래층은 성모 마리아의 생애를 연작으로 그렸고, 위층의 천장은 구약 성경의 장면들을, 벽면에는 신약 성경의 장면들을 그렸다. 틴토레토는 스쿠올라 산 로코의 정식 회원으로도 활동했다.

틴토레토의 화가 경력에서 또 다른 전환점은 1577년 두칼레 궁전의 화재다. 투표실에서 시작된 불이 대회의장으로 번지면서 두칼레 궁전 전체에 큰 피해를 입혔다. 도제는 신속한 복원을 위해 틴토레토와 베로네

삶이 축제가 된다면

세를 비롯한 여러 화가들을 동시에 투입했다. 한창 전성기에 있던 틴토레토는 가장 많은 작품을 제작했다.61 그러나 두칼레 궁전에 남긴 틴토레토의 최고 걸작은 대회의장의 정면 벽에 걸려 있는 길이 22.6미터, 폭 9.1미터에 달하는 거대한 작품 〈천국〉이다.

틴토레토는 정교하게 그려진 작품 초안을 작가 선정 위원회에 제출하면서 신중한 태도를 보였다. 경쟁자였던 베로네세, 신예 작가였던 야코포 바사노Jacopo Bassano(1592년 사망)와 팔마 일 조바네Palma il Giovane(1628년) 등이 각자 작품 초안을 제출했다. 틴토레토는 장차 이 작품이 베네치아를 대표하는 작품이 될 것이고, 이제 노년으로 접어든 자신의 마지막 대작이 될 것이라고 판단했다.

1차 심사에서 위원회는 작품을 그릴 화가를 결정하지 못했다. 그러자 수주의 달인인 틴토레토는 기발한 방법을 동원한다. 작가 선정 위원회를 직접 찾아가 자신은 이 작품 제작을 그릴 수 있게 해달라고 하느님께 매일 간절히 기도하고 있으며, 이제 노년으로 접어든 자신이 곧 가게 될 천국을 자기 손으로 그릴 수 있게 해달라고 호소했던 것이다.

그의 읍소 작전이 효과가 있었던 모양이다. 1588년, 틴토레토는 두칼레 궁전 대회의장의 한쪽 벽면을 가득 채우게 될 대작을 맡게 된다. 그는 다른 곳에 작업실을 설치하고 실제 인물 모델의 얼굴을 보며 스케치로 그린 다음, 그것을 바탕으로 〈천국〉에 등장하는 수많은 인물들을 생동감 있게 채워나갔다. 회심의 역작이 완성되었을 때, 베네치아 시민들은 감탄을 금치 못했다고 한다. 위원회는 평소와는 달리 작품 대금에 대한 언급을 하지 않던 틴토레토를 의아하게 생각하고 있었다. 틴토레토는 위원회가 작품의 가격을 임의로 정하라고 했다. 위원회는 예상보다 큰 액수를 제시했지만, 틴토레토는 이를 사양하고 물감 비용에 해당하는 적은

틴토레토의 대형화, 〈천국〉.

액수를 청구했다.

　1594년 5월 31일, 복통과 열병에 시달리던 틴토레토는 격정의 삶을 그렇게 마감했다. 그의 유해는 이른 나이에 죽었던 딸 마리에타가 묻혀 있던 마돈나 델로르토Madonna dell'Orto 성당에 안장되었다. 딸 마리에타도 뛰어난 초상화 작가였으며, 예술 분야에 다재다능한 여성이었다고 알려져 있다. 15살 때부터 남장을 하고 아버지를 따라다니면서 그림을 배웠고, 성실한 조수 생활을 했다고 전해진다. 그의 아들 도메니코도 유능한 화가였는데 아버지가 남긴 스케치를 채색하는 일로 이름을 남겼다.

삶이 축제가 된다면

틴토레토와 경쟁했던 티치아노의 제자, 파올로 베로네세

티치아노는 경쟁심이 남달랐던 것 같다. 미켈란젤로와 쌍벽을 이루었던 그는 최소한 베네치아에서만큼은 자신의 아성에 도전하는 예술가를 인정할 수 없다고 공언했다. 조르조 바사리는 티치아노가 경쟁자였던 파리스 보르도네Paris Bordone(1571년 사망)의 작품 수주를 방해한 적이 있다고 기록했다.62

앞에서 언급한 대로 티치아노가 가장 경계했던 인물은 틴토레토였다. 티치아노는 자신의 화풍을 계승했던 제자 파올로 베로네세를 앞세워 틴토레토의 작품 수주를 방해하려고 했다. 그러나 파올로 베로네세는 단순한 대리인 정도가 아니라 티치아노와 틴토레토와 더불어 '베네치아 르네상스의 트리오'로 불릴 만한 충분한 실력을 갖춘 화가였다. 그가 남긴 〈가나의 혼인 잔치〉(1563년)와 〈레위의 집에서 벌어진 잔치〉(1573년)는 르네상스 사실주의의 걸작이라고 할 수 있다. 여러 번 겹칠을 해서 인물이나 사물의 무게감을 더했고, 배경을 웅장하게 처리함과 동시에 인물의 동작을 우아하게 표현함으로써 르네상스의 고전적인 취향을 완벽하게 재현해내는 데 성공했다.

베로나에서 태어났기 때문에 그의 이름이 '베로네세'다. 1528년, 베네치아의 통치를 받고 있던 베로나에서 석공의 아들로 태어났다. 어릴 때는 어머니의 성을 따 파올로 칼리아리Paolo Caliari로 불렸지만, 1553년에 베네치아로 옮겨오면서 이름을 베로네세로 바꾸었다. 베로네세는 이미 1541년부터 고향 베로나에서 미술 수련을 받았다. 10대 소년이었지만 이내 두각을 나타냈고, 특별히 광택이 나는 화면 처리 기술이 뛰어나다는 평을 받았다.

베로네세의 가치를 알아본 베네치아의 주스티아니 가문은, 야코포 산소비노에 의해 재건축되었다가 팔라디오에 의해 완공되었던 산 프란체스코 델라 비그나San Francesco della Vigna 성당의 채플 제단화를 그리게 했다 (1551년). 트레비소에 있는 빌라 소란초Villa Soranzo도 같은 해에 장식했는데 그 작품 중의 하나가 지금 런던 내셔널 갤러리가 소장하고 있는 대형화 〈다리우스의 가족을 만나는 알렉산드로스 대왕〉이다.

베로네세는 두칼레 궁전 10인회의 방 프레스코 장식을 수주하면서 1553년부터 베네치아에 공식적으로 거주하기 시작했다. 그가 그린 걸작 천장화 〈주피터가 번개를 치며 악을 물리침〉은 현재 루브르 박물관에서 소장하고 있다. 이때부터 베로네세는 티치아노의 눈에 들었고, 혁신적인 틴토레토의 도전에 맞서는 신예 작가로 부상하게 된다. 1557년, 베로네세가 산 마르코 도서관의 천장화를 멋지게 그려내자, 티치아노와 산소비노가 그에게 '뛰어난 예술가 상'을 주기도 했다.

현재 베네치아 아카데미아 미술관에 소장되어 있는 〈레위의 집에서 벌어진 잔치〉는 1573년 제작된 것으로 성 요한과 바오로 성당의 식당에 걸려 있던 작품이었다. 원래 식당 자리에 걸려 있던 티치아노의 〈최후의 만찬〉이 화재로 전소되자, 이를 대체하기 위해 그린 작품이다. 따라서 베로네세가 붙인 원래 제목도 티치아노의 전작처럼 〈최후의 만찬〉이었다. 원래 성당이나 수도원 식당에 그리는 그림은 〈최후의 만찬〉이나 〈엠마오에서의 저녁 식사〉로 주제가 정해져 있다. 식당에 어울리는 주제의 그림이기 때문이다. 그런데 베네치아 종교재판소는 베로네세의 〈최후의 만찬〉에 신학적인 문제가 있다고 판단했다. 예수께서 제자들과 '최후의 만찬'을 나누는 장면이 화려한 파티처럼 묘사되어 있고, 작품 하단에 배치

삶이 축제가 된다면

베로네세가 그린 〈주피터가 번개를 치며 악을 물리침〉. 현재 루브르 박물관 소장.

되어 있는 개나 좌우에 배치되어 있는 무슬림과 독일 군인들이 불경스럽게 보였기 때문이다. 만약 이 작품의 제목이 〈최후의 만찬〉이라면, 예수의 고뇌와 제자들의 반응을 그렇게 우아하게 그려서는 안 된다고 판단한 것이다. 베로네세는 작품의 제목을 즉각 〈레위의 집에서 벌어진 잔치〉로 수정했다. 어차피 세리稅吏 레위는 죄인으로 간주되던 인물이기에(《누가복음》5장 27~32절), 예수의 느긋한 표정도 문제될 것이 없었고, 작품 속에 등장하는 개나 군인들도 충분히 개연성이 있는 구도였다. 베로네세는 계속 문제를 삼는 종교재판소 재판관들에게 "화가들은 시인이나 미친 사람처럼 자유롭게 자기 의사를 표현할 수 있어야 한다"고 항변했다고 전해진다.

티치아노가 틴토레토를 견제하기 위해 베로네세를 자신의 후계자로 삼았다는 이야기는 베네치아에서 널리 퍼진 소문이었다. 그래서 이 관계가 아예 그림으로 표현되어 있을 정도다. 베네치아 아카데미아 미술관에 전시되어 있는 안토니오 초나Antonio Zona의 1857년 작품 〈팔리아 다리에서 베로네세를 만난 티치아노〉는 이런 관계를 분명히 보여주고 있다. 소년 베로네세가 화첩을 들고 50살 정도 연상인 티치아노에게 자문을 구하고 있는 모습이다. 또 베로네세가 직접 티치아노와 틴토레토와의 적대적인 관계를 표현한 작품도 있다. 지금 루브르 박물관에 소장되어 있는 또 다른 르네상스 사실주의의 명작 〈가나의 혼인 잔치〉다.

1563년에 완성된 〈가나의 혼인 잔치〉는 산 조르조 마조레 성당의 베네딕트 수도회가 주문한 것이다. 라피스 라줄리Lapis lazuli(청금석)의 현란한 푸른 하늘이 두드러지는 이 작품은 가로 10미터가 넘는 대작이다. 가나에서 거행된 혼인을 축하하는 등장인물들의 사실주의적 표현이 베로네세 특유의 우아한 멋을 드러내고 있다. 작품 하단 중앙에 악사들이 연주

삶이 축제가 된다면

베로네세가 1573년에 그린 〈레위의 집에서 벌어진 잔치〉. 베네치아 아카데미아 미술관 소장.

안토니오 초나가 1857년에 그린 〈팔리아 다리에서 베로네세를 만난
티치아노〉. 베네치아 아카데미아 미술관 소장.

를 하고 있는 데, 오른쪽 붉은색 옷을 입고 더블베이스를 연주하고 있는
사람이 티치아노이고 맞은편에서 제1바이올린을 연주하고 있는 사람이
베로네세 본인이다. 흰 옷을 입고 있는 연주자다. 바로 옆에서 베로네세
를 바라보면 신경질적인 얼굴 표정을 짓고 제2바이올린을 연주하고 있
는 틴토레토의 얼굴이 보인다.

베로네세가 1563년에 그린 〈가나의 혼인 잔치〉. 파리 루브르 박물관 소장.

삶이 축제가 된다면

베로네세 〈가나의 혼인 잔치〉 부분. 베로네세, 틴토레토, 티치아노가 연주자로 등장한다.

23장

오스페달레 델라 피에타

안토니오 비발디의 〈사계〉

문학, 회화, 음악 중에서 베네치아를 가장 정확하게 보여주는 예술 장르는 무엇일까? 어떤 예술 장르가 베네치아란 도시의 느낌을 가장 효과적으로 설명해줄 수 있을까? 토마스 만의 《베네치아에서의 죽음》과 같은 문학일까? 아카데미아 미술관에 소장되어 있는 베로네세의 〈레위의 집에서 벌어진 잔치〉와 같은 회화일까? 아니면 베네치아를 대표하는 음악가 안토니오 비발디Antonio Vivaldi(1678~1741년)의 음악이 들려주는 현란한 바로크 교향곡일까?

문학은 책의 활자를 읽어가는 동안 떠오르는 상상력으로 베네치아를 우리에게 보여준다. 회화는 눈에 보이는 그림의 시각적 효과를 통해 베네치아에 대한 이미지를 떠올리게 한다. 둘 다 시각을 매개로 사용하고 있다. 활자를 읽고 그림(이미지)을 보는 것은 모두 시각 활동이다. 그러나 음악은 청각에 의존하는 예술 장르다. 귀를 통해 청각으로 베네치아를 느끼는 것이다. 이 방식도 베네치아에서 꽤 성업 중이다. 관광 시즌이 되면 베네치아에서는 거의 매일 밤 비발디의 〈사계〉가 연주된다. 베네치아에는 나폴레옹 시대 때 폐쇄된 성당 건물들이 많은데, 여러 곳이 작은 연주회장으로 사용되고 있다. 그곳에서 밤마다 청각을 이용한 베네치아 투

오스페달레 델라 피에타는 현재 성당 건물로 사용되고 있다.

어가 펼쳐지고 있는 것이다.

나는 청각을 이용하는 음악이야말로 베네치아를 가장 적절하게 느끼는 방법이라고 생각한다. 음악이야말로 가장 고차원적인 베네치아 체험 방식이다. 왜냐하면 베네치아에 대한 나의 생각은, 음악을 들을 때처럼 언제나 즉흥적이고 일시적이기 때문이다. 산 마르코 광장에 대한 나의 생각은 언제나 즉흥적이고 일시적이다. 생각은 늘 바뀐다. 광장을 사람들이 가득 채우고 있을 때 내가 느끼는 감정과 새벽에 텅 비어 있는 광장을 걸어갈 때의 감정이 사뭇 다르다. 산 마르코 광장은 늘 그곳에 있는데, 왜 내 감정은 수시로 바뀌는 것일까? 왜 그때그때 즉흥적이고 일시적인 감정을 느끼게 되는 것일까?

문학작품의 활자는 책의 지면에 고정되어 있다. 캔버스 위에 그려져 있는 그림도 고정된 이미지다. 그러나 우리는 음악을 들을 때 악보를 보지 않는다. 연주자가 연주하는 음악을 '순간적으로' 듣는다. 연주자의 표현 방식에 따라 우리도 같은 음악을 전혀 다르게 듣는 경우가 많다. 그래서 우리가 듣는 음악은 언제나 즉흥적이고 일시적인 감동을 준다. 같은 노래를 들어도 어떤 때는 슬프고, 어떤 때는 기쁘다. 베네치아에서도 그렇다. 어떤 때는 슬프고, 어떤 때는 기쁘다. 그 점에서 나는 베네치아에서 비발디의 음악을 들어볼 것을 추천한다. 베네치아에서 비발디의 〈사계〉를 들으면, 한국에서 들을 때와는 전혀 다른 느낌이 들 것이다. 청각으로 표현된 베네치아. 즉흥적이고 일시적인 감정들이 베네치아에서 당신과 함께 춤을 추게 될 것이다.

그러나 한 가지 염두에 두어야 할 것이 있다. 베네치아에서 비발디의 〈사계〉를 들을 때는, 비발디가 베네치아 사람이었던 것은 분명하지만 〈사계〉를 베네치아에서 작곡한 것은 아니라는 사실을 꼭 기억해야 한다. 그가 유명한 바이올린 콘체르토인 〈사계〉를 작곡한 곳은 만토바였다. 이탈리아 내륙에 있는 호수의 도시다. 이 호수의 도시는 알프스 산맥에서 불어오는 북풍 때문에 겨울 추위가 지금도 유명하다. 혹독한 겨울 추위가 닥치면 만토바를 에워싸고 있는 호수는 꽁꽁 얼어붙었다. 비발디의 〈사계〉 중 "겨울"에서, 넘어질까 조심스러운 까치발로 얼음 위를 걸어다니는 장면에 대한 묘사가 있다. 그러나 이것은 베네치아의 겨울에 일어나지 않는 일이다. 베네치아의 짠 바닷물은 좀처럼 얼지 않는다. 겨울철에 베네치아를 찾아온 관광객들이 밤에 〈사계〉의 "겨울" 연주를 들으며, 자신이 베네치아의 겨울에 와 있다고 '일시적으로' 생각하는 것은 착각일 뿐이다.

자, 그렇다면 이제 본격적으로 베네치아를 대표하는 작곡가 안토니오 비발디를 만날 차례다. 그가 30년간 활동했던 오스페달레 델라 피에타

삶이 축제가 된다면

Ospedale della Pietà로 향한다. 두칼레 궁전에서 바다를 끼고 걸어서 5분 거리의 지척에 있다.

안토니오 비발디는 바로크 시대의 선구자적인 작곡자이자 뛰어난 바이올린 연주자였으며 예수회에 소속된 신부이기도 했다. 90여 곡이 넘는 오페라를 작곡했고 수많은 종교음악을 탄생시킨 이 예술가는 베네치아에서 계절마다 연주되는 〈사계〉로 우리에게 기억되고 있다. 안토니오 비발디가 태어나던 날인 1678년 3월 4일, 베네치아에 큰 지진이 발생했다. 산고의 고통을 겪고 있던 어머니는 아기의 생명을 지켜주면 장차 그 아기를 교회의 사제로 하느님께 바치겠다는 서원 기도를 올렸다. 아버지 조반니 바티스타 비발디Giovanni Battista Vivaldi는 이발사로 일하다가 바이올린 연주자로 전업했고 음악에 재능이 있던 아들에게 바이올린 연주를 가르쳤다. 아버지와 아들의 바이올린 협주는 베네치아에서 유명했다. 1693년, 그는 15살 되던 해부터 사제가 되기 위한 신학 공부를 시작했고, 1703년에 결국 사제 서품을 받았다. 어머니는 하느님과의 약속을 지켰다. 비발디는 머리카락이 붉은색이었기 때문에 '붉은 신부Prete Rosso'라는 별명으로 불렸다. 그는 만성 천식에 시달리는 등 건강이 좋지 않았기 때문에 1704년부터 신부로서 미사를 집전해야 하는 의무에서 면제를 받았다.

그는 24살 때부터 베네치아의 수도원이자 여자 고아원이었던 오스페달레 델라 피에타의 음악 학교에서 교사로 일했다. 두칼레 궁전에서 해안을 따라 쭉 걸어가다 보면 흰색 성당의 파사드가 눈에 들어온다. 이곳이 바로 산타 마리아 델라 피에타 성당인데 여자 고아원이 있던 오스페달레 건물 부지 위에 세워졌다. 1703년, 비발디는 오스페달레의 수석 바이올린 연주자가 되었는데, 그는 작곡가였을 뿐 아니라 당대 최고의 바이올린 연주자이기도 했다. 그는 그곳에서 30년 동안 작곡가 겸 연주자로 일했다. 오스페달레 델라 피에타는 고아들을 데려다가 교육시키는 베네치아의 공공 기관이었는데, 남자아이들은 배를 타고 무역에 종사하는 일을 배웠고 여자아이들은 음악 교육을 받았다. 그중에서 재능이 뛰어난 여자아이들은 따로 오케스트라를 구성해 전문적인 음악 교육을 받도록 했다. 비발디는 그 오케스트라 단원들을 훈련시키면서 그 오케스트라가 연주할 음악을 동시에 작곡했다. 또한 교회의 절기에 따른 오라토리오나 칸타타 등을 작곡해야 하는 의무가 있었다. 비발디는 스스로 총 94개의 오페라를 작곡했다고 언급한 적이 있지만, 현존하는 작품은 50개 정도다.

1717년, 비발디는 만토바의 궁정 음악가로 초청을 받아 3년간 그 직책을 수행했으며, 이어 1721년부터는 밀라노, 1722년에는 로마에서 활동했다. 그가 만토바에서 작곡한 곡이 그 유명한 바이올린 콘체르토인 〈사계〉다. 계곡에서 물이 흘러가면서 내는 소리, 장작불이 타는 소리, 새들이 노래하듯 지저귀는 소리, 개 짖는 소리, 모기들이 앵앵거리는 소리, 얼음이 갈라지는 소리, 폭풍우가 몰아치는 소리, 술 취한 사람들의 주정, 밤의 적막, 사냥꾼의 함성소리, 몰이를 당하는 짐승들의 신음소리 등을 음악으로 표현해냄으로써 '표제 음악Program Music'의 정수를 선보였다. 그가 만토바에 있을 때 프리마돈나 안나 테시에리 지로Anna Tessieri Girò와 모종의 관계를 맺었고 함께 연주 여행을 다니면서 염문을 뿌렸지만 구체적인 문서나 기록으로 두 사람의 관계가 밝혀진 것은 없다.

작곡가로 유명해진 비발디는 유럽 각국의 왕실로부터 후원과 작품 주문을 받았다. 신성로마제국의 카를 6세Karl VI(1711~1740년 재위)는 그의 음악에 큰 감동을 받고 기사 작위를 수여하기까지 했다. 그러나 노년의 비발디는 재정적인 어려움에 봉착했다. 시대가 변했고 예술의 사조도 변했지만, 무엇보다 사람들의 취향이 변했기 때문이었다. 바로크 시대의 음악은 서서히 사람들의 관심에서 벗어나고 있었다. 그는 베네치아를 떠나 빈에 정착하기 위해 그동안 애써 작업했던 악보를 모두 팔아야만 했다. 그러나 겨우 빈에 도착해보니, 후원을 기대했던 황제 카를 6세는 이미 임종한 후였다. 객지에서 후원자를 얻지 못한 비발디는 가난에 시달리다가 1741년 7월, 63세의 나이로 임종했다. 비엔나의 성 스테파노 성당에서 조촐한 장례식이 열렸고, 후에 작은 공공 묘지에 매장되었다. 그가 묵었던 작은 집은 허물어져서 빈의 도심으로 개발되었고, 그 부지 위에는 자허Sacher 호텔이 세워졌다. 빈 최고의 호텔이다.

비운의 운명을 맞이했지만 비발디의 음악은 클래식의 발전에 크게 공헌했다. 음악의 아버지로 불리는 요한 제바스티안 바흐Johann Sebastian Bach(1685~1750년)는 비발디의 콘체르토 6곡을 솔로 연주곡으로 편곡하면서 직접적인 영향을 받았다. 베토벤의 독일 절대 음악이 등장한 이후, 비발디의 현란한 바로크 음악은 인위적인 것으로 치부되어 사람들의 관심에서 점차 사라지게 되었다. 그러나 20세기 들어 바로크 시대의 악기를 다시 복원시키고, 그 시대의 악기로 그 시대의 음악을 연주하기 시작하면서 비발디의 음악이 다시 각광을 받기 시작했다. 비발디 음악의 기술적 기교와 화음의 전개 방식이 다시 주목받게 된 것이다.

바로크 표제 음악의 대표작이라고 할 수 있는 〈사계〉를 감상하는 방식은, 소네트(시)를 먼저 읽거나 함께 읽으며 음악을 듣는 것이다. 비록 이소네트를 비발디가 직접 썼다는 사실은 확신할 수 없으나 최소한 영향을 받았고, 소네트의 내용에 나오는 장면을 음악으로 재현한 것이 〈사계〉이기 때문이다. 베네치아를 청각으로 감상할 때 추천하는 곡이다.

(봄—알레그로) 봄이 찾아왔네
축제의 노래를 들려주며 새들은 귀환을 자축하네
조용히 흐르는 샘물은 산들바람과 함께 굽이치네
봄의 도래를 알리는 폭풍이 몰아치고
짙은 어둠의 망토를 하늘에 펼치네
비바람이 조용히 물러가면
새들은 다시 돌아와 아름다운 노래를 들려주네

(봄—라르고) 꽃이 만발한 들판에서 나뭇가지들은 푸른 잎으로 덮이네
양들은 잠이 들고 그 옆을 개들이 지키고 있네

(봄—알레그로) 백파이프의 흥겨운 축제 음악에 맞춰
숲의 요정들과 목동들이 춤을 추네
아름다운 봄의 하늘 아래에서!

(여름—알레그로) 작열하는 태양 아래에서 힘든 계절은
목동과 가축들을 모두 지치게 만들고, 들판에서는 잔불이 붙는다네
뻐꾸기 소리가 들리고, 비둘기와 참새들도 노래하네
갑자기 몰아치는 북쪽 바람은 새들을 숨죽이게 만들고
거친 폭풍이 몰아칠까 두려운 목동은 몸을 떤다네

(여름—아다지오) 천둥과 번개가 몰아치는 두려움에

삶이 축제가 된다면

쉬고 있던 지친 목동의 편안한 마음을 앗아가고
모기와 파리 떼가 주위에서 앵앵거리네

(여름-프레스토) 아, 목동이 두려워하는 것은 정당하다네
우박을 뿌리는 하늘은 괴성을 지르며 바람을 일으키고
수확을 앞둔 밀의 머리를 꺾으며, 곡식을 쓰러트리네

(가을-프레스토) 춤추고 노래하며 농부들은 가을이 왔음을 기뻐하네
넉넉한 수확의 기쁨은 바쿠스의 잔에 넘쳐나고
그들의 축제는 잠들 때까지 계속된다네

(가을-아다지오 몰토) 모두들 근심걱정을 잊고 춤추고 노래하네
적당한 온기는 기쁨을 더하네
달콤한 취기부터 상냥한 기쁨까지 계절은 많은 것을 주네

(가을-알레그로) 사냥꾼은 이른 새벽에 일어나
나팔과 사냥총과 함께 사냥개를 이끌고 길을 나서네
산짐승들은 도망치고 사냥꾼은 그 뒤를 쫓아가네
총성이 울리고 사냥개들이 무섭게 짖어댈 때
도망치던 산짐승들은 쫓기다 지쳐 쓰러지네

(겨울-알레그로) 얼음처럼 차가운 눈비가 내리고 추위에 떨고 있네
거친 바람에 숨쉬기조차 힘이 들고
종종걸음으로 발걸음을 옮기면서

이빨을 서로 마주치며 살을 에는 추위를 견뎌야 하네

(겨울─라르고) 따뜻한 모닥불이 핀 집 안에서 휴식을 취하네
집 밖에는 겨울비가 하염없이 쏟아지는데

(겨울─알레그로) 얼음이 언 길 위를 조심스럽게 걸어가네
미끄러지거나 넘어지지 않게
그러나 갑자기 쫄딱 미끄러지고 땅바닥에 내동댕이쳐지네
얼음이 깨어지지 않게 벌떡 일어나지
집 안으로 불어오는 겨울 냉기를 느끼네
문과 창문을 굳게 걸어 잠갔지만,
그래도 나름대로 기쁨도 있으니, 이것이 바로 겨울이라네.

삶이 축제가 된다면

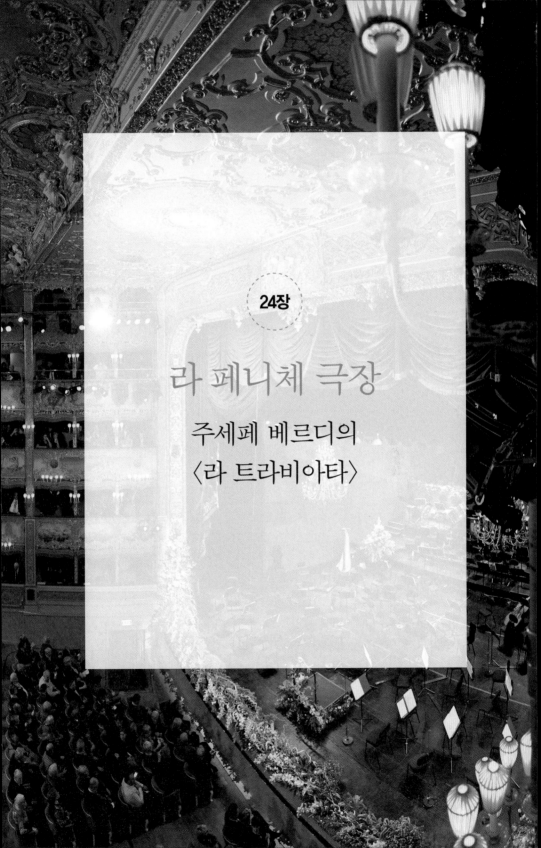

24장

라 페니체 극장

주세페 베르디의
〈라 트라비아타〉

나폴리를 소개하는 책자에 단골로 등장하는 문구는 '세계 3대 미항美港' 중의 하나라는 표현이다. 루브르 박물관을 소개하는 안내문에서도 '세계 5대 박물관' 중 하나라는 표현이 자주 사용되고 있다. 베네치아의 라 페니체 극장Teatro La Fenice을 소개할 때도 '이탈리아 3대 오페라 극장'에 속한다는 표현을 관용적으로 사용한다. 밀라노의 라 스칼라La Scala와 시칠리아 팔레르모의 마시모 극장Teatro Massimo과 함께 역사와 전통을 자랑하는 곳이자 베네치아의 자랑, 라 페니체 극장이다.

라 페니체 극장은 산 마르코 광장과 리알토 다리가 있는 곳의 중간 지점에 있다. 이탈리아 오페라가 전성기를 구가하던 시절, 아름다운 소리를 중시하던 벨칸토Bell canto 오페라의 성지와 같은 곳이었다. 로시니Gioacchino Antonio Rossini, 벨리니Vincenzo Bellini, 도니체티Domenico Gaetano Donizetti, 베르디Giuseppe Verdi의 벨칸토 오페라 명작들이 초연되었던 곳이기도 하다. '페니체'는 불사조란 뜻이다. 그야말로 '불사조'로 불릴 만한 극장이었으니, 3번이나 화재가 발생(1774년, 1836년, 1996년)했지만 불사조처럼 다시 일어난 화려한 재기의 역사를 가지고 있다. 지금 서 있는 라 페니체 극장은 건축가 알도 로시Aldo Rossi(1997년 사망)가 19세기의 건축

삶이 축제가 된다면

물로 재현한 것이다. 2003년 세 번째 화재의 잿더미 속에서 다시 극장 문을 연 라 페니체 극장은 2004년 11월, 재개관식을 거행하면서 주세페 베르디(1813~1901년)의 〈라 트리비아타〉를 첫 작품으로 올렸다. 사실 이 작품이 1853년 3월 6일 초연된 곳도 라 페니체 극장이었다. 불사조처럼 다시 일어선 극장의 재개관을 기념하기 위해 그 극장에서

라 페니체 극장.

초연되었던 '가장 베네치아적인 오페라'가 다시 공연된 것이다.

라 페니체 극장은 주세페 베르디와 깊은 인연을 가지고 있었다. 1851년에 라 페니체 극장에서 초연되었던 〈리골레토〉가 대성공을 거두었기 때문이다. 라 페니체 극장 주인은 베르디에게 또 다른 작품을 의뢰했다. 〈리골레토〉 공연의 성공 이후에 파리를 방문하고 있던 베르디는 그곳에서 알렉상드르 뒤마Alexandre Dumas(1870년 사망)의 소설 《춘희La Dame aux camélias》를 읽게 되고, 이 작품이야말로 베네치아에서 초연되어야 할 작품이라고 확신했다.

〈라 트라비아타〉는 '쓰러진 여인', '버려진 여인'이란 뜻이다. 알렉상드르 뒤마의 1852년 소설은 프란체스코 피아베Francesco Piave(1876년 사망)에 의해 이탈리아어 오페라 대사로 재탄생했고, 주세페 베르디는 이를 3막의 오페라로 제작했다. 베르디와 라 페니체 극장은 1853년에 이 작품을

초연한다는 계약만 체결했을 뿐, 작품의 내용이나 제목은 추후에 결정하기로 했다.

그러나 베르디는 이 오페라를 통해 현대적이면서 동시에 사실주의적인 분위기를 재현하려고 했지만, 라 페니체 극장 측은 18세기 베네치아의 고전적인 배경을 강력하게 요구했다. 배우들이 입는 의상도 18세기 베네치아의 화려한 복장으로 통일할 것을 고집했다. 라 페니체 극장 측은 〈라 트라비아타〉가 18세기 화려했던 베네치아의 일상을 재현하는 오페라가 되기를 원했던 것이다. 사실 베르디도 구태의연한 권선징악의 도덕극이 아닌 베네치아에서만 일어날 만한 감각적인 스토리 전개와 도발적인 대사를 염두에 두고 있었다. 베네치아의 고급 매춘부가 귀족과 사랑에 빠졌지만, 비운의 죽음으로 끝을 맺는 〈라 트라비아타〉는 전적으로 베네치아를 위해 작곡된 오페라였던 것이다. 1853년 3월 6일, 베네치아

라 페니체 극장의 내부.

의 라 페니체 극장에서 〈라 트라비아타〉는 초연되었고, 예상대로 대성공을 거두었다.

베네치아는 유럽 매춘 산업의 메카라 해도 과언이 아니었다. 16세기 말에 시행된 베네치아 인구 조사에 의하면 전체 13만 명 인구 중 귀족 여성은 3,000명, 중산층 여성은 2,000명이었는데 스스로 매춘과 관련된 산업의 종사자라고 밝힌 여성이 무려 1만 2,000여 명에 달했다. 손님을 태우고 좁은 운하 사이를 분주히 노 저어 다니던 곤돌라 뱃사공들이 베네치아의 전문 뚜쟁이들이었다. 그들은 곤돌라에 탑승한 외국 손님을 호객하는 '삐끼'들이었던 셈이다. 그들은 고급 매춘부들의 상세한 영업 정보를 담고 있는 책자(《베네치아 매춘부 가격표Tariffa delle Puttane di Venezia》)까지 발간해서, 전 유럽에서 몰려든 손님들에게 매춘부들의 개인별 외모 수준, 신체적 특징과 주특기, 추천하는 체위, 업소의 주소와 상세한 가격 정보를 제공했다. 음악이나 춤, 문학 등에 뛰어난 재능을 가진 고급 매춘부에게는 매우 높은 화대가 매겨져 있었다. 베네치아의 매춘부는 단순히 성을 사고파는 직업여성이 아니라, 사교계의 크고 작은 '환담 모임'에서 지적인 대화를 함께 나눌 수 있는 임시 파트너로 고용되기도 했다. 〈라 트라비아타〉의 주인공 비올레타는 그런 베네치아의 고급 매춘부 여성으로 등장한다.

비올레타는 흥겨운 연회장에서 우연히 만난 귀족 알프레도와 사랑에 빠져 교외에 있는 아담한 집에서 동거를 시작한다. 그러나 두 사람의 생활고가 계속되자 알프레도는 돈을 구하기 위해 집을 잠시 비우고, 그 사이에 알프레도의 아버지 조르조 제르몽이 나타나 며느리가 될 뻔했던 비올레타에게 아들의 장래를 위해 물러날 것을 종용한다. 결국 비올레타는 알프레도를 떠나게 되고, 비올레타가 가난 때문에 자신을 배신했다고 오해한 알프레도는 방탕한 생활을 이어가다가 우연히 도박장에서 그녀를 다시 만나게 된다. 알프레도는 사랑의 배신자인 비올레타에게 저주를 퍼붓는다. 이때 아버지가 다시 나타나 그간의 사정을 설명해주면서 두 사람의 관계가 극적으로 회복된다. 그러나 이미 폐병에 걸려 있던 비올레타는 결국 알프레도의 품에 안겨 생을 마감하는 것으로 대단원의 막이 내려간다.

전개되는 스토리 구조만 보면 거의 산파조의 진부한 사랑 얘기처럼 들린다. 그러나 제1막에서 알프레도가 선창하는 〈축배의 노래〉는 베네치아 사람들의 정서를 완벽하게 대변하는 노래일 것이다. 그 흥겨운 멜로디에 숨겨져 있는 가사의 뜻을 음미해보면, 베네치아 사람들이 추구하는 감각적인 삶이 그대로 드러나 있다.

〈축배의 노래〉

(알프레도)마시자, 마시자, 흥겨운 잔에 부어 마시자
아름다운 꽃으로 장식된 잔에 부어서 마시자
이 스쳐가는 순간들이 기쁨의 시간이 되도록

마시자, 사랑을 불러일으키는 달콤한 전율 속에서
그러면 뜨거운 사랑의 가슴을 바라보게 되리라

마시자, 내 사랑이여, 축배의 잔을 함께 나누면
더 뜨거운 키스를 얻게 되리라!

(코러스)마시자, 내 사랑이여, 축배의 잔을 함께 나누면
더 뜨거운 키스를 얻게 되리라!

(비올레타)여러분과 함께라면, 여러분과 함께라면
나는 이 기쁨의 시간을 여러분과 나누겠어요
기쁨이 없다면, 이 세상 모든 것은 다 헛된 것이지요

우리 함께 즐겨요, 이 사랑의 기쁨을,
순식간에 흘러가고 잠깐뿐인 인생
꽃이 피고 다시 지고 나면
다시는 돌아오지 않는답니다

우리 함께 즐겨요, 뜨겁게
달콤하게 우릴 부르고 있어요

(코러스)아, 우리 함께 즐깁시다, 잔을 들고 노랠 불러요
이 아름다움 밤을, 이 흥겨운 웃음을,
이 밤이 지나면 우린 천국으로 가겠지요

(비올레타)삶이란 즐기는 것!

(알프레도)만약 그 사람이 아직 사랑을 해본 적이 없다면⋯

(비올레타)그 사람에게는 아직 그런 말 말아요

(알프레도)그러나 이것이 제 운명인데…

(전원)아, 우리 함께 즐깁시다, 잔을 들고 노랠 불러요
이 아름다운 밤을, 이 흥겨운 웃음을,
이 밤이 지나면 우린 천국으로 가겠지요

베네치아가 추구하던 감각의 삶을 이보다 더 적절하게 표현한 가사는 없을 것이다. 베네치아가 제안하고 있는 삶의 방식은, 축배의 잔을 들고 스쳐가는 지금 이 순간을 만끽하는 것이다. '이 순간을 즐겨라'나 '오늘을 즐겨라'로 번역되는 '카르페 디엠Carpe diem'의 철학이다. 라 페니체 극장에 울려 퍼졌던 베르디의 〈축배의 노래〉는 유한한 인생의 한계를 직시하면서 지금 이 순간의 행복을 마음껏 구가하라는 카르페 디엠의 철학을 노래하고 있다.

기약도 없는 미래에 대한 희망고문으로 피곤한 일상을 이어가고 있는 우리들에게 〈라 트라비아타〉는 축배의 잔을 들고 함께 춤을 추고, 함께 노래를 부르자고 제안한다. 스쳐 지나가는 이 순간을 즐기지 못한다면, 〈축배의 노래〉 가사처럼 우리는 결국 천국으로 가게 될 것이다. 말이 천국이지, 차디찬 죽음이 우릴 찾아와 망각의 세계로 우리를 이끌 것이란 말이다. '카르페 디엠'이라는 문장을 처음 썼던 고대 로마의 문인 호라티우스Horatius(기원전 65~8년)는 서정시집 《오데스Odae》에서 다음과 같이 '지금의 삶'을 노래했다. 베네치아에서 다시 되새겨보아야 할 고대의 명언이다.

지금 우리가 이 말을 하는 동안에도 황금 같은 시간은 흘러가고 있다.
오늘을 잡아라. 가능하면 내일은 믿지 않는 것이 좋다.⁶³

25장

페기 구겐하임 미술관

페기 구겐하임

비잔틴과 고딕, 르네상스와 바로크가 긴 역사의 그림자를 드리우고 있는 베네치아에서 페기 구겐하임 미술관은 어제 산 보석처럼 빛나는 곳이다. 만약 페기 구겐하임 미술관이 없었다면 베네치아는 옛 시대의 오래된 박물관 도시로 머물러 있었을 것이다. 곤돌라와 리알토 다리는 복고풍의 아름다운 자태를 드러내며 미를 뽐낸다. 그러나 만약 페기 구겐하임이 없었다면, 베네치아는 옛 시대의 오래된 농담을 팔아야만 하는 가련한 퇴역 광대였을지도 모른다.

카날 그란데의 끝자락에 난데없이 모습을 드러내고 있는 페기 구겐하임 미술관은 20세기의 초현실주의와 추상표현주의 걸작을 상시 전시하면서, 베네치아의 예술적 레퍼토리가 과거에만 머물러 있지 않음을 증명해 보이고 있다. 페기 구겐하임과 더불어 베네치아는 '지금 세기'의 예술과 같이 호흡하는, 살아 있는 도시가 되었다.

페기 구겐하임이 베네치아를 처음 방문한 것은 1924년, 첫 번째 남편이었던 조각가 겸 작가 로런스 베일Laurence Vail(1891~1968년)과의 신혼여행 때였다. 그 남자와는 곧 헤어졌지만 베네치아와 맺은 첫사랑은 죽을 때까지 변치 않았다. 당시 26살이었던 페기 구겐하임은 베네치아를 '자

삶이 축제가 된다면

유의 도시'로 명명했다. 그리고 축배와 같은 일상의 기쁨을 위한 도시라고 확신했다. 그녀는 명작을 고를 때와 같은 날카로운 관찰력으로 베네치아를 선택해 자신의 고향으로 삼았고, 결국 그 '자유의 도시'를 자기 인생의 최후 종착지로 삼았다. 그녀는 베네치아에 페기 구겐하임 미술관만 남긴 것이 아니다. 평생 몸과 정신의 자유를 위해 살았던 그녀의 무덤도 베네치아에 남아 있다.

페기 구겐하임.

페기 구겐하임은 유대인 집안의 부잣집 딸로 태어났다. 그녀의 집안은 원래 독일어를 사용하는 스위스계 유대인 출신이었는데, 1847년 미국 필라델피아로 이주해서 사업의 기반을 닦았다. 20세기 초반 다시 뉴욕으로 이주한 구겐하임 가문은 제1차 세계대전이 발발하기 전, 전 세계의 은, 구리, 아연 광산의 약 75퍼센트를 장악한 대 부호 가문으로 성장했다. 페기 구겐하임은 뉴욕의 센트럴 파크 인근의 대저택에서 태어났는데 이웃집이 록펠러 가문의 저택이었다. 구겐하임 가문이 승승장구할 때였다. 그러나 페기의 아버지인 벤자민 구겐하임은 가문의 골칫거리였다. 1901년, 그는 경영자 가문에서 거의 축출되다시피 했고, 결국 1912년에 첫 출항한 타이타닉 호를 타고 대서양을 건너다가 운명과 같은 죽음을 맞이했다. 구명조끼를 다른 사람에게 주고 자신은 죽음을 선택했다는 전설 같은 이야기가 전해지고 있는데, 함께 여행했던 사람은 그의 숨겨진 애인이었다. 2,800명 승객 중에서 700명만 살아남았는데, 그곳에 벤자민 구겐하임의 정부情婦도 포함되어 있었다고 한다.

당시 페기는 13살 소녀였는데, 유산 신탁이 집행되었던 21살 때 45만 달러를 유산으로 물려받았다. 둘째 딸이었던 페기는 어릴 때부터 격정적인 성격으로 유명했고 가족과의 불화도 심했다. 여러 질병에 시달렸기 때문에 15살 때까지 정규 학교에 등록하지 않고 개인교습을 받았다. 눈썹을 밀어버리기도 하는 특이한 행동을 보였는데, 외가 쪽 사람들이 혈통적으로 이런 특이한 행동을 하는 것으로 유명했다.

사춘기 소녀 페기는 아방가르드 계열 책방에서 무보수로 일하면서 자유로운 시대정신을 빠른 속도로 흡수했고, 뉴욕 예술가들의 교류를 통해 새로운 세계에 눈을 뜨게 된다. 막대한 유산을 물려받은 것에 대한 일종의 죄책감을 가지게 되면서 그 돈으로 시대를 앞서가는 가난한 예술가들을 돕기 위해 그들의 작품을 사들이기 시작했다. 1920년대에 프랑스로 건너가, 파리의 아방가르드 문화에 심취하면서 자유로운 영혼을 가진 예술가들과 어울리는 사교계의 명사가 된다. 마르셀 뒤샹Marcel Duchamp(1887~1968년)과 작가 사뮈엘 베케트Samuel Beckett(1906~1989년) 등이 그때 어울린 예술가들이었다. 특히 프랑스 출신의 초현실주의 작가 마르셀 뒤샹은 페기를 현대 미술의 신세계로 입문시켜 주었다.

원래 페기가 유럽으로의 이주를 결심하게 된 동기는 고전 작품들과 르네상스 예술사를 공부하기 위해서였다. 페기는 곧 여러 곳을 여행하면서 "어떤 작품이 어디에 있는지 다 알게 되었다"고 회고할 만큼 그 분야의 전문가가 되었다. 23살 때, 자신의 표현대로 "부담스러운 처녀성"을 보

삶이 축제가 된다면

헤미안적 삶을 살아가는 화가들에게 제공해주었다고 훗날 고백했다. 페기는 당시 "섹스와 예술을 하나로 묶는 작업"에 열중했고, 심지어 폼페이 유적에서 출토된 적나라한 체위를 표현한 조각 작품을 보고 이를 직접 실행해보겠다는 열의에 불타올랐다고 고백한 적도 있다.

1937년, 어머니의 임종으로 페기는 또다시 엄청난 유산을 물려받게 되었다. 페기는 이것을 종잣돈 삼아 1938년에 런던에서 화랑을 열고 '젊은 구겐하임Guggenheim Jeune'이라 이름 붙였다. 페기는 이곳에서 유럽의 전통 화단에서 주목받지 못하던 신진 작가들에게 발표 기회를 제공했다. 전시회를 마치면 반드시 그 작가의 작품을 구매해주는 것으로도 유명했다. 러시아 출신 추상주의 작가 칸딘스키를 처음으로 영국에 소개한 사람도 페기였다. 헨리 무어, 조르주 브라크Georges Braque, 막스 에른스트Max Ernst, 파블로 피카소Pablo Picasso 등 기존에 알려진 작가 외에 루마니아 출신의 콩스탕탱 브랑쿠시Constantin Brâncuși나 독일-프랑스 작가 장 아르프Jean Arp의 조각 작품을 전시해 영국 화단에 새로운 바람을 불러일으켰다.

페기가 후원하던 전위적인 작가들의 작품을 런던 테이트 박물관의 관장이 "예술품으로 볼 수 없다"고 판정해 큰 사회적 논란이 일어나기도 했다. 콩스탕탱 브랑쿠시의 청동작품 〈새〉가 1928년 미국 뉴욕 전시를 위해 관세청 통관을 기다리다 "예술품으로 볼 수 없다"는 판정을 받았던 사건을 연상시키는 현대 미술사의 이정표와 같은 사건이었다. 물론 두 사건 다 페기의 일방적인 승리로 끝이 났고, 이후부터 그녀는 현대 미술의 대모大母로 부상하게 된다. 현대 미술은 기득권층이 "예술품으로 볼 수 없다"고 판정한 작품이야말로 진정한 미래의 예술임을 증명해가는 새로운 시대로 진입하게 되었다.

1939년, 운영난에 봉착한 페기는 런던 화랑의 문을 닫고 아예 현대 미술 전시를 위한 전용 전시관을 세우겠다는 계획을 품게 된다. 자금 확보를 위해 뉴욕에서 구겐하임 재단을 운영 중이던 삼촌 솔로몬 구겐하임 Solomon Guggenheim(1861~1949년)에게 칸딘스키 작품을 팔겠다는 의향을 보이자, 재단에서 작품 구매를 결정하는 관장 힐라 리베이Hilla Rebay가 "작품을 사고팔 때 아무 생각 없이 구겐하임이라는 이름을 사용하지 말라"고 경고하는 편지를 보냈다. 쾰른과 파리의 명문 대학에서 정식으로 미술을 공부한 힐라 리베이 관장이 미술 교육을 받은 적이 없는 페기를 모욕한 것이다. 그러나 페기는 대학이 아니라 그 분야 최고 권위자들과의 개인적인 관계를 통해 미술을 배웠다. 영국의 저명한 미술사학자이자 현대 미술의 이론과 방향을 제시했던 허버트 리드Herbert Read(1893~1968년)가 페기의 대표적인 개인 선생이었다. 에든버러 대학과 하버드 대학의 미술사 교수이자, 예술사 분야 최고의 권위를 지닌 잡지 〈벌링턴 매거진〉의 편집장이었던 허버트 리드는 페기 구겐하임에게 현대 작품을 식별하는 눈을 길러주었고, 박물관을 열기 위해 작품을 반드시 소장해야 할 작가들의 목록까지 적어주었다.

1939년부터 1942년까지 유럽은 제2차 세계대전의 전란으로 홍역을 치르고 있었지만 페기는 작품 구매를 위해 전운이 감돌던 파리로 갔다. 그녀의 손에는 허버트 리드의 추천 작가 목록이 들려 있었다. 마침 유럽의 많은 유대인 화상畵商들이 나치의 핍박을 피해 도피 중이었고, 빨리 팔아치우기 위해 많은 작품을 헐값에 내놓고 있었다. 페기는 허버트 리드가 작성해준 추천 작가 명단을 가지고 '하루에 한 작품을 구매하겠다'는 원칙을 정한 다음, 공격적인 구매에 나섰다. 피카소의 작품 10점, 막스 에른스트의 작품 40점, 후안 미로의 작품 8점, 마그리트의 작품 4점, 달리의 작품 3점, 샤갈의 작품 1점 등 총 170여 점의 현대 미술 걸작들이

삶이 축제가 된다면

이 격동의 시기에 구매되었는데, 페기는 단돈 4만 달러를 지불했다고 한다. 독일군이 파리를 점령하자 페기는 파리에서 현대 미술 전용 전시관을 열겠다는 계획을 포기하고 1941년, 다시 고향 뉴욕으로 돌아온다. 꿈에 그리던 현대 미술 전시관을 열기 위해서였다.

뉴욕 맨해튼 57번가에 문을 연 이 전시관의 이름은 '이 세기의 예술Art of This Century'이었다. 전시관 개관 기념 파티에서 페기는 미국 출신의 추상주의 모바일 조각가 알렉산더 캘더Alexander Calder가 만들어준 귀고리와 프랑스 출신의 초현실주의 작가 이브 탕기가 제작해준 귀고리를 각각 한쪽씩 끼고 나타났다. 추상주의와 초현실주의를 모두 품는 현대 미술 전시관을 지향하겠다는 자신의 의도를 보여준 것이다. 전시된 모든 작품의 액자를 없애버리고 굴곡진 벽면에 작품을 비대칭적으로 걸었으며, 기차 소리가 배경음으로 들리게 했던 혁신적인 전시 공간도 미국 미술계에 큰 충격을 주었다.

페기는 뉴욕에서 잭슨 폴록Jackson Pollock(1912~1956년)과 같은 미국 추상주의 화가를 발굴하는 데도 앞장을 섰다. 잭슨 폴록은 삼촌의 솔로몬 구겐하임 미술관의 목수였는데, 페기가 그에게 롱아일랜드에 집을 살 돈을 빌려주고, 작품 제작에만 전념토록 후원해주었다. 그녀는 잭슨 폴록에게 작품 제작과 상관없이 월급을 주고, 첫 번째 작품을 구매했으며, 첫 번째 전시회를 열어주었다. 페기는 한 전기 작가와의 인터뷰에서 자기 평생의 최대 업적은 무명의 잭슨 폴록을 발굴한 것이었다고 회고한 바 있다.

또 다른 미국의 추상 표현주의 작가 마크 로스코Mark Rothko(1903~1970년) 역시 페기가 발굴한 인물이다. 영화배우 로버트 드니로의 부모는 두 사람 다 화가였는데, 이 두 사람에게 전시회를 각각 열어주었던 사람도 페기 구겐하임이었다. 페기의 뉴욕 화랑은 제2차 세계대전의 난리 통에 미국으로 망명해 왔던 수많은 유럽 예술가들의 사랑방 같은 곳으로 변해 있었다. 1942년에는 여성 화가 31명의 작품들만 단독 전시하는 파격도 선보였다. 그러나 그녀는 그 여성 작가 전시회에서 30명만 초청하고 한 사람은 뺐어야 했다고 후회한 바 있다. 남편이 31명의 초청된 여성 화가들 중 하나였던 도러시아 태닝Dorothea Tanning과 불륜을 저질렀기 때문이었다. 페기 구겐하임은 미국으로 건너온 독일 화가 막스 에른스트와 1941년에 두 번째 결혼했다가 5년 후에 파경을 맞이했다.

페기는 두 번째 남편과 이혼한 이듬해인 1947년, 뉴욕의 '이 세기의 예술'관을 닫고 다시 유럽으로 건너와 베네치아에서의 거주를 시작했다. 그녀는 베네치아를 '꿈에 그리던 도시'라고 늘 표현하며 새로운 도시에 순조롭게 정착했다. 페기는 1948년, 베네치아 비엔날레의 초청을 받고 미국 작가 잭슨 폴록과 마크 로스코를 처음 유럽에 소개한 장본인이다. 1949년, 페기는 카날 그란데에 있는 카 베니에르 데이 레오니Ca' Venier

카날 그란데에서 본 페기 구겐하임 미술관 전경.

dei Leoni를 구매했다. 18세기 후반에 건물 공사가 시작되었으나 기초 작업 중 이웃 건물의 기초가 흔들리는 사고가 발생해 1층 공사를 마지막으로 방치되어 있던 곳이었다. 페기는 이 부지를 매입해 보수를 마친 다음, 페기 구겐하임 미술관의 문을 열었다.

1951년부터 관람객을 받아들이기 시작한 이 현대 미술 전용 미술관은 큐비즘, 초현실주의, 추상표현주의를 대표하는 현대 미술의 명작들이 상시 전시되고 있다. 침체해 있던 베네치아 예술계에 일대 활력을 불러일으킨 사건이었다. 페기는 즉각 베네치아의 유명 인사가 되었다. 특이한 디자인이 돋보이는 안경을 쓰고 애완견을 개인 곤돌라에 태우고 다니는 페기의 모습은 예술의 도시 베네치아의 새로운 아이콘처럼 여겨졌다. 1962년에 베네치아 시는 그녀에게 명예 시민권을 증정했다. 그녀는 "나는 예술품 수집가가 아닙니다. 나는 박물관입니다I am not an art collector. I am a museum"라는 유명한 말을 남겼다.

현재 페기 구겐하임 미술관에는 100여 명의 시대를 앞서갔던 현대 작가들의 걸작 300여 점이 전시되어 있다. 그녀는 1970년에는 저택을, 1976년에는 소장 작품을 모두 뉴욕의 구겐하임 재단에 기부하고 1979년에 임종했다. 그녀의 무덤은 베네치아 구겐하임 미술관 속, 숲으로 우거진 정원 한쪽 구석에 안치되어 있다. 페기는 자유로운 몸과 영혼의 소유자였기에 베네치아에 뼈를 묻을 만한 충분한 자격이 있는 인물이었다. 1946년 출간된 자서전 《이번 세기로부터: 한 예술 중독자의 고백Out of This Century: Confessions of an Art Addict》에 의하면 페기는 유럽에 거주하는 동안 약 1,000명 이상의 남자와 뜨거운 밤을 보냈다고 술회한다. 수많은 예술가들과 육체적인 관계를 맺었는데, 그렇게 하면 작품 가격을 깎아줄 것이라고 생각했기 때문이란다. 이 놀라운 고백에 당황한 뉴욕의 솔로몬 구겐하임 재단 측 사람들이 시중에 판매되는 모든 자서전을 구매해서 사태를 무마하려고 했다는 이야기가 전해지고 있다. 그러나 늘 열린 가슴으로 보헤미안의 유랑을 환영하는 베네치아 사람들은 지금도 그녀를 자랑스러운 시민의 일원으로 받아들이고 있다. 페기 구겐하임은 "이렇게 아름답고, 이렇게 특별한 베네치아는, 영원해야 한다"는 자서전의 마지막 문장으로, 자신을 열린 마음으로 받아준 베네치아 시민들에게 감사를 표하고 있다.64

삶이 축제가 된다면

페기 구겐하임의 무덤.

26장

베네치아 세관 건물

건축가 안도 타다오

리알토 다리와 아카데미아 다리를 차례로 지나친 수상버스가 페기 구겐하임 미술관과 살루테 성당을 지나친 다음 엔진을 끄게 된다면, 카날 그란데의 오른쪽 해안선을 따라 일렬로 서 있는 벽돌 건물에서 들려오는 날카로운 금속 마찰음을 느끼게 될 것이다. 특히 바람이 세게 부는 날이면 금속이 긁히며 나는 소리 때문에 고개를 들고 그 소리가 나는 쪽을 바라보게 된다.

2명의 아틀라스가 무릎을 꿇은 채 짊어지고 있는 둥근 지구 위에, 돛을 들고 서 있는 청동 조각이 흔들리고 있는 것이 보인다. 그 청동 조각은 포르투나Fortuna 여신이다. 청동으로 된 돛은 바람이 부는 대로 방향을 이리저리 바꾸고, 둥근 지구 위에 서 있는 포르투나 여신도 함께 방향을 바꾸며 금속 마찰음을 낸다. 아무도 예측할 수 없는 운명의 여신이 서 있는 곳, 푼타 델라 도가나 건물이다. 베네치아의 세관으로 사용되던 곳이었는데, 지금은 현대 미술관으로 개조되어 관람객을 맞이하고 있다. 카날 그란데가 산 마르코 광장을 왼쪽으로 바라보며 끝나는 지점에 주데카 카날이 입구를 드러낸다. 두 카날이 만나는 지점에 있는 긴 삼각형 모양의 땅 위에 첫 번째 세관 건물이 들어선 것은 1677년의 일이었다. 바로

삶이 축제가 된다면

베네치아 세관 건물.

크 시대의 건축가 주세페 베노니^{Giuseppe Benoni}(1618~1684년)가 세운 건물이다.

2007년, 베네치아 시는 약 30년간 방치되어 있던 이 세관 건물을 베네치아 비엔날레를 포함한 현대 미술의 전시 공간으로 재건축하기 위해 공개입찰에 부쳤다. 세관 건물과 멀리 떨어져 있지 않은 2개의 예술후원 단체가 그 입찰에서 경쟁했다. 페기 구겐하임 미술관을 운영하고 있는 구겐하임 재단과 카 그라시^{Ca' Grassi}에서 현대 미술관을 운영하고 있던 피노 재단이 치열한 각축전을 벌인 것이다.

우리에게 동대문 디자인 플라자의 설계자로 유명한 자하 하디드^{Zaha Hadid}(1950~2016년)를 앞세운 구겐하임 재단은 패배를 맛보았다. 베네치아 세관 건물의 재건축은 구찌와 입생로랑 등의 명품 브랜드를 소유하고 있는 프랑스 기업가 프랑수아 피노^{François Pinault}의 피노 재단에 맡겨졌다. 피노 재단은 이미 카 그라시Ca' Grassi 재건축 공사를 맡았던 일본의 건축가 안도 타다오Ando Tadao에게 이 보수 작업을 의뢰했다. 안도 타다오는 5,000제곱피트에 달하는 세관 건물을 새로 단장하기 위해 2,000만 유로라는 천문학적 금액을 사용하면서 14개월의 공사를 성공적으로 끝냈고, 2009년에 푼타 델라 도가나 미술관이 문을 열었다.

1941년생인 안도 타다오는 널리 알려진 대로, 대학에서 건축을 전공한 사람이 아니다. 오사카 출신의 복싱 선수였던 그는 도쿄에서 프랭크 라이트Frank L. Wright(1867~1959년)가 건축한 제국호텔 건물을 보고 건축에 흥미를 느끼게 된다. 복싱을 그만둔 그는 15살 때 우연히 중고책방에서 스위스 태생의 프랑스 건축가인 르 코르뷔지에Le Corbusier(1887~1965년)의 책을 읽고 독학으로 건축에 입문한 독특한 경력을 가지고 있다.

1976년에 건축된 안도 타다오의 첫 작품은 오사카의 한 연립주택으로 흔히 아즈마 하우스Asuma House로 불리며, 건축주의 이름을 따서 '스미요시 주택'이라고도 불린다. 전통 일본식 연립주택이 줄지어 있는 오사카의 거리에 강화 콘크리트를 사용한 미니멀리즘 협소주택은 일본 건축계에 큰 돌풍을 일으켰고, 이 첫 작품으로 일본건축가협회상을 수상하면서 일약 스타덤에 올랐다. 사실 안도 타다오는 중고 책방에서 우연히 읽었던 르 코르뷔지에의 돔-이노Dom-ino 건축 기법을 활용했다. '돔'은 저택을 뜻하는 도무스Domus의, 그리고 '이노'는 혁신을 뜻하는 '이노베이션Innovation'의 약자다.

르 코르뷔지에가 1914년에 제안한 돔-이노 건축 기법은 현대 건축의 미니멀리즘이 나아가야 할 방향을 제시했다. 이른바 현대 건축의 5대 원칙이 세워진 것이다. 먼저 8개의 필로티를 설치해 건물의 벽을 전체 하중을 지탱하는 역할에서 자유롭게 만드는 것이다. 고전주의와 르네상스 건축의 열주를 생각하면 이해가 빠를 것이다. 고전주의나 르네상스 건축의 열주들이 건물 내부의 하중을 지탱하는 역할을 했다면 르 코르뷔지에는 이를 건물 모서리 끝까지 몰고 가서 끝 부분에 배치시켰다. 돔-이노 건축의 이 첫 번째 조건을 이해하면 자유로운 입면, 자유로운 평면, 수평 창의 개념이 차례로 이해될 것이다. 돔-이노 건축의 마지막 원칙은 옥상 정원의 설치로, 이것 역시 필로티에 의해 지탱되는 자유로운 평면이 있기 때문에 가능한 것이다. 안도 타다오의 미니멀리즘 건축은 철저하게 르 코르뷔지에의 돔-이노 원칙에서 출발했다. 안도 타다오는 베네치아 세관 건물의 재건축에서도 르 코르뷔지에로부터 배운 돔-이노 건축의 원칙을 재현하고 있다.

베네치아 시는 안도 타다오에게 까다로운 재건축 조건을 걸었다. 현재 건물의 넓이나 높이를 절대로 변경할 수 없고, 흰색 대리석으로 된 외벽은 그대로 보존해야 한다는 것이었다. 강화 콘크리트 노출을 통해 현대적 미니멀리즘 건물을 표방해왔던 안도 타다오에게 중세 시대의 갑옷을 입고 나가서 싸우라는 말과 다름없었을 것이다. 그러나 안도 타다오는 르네상스의 전통과 바로크의 역사를 자랑하는 예술의 도시에서, 베네치아의 건축 역사에 대한 존경을 표시하면서도 본인 특유의 미니멀리즘적인 절제의 미학을 발휘했다.

베네치아 세관 건물에서 펼쳐진 안도 타다오의 미학은 점, 선, 면을 역순으로 처리한 것이다. 우선 현대 미술관으로 사용될 건물의 실제적 기능을 먼저 고려했다. 작품이 전시될 충분한 '면'의 확보를 위해 기존 건물의 벽돌로 된 칸막이를 모두 철거하고, 지붕의 하중을 버티고 있던 중심 벽만 남겨두었다. 삼각형 형태를 이루고 있는 건물의 긴 삼각형 벽면을 최대한 활용하기 위한 선택으로 보인다. 그래도 부족한 전시 공간을 확보하기 위해 사이사이에 강화 콘크리트 벽을 설치하여 '면'의 확장을 시도했다. 이어서 안도 타다오는 '선'을 길고 복잡하게 전개시켜 관람객들이 다양한 각도에서 건물의 내부를 볼 수 있도록 만들었다. 직선으로 된 건물의 구조를 다양하게 교차시켜 이동의 선을 더 길게 만든 것이다. 특별히 전시 공간 가운데에 둥근 원형의 공간을 배치해서 시선의 다양한 경험을 유도했고, 유리와 철재로 된 계단을 설치하여 '선'의 연장을 시도했다. 복잡하고 다양한 경험의 '점'들은 이렇게 의도된 공간 해석을 통해서 느껴지게 되는 것이다. 특유의 벽면 노출과 자연 채광을 건물 전체에 유도했고, 바닥은 그의 트레이드마크인 노출 콘크리트로 처리했다.

베네치아의 모든 건물은 바닷물과 함께 공존할 수 있어야 하고, 특별히 겨울철 우기의 해수면 상승을 방어해낼 수 있어야 한다. 아무리 크고 아름다운 건물도 바닷물과 공존하지 못한다면 베네치아에서 살아남을 수 없다. 건물의 장중함과 화려함을 강조하기 위해서 지나친 석재를 사용하는 것도 베네치아에서는 삼가야 할 일이다. 무거운 대리석의 무게를 무딘 갯벌이 감당할 수 없기 때문이다. 모든 베네치아의 건물은 참나무 기둥을 갯벌에 박아 넣어서 만든 기초 위에 지어야 한다. 보통 크기의 성당을 하나 건축하기 위해서 무려 120만 개의 참나무 기둥을 갯벌에 박아 넣어야 할 정도이니, 안도 타다오가 베네치아 세관 건물을 안전하게 재건축하기 위해 먼저 해결했어야 할 기초 공사의 난관을 짐작할 수 있을 것이다.

안도 타다오는 해수면보다 90센티미터 상승해 있는 산 마르코 광장이 겨울철마다 침수되는 것을 보고 세관 건물을 해수면보다 150센티미터 높이기 위한 기초 공사에 착수했다. 해수면 상승의 최악의 경우를 210센티미터로 보고, 비상시 건물을 보호할 수 있는 방수 시스템도 추가로 설치했다. 건물의 아름다움에 앞서 안전을 먼저 고려한 조치였던 것이다. 콘크리트 건물을 선호하는 안도 타다오였지만 기존의 벽돌 마감으로 표현되어 있는 건물의 전통을 존중하기 위해 주요 벽면을 있는 그대로 보존했다. 그래서 대리석과 벽돌이 뒤섞여 있던 전통 공간과 미니멀리즘이 결합된 독특한 건물이 산 마르코 광장 바로 앞에 들어선 것이다.

포르투나 여신상.

안도 타다오의 건축으로 새롭게 태어난 베네치아 세관 건물에서 변하지 않는 것이 있다. 세관 건물 꼭대기에 설치되어 있는 포르투나 여신상이다. 둥근 지구 위에서 두 손으로 돛을 들고 서 있는 포르투나 여신상은 바람이 부는 방향에 따라 수시로 서 있는 위치를 바꾼다. 한 치 앞을 알 수 없는 우리의 운명을 상징적으로 보여주는 베네치아의 대표적 풍경은 여전히 변하지 않고 있다. 15살의 안도 타다오가 만약 그 중고 책방에 가지 않았다면, 만약 그때 르 코르뷔지에의 책을 손에 들지 않았다면, 만약 르 코르뷔지에의 돔-이노 원칙에 대해서 관심을 가지지 않았다면, 아마 안도 타다오의 인생도 달라졌을 것이고, 베네치아 세관 건물의 모습도 지금과는 사뭇 달랐을 것이다.

27장

베네치아 비엔날레

예술계의 올림픽

베네치아 비엔날레는 1895년부터 시작된 국제 아트페어로, 스위스의 바젤 아트페어와 독일의 카셀 도큐멘타 등과 함께 세계 최고의 권위를 자랑한다. 가히 '예술계의 올림픽'이라고 부를 만한 축제가 2년에 1번씩 개최되기 때문에 '비엔날레Biennale'라는 용어가 사용되고 있다. 베네치아가 처음 사용한 이 용어와 개념이 세계적 권위를 가진 아트페어의 형식을 결정지었다. 홀수 연도에는 미술 비엔날레가, 짝수 연도에는 건축 비엔날레가 열린다.

이 역사적인 행사는 카페 플로리안에서 베네치아의 시장이었던 리카르도 셀바티코Riccardo Selvatico(1890~1895년 재임)가 예술가들과 함께 커피를 마시면서 나누었던 담소로부터 시작되었다. 본인이 시인이기도 했던 셀바디코 시장은 이탈리아 건국을 기념하고 베네치아 미술을 보존하기 위해 특별한 재능을 가진 예술가의 작품을 전시하는 국제 아트페어를 제안했다. 그 모임에서 나누었던 대화가 지금의 베네치아 비엔날레를 만든 출발점이었다.

베네치아 비엔날레의 원래 개최 의도는 이탈리아 예술의 증진을 위한 것이었지만, 지금은 각 국가별로 나뉘어 국가관을 운영하는 형태로 발전

삶이 축제가 된다면

하였다. 그래서 '예술계의 올림픽'이라고 불리는 것이다. 1907년에 외국 국가로는 처음으로 독립된 국가관을 건축해 참석한 벨기에를 시초로, 헝가리(1909년), 독일(1909년), 영국(1909년), 프랑스(1912년), 러시아(1914년), 미국(1930년), 일본(1940년) 등의 국가들이 그 뒤를 이었다. 각 국가를 대표하는 예술가들의 자신의 작품으로 세계 무대에서 각축을 벌이는 것이다. 베네치아 비엔날레 100주년을 기념하던 1995년에 한국관이 문을 열었고, 중국과 인도는 각각 2005년과 2011년부터 참가하고 있다.

국가관을 설치해서 경쟁을 붙이는 이런 방식의 아트페어는 세계 각국에서 새롭게 등장하고 있는 예술의 흐름을 한눈에 조망할 수 있는 장점이 있다. 물론 베네치아 비엔날레 국제관에서 예술의 미래를 글로벌한 차원에서 함께 모색하기도 한다. 상설 공간이 없는 나라는 베네치아의 유서 깊은 건물을 임대하거나 카스텔로 공원과 아르세날레의 전시 공간을 임대해서 사용한다. 매년 50만 명 이상의 예술 애호가들과 예술 작품 소장가들이 베네치아를 찾아 각국의 전시관을 돌아보며 현대 미술의 흐름을 가늠하게 된다. 1930년대부터는 음악, 영화, 연극의 장르까지 분야가 확대되었고, 특별히 1932년부터 시작된 베네치아 영화제는 세계 최고의 권위를 자랑한다. 최고의 영예는 '황금사자상Leone d'Oro' 수상자에게 돌아간다.

세계대전과 같은 급박한 국제 정세 때문

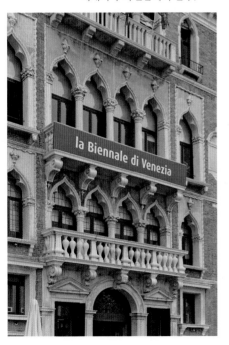

베네치아 비엔날레의 본부.

에 베네치아 비엔날레가 개최되지 못한 때도 있었다. 제1차 세계대전 때문에 1916년과 1918년 행사가 취소된 것이 그 예다. 제2차 세계대전 동안 개최되지 못했던 베네치아 비엔날레는 1948년에 다시 문을 열게 된다. 앞에서 소개한 페기 구겐하임이 자신의 저택을 미국관으로 개방하고 잭슨 폴록과 마크 로스코를 유럽 화단에 처음 선보였던 역사적인 순간이었다. 페기 구겐하임은 미국에서 태동한 팝 아트에 대한 경계심을 늦추지 않았지만, 베네치아 비엔날레는 이를 새로운 시대의 예술 사조로 받아들였다. 베네치아 비엔날레 기간 동안 시상되는 '최우수상Gran Premio' 수상자들의 작품이 그런 경향을 대변해준다. 한때 예술 분야에 최우수상이 있을 수 없다는 진보적인 입장이 수용되어 이 제도가 취소된 적도 있었다(1968~1986년). 2005년에는 최초로 2명의 여성 큐레이터들이 전시를 총괄하는 혁신을 선보였고, 2015년에는 최초로 아프리카 출신의 큐레이터가 행사를 이끌기도 했다.

베네치아 비엔날레에 우리나라의 작가가 처음 참가한 것은 1986년에 개최된 제42회 비엔날레로, 고영훈 작가와 하종철 작가가 초청을 받았다. 우리나라 작가를 위한 독립 전시공간이 없었기 때문에 카스텔로 공원 안에 있는 이탈리아 종합관Palazzo Centrale 뒤쪽의 후미진 작은 공간에 작품이 전시되었다. 일본은 이미 1940년부터 일본 국가관을 건설하고 진출했는데, 1986년까지만 해도 한국 예술은 세계 무대에서 큰 주목을 받지 못하고 있었던 것이다.

1988년 서울 올림픽의 성공적인 개최 이후, 달라진 한국의 위상에 어울리는 한국관 건립이 줄기차게 시도되었지만 까다로운 베네치아의 건축법과 자국의 독자적인 전시관을 확보하려고 하는 많은 후발 국가들 사이의 경쟁 때문에 지체되었다. 1990년, 독일의 통일 이후 필요가 없게

삶이 축제가 된다면

된 동독관을 인수하려던 계획도 우여곡절 끝에 수포로 돌아갔다. 그러나 끝까지 포기하지 않았던 한국의 외교관들, 건축가 김석철, 비디오 아티스트 백남준 등의 노력이 마침내 결실을 맺게 된다. 일본관과 독일관 건물 사이에 1905년경 러시아가 건축했던 벽돌 건물이 남아 있었는데, 이것을 1995년 한국관으로 탈바꿈시킨 것이다. 마침 그해가 베네치아 비엔날레 100주년이었기 때문에 그 역사적 의미도 남달랐다. 세계적으로는 25번째로, 아시아에서는 일본 다음으로 독자적인 국가관을 갖게 된 것이다. 1993년 독일관에서의 작품 전시로 국가별 전시 분야에서 황금사자상을 수상했던 백남준의 노력 덕분이었다.

베네치아 비엔날레를 위한 한국관 운영은 문화체육관광부 산하의 한국문화예술위원회다. 한국관 전시는 한국문화예술위원회가 심사를 맡아 전시를 총괄할 예술 감독을 공모하는 방식으로 진행한다. 우리는 리도섬에서 개최되는 베네치아 영화제와의 인연도 깊다. 임권택 감독의 〈씨받이〉에서 열연했던 강수연이 1987년에 여우주연상을 수상한 이래 2002년에 이창동 감독의 〈오아시스〉가 감독상(은사자상)과 신인 배우상(문소리)을 수상했고, 유럽 관객에게 인기가 많은 김기덕 감독이 2004년에 〈빈집〉으로 감독상(은사자상)을, 2012년의 〈피에타〉로 대망의 황금사자상을 수상했다.

비록 영화배우들처럼 멋지게 레드 카펫을 밟을 수는 없겠지만 베네치아 영화제가 열리는 리도섬은 꼭 방문하기를 추천한다. 주 행사장 옆에 있는 엑셀시어 호텔에서 토마스 만의 《베네치아에서의 죽음》을 몇 구절 읽어보는 것도 의미 있는 일이 될 것이다.

28장

베네치아 카니발

놀이가 예술이 되는 순간

대중에게 널리 알려진 베네치아의 이미지 중 하나는 형형색색의 가면을 쓰고 파티를 즐기는 카니발일 것이다. 가장 베네치아다운 축제인 카니발은 세계 최고의 축제로 발전했고, 해마다 카니발 시즌의 산 마르코 광장은 가면을 쓰고 축제를 즐기는 사람들로 인산인해를 이룬다.

　베네치아 카니발의 핵심 가치는 자유, 평등, 관용이다. 고대 로마의 농경 축제에서 기원을 찾을 수 있는 이 축제는 일반 시민들에게 자유 의식을 고취시키기 위한 것으로 출발했다. 가면을 쓰고 자신의 정체를 숨길 수 있도록 한 것도 그런 이유 때문이다. 그동안 신분이나 사회적 위상 때문에 하지 못했던 일, 하지 못했던 말을 마음껏 할 수 있는 축제였다. 이미 여러 차례 밝혔듯이 베네치아는 전통 귀족들에 의해 지배되는 나라였다. 평민과 낮은 지위의 시민들은 언제나 그들의 피지배 대상이었다. 그들에게 매년 일정 기간 동안 일탈의 시간을 허용하겠다는 것은 지배층의 관용 정신을 보여준다. 카니발 기간 중에는 귀족에게 골탕을 먹이거나 귀족을 놀리는 행동도 처벌받지 않았다.

　베네치아 카니발은 고대 로마의 농경 축제에서 출발했지만 교회의 절기와 중첩되면서 종교적 의미까지 더해졌다. 부활절 이전에 40일간의 금욕 기간을 지키던 중세 교회의 절기와 카니발이 만나 새로운 축제가 된 것이다. 예수의 고난을 묵상하는 부활절 이전의 40일간 중세 교인들은 금욕과 절제의 시간을 보내야만 했다. 단식과 속죄를 행하는 절기이기에 술과 고기는 절대 금기였다. 이를 '사순절Lent'이라 부르는데, 카니발은 이 금욕과 절제의 40일이 다가오기 전에 육체의 향연과 일탈의 즐거움이 잠시 허용되는 가톨릭교회의 비공식 축제로 발전하게 되었다. 그 기간에는 마음껏 술과 육식을 즐겨도 된다. 그래서 카니발은 '사육제謝肉祭'로 번역되기도 한다. 유럽 각국은 사육제와 연관된 카니발을 지역 전통에 따라 즐기지만, 어떤 곳도 베네치아 카니발의 재미와 명성을 따라갈 수 없다.

베네치아 카니발은 1162년부터 시작되었다는 설이 가장 유력하다. 이탈리아 본토의 인근 도시국가였던 아퀼레이아Aquileia와의 전쟁에서 승리를 거둔 후, 베네치아 시민들이 산 마르코 광장에서 함께 춤을 추며 승전의 기쁨을 함께 나눈 날을 기념해서 시작되었다는 설이다. 그러나 베네치아 법으로 카니발이 공표된 것은 1296년이었다. 베네치아 카니발하면 먼저 머리에 떠오르는 가면 축제는 18세기 바로크 시대에 절정에 달했다. 그러나 나폴레옹에 이어 베네치아를 점령한 신성로마제국(오스트리아)의 결정에 따라 1797년부터 카니발 축제는 금지되었고, 공공장소에서 가면을 쓰는 것도 처벌의 대상이 되었다. 이탈리아 정부의 결정에 따라 지금의 베네치아 카니발이 공식적으로 부활된 것은 1979년부터다. 매년 봄, 카니발 시즌이 되면 평균 300만 명 이상의 관광객들이 베네치아로 몰려든다.

베네치아 시민들이 가면을 쓰고 카니발을 시작하는 날은 매년 12월 26일인 성 스테파노 축일로, 크리스마스 다음 날이다. 성 스테파노는 신약 성경

가면 축제로 즐기는 베네치아 카니발.

에 기록된 최초의 순교자로, 이탈리아 남부 도시 바리Bari에 그의 유해가 안치되어 있다. 성 요한 기사단의 삼엄한 경계 속에 순교자의 유해가 옮겨지던 날, 바리 사람들은 환호하며 얼굴에 콩가루를 발라 이 날을 기념했고, 여기서부터 이탈리아 최초의 카니발이 시작되었다고 한다. 크리스마스 전날까지의 절기에 이탈리아 사람들은 대부분 가족들과 함께 조용한 시간을 보내지만, 다음 날인 성 스테파노 축일에는 가족이나 친구와 함께 각 지역 성당에 전시되어 있는 '아기 예수의 경배' 모형을 함께 구경하러 다닌다. 이날은 성당이나 병원 등에 자선 기부를 하는 날이기도 하다.

베네치아 사람들은 이런 종교적 의미를 지닌 절기를 즐거움의 축제로 전환시켰다. 이탈리아 남부에서는 얼굴에 콩가루를 발라 자신의 신분을 감추었지만 베네치아에서는 아예 가면을 쓰도록 했다. 사회적 신분이 가

삶이 축제가 된다면

문별로 정확하게 구분되어 있던 베네치아에서는 아무리 콩가루를 얼굴에 열심히 바른다고 해도 그 사람의 신분이 감추어지지 않는다. 곤돌라를 타고 이동해야 하기 때문에 어느 특정 가문의 신분이 반드시 노출될 수밖에 없는 도시 환경도 아예 가면을 쓰게 된 이유이기도 하다. 베네치아 카니발 기간 중 신분은 은닉되고 개인의 정체는 가면 뒤에 가려지게 된다. 베네치아 카니발의 필수품이었던 가면은 크게 5가지로 분류할 수 있다.

베네치아에서 가장 많이 사용되는 가면은 얼굴 전체를 가리는 바우타 Bauta다. 흰색으로 된 남녀 공용 가면으로, 보통 모자를 쓴 채로 착용하고 얼굴을 제외한 부분은 검은색 망토Tabarro로 몸을 가린다. 코 부분을 크게 만들어 대화하고 식사하는 데 지장이 없기는 하지만, 입 자체의 모양은 만들지 않는다. 새의 부리처럼 생긴 입 부분은 바우타 가면을 쓴 채 포도주를 마실 수 있을 정도의 공간을 위한 것이다. 어떤 바우타는 눈 주위를 검은색이나 붉은색으로 칠하기도 한다. 바우타는 오직 베네치아 시민들만이 착용할 수 있었다. 정치적으로 중요한 토론을 할 때, 베네치아 시민들은 자신의 신분을 드러내지 않기 위해 바우타 가면을 쓰고 발언했다.

가면을 쓴 채 재치 있는 대사로 관객들에게 웃음을 선사하는 이탈리아 즉흥극Commedia dell'arte은 16세기 베네치아 카니발에서 발전한

흰색 가면 바우타.

것으로 추정된다. 18세기까지 유럽 전역으로 확산되어 대대적인 인기를 끌었고, 심지어 셰익스피어의 연극에도 영향을 미칠 정도였다. 이 즉흥극의 주인공들이 착용했던 가면들이 카니발 가면으로 인기를 끌게 되었다.

우선 여성들을 위한 가면인 콜롬비나Colombina는 즉흥극 속에 등장하는 순진한 하녀의 이름을 딴 것이다. 얼굴의 윗부분, 즉 눈만 가리고 눈 주위를 화려한 보석이나 깃털로 장식하며, 리본으로 뒷머리에 묶어 고정시킨다. 자신의 아름다운 외모를 가리고 싶지 않았던 베네치아 여성들이 선호했던 가면이었지만, 지금은 남녀가 모두 사용하고 있다. 즉흥극에 우스꽝스러운 하인 역으로 등장하는 아를레키노Arlecchino가 썼던 가면도 인기가 있다. 콜롬비나처럼 얼굴 상단만 가리는데, 봉산탈춤의 부네탈처럼 광대뼈가 튀어나와 있다. 그 외에도 탐욕스러운 얼굴을 상징하는

여성들을 위한 가면 콜롬비나.

삶이 축제가 된다면

초록색의 브리겔라Brighella 가면과 상스러운 농담을 잘하는 하인 잔니Zanni
가 착용했던 흰색의 코가 길쭉하게 나와 있는 가면도 이탈리아 즉흥극에
서 유래되었다. 늙은 남성의 슬픈 표정을 익살스럽게 표현한 판탈로네
Pantalone 가면도 자주 볼 수 있다. 판탈로네는 남성 전용 가면으로 까마귀
의 부리로 코를 강조하고 있으며, 얼굴의 윗부분만 가린다.

  흑사병을 치료하던 의사들의 가면인 메디코 델라 페스테는 검은색 망
토로 온몸을 덮고 있고, 얼굴은 부리가 긴 검은 새 모양을 하고 있다. 원
래 이 가면은 카니발용으로 만들어진 것이 아니라 전염병을 피하기 위해
방역용으로 만든 의사들의 복장이었다. 이 기괴한 가면과 복장을 처음
만든 사람은 프랑스의 왕실 의사로, 메디치 가문 출신 왕가의 전속 주치
의였던 샤를 드 롬Charles de Lorme(1584~1678년)이었다. 그는 검은색 천으

메디코 델라 페스테 가면.

로 온몸을 덮고 흰색 장갑을 끼고 지팡이를 짚고 다니며 환자들을 치료했고, 곧 이 복장이 인기 있는 카니발 가면으로 발전하게 되었다. 가면 밑에 꽃가루나 향수를 넣기 위한 공간을 확보하기 위해 코가 매우 크게 만들어졌다. 외부의 역겨운 공기를 맡지 않기 위한 수단이었다.

베네치아의 귀족 여성들이 착용했던 모레타 가면.

모레타Moretta는 베네치아의 귀족 여성들이 착용하는 가면으로 검은 벨벳으로 만들어진 타원형이고, 눈 전체와 입술 상단을 가린다. 검은색을 뜻하는 모로Moro에서 온 명칭이다. 눈 주위뿐만 아니라 윗입술까지 가리기 때문에 대화를 나눌 수 없고, 따라서 가면을 쓴 사람의 정체를 절대로 알 수 없다. 윗입술이 가면에 가려져 있어서 대화를 할 수 없었기 때문에 무타Muta라고도 불렸다. 18세기 베네치아의 화려한 그림 속에 자주 등장하는 모레타 가면을 착용한 여성은 어깨를 완전히 드러내고 가슴은 흰색 망사로 이른바 '시스루'의 매혹적인 모습이 대부분이다. 관능적인 베네치아 여성들의 특징을 보여주는 가면이다.

베네치아에서 흔히 볼 수 있는 가면 볼토Volto는 얼굴 전체를 가린다. 볼토란 단어 자체가 '얼굴'을 뜻한다. 원래는 흰색이었으나 최근에는 부분적으로 금박을 입히거나 악보나 그림을 그려 넣어 장식한다. 얼굴 전체를 가리기 때문에 볼토 가면을 쓰고 식사를 하거나 와인을 마실 수 없다. 완벽한 익명성이 보장되기 때문에 약간 무서운 느낌마저 드는 가면

삶이 축제가 된다면

베네치아에서 가장 인기 있는 볼토 가면. 완전한 익명성이 보장된다.

이다.

　가면을 쓰고 즐기는 베네치아 카니발은 놀이가 예술이 되는 순간을 제공한다. 감각의 추구는 용인되고 신랄한 풍자는 미덕이 된다. 어떠한 일탈도 허용되었다. 물고기를 잡던 어부도 가면으로 자신의 정체를 숨긴채 리알토 다리를 휘젓고 다닐 수 있었다. 절제와 정숙을 요구받던 베네치아의 귀부인들도 그날만큼은 포도주 잔을 높이 들고 축배의 노래를 부를 수 있었다. 검은색 곤돌라는 미끄러지듯 좁은 운하 골목을 헤집고 다니며 원하는 사람을 원하는 곳에 내려놓았다. 베네치아 카니발의 밤은 익명성이 보장된 일탈의 만남을 제공했다. 사랑하는 사람이 있으면 가면을 쓴 채 찾아가서 용감하게 사랑을 고백할 수 있었다.

베네치아 카니발은 이별의 전주곡이기도 했다. 항구도시 베네치아는 십자군 원정을 떠나는 군인들이 마지막 시간을 보내는 도시였기 때문이다. 그들은 베네치아 함선을 타고 사지를 향해 떠나게 된다. 예수가 묻힌 땅에 자신도 묻히게 될 것이라는 생각을 하면서, 그들은 유럽의 마지막 도시 베네치아에서 카니발을 즐겼다. 놀이가 예술이 되는 순간이 끝나면, 그들에게는 거친 파도가 몰려올 것이고, 동료 십자군의 함성이 귓전을 울릴 것이며, 예수가 달린 십자가 언덕이 보일 것이다. 죽음이 바다 건너편에서 그들을 기다리고 있었다. 그들이 지중해 건너에서 묻힐 땅은 천국으로 가는 길이 될지 모른다.

베네치아 카니발은 그들에게 살아 있음에 대한 마지막 찬사였다. 삶에 대한 최후의 인사였다. 새벽이 오고, 베네치아 카니발은 끝나고, 출항을 알리는 뱃고동이 베네치아 선착장에 울려 퍼지면, 그들은 죽음의 바닷길에 올랐다. 간밤의 숙취가 가시지 않은 상태에서 고개를 돌려, 사라지는 유럽의 마지막 도시 베네치아를 보았을 것이다. 축제는 끝났고, 현실의 십자군 원정이 시작된 것이다. 그들은 조용히 속삭였을 것이다. 베네치아여, 안녕.

삶이 축제가 된다면

인생은 다르게 살 수 없는 것일까?

이제 우리도 베네치아를 떠날 시간이 되었다. '세상의 다른 곳'과 이별을 고할 시간이다. 첫 만남부터 운명처럼 뜨거운 사랑에 빠진 두 연인이 헤어지면서 서로의 이름을 묻는 영화 장면이 떠오른다. 첫눈에 반했기에, 너무 열렬히 사랑했기에, 이름조차 물어볼 시간이 없었던 것이리라. 베네치아, 그런데 당신의 이름은 무엇인가요?

베네치아에 르네상스 건축을 최초로 소개했던 야코포 산소비노의 아들은 아버지를 닮지 않고 문학가가 되었다. 세계 최초의 여행 가이드북 저자 프란체스코 산소비노는 베네치아를 소개하는 책을 썼다. 이 책에서 그는 '베네치아'란 이름이 라틴어 '베니 에티암Veni etiam'에서 왔을 것이라고 추측했다.[65] '부디 이곳으로 다시 돌아오세요!' 혹은 '아름다운 이곳을 잊지 말아요'란 뜻이다.

중세 시대의 유럽인들에게 베네치아는 천국으로 가는 항구였다. 그들은 베네치아에서 배를 타고 예루살렘을 향해 성지 순례를 떠났다. 십자군도 베네치아에서 배를 타고 전쟁과 죽음이 기다리고 있던 팔레스타인으로 갔다. 그들에게는 베네치아가 유럽의 마지막 도시였던 것이다. 지상의 천국, 예루살렘으로 떠나기 전, 순례자들과 십자군들은 유럽의 마지막 도시인 베네치아에서 마지막 밤을 보내며, 그들이 성지에서 속죄받아야 할 죄의 목록을 더했다. 자신의 정체를 숨길 수 있는 가면을 쓰고 아름다운 여성과 함께 향기 나는 포도주 잔을 연거푸 들이켰다. 그날 밤이 그들 인생의 마지막 밤인 것처럼, 노래하고 춤추며 밤새도록 뜨거운 사랑을 나누었다.

다음 날 새벽, 그들은 베네치아를 떠나야만 했다. 배에 올라타는 순간 성지 순례와 십자군 원정이 시작되는 것이다. 선착장에서 그들과 이별하던 아름다운 베네치아 여성들은 하얀 손수건을 흔들며 소리쳤을 것이다. 베니 에티암! 부디 이곳으로 다시 돌아오세요! 아름다운 이곳을 잊지 말아요!

베네치아를 떠나기 전에 꼭 둘러보아야 할 곳이 있다. 우리의 여정을

산 미켈레 공동묘지 섬.

마무리하는 곳이다. 무라노로 가는 배를 아무 때나 골라 타면 그곳에 갈 수 있다. 베네치아 본섬에서 보면 무라노로 가는 바닷길 중간에 정사각형으로 된 섬이 보인다. 바로 산 미켈레San Michele 공동묘지 섬이다. 마르코 폴로 공항으로 직행하는 수상버스를 타면, 쾌속으로 달리는 그 배가 산 미켈레 공동묘지 섬을 스쳐 지나가게 된다. 베네치아에서 마지막으로 보는 섬이다.

원래 베네치아의 망자들은 모두 수장水葬되었다. 집 지을 땅도 부족한 그곳에 묘소를 만든다는 것은 사치이며, 위생상으로도 현명하지 못한 일이다. 베네치아에서는 '흙은 흙으로, 먼지는 먼지로' 돌아가라는 장례식 설교가 허용되지 않는다. 그들은 흰색 천에 싸여 바다에 수장되었다. 베네치아 사람들은 물에서 왔으니, 물로 돌아가는 것이다. 그러나 나폴레

옹의 침공은 죽어서 가는 베네치아 사람들의 황천길조차 바꿔놓았다. 수장은 금지되었고, 대신 산 미켈레 공동묘지가 인공으로 조성되었다. 베네치아의 망자들은 이제 그야말로 검은 관처럼 생긴 장례식용 곤돌라를 타고, 산 미켈레 공동묘지 섬을 향한 마지막 항해를 해야만 했다.

산 미켈레 공동묘지 섬은 베네치아의 망자들이 적막 속에 누워, 거친 바닷바람과 마주하고 있는 쓸쓸한 곳이다. 그 섬에 거주하는 사람은 아무도 없고, 한쪽 구석을 차지하고 있는 성당도 텅 비어 있다. 오직 죽은 자들만이 남겨진 곳. 침묵만이 흐르는 곳. 그 적막한 묘지 섬을 마지막으로 걸어보는 것이, 베네치아를 떠나기 전에 해야 할 우리들의 마지막 과제다.

산 미켈레 섬을 지키고 있는 무덤들.

삶이 축제가 된다면

수많은 베네치아인들이 사이프러스 나무가 드리운 그늘 아래에서 조용히 잠들어 있다. 유명인의 화려하게 장식된 영묘를 지나면 수녀님들의 묘지가 제일 앞자리에 도열해 있다. 남들이 쫓아가는 부귀영화의 길을 포기하고, 오히려 그들을 돕기 위해 스스로 가난과 청빈을 사셨던 분들의 고귀한 영혼들이 잠들어 있는 곳이다. 가슴이 뭉클해진다. 그분들의 초라한 비석에는 작은 사진 한 장, 이름, 태어나서 죽은 연도만이 기록되어 있다. 이 책에서 자세히 소개되었던 많은 인물들과는 다르게 어떤 일을 했고, 어떤 책을 썼으며, 어떤 업적을 남겼는지 전혀 알 길이 없다. 그러나 그들은 베네치아의 묘지 섬에 조용히 누워, 이 도시를 떠나는 사람들에게 마지막 조언을 던지고 있다. 마치 종부성사의 마지막 유언처럼, 그들은 베네치아를 떠나는 나에게 인생을 다르게 살아보라고 나지막하게 당부하고 있다.

삶의 기쁨, 그것이 전부이니, 부디 그런 삶을 살아가기를. 이제부터는 당신 가슴을 뛰게 만드는 그것을 향해 달려가기를. 부디 당신의 삶이 축제가 되기를. 베네치아를 떠나는 마지막 날에도 그것을 깨닫지 못했다면, 산 미켈레 공동묘지 섬에 잠들어 있는 수천수만 명의 영혼들이 벌떡 일어나서, 이렇게 소리칠 것이다. 이 축축하고 외로운 섬에서 시신으로 누워 있는 날 보라. 나도 한때는 당신과 같은 모습이었고, 당신들도 언젠가는 나와 같은 모습으로 누워 있게 될 것이다. 당신도 나처럼 죽게 될 운명임을 잊지 말라. 그러니 지금 이 순간을 소중히 여기고, 즐기고, 맛있는 것을 소중한 사람과 나누어 먹고, 즐겁게 노래하고, 신나게 춤추고, 뜨겁게 사랑하라. 이성적인 삶, 바르게 사는 것, 합리적으로 생각하는 것, 다 좋다. 그러나 이 순간의 기쁨을 소홀히 한다면, 인생을 신나고 즐겁게 살지 못한다면, 그것들이 다 무슨 소용 있으리.

베네치아를 떠나가는 사람들에게 들려주고 싶은 노래가 있다. 원래 제목은 〈인생의 짧음에 대하여De Brevitate Vitae〉란 노래인데, 프랑스 파리의 대학생들이 이 노래를 〈그러므로, 인생을 신나게 즐깁시다Gaudeamus igitur〉로 바꾸었다. 13세기 중세 대학에서 맥주를 마시기 전에 함께 노래하는 권주가였는데, 지금은 대학 졸업생들이 학교를 떠나며 마지막으로 함께 부르는 합창곡이다. 이제 산 미켈레의 공동묘지 섬을 뒤로하고 베네치아 공항으로 가는 쾌속선 위에서 들어야 할 노래다. 베네치아 여행을 통해 인생을 다르게 살아보겠노라고 결심한 사람들에게, 축제 같은 삶을 살아가겠노라고 결심한 사람들에게, 산 미켈레 공동묘지 섬에 묻혀 있는 베네치아 사람들이 들려주는 환송곡이 될 것이다.

그러므로, 인생을 신나게 즐깁시다!
우리가 아직 젊은 이 순간에!
기쁨이 가득한 젊음의 시간이 끝나면
고통스러운 노년의 시간이 찾아올 것이고
결국 무덤이 우릴 집어삼킬 것입니다.
결국 무덤이 우릴 집어삼킬 것입니다.

우리 앞서 살았던 사람들은 다 어디로 갔습니까?
지금 우리 곁에 있나요?
천국으로 갔거나
지옥으로 건너갔거나
그 사람들은 이미 그곳으로 다 떠나버렸습니다.
그 사람들은 이미 그곳으로 다 떠나버렸습니다.

삶이 축제가 된다면

우리 인생은 짧기만 합니다.
곧 모든 것이 끝날 것입니다.
죽음은 순식간에 우리를 찾아옵니다.
우리 생명을 잔혹하게 앗아가지요.
어느 누구에게도 예외는 없습니다.
어느 누구에게도 예외는 없습니다.

그러므로, 인생을 신나게 즐깁시다!
우리가 아직 젊은 이 순간에!
기쁨이 가득한 젊음의 시간이 끝나면
고통스러운 노년의 시간이 찾아올 것이고
결국 무덤이 우릴 집어삼킬 것입니다.
결국 무덤이 우릴 집어삼킬 것입니다.

베네치아를 떠나는 배.

주

1 한병철, 김태환 옮김, 《피로사회》 (문학과지성사, 2012).

2 마르코 폴로, 김호동 옮김, 《마르코 폴로의 동방견문록》 (사계절, 2000), 74.

3 토마스 만, 안삼환 옮김, 《토니오 크뢰거, 트리스탄, 베니스에서의 죽음》 (민음
   사, 1998), 422.

4 위의 책, 424.

5 위의 책, 429.

6 위의 책, 430.

7 위의 책, 433.

8 위의 책, 437.

9 위의 책, 454.

10 위의 책, 464~465.

11 위의 책, 470.

12 위의 책, 524.

13 위의 책, 525.

14 조반니 카사노바, 김석희 옮김, 《카사노바 나의 편력》 (한길사, 2006) 1권 21.

15 위의 책, 1권 21.

16 위의 책, 1권 29.

17 위의 책, 1권 38.

18 위의 책, 2권 147~148.

19 위의 책, 2권 149.

20 위의 책, 2권 209. 카사노바는 16살 때 사보르냐Savorgnan 가문의 두 딸인 나네타Nanetta, 마르타Marta와 사랑을 나누고 동정을 잃었다고 고백한 바 있다. 그는 MM의 실제 이름이 마르타 사보르냐라고 밝히면서, 모든 이야기가 '꾸며낸 것' 임을 모호하게 밝히고 있다.

21 위의 책, 3권 481.

22 위의 책, 1권 23.

23 슈테판 츠바이크, 나누리 옮김,《츠바이크가 본 카사노바, 스탕달, 톨스토이》 (필맥, 2005), 49.

24 위의 책, 80.

25 위의 책, 105.

26 존 러스킨, 박언곤 옮김,《베네치아의 돌》(예경, 2006), 199.

27 마하트마 간디, 함석헌 옮김,《간디 자서전》(한길사, 2002), 405.

28 조르조 바사리, 이근배 옮김,《르네상스 미술가 평전》(한길사, 2018), 5권 '티치아노 편' 3141.

29 산소비노가 베네치아에서 건축하거나 보수한 성당의 이름은 다음과 같다. 산 줄리안San Zulian, 산 프란체스코 델라 비냐San Francesco della Vigna, 산 마르티노 San Martino, 산 제미니아모San Geminiano, 산토 스피리토 인 이솔라Santo Spirito in Isola, 인쿠라빌리Incurabili.

30 산소비노가 베네치아에서 건축한 개인 팔라초(저택)은 카 데 디오Ca' de Dio, 팔라초 돌핀 마닌Palazzo Dolfin Manin, 팔라초 코르네르Palazzo Corner, 팔라초 모로 Palazzo Moro 등이다.

31 Francesco Sansovino, trans., V. Hart and P. Hicks, *Sansovino's Venice* (Yale University Press, 2017).

32 단테,《신곡》지옥편 21곡 7~15절.

33 로저 크롤리, 우태영 옮김,《부의 도시, 베네치아》(다른세상, 2012), 16쪽 재인용.

34 페트라르카, 임희근 옮김,《행운과 불운에 대처하는 법》(유유, 2020), 59.

35 위의 책, 66.

36 토마스 만,《토니오 크뢰거, 트리스탄, 베니스에서의 죽음》, 444.

37 첫 공인 여성 곤돌리에의 이름은 조지아 보스콜로Giorgia Boscolo였다.

38 김상근,《카라바조: 이중성의 살인미학》(21세기북스, 2016).

39 Ellen Kittel and Thomas Madden, *Medieval and Renaissance Venice* (University of Illinois, 1999), 238.

40 윌리엄 셰익스피어,《베니스의 상인》3막 1절.

41 위의 책, 2막 8장 12~18절.

42 Robert Finlay, "The Foundation of the Ghetto: Venice, the Jews, and the War of the League of Cambrai," *Proceedings of the American Philosophical Society*, Vol.126, No.2 (April. 8, 1982), pp.140~154.

43 단돌로 가문은 41대 도제 엔리코 단돌로(1192~1205년), 48대 도제 조반니 단돌로(1280~1289년), 52대 도제 프란체스코 단돌로(1329~1339년), 54대 도제 안드레아 단돌로(1343~1354년)를 배출했다.

44 십자군 원정대원들을 위해 만든 전투식량은 건빵처럼 밀가루로 만들어 말린 것이었다. 베네치아 남단의 한 섬에 거대한 건빵 공장이 만들어졌고, 지금 이 시설은 호텔로 전환되어 사용되고 있다.

45 로저 크롤리,《부의 도시, 베네치아》, 57.

46 위의 책, 102. 빌라르두앵이 한 말이다.

47 위의 책, 113.

48 원래 책 제목은《세계의 서술Divisament diu Monde》이다.《동방견문록》은 일본 사람들이 잘못 번역한 것이다. 마르코 폴로는 자신이 여행한 곳을 '동방'이라고 생각하지 않았다.

49 마르코 폴로,《마르코 폴로의 동방견문록》, 178.

50 위의 책, 225.

51 자세한 정보는 다음의 책을 참고하라. 김호동,《동방 기독교와 동서문명》(까치,

2002).

52 마르코 폴로,《마르코 폴로의 동방견문록》, 546~547.

53 콜럼버스를 신비로운 인물로 해석한 연구는 다음 자료를 참고하라. 주경철,《크리스토퍼 콜럼버스: 종말론적 신비주의자》(서울대학교출판부, 2013).

54 베네치아 비잔틴-고딕 양식으로 건축된 팔라초는 카 도로, 팔라초 베르나르도 아 산 폴로Palazzo Bernardo a San Polo, 카 포스카리, 팔라초 피사니 모레타, 팔라치 바르바로Palazzi Barbaro, 팔라초 카발리 프란케티 등이다.

55 산소비노는 팔라초 코르네르와 팔라초 돌핀 마닌을 설계하면서 베네치아 팔라초에 르네상스 양식을 소개했다. 그 외에 르네상스 스타일의 팔라초는 팔라초 다리오Palazzo Dario, 팔라초 코르네르 스피넬리Palazzo Corner Spinelli, 카 벤드라민 칼레르지 등이다.

56 롱게나가 건축한 대표적인 수변 팔라초는 카 페사로와 카 레초니코다.

57 카 도로 이외에 팔라초 코르네르 콘타리니 데이 카발리Palazzo Corner Contarini dei Cavalli, 팔라초 콘타리니 델레 피구레Palazzo Contarini delle Figure, 팔라초 콘타리니 코르푸Palazzo Contarini Corfú, 팔라초 베니에르 콘타리니Palazzo Venier Contarini, 팔라초 콘타리니 폴리냑Palazzo Contarini Polignac, 팔라초 콘타리니 델리 스크리니 Palazzo Contarini degli Scrigni, 팔라초 콘타리니 달 자포Palazzo Contarini dal Zaffo, 팔라초 콘타리니 피사니Palazzo Contarini Pisani, 팔라초 콘타리니 파산Palazzo Contarini Fasan 등 많은 건물이 베네치아 곳곳에 자리 잡고 있다.

58 베네치아의 용병 대장이었던 프란체스코 스포르자는 1450년에 비스콘티 가문의 뒤를 이어 밀라노를 통치하게 된다.

59 프리츠커 시상 위원회 홈페이지 참고. https://www.pritzkerprize.com/laureates/1990.

60 조르조 바사리,《르네상스 미술가 평전》, 5권 '티치아노 편' 3137.

61 틴토레토는 대의원 전실의 장식을 위해 〈아리아드네와 바쿠스〉, 〈삼미신과 메르쿠리오스〉, 〈마르스를 버리는 미네르바〉, 〈불카누스의 대장간〉을 그렸다. 틴토레토는 각 작품당 50두카트를 받았다. 의회실에는 〈바다의 여왕, 베네치아〉를

(1581~1584년), 의원실에는 〈그리스도와 결혼하는 성 카타리나〉를, 안티치세
타Antichisetta에는 〈성 조지〉〈성 루이스〉〈공주〉〈성 예로니모와 성 안드레아〉를,
대의회장에는 베네치아 역사에 등장하는 유명한 전투 장면을 담고 있는 9개의
대형 작품을, 스쿠로티니오의 방Sala dello Scrutinio에서는 〈자라의 승리, 1346년〉
을 그렸다.

62 조르조 바사리, 《르네상스 미술가 평전》, 5권 '티치아노 편' 3134.

63 Horace, Odes, 1.11.

64 Peggy Guggenheim, *Out of This Century: Confession of An Art Addict* (Andre
   Deutsch, 1979), 385.

65 Sansovino's Venice.

그림 출처

23쪽 ⓒ김도근.

31쪽 Adobestock.

33쪽 Adobestock.

37쪽 Wikimedia/ⓒCarl Van Vechten.

39쪽 Adobestock.

42쪽 Wikimedia/ⓒDidier Descouens.

55쪽 ⓒ김도근.

59쪽 Adobestock.

62쪽 ⓒ김상근.

68쪽 Adobestock.

71쪽 ⓒ김상근.

74쪽 ⓒWikimedia/ⓒJochen Teufel.

87쪽 ⓒ김상근.

102쪽 ⓒ김도근.

104쪽 ⓒ김상근.

106쪽 ⓒ김상근.

110쪽 ⓒ김상근.

113쪽 ⓒ김도근.

114쪽 ⓒ김상근.

124쪽 ⓒ김도근.

130쪽 Adobestock.

137쪽 ⓒ김도근.

142쪽 Wikimedia/ⓒDidier Descouens.

145쪽 Wikimedia/ⓒDaperro.

147쪽 《La Scuola Grande di San Marco a Venezia》(Franco Cosimo Panini).

157쪽 ⓒ김도근.

170쪽 ⓒ김도근.

172쪽 Adobestock.

173쪽 Adobestock.

174~175쪽 ⓒ김도근.

181쪽 ⓒ김도근.

184쪽 Wikimedia/ⓒDidier Descouens.

187쪽 Adobestock.

195쪽 ⓒ김도근.

206쪽 ⓒ김상근.

208쪽 ⓒ김상근.

212쪽 Adobestock.

217쪽 Wikimedia/ⓒAbxbay.

222쪽 ⓒShutterstock.

227쪽 ⓒ김도근.

229쪽 ⓒ김도근.

236쪽 ⓒ김상근.

237쪽 ⓒ김상근.

244쪽 ⓒ김상근.

245쪽 ⓒ김상근.

256쪽 ⓒShutterstock.

259쪽 Wikimedia/ⓒAbxbay.

266쪽 ⓒ김도근.

267쪽 ⓒ김상근.

279쪽 ⓒ김상근.

280쪽 ⓒShutterstock.

283쪽 Wikimedia/ⓒWolfgang Moroder.

285쪽 Wikimedia/ⓒEvan T Jones.

289쪽 ⓒ김상근.

293쪽 위 ⓒ김상근.

293쪽 아래 Wikimedia/ⓒSailko.

298쪽 Wikimedia/ⓒDidier Descouens.

299쪽 ⓒ김상근.

300쪽 ⓒ김상근.

302쪽 Wikimedia/ⓒDidier Descouens.

304쪽 Wikimedia/ⓒDidier Descouens.

306쪽 Wikimedia/ⓒDidier Descouens.

308쪽 Wikimedia/ⓒDidier Descouens.

309쪽 ⓒ김상근.

320쪽 ⓒ김상근.

324쪽 Wikimedia/ⓒWolfgang Moroder.

327쪽 ⓒ김도근.

330쪽 ⓒ김상근.

332쪽 Wikimedia/ⓒDidier Descouens.

334쪽 ⓒ김상근.

337쪽 Wikimedia/ⓒGvf.

339쪽 Wikimedia/ⓒDidier Descouens.

341쪽 ⓒ김상근.

343쪽 ⓒ김상근.

345쪽 Wikimedia/ⓒTony Hisgett.

353쪽 ⓒ김도근.

355쪽 Wikimedia/ⓒGiulia.tamburini.

357쪽 Wikimedia/ⓒDidier Descouens.

361쪽 Wikimedia/ⓒDidier Descouens.

369쪽 ⓒ김도근.

372쪽 ⓒ김상근.

381쪽 Wikimedia/ⓒDidier Descouens.

384쪽 ⓒ김도근.

386쪽 Wikimedia/ⓒDidier Descouens.

387쪽 ⓒ김도근.

393쪽 Adobestock.

399쪽 Wikimedia/ⓒG.dallorto.

402쪽 ⓒ김도근.

406쪽 Wikimedia/ⓒSailko.

410쪽 ⓒ김도근.

415쪽 위 Wikimedia/ⓒJosé Luiz
   Bernardes Ribeiro.

415쪽 아래 ⓒ김상근.

421쪽 Wikimedia/ⓒMoonik.

429쪽 ⓒ김도근.

434쪽 Wikimedia/ⓒDidier Descouens.

443쪽 Wikimedia/ⓒYouflavio.

448쪽 Wikimedia/ⓒJean-Pierre

삶이 축제가 된다면

Dalbéra.

451쪽 ⓒ김도근.

460쪽 ⓒShutterstock.

463쪽 ⓒ김도근.

470쪽 Wikimedia/ⓒYagmurkozmik.

471쪽 Adobestock.

473쪽 Adobestock.

475쪽 Adobestock.

478~479쪽 Adobestock.

480쪽 ⓒ김상근.

483쪽 Adobestock.

그림 출처

찾아보기

414

연표

421년   베네치아인들이 리알토 지역의 산 자코모 성당에서 처음으로 미
                사를 드리다.

639년   베네치아인들이 토르첼로섬에 처음으로 정착하다.

727년   첫 번째 도제를 선출하다.

812~814년   리알토 지역에 도제의 궁전을 마련하다.

828년   알렉산드리아에서 성 마르코의 유해를 옮겨오다.

1000년   아드리아해의 해적을 물리친 것을 기념하며 첫 '바다의 축복' 축
                제가 열리다.

1104년   선박 건조를 위해 아르세날레가 설치되다.

1202~1204년   도제 엔리코 단돌로가 이끈 제4차 십자군 전쟁이 일어나다.

1204년   콘스탄티노플에서 성 루치아의 유해를 옮겨오다.

1222~1224년   성지순례를 마친 성 프란체스코가 베네치아에 머물다.

1295년   마르코 폴로가 24년 만에 베네치아로 돌아오다.

1296년   베네치아 카니발이 법으로 공표되다.

1297년   대의회가 베네치아의 귀족 가문을 확정하다.

1310년   바이아몬테 티에폴로Baiamonte Tiepolo가 쿠데타를 꾀하던 중 발
                각되어 사형을 당하다. 베네치아 정부가 비밀정보국에 해당하는

                삶이 축제가 된다면

	10인회를 창설하다.
1312년	단테가 베네치아를 국빈 방문하다.
1348년	베네치아에 흑사병이 창궐해 큰 피해를 입히다.
1355년	도제 팔리에로가 왕정을 세우려다 발각되어 참수를 당하다.
1362년	페트라르카가 베네치아에 정착하다.
1363년	보카치오가 베네치아에 거주하던 페트라르카를 방문하다.
1430년	성 요한과 바오로 성당이 완공되다.
1456년	야코포 포스카리가 크레타로 추방을 당하다. 이듬해, 도제였던 그의 아버지 프란체스코 포스카리가 도제 직에서 물러난 후 사망하다.
1486년	베네치아가 소개된 세계 최초의 가이드북 《성지를 향한 순례》가 출간되다.
1490년	알두스 마누티우스가 알디네 출판사Aldine Press의 문을 열다.
1494년	알브레히트 뒤러가 베네치아를 처음으로 방문하다.
1505년	조반니 벨리니가 〈마르티넹고 피에타〉를 완성하다.
1508년	베네치아를 타도하기 위해 유럽 강대국들이 캉브레 동맹을 형성하다. 에라스무스가 베네치아를 방문하다. 세바스티아노 카보토가 북서 항로를 개척하다.
1510년	조르조네가 사망하다.
1516년	역사상 최초의 유대인 집단 거주 지역인 게토가 베네치아에 설치되다.
1518년	티치아노가 〈성모의 승천〉을 완성하다.
1523년	예수회 창립자 이그나티우스 로욜라가 베네치아를 방문하다.
1527년	산소비노가 베네치아에서 활동하기 시작하다.
1548년	틴토레토가 〈노예의 기적〉을 완성하다.
1567년	엘 그레코가 베네치아를 방문하다.
1570년	팔라디오가 《건축에 관한 4권의 책》을 출간하다.

1571년	오스만 투르크와 지중해의 패권을 두고 겨루었던 레판토 해전에서 승리하다.
1575~1577년	베네치아에 두 번째 흑사병 유행이 찾아오다.
1580년	몽테뉴가 베네치아에 도착하다.
1588년	석재를 이용해 리알토 다리를 재건하는 공사가 시작되다.
1596년	셰익스피어가 《베니스의 상인》을 집필하다.
1603년	셰익스피어가 《오셀로》를 집필하다.
1610년	팔라디오가 설계한 산 조르조 마조레 성당이 완공되다.
1629~1631년	베네치아에 세 번째 흑사병 유행이 찾아오다.
1631년	산타 마리아 델라 살루테 성당 건축이 시작되다.
1703년	비발디가 오스페달레 델라 피에타에서 음악 교사로 일하기 시작하다.
1720년	카페 플로리안이 영업을 시작하다.
1755년	피옴비 감옥에 9개월간 투옥되어 있던 카사노바가 탈옥하다.
1771년	모차르트가 베네치아를 방문하다.
1786년	괴테가 처음으로 베네치아를 방문하다.
1797년	나폴레옹이 이끄는 프랑스 군대가 베네치아를 점령하다. 1,100년의 베네치아 공화국 역사가 끝나다.
1805~1814년	프랑스가 베네치아를 통치하다.
1807년	나폴레옹이 베네치아를 공식 방문하다.
1815~1866년	베네치아가 오스트리아의 지배를 받게 되다.
1816년	바이런 경이 베네치아를 방문하다.
1846년	이탈리아 본토와 연결되는 철로가 완성되다.
1849년	러스킨이 베네치아를 방문하다.
1851~1853년	존 러스킨이 《베네치아의 돌》을 집필하다.
1853년	라 페니체 극장에서 베르디의 〈라 트라비아타〉가 초연되다.
1858년	리하르트 바그너가 처음으로 베네치아를 방문하다.

삶이 축제가 된다면

1866~1867년	베네치아가 이탈리아에 편입되다.
1895년	4월에 제1회 베네치아 비엔날레가 개최되다.
1897년	라이너 마리아 릴케가 베네치아를 방문하다.
1900년	리도섬에 바인스 호텔이 준공되다.
1902년	산 마르코 광장의 종탑이 무너지다.
1911년	토마스 만이 《베네치아에서의 죽음》을 집필하다.
1922년	무솔리니가 이탈리아의 정권을 장악하다.
1924년	페기 구겐하임이 베네치아를 처음으로 방문하다.
1932년	제1회 베네치아 국제 영화제가 개최되다.
1945년	연합군에 의해 베네치아가 독일군으로부터 해방되다.
1948년	어니스트 헤밍웨이가 베네치아를 방문하다.
1949년	페기 구겐하임이 카 베니에르 데이 레오니를 구매하다.
1966년	베네치아에 대홍수가 일어나다.
1987년	베네치아 전체가 유네스코 세계문화유산으로 등록되다.
2009년	안도 타다오의 설계로 재건축된 세관 건물이 푼타 델라 도가나 미술관으로 개관하다.

삶이 축제가 된다면

ⓒ김상근 2020

2020년 10월 22일 초판 1쇄 발행
2021년 2월 1일 초판 2쇄 발행

글 | 김상근
사진 | 김도근
발행인 | 윤호권 박헌용
책임편집 | 최안나

발행처 | (주)시공사
출판등록 | 1989년 5월 10일(제3-248호)

주소 | 서울시 성동구 상원1길 22 7층(우편번호 04779)
전화 | 편집 (02)2046-2861·마케팅 (02)2046-2800
팩스 | 편집·마케팅 (02)585-1755
홈페이지 | www.sigongsa.com

ISBN 979-11-6579-269-5 03920

이 도서의 국립중앙도서관 출판예정도서목록(CIP)은 서지정보유통지원시스템 홈
페이지(http://seoji.nl.go.kr)와 국가자료공동목록시스템(http://www.nl.go.kr/
kolisnet)에서 이용하실 수 있습니다.(CIP제어번호: CIP2020043323)

이 책에 수록된 인용문은 허가를 받고 게재한 것이며, 저작권자와 연락이 닿지 않은 경우
확인되는 대로 별도의 허락을 받도록 하겠습니다.